Gedichte entdecken

Wege zu Gedichten in der ersten bis sechsten Klasse

W0218380

von

Franz-Josef Payrhuber

Schneider Verlag Hohengehren GmbH

Umschlagentwurf: Verlag

Titelfoto: Hiltrud und Franz-Josef Payrhuber

Gedruckt auf umweltfreundlichem Papier (chlor- und säurefrei hergestellt).

Bibliografische Information der Deutschen Nationalbibliothek

Die Deutsche Nationalbibliothek verzeichnet diese Publikation in der Deutschen Nationalbibliografie; detaillierte bibliografische Daten sind im Internet über ›http://dnb.d-nb.de‹ abrufbar.

ISBN: 978-3-8340-1527-3

Schneider Verlag Hohengehren GmbH
Wilhelmstrasse 13
D-73666 Baltmannsweiler
Homepage: www.paedagogik.de

Alle Rechte, insbesondere das Recht der Vervielfältigung sowie der Übersetzung, vorbehalten. Kein Teil des Werkes darf in irgendeiner Form (durch Fotokopie, Mikrofilm oder ein anderes Verfahren) ohne schriftliche Genehmigung des Verlages reproduziert werden.

© Schneider Verlag Hohengehren, Baltmannsweiler 2015
Printed in Germany. Djurcic, Schorndorf

Inhalt

Vorwort

Was ist ein Gedicht? Die Frage, von Lesenden, Lernenden und Lehrenden immer wieder gestellt, wird stets neu und anders beantwortet. Denn das Gedicht gibt es nicht, sondern nur einzelne Gedichte, diese aber in einer großen Vielfalt von Formen, Themen und Motiven. Auch Dichter selbst haben sich die Frage gestellt, was ein Gedicht ist – naheliegend nicht selten in einem Gedicht. Vielzitiert sind Johann Wolfgang von Goethes Verse *Gedichte sind gemalte Fensterscheiben,* in denen er sich Gedanken über das ‚Wesen' der Lyrik macht. Er vergleicht Gedichte mit den Fenstern einer Kirche, die von außen gesehen bloße Form, „dunkel" und undurchschaubar sind, die ganze Schönheit ihrer Bilder aber dem preisgeben, der sich in die Kirche hineinbegibt und die Fenster von innen betrachtet. Wie die bunten Kirchenfenster, so Goethes Formulierung, „taugen" Gedichte, sind wie diese nützlich und wert, und darum fordert er auf, uns an ihnen zu „erbauen" und zu „ergötzen". Mit anderen Worten: Gedichte sind Kostbarkeiten, die uns berühren, Erfahrung und Weisheit schenken, nachdenklich machen oder uns lachen und weinen lassen, und darum für uns wichtig sind.

Vor allem Kinder brauchen Gedichte, sie bereichern ihre Lebensqualität, inspirieren ihre Phantasie, sprechen ihren Verstand und ihr Gefühl an. Kinder lieben Gedichte, wenn sie damit aufwachsen und dazu angeregt werden.

Dieses Buch zeigt, wie die Schule die Kinder dabei unterstützen kann, die faszinierende ‚Welt' der Gedichte zu entdecken, eine stabile Beziehung zu Gedichten aufzubauen und sich anhaltend für sie zu interessieren.

Bei der Entstehung dieses Buches habe ich vielfache Unterstützung bekommen, für die ich sehr dankbar bin. So verdanke ich der mehrjährigen Zusammenarbeit mit den Grundschulrektorinnen Marita Kilian (Worms), Liane Kölsch (Worms), Renate Schaab (Koblenz) und Ruth Walzik (Nackenheim) sowie Frau Barbara Kappesser (Mainz) wertvolle Erfahrungsberichte aus der Praxis. Sehr inspirierend war außerdem die Kooperation mit Prof. Dr. Gabriele Gien (Eichstätt) und Seminarrektorin Martina Kreiner (Mering) bei der Erarbeitung des Lesebuchs *Lesespuren*; auf eine ganze Reihe daraus resultierender Ergebnisse konnte ich zurückgreifen. Nicht zuletzt hat mir das Zusammenwirken mit Frau Professor Gien bei Fortbildungsseminaren und Tagungen der Deutschen Akademie für Kinder- und Jugendliteratur Volkach erweiternde und verstärkende Impulse erbracht.

Um meine Dankbarkeit für diese Unterstützung auch sprachlich zum Ausdruck zu bringen, verwende ich im Text statt des singularen „Ich", ungeachtet meiner Autorschaft, das plurale „Wir". Dies ist also kein anmaßender Pluralis majestatis, sondern dem Respekt vor den vielfachen Anregungen geschuldet.

Nachdrücklich zu danken habe ich auch meiner Frau Hiltrud für die ebenso kompetente wie geduldige Begleitung meiner Arbeit an dem Buch, sowie unserer Tochter Dr. Christine Sperlich und Seminarrektorin Martina Kreiner für die kritisch-konstruktive Durchsicht des fertigen Manuskriptes.

Das Buch motiviert hoffentlich Lehrende und Studierende, Freunde der Lyrik im Allgemeinen wie der Kinderlyrik im Besonderen, die aufgezeigten Wege zu Gedichten zu gehen und zusammen mit den Lernenden, den Schülern und Schülerinnen, ihren Wert zu entdecken.

Worms, im Juli 2015 Franz-Josef Payrhuber

I Gedichte für Kinder in didaktischer Sicht

1 Warum Gedichte wichtig sind

Was ist ein Gedicht? Um diese Frage zu beantworten, bedient sich die Literaturwissenschaft zumeist historischer und literaturtheoretischer Darstellungen. In ihnen erfährt man Wissenswertes über die ursprünglich hohe Bedeutung der Verbindung von Wort und Musik, über Formen, Stoffe und Funktionen lyrischen Sprechens und über geschichtliche Entwicklungen. Derartige, in jedem einschlägigen Handbuch oder Lexikon nachzulesende Beschreibungen sollen hier nicht noch einmal präsentiert werden. Wir schauen stattdessen bei den Dichtern[1] selbst nach, ob, und wenn ja, welche Antworten sie geben. Denn sie müssten eigentlich am ehesten wissen, was Gedichte sind.

Der kleine Arthur, Protagonist des zauberhaften Bilderbuchs *Gedicht für einen Goldfisch* (2009) von Jean-Pierre Siménon und Olivier Tallec (übers. von Franz Hohler), sieht das genauso. Arthurs Goldfisch ist krank. Ein Gedicht kann ihn heilen, soviel steht für seine Mutter fest. Aber was ist ein Gedicht? Arthur macht sich auf die Suche und fragt alle möglichen Leute, zum Beispiel ein verliebtes Paar, die Bäckersfrau, den alten Mahmud und sogar seinen Kanarienvogel im Käfig. Alle stutzen zuerst über die Frage, aber jeder beantwortet sie anders. Die Großmutter verweist Arthur schließlich an den Großvater, der selbst ein Dichter ist, aber der weiß auch nur zu sagen, ein Gedicht sei „das, was die Dichter machen". Alles, was Arthur dem Goldfisch mitteilen kann, ist das:

Beim Gedicht, mein lieber Junge,
hast du den Himmel auf der Zunge.
Man kann es auch noch anders sagen:
es ist wie frisches Brot im Magen.
Du hörst das Herz der Steine flattern,
wenn Wörter mit den Flügeln knattern,
und landen sie dann auf dem Kopf
in Herrn Mahmuds Blumentopf,
dann lassen sie Gefangene frei
und die Welt ist wieder neu.

Zufrieden ist Arthur mit seiner Ausbeute nicht. Doch so wenig, wie er meint, ist, was er herausgefunden hat, gar nicht, besagt es doch, dass jeder mit einem Gedicht etwas verbindet, das mit ihm selbst zu tun hat – und das ist folgerichtig je

[1] Wegen der besseren Lesbarkeit sowie aus sprachästhetischen und -ökomomischen Gründen verwenden wir im Folgenden nicht in jedem Falle sowohl die männliche wie die weibliche Form. Die stattdessen gebrauchte Pluralform schließt sowohl das männliche als auch das weibliche Geschlecht ein.

etwas anderes. Arthurs Goldfisch Leo hat diesen Zusammenhang offensichtlich verstanden; denn sein pointiertes Fazit heißt:

> Ich bin ganz still und spreche nicht
> und das ist mein Gedicht.

Die essenzielle Eigenheit von Gedichten, subjektiv gelesen und verstanden zu werden, haben auch Dichter immer wieder betont. Der Lyriker Walther Petri (1940–2011) hat sie in einem kleinen Gedicht so ausgedrückt:

> *In jedem GedICHt*
>
> steckt ein ICH und
> noch mehr
> kann sein es war dir
> verborgen bisher

Selbstverständlich ist mit einem solchen, einem Aperçu nahekommenden Text kein Anspruch verbunden, die Frage nach dem ‚Wesen' eines Gedichtes universell und gültig zu beantworten. Immerhin aber benennt er wichtige Aspekte, die die Suchrichtung einer Antwort andeuten. Und so fügt er sich in die Reihe der Gedichte ein, in denen sich Dichter Gedanken über ihre poetischen Produkte machen. Vielzitiert sind derart Johann Wolfgang von Goethes (1749–1832) Verse *Gedichte sind gemalte Fensterscheiben!*

> Gedichte sind gemalte Fensterscheiben!
> Sieht man vom Markt in die Kirche hinein,
> Da ist alles dunkel und düster;
> [...]
>
> Kommt aber nur einmal herein!
> Begrüßt die heilige Kapelle:
> Da ists auf einmal farbig helle,
> Geschicht und Zierat glänzt in Schnelle,
> Bedeutend wirkt ein edler Schein.
> [...]

Die Wirklichkeit bunter Kirchenfenster, die von außen „dunkel und düster" wirken, die Farbigkeit und Leuchtkraft ihrer Darstellungen (‚Geschichten') aber offenbaren, wenn das Innere der Kirche betreten wird, gilt Goethe als Metapher für Gedichte: Von außen gesehen sind sie bloße Form und ‚undurchschaubar', ihre ganze Aussagekraft und Schönheit aber geben sie dem preis, der sich sozusagen in sie hineinbegibt und sie von innen betrachtet.

Der zeitgenössische Autor Walther Petri formuliert weniger ausmalend als Goethe, mit einer Briefmetapher spricht er aber einen vergleichbaren Gedanken aus:

Gedichte sind Briefe

verschlossen
  an dich
doch wenn du sie liest
  öffnen sie sich

Die Wirkung von Gedichten setzt Walther Petri zwar in den Potenzialis, seine Aufforderung sie zuzulassen, ist freilich unverkennbar, auch wenn eine Begründung unausgesprochen bleibt und wohl als gegeben vorausgesetzt wird. Bei Goethe heißt die Begründung – in den oben ausgesparten Schlussversen – Gedichte „taugen“, sind nützlich wie die Kirchenfenster, und darum: „Erbaut euch und ergetzt die Augen!“

Als Adressaten seines Appells dürfte Goethe an Erwachsene gedacht haben, es könnten unschwer aber auch Kinder mitgemeint sein – wie gleichermaßen etwa bei Walther Petri. Bei Regina Schwarz (geb. 1951) ist es vermutlich umgekehrt; sie schreibt in ihrem Gedicht *Über Gedichte*:

Gedichte erzählen
vom Lachen und Weinen
von Großen und Kleinen,
von Gestern und Heute.
Von traurigen Fischen,
von einsamen Tischen,
vom Nein und vom Ja,
vom Hier und vom Da.
Sie hüpfen und springen,
sie tönen und klingen.
Gedichte berühren,
Gedichte verführen,

Gedichte beschenken
und lassen denken.
Sind wolkenleicht
oder regenschwer,
bringen den Himmel,
die Erde, das Meer
zu dir
und zu mir.
Entweder magst du es oder nicht,
das Gedicht.
Und schreibst du selber eins:
So ist es Deins
.

Auf poetische Weise nennt Regina Schwarz reichlich Gründe, warum Kinder, um einen bekannten Buchtitel Bruno Bettelheims abzuwandeln, Gedichte ‚brauchen’. Dabei ist unbestreitbar: Wie ohne Märchen könnten Kinder gewiss auch ohne Gedichte auskommen, aber dann bliebe ihnen doch ein nicht unerheblicher Teil an ‚Lebensqualität’ vorenthalten. Denn Gedichte bereichern ihr Leben, regen ihre Phantasie an, und helfen, ihre Verstandeskräfte zu entwickeln und ihre Emotionen zu klären. Gedichte, sagt der (Kinder-)Lyriker Max Kruse (geb. 1921), schenken „Ansprache, Trost, Witz, Erfahrung, Weisheit“ (Kruse 2003, S. 278). Und „entzückt“ entdeckten Kinder auch, „dass man mit der Sprache spielen kann. Worte kobolzen, lachen und weinen. Worte trösten und erklären. Worte streicheln und necken.“ (Ebd.)

Weil dem so ist, steht für Max Kruse fest, dass alle Kinder Gedichte lieben. Allerdings fügt er einschränkend als Voraussetzung hinzu: „wenn sie damit aufgewachsen, wenn sie dazu angeregt werden“ (ebd., S. 277). Hier kommen zuerst die Eltern, später auch die Spielgefährten, die Kindertagesstätte und nicht zuletzt die Schule ins Spiel. Die erste Begegnung von Kindern mit Gedichten vollzieht sich (meist) in Form von vorgesungenen Liedern oder in der Gestalt von Kinderreimen, Spiel- und Abzählversen. Vielen Kindern dürfte es dabei genauso gehen wie dem Autor Manfred Mai (geb. 1949), der von den Schlafliedern schwärmt, die ihm seine Mutter vorsang, von den Kniereitern, die der Vater mit ihm spielte, und von den Spiel- und Abzählversen, die er mit den Nachbarkindern aufsagte (Mai 2007, S. 10 ff.).

Derart positive Ersterfahrungen mit Gedichten wirken nachhaltig, ihr Motivationspotential hält im günstigen Falle bis in die Schule hinein vor. Diese ist dann der gegebene Ort, sie zu vertiefen und zu einem aktiven Bewusstwerden dessen zu erweitern, was bei Gedichten künstlerisch und ästhetisch mit im Spiel ist (vgl. Haas, 1999, S. 29). Das gelingt gewiss nicht immer von allein, aber die Anstrengung ist auch nicht umsonst. Bernd Lunghard (geb. 1949) bestätigt diesen Umstand metaphorisch in einem Text, in dem er Gedichte mit Vögeln vergleicht:

Gedichte sind wie Vögel

Gedichte sind wie Vögel,
brauchen Wärme und Licht.
Gefangen in Büchern
leben sie nicht.

Gedichte leben
nur, wenn du sie liest
und mit ihnen lebst
und nach ihnen siehst,

sie mit deinen Gedanken
umherschwirren lässt.
Dein Kopf sei ihnen Himmel,
Schlafbaum und Nest.

Mag Bernd Lunghard mit seinem Plädoyer für ein extensives Kennenlernen von Gedichten und eine intensive Beschäftigung mit ihnen auch nicht zuerst an die Schule gedacht haben, so trifft er damit doch auch den Kern didaktischen Handelns. Denn es ist Aufgabe der Schule, Kinder – und später Jugendliche und junge Erwachsene – bei ihrer Entdeckung der faszinierenden ‚Welt' der Gedichte gezielt anzuleiten und zu fördern.

Reichlich vorliegende Erfahrungen aus der Unterrichtsrealität besagen nun aber, dass die Umsetzung dieses Auftrags keineswegs immer problemfrei und erfolgreich verläuft. Die euphorische Behauptung ‚Alle Kinder lieben Gedichte' sieht sich mit der Gegenaussage derer konfrontiert, die darauf bestehen, sie hätten mit Gedichten ‚nichts am Hut', sie könnten damit nichts anfangen (vgl. Thalmayr 2004, S. 9). Unter den Begründungen für die sich derart artikulierende Abneigung gegen Gedichte ragt jene heraus, die die schulische Art und Weise der ‚Gedichtbehandlung' betrifft. Zu deren schärfsten Kritikern gehört der Autor Hans-Magnus Enzensberger (geb.1929), er ist vor allem gegen die von ihm als

‚Plage' gewertete Interpretation mehrfach zu Felde gezogen. Bernd Lunghard sieht die Situation ähnlich problematisch. In seinem 1997 im 10. Jahrbuch der Kinderliteratur *Oder die Entdeckung der Welt* erstveröffentlichten und seither mehrfach nachgedruckten Text *Gedichtbehandlung* schildert ein kindlicher Sprecher seinem Gegenüber – wir können uns einen Gleichaltrigen ebenso vorstellen wie einen Erwachsenen – seine negativen Erfahrungen mit der schulischen Behandlung von Lyrik: Als der Lehrer das aktuelle Gedicht vorlas, „da ist es noch sehr schön gewesen". Dann mussten es fünf Schüler nochmals lesen und drei weitere nacherzählen, bevor es „ganz auseinandergenommen", „jeder Vers einzeln besprochen" und schließlich gefragt wurde, was dieses Gedicht „uns lehrt". Zuletzt mussten die Schüler das Gedicht ins Heft eintragen und erhielten die Aufgabe, es übers Wochenende auswendig zu lernen. Da machten viele

> … lange Gesichter
> Und schimpften auf das Gedicht und den Dichter.
> Dabei war das Gedicht zunächst doch sehr schön.
>
> So haben wir oft schon Gedichte behandelt,
> So haben wir oft schon Gedichte verschandelt.
> So sollen wir lernen, sie zu verstehen.

Die letzte Zeile drückt das Erstaunen über das didaktische Ansinnen aus: So sollen wir lernen, sie zu verstehen? Nein: So werden wir n i c h t lernen, sie zu verstehen! Und – so lässt sich ergänzen: Auf diese Weise werden wir kein dauerhaftes Interesse an Lyrik entwickeln.

Der Realitätsbezug eines Unterrichts, dessen Bild in Bernd Lunghards Gedicht gezeichnet wird, dürfte unstrittig sein. Auch wenn zu hoffen ist, dass ein derart demotivierender Gedichtunterrichts nicht universell vorherrscht, evoziert die Beschreibung eine ganze Fülle von Fragen. So spricht das Kindergedicht mit den Verweisen auf das ‚Auseinandernehmen', d.h. auf die isolierte Formanalyse, auf das unmotivierte Auswendiglernen und auf die zu erarbeitende ‚Botschaft' zentrale Probleme an.

Geradezu als Synonym für den schulischen Umgang mit Gedichten steht – und das offensichtlich besonders dann, wenn dieser als unzureichend empfunden wird – der Begriff der Interpretation; in höheren Klassen wird alternativ auch von der Gedichtanalyse gesprochen. Deren Ablehnung ist wohlfeil, führt aber nicht weiter. Wir fragen daher stattdessen nach dem Sinn oder dem Wert der schulischen Gedichtinterpretation. Denn eigentlich es ist wohl so abwegig nicht, jungen Lesern und Leserinnen beim Verstehen von Gedichten Unterstützung anzubieten. Die Herausforderung an die Lehrenden besteht dabei allerdings darin, ihren Schülern die Erfahrung zu ermöglichen, dass die ‚Interpretation' und die Freude am Gedicht, die ihnen – wie ausgeführt – als originär bescheinigt wird, kein Widerspruch sein müssen.

2 Durch Interpretation die Freude am Gedicht mehren

Singet leise, leise, leise,
Singt ein flüsternd Wiegenlied,
Von dem Monde lernt die Weise,
Der so still am Himmel zieht. [...]

Singt ein Lied so süß gelinde,
Wie die Quellen auf den Kieseln,
Wie die Bienen um die Linde
Summen, murmeln, flüstern, rieseln.

Verse wie diese – sie stammen aus Clemens Brentanos Gedicht *Lureley,* das auch unter dem Titel *Wiegenlied* tradiert wird (z.B. Echtermayer/von Wiese 1965 u.ö.) – brauchen, so die Auffassung von Andreas Thalmayr (d.i. Hans-Magnus Enzensberger), keine interpretierenden Erklärungen. Das heiße nicht, dass das Gedicht inhaltsleer sei, es handele sich im Gegenteil „um eines der schönsten Gedichte deutscher Sprache" (Thalmayr 2004, S. 77), der Dichter Clemens Brentano wolle jedoch mit ihm „gar nichts Bestimmtes sagen", er wolle seine Leser „nur einen Moment lang verzaubern", es sei Musik in ihren Ohren (ebd.).

Für das gewählte Gedicht wird man Hans-Magnus Enzensbergers Argumentation gern folgen. Auch weitere Beispiele, die keiner Analysen und Erklärungen bedürfen, um ihre Leser zu erfreuen oder gar zu faszinieren, werden sich, etwa in der Naturlyrik oder unter den Volksliedern, unschwer finden lassen. Enzensberger spricht aber noch eine weitere Facette des Themas an, indem er die Kategorie der Einfachheit ins Spiel bringt. Er denkt hierbei bevorzugt an poetische Sprachspiele und Nonsensgedichte und zitiert als Beleg Hugo Balls Lautgedicht *Karawane* (Thalmayer 2004, S. 78). Da gebe es schlechthin „nicht viel zu verstehen – oder mißzuverstehen" (ebd., S. 79) – und folglich auch nichts zu erklären bzw. zu interpretieren.

In der Tat gibt es, wenn wir etwa auch an den großen Bereich der Kinderverse und Kindergedichte denken, zahlreiche Texte, die in Inhalt und Form derart einfach sind, dass selbst kleinere Kinder sie ohne Erklärungen verstehen und an ihnen Spaß haben. Allerdings darf hierdurch nicht das Missverständnis eintreten, was einfach zu verstehen sei, sei zugleich identisch mit ästhetisch ‚minderwertig'. Einfachheit nimmt den Texten nichts von ihrer Qualität, vollgültige Literatur zu sein (vgl. Lypp 2000, S. 77). Außerdem ist in der Poesie immer mit einer „reflektierten und kalkulierten Einfachheit" (ebd.) zu rechnen, was heißt, dass hier mehr als bloße Eindimensionalität vorherrscht. Und vor allem: Wie steht es neben den ‚einfachen' um die zahlreichen anderen lyrischen Texte, die sich nicht von selbst bzw. auf Anhieb erschließen? So stellt sich dann doch die Frage, ob interpretierende Erklärungen generell verzichtbar sind oder ob sie nicht auch das Verstehen unterstützen könnten.

Als Probe aufs Exempel wählen wir zunächst das Genre der Tierverse, die spontan das Kriterium ‚einfach' evozieren und daher ein geeignetes Objekt abgeben dürften.

Das erste Beispiel stammt aus Reiner Kunzes (geb. 1933) Gedichtband *Was macht die Biene auf dem Meer?* (2011), den er an „Kinder, Mütter, Väter, Großmütter und Großväter" adressiert hat. Das Titelgedicht heißt dort:

> *Was macht die Biene auf dem Meer?*
>
> Sie hofft in der Kajüte
> auf des Menschen Güte
> und träumt von einer Blüte.
>
> Das macht die Biene auf dem Meer.
> (Drum ist das Meer
> von Bienen leer.)

Der Einfall des poetischen Bildes und die Einfachheit seiner sprachlichen Gestaltung werden vom Autor derart in Einklang gebracht, dass die Leser – junge gleichermaßen wie ältere – ihre Freude haben. Die Hoffnung der Biene gilt einer Blüte, die ihr den Lebensraum garantiert. Doch weil das Meer nicht ihr natürlicher Lebensraum ist, kann sie dort von einer Blüte nur träumen – und darum meiden die Bienen das Meer.

Auch die anderen Gedichte des Bandes folgen demselben Modell, die Wortspiele sind dicht und dennoch ungezwungen, sie klingen, als wären sie gerade spontan im Spaß gesagt, wie zum Beispiel das Gedicht *Katerspaziergang*:

> Der Kater geht spazieren,
> er geht auf kurzen vieren.
> Wir gehen auf langen zwein
> Dem Kater hinterdrein.
>
> Er schaut nach seiner Braut,
> mit der er nachts miaut.
> Wir schaun ihm hinterher
> Und wünschen sie ihm sehr.

An diesen ‚einfachen' Gedichten gibt es, um nochmals Hans-Magnus Enzensberger zu zitieren, fraglos „nicht viel zu verstehen" – und folglich auch nichts zu interpretieren. Hier dominiert die Freude am Sprachwitz. Gleichermaßen gilt dies für die Tierverse in Franz Hohlers (geb. 1943) Band *Es war einmal ein Igel* (2011). Das titelgebende Gedicht lautet hier so:

> Es war einmal ein Igel
> Dem wuchsen plötzlich Flügel.

Er flog, ihr glaubt es kaum
Auf einen Tannenbaum.

Dort hüpft er auf und nieder
Und singt die schönsten Lieder.

Nur morgens beim Erwacheln
Da spürt er seine Stacheln.

In diesem Gedicht gibt es keine Verstehensbarrieren. „Scherz und Terz“ geht „direkt ins Herz“ (Lovenberg 2011, S. 32), und die Leser dürften bei diesen getreu dem Kunstprinzip „Reim dich. Oder ich fress’ dich“ gebauten Versen dieses Bandes ihre Freude haben. In einem Vierzeiler begegnet, wie bei Reiner Kunze, auch ein Kater:

Es war einmal ein Kater,
der hatte keinen Vater.

Er heulte hundertmal
Jetzt ist es ihm egal.

Die Verse sind mit scheinbarer Mühelosigkeit verfasst, ihr Nonsens spricht unmittelbar an. „Wo erwachsene Leser erst staunen und dann lachen, also die Nanoschrecksekunde fürs Verarbeitungsprogramm Kopf brauchen, sind Kinder, denen gereimte Geschichten ja immer sofort einleuchten, unmittelbar zur Stelle, um loszuprusten.“ (Lovenberg, 2011, S. 32) Sicher auch über dieses lustige Gedicht:

Es war einmal ein Huhn,
Das hatte nichts zu tun.
Da sagte ihm Frau Meier:
„Komm, leg mir doch zwei Eier!“
Da ging das Huhn ins Klo
Und sagt laut: „So, so!“
Die Eier legt es munter
Und spült sie dann hinunter.

Illustration von Kathrin Schärer in Franz Hohlers Band *Es war einmal ein Igel,* 2011.

Reiner Kunze und mehr noch Franz Hohler stellen sich mit ihren Tierversen in eine kinderliterarische Tradition, die bis zur Sammlung *Des Knaben Wunderhorn* zurückreicht, ohne diese aber lediglich zu reproduzieren. Naheliegend sind insbesondere Anklänge an Bertolt Brechts *Tierverse* von 1934. Dort findet sich ebenfalls ein Vers über ein Huhn:

Es war einmal ein Huhn,
Das hatte nichts zu tun.
Es gähnte alle an.
Doch als es so den Mund aufriß,
Da sagte ein Hund: Je nun
du hast ja keinen einzigen Zahn!
Da ging das Huhn zum Zahnarzt
Und kaufte sich ein Gebiß.
Jetzt kann es ruhig gähnen
Mit seinen neuen Zähnen.

Man kann das Gedichte als argloses und unterhaltsames „Scherzgedicht“ (Marsch 1974, S. 230) lesen, vom Autor mit leichter Hand niedergeschrieben. Vorliegende biographische wie literarhistorische Erläuterungen weisen aber darauf hin, dass die *Tierverse* – wie Brechts Kindergedichte generell – in ihrer Thematik über den ersten Augenschein hinausgehen. „Kindlich“ erfolgt allein ihre Darbietung, das heißt, die Themen werden sprachlich so vorgestellt, dass die Kinder sie in ihrer Vorstellungswelt realisieren können (Knopf 1984, S. 97). „Die Kunst dabei ist, nicht primitiv, sondern einfach zu sprechen. Die Einfachheit ist das Resultat dessen, was schwierig und schwierig zu machen ist.“ (Ebd.)

Entstehungsgeschichtlich sind die *Tierverse* verschlüsselte politische Gedichte, die auf die Situation im nationalsozialistischen Deutschland Bezug nehmen – „Es war einmal ein Huhn“ konkret auf den Reichstagspräsidenten Hermann Göring. Sich auf Vorstellungen aus der Tierfabel stützend, sind die Verse für sich verständlich und regen zunächst ganz auf die Fabel bezogene Fragen an. Das tatenlose Huhn lässt sich, vom Tadel des Hundes verführt, darauf ein, sich ein seiner Art ungemäßes Gebiss verpassen zu lassen – und macht sich damit lächerlich. Wie in der Fabel üblich, verweist das Erzählte aber noch über sich hinaus auf das eigentlich Gemeinte: Es ist ein satirischer Angriff auf den politischen Gegner, der prompt auf den Defizitvorwurf hereinfällt und, indem er die falsche Konsequenz daraus zieht, den an sich ja unberechtigten Tadel zu einem berechtigten macht. (S. auch: „Es war einmal ein Adler“, S. 47.)

Den Charakter des ganzen politischen Systems versinnbildlicht Bertolt Brecht in einem Tiervers, der fabeltypisch die Überschrift ‚Rabe und Kanari‘ tragen könnte. (Die einzelnen *Tierverse* haben bei Brecht keine Überschriften.)

Es war einmal ein Rabe
Ein schlauer alter Knabe,
Dem sagte ein Kanari, der
In seinem Käfig sang: Schau her
Von Kunst
Hast du keinen Dunst.
Der Rabe sagte ärgerlich:

Wenn du nicht singen könntest,
wärst du so frei wie ich.

In der Schreibweise der Fabel kritisiert Bertolt Brecht (1898–1956) in dem Tiervers die Unterdrückung der Menschen, genauer: der Künstler, in der (nationalsozialistischen) Diktatur. Was hier noch verschlüsselt ist, hört sich in einem Vierzeiler aus dem im selben Jahr unter denselben Bedingungen entstandenen Gedicht *Alfabet* zum Buchstaben „D“ so an:

Illustration von Ursula Kirchberg aus Bertolt Brecht *Onkel Ede hat einen Schnurrbart*, 2006.

Die Dichter und die Denker

Die Dichter und die Denker
Holt in Deutschland der Henker.
Scheinen Mond und Sterne nicht
Ist die Kerze das einzige Licht.

In diesem Vierzeiler, der exemplarisch für die Verse des *Alfabets* steht, wird Brechts poetisches Verfahren vollends augenfällig: Er benutzt die Maske des Kindlichen, des Einfachen, „um arglos, aber umso intensiver Wirkung auszuüben“ (Marsch 1974, S. 231).

Mit diesen Erläuterungen haben wir nun aber die Ebene des voraussetzungslosen Verstehens verlassen und einen Schritt in Richtung Interpretation getan. Das heißt: Das Verstehen der Texte wurde unterstützt durch Beschreibung der literarischen Form, durch Hinweise auf entstehungsgeschichtliche Hintergründe und den Ansatz einer Deutung. Biographische Informationen und Analysen des Inhalts oder der poetischen Sprache könnten beispielsweise noch hinzukommen. Bei ‚einfachen’ oder ‚einfach scheinenden’ Gedichten sind solche interpretierenden Erläuterungen zwar nicht unbedingt erforderlich, einem tieferen Verständnis dienen sie aber in jedem Falle.

Ob nun bei ‚einfachen’ Texten oder bei ‚komplexeren’, die möglicherweise sogar die Mehrheit ausmachen – worum es bei der Interpretation idealiter gehen sollte, hat die große Lyrikerin Hilde Domin (1909–2006) Ende der 1960er Jahre in einer Erklärung formuliert, die bis heute nichts von ihrer Gültigkeit verloren hat:

> Die Interpretation führt hin an das Gedicht, sie lehrt zunächst einmal genau lesen. Ganz wie der Betrachter eines Bildes zunächst einmal sehen lernen muß, was „da“ ist. Es ist keineswegs selbstverständlich, daß ein jeder das kann oder tut. Sehen lernen, hören lernen, lesen lernen, „was da ist“, ist die erste Übung.

> Abgesehen davon, daß die Interpretation den Leser lesen lehrt, was da steht, macht sie ihn hellhörig für das, was im Gesagten mitschwingt, was also nicht – oder so nicht – da steht, sondern mitangeschlagen ist. Und sie macht darauf aufmerksam, wie das Gedicht es erreicht, daß das eine gesagt, aber etwas anderes oder mehr gemeint ist. Interpretation führt den Leser bis hin an das Gedicht, sie zeigt ihm, wie er lesen könnte. Dann läßt sie ihn los. (Domin 1969)

Eine Interpretation ist aber nicht das ‚letzte Wort' zum Gedicht. Die lange vorherrschende Auffassung, e i n e (und nur eine) Interpretation sei richtig und gültig, die in der Vergangenheit eine der Hauptursachen nachhaltiger Abneigungen gegen Gedichte war, ist heute durch die Rezeptionstheorie und den Dekonstruktivismus revidiert, die dem lesenden Subjekt Priorität gibt. Eine Interpretation ist danach gewissermaßen ‚nur' eine Wortmeldung in einem literarischen Gespräch über Gedichte, ungeachtet ob dieses unmittelbar oder über schriftlich fixierte Texte stattfindet. – Zwei Beispiele sollen diese These stützen.

Das erste ist *Ladislaus und Komkarlinchen,* eines der bekanntesten Kindergedichte des DDR-Autors Peter Hacks (1928–2003), das er 1965 in dem Band *Der Flohmarkt* erstveröffentlichte.

Ladislaus und Komkarlinchen

Es war einmal ein Landsknecht,
Der hatte eine Maus,
Die Maus hieß Komkarlinchen,
Der Landsknecht Ladislaus.

Der Landsknecht liebt das Kämpfen,
Die Beute und die Ehr,
Aber sein Komkarlinchen,
Das liebt er noch viel mehr.

Sie aß von seinem Brote,
Sie schlief in seinem Bart,
Sie wohnt in seiner Tasche
Auf weiter Kriegesfahrt.

Nur wenn in eine Schlacht ging
Der Landsknecht mit der Maus,
Sprang sie ihm aus dem Rock und
Nahm wie der Wind Reißaus.

Da wurd er sehr bekümmert
Und lief ihr hinterher
Die Kreuz und auch die Quere
Durchs ganze römische Heer.

Und weil sie lief nach hinten
Und niemals lief nach vorn,
Ging ohne ihn die Schlacht halt
Gewonnen und verlorn.

Der Krieg wurd immer älter,
Der Krieg wurd dreißig Jahr,
Älter als mancher Landsknecht
Alt geworden war.

Und die das Kämpfen liebten,
Die Beute und die Ehr,
Die lagen schon begraben
In Sachsen und am Meer.

Jedoch aus allen Wettern
Kam heilen Leibs heraus
Dank seinem Komkarlinchen
Der Landsknecht Ladislaus.

Peter Hacks

Es könnte eine Lesart dieser Kinderballade von *Ladislaus und Komkarlinchen* sein – in deren Titel das alte Tanzlied *Komm, Kalineken, tanz mit mir* anklingt –, dass sie eine fabelähnliche Geschichte von etwas Kleinem erzählt, das hilft, das Große zu besiegen (vgl. Schulz 2006, Sp. 791).

Eine andere Lesart könnte die Ballade als „proletarische" Anekdote in einer bestimmten Kriegssituation, beispielsweise dem Dreißigjährigen Krieg, verstehen.

> [Peter Hacks] verlegt dabei die Dialektik gleichsam vom Kopf ins Herz. Denn anders als etwa der brave Soldat Schweyk von Brechts und Haseks Gnaden überlebt sein Landsknecht nicht durch List, sondern durch die Liebe zu einer kleinen Maus, die er wie ein Maskottchen bei sich trägt. (Jansen 2003)

Eine dritte Lesart mag darauf abheben, dass Peter Hacks den Krieg kritisiert und mit ihm vor allem den Kriegshelden früherer Zeiten in seinem egozentrischen wie tödlichen Pathos.

> Nüchtern wird in den letzten beiden Strophen bilanziert: Der, der nach Ehre und Beute und Abenteuerlust aus ist, überlebt nicht. Der blinde Beutewahn und das Streben nach gesellschaftlicher Anerkennung (Ehrungen) werden als Illusion und Irrglaube entlarvt. Viele aus dem Fußvolk sterben und profitieren keinesfalls von ihrem Einsatz im Krieg. Ladislaus überlebt die Kämpfe. Die ironischen Züge treten hervor: Der starke Landsknecht wird von einer Maus gerettet, die aus der Schlacht flüchtet. (Waldt 2003, S. 195)

Danach handelt es sich in diesem Gedicht also eher um eine Antiheldenballade. Und es scheint nicht abwegig, dass Peter Hacks ein Thema aus der Vergangenheit wählt, „um die Gegenwart kritisch zu durchleuchten" (Schulz 2006, Sp. 788). Die „Didaktik der Antikriegstendenz" ist evident, da es sich aber um ein Gedicht für Kinder handelt, löst Hacks sie „in einer spannenden Geschichte auf, die auf lässig gezügelten Versfüßen falschem Heldentum entwaffnend komisch zu Leibe rückt" (ebd.).

Angesichts der in diesen angedeuteten Lesarten zum Ausdruck kommenden Mehrdeutigkeit der Kinderballade verbietet es sich, nur eine einzige Verstehensweise als richtig und die anderen als falsch zu qualifizieren. Jede der interpretierenden Annäherungen präsentiert potentiell zustimmungsfähige, jedenfalls aber nachvollziehbare Beobachtungen und hat daher ihre Berechtigung im literarischen Gespräch.

Einige Überlegungen zu Bertolt Brechts Gedicht *Der Rauch* sollen die Argumentation bekräftigen. Der kleine Text gehört zu den bekanntesten Gedichten der *Buckower Elegien* (1953), dem lyrischen Spätwerk des Autors.

Wie die *Buckower Elegien* insgesamt ist auch das Gedicht *Der Rauch* ursprünglich für Erwachsene geschrieben. Gleichwohl haben es Rosemarie Hill und Herta Ramthun in ihre repräsentative Werkauswahl des Brecht-*Kinderbuch(s)*

(1965) aufgenommen, und es ist zu vermuten, dass dies seine weitere Rezeption auch als Kindergedicht bewirkt hat. Jedenfalls findet es sich heute ganz selbstverständlich in Grundschullesebüchern und Unterrichtsmodellen.

Der Rauch.

Das kleine Haus unter Bäumen am See.
Vom Dach steigt Rauch.
Fehlte er
Wie trostlos dann wären
Haus, Bäume und See.

Auf den ersten Blick gibt sich das Gedicht als leicht verständlich. Es sieht so aus, als hätten wir in ihm „eine Idylle vor uns, fast einen Locus amoenus, gelegen in Buckow“ (Weinrich 1982, S. 37). Zum Bild von dem kleinen Haus unter dem See, das den ersten Eindruck bestimmt, kommt der bereits in der Überschrift annoncierte Rauch hinzu: Er steigt vom Dach.

> Der Rauch gehört offenbar zum Haus, charakterisiert es, indem er den Bildbereich des ersten (idyllischen) Eindrucks erweitert und erheblich modifiziert. Durch den Rauch kommt Bewegung ins zunächst ganz statische Bild, und Bewegung deutet auf Lebendiges, deutet darauf, daß das Haus bewohnt ist. Er steht [...] für Leben. (Knopf 1978, S. 19)

So gesehen, können sich die Leser und Leserinnen, einschließlich der jüngeren, an dem kleinen Haus unter Bäumen am See und an dem Rauch, der aus seinem Dach steigt, erfreuen.

Andere Interpreten halten es jedoch für ein Missverständnis, in dem Gedicht eine Idylle sehen zu wollen, und beziehen sich dabei auf seinen zweiten, mit der Mittelachse „Fehlte er“ beginnenden Teil. Brecht, so ihre Argumentation, denke sich hier nicht grundlos etwas aus, wenn er den Rauch, der vom Dach aufsteigt, wegdenke (Weinrich 1982, S. 37).

> Über den Rauch als Zeichen für mancherlei hat er in seinem lyrischen Werk viel nachgedacht. So in seinem *Lied vom Rauch* über den vergänglichen Rauch, so andererseits über die „Gebirge von Rauch“, die über eine bombenzerstörte Stadt stehen können. (Ebd.)

Und eben auch über den friedlichen Rauch, so er denn vom Hausdach aufsteigt. Die Idylle im ersten Teil des Gedichtes *Der Rauch* ist aber an Bedingungen gebunden. „Fehlte“ der Rauch, dann wäre auch kein Trost mehr bei diesem Haus, diesen Bäumen, diesem See, „wäre der ganze, doch Idyllik suggerierende Eindruck des Beginns ohne Hoffnung, ohne Zufriedenheit, ohne Glück, ohne Zukunft“ (Knopf 1978, S. 19). Übrig bliebe die gedachte trostlose Kulisse eines unbewohnten bzw. von Menschen nicht mehr bewohnbaren Ortes.

> Der Konjunktiv bringt Reflexion ins nur Geschaute, formuliert im (relativen) Wenn-Dann-Beziehungssatz eine Sprachhaltung, die an wissenschaftlich-logische Definitionen erinnert. Die Reflexion erweitert das Bild durch Sinngebung, [durch] Interpretation. (Ebd.)

Eine allein gültige Deutung dieses kleinen, „in meisterlich knappen Worten“ (Walter Jens, zit. in Weinrich 1982, S. 38) verfassten Gedichtes, gibt es nicht. Es gibt nur Annäherungen, und dass diese durchaus unterschiedlich sein können, hat schon das Beispiel von *Ladislaus und Komkarlinchen* gezeigt. Gerade aber die Wahrnehmung und Hervorhebung unterschiedlicher Aspekte befördert das Verstehen mehr als die Festlegung auf eine einzige Lesart.

Ein Kronzeuge dieser Auffassung ist Reiner Kunze. Er zollt in dem Essay *Der erhellende Begriff* (1989) solcher Art der Gedichtinterpretation hohes Lob und legitimiert sie zugleich als Movens der Freude an Literatur überhaupt:

> Das [unterschiedliche Deuten] nenne ich erhellend interpretieren und durch Interpretation die Freude am Text mehren – was einerseits das höchste ist, das Interpretation zu leisten vermag, andererseits aber auch das einzige, das ihr letztlich Berechtigung verleiht. Im Vorwort zur „Braut von Messina“ schreibt Schiller: „Alle Kunst ist der Freude gewidmet, und es giebt keine höhere und keine ernsthaftere Aufgabe, als die Menschen zu beglücken. Die rechte Kunst ist nur diese, welche den höchsten Genuß verschafft. Der höchste Genuß aber ist die Freiheit des Gemüts in dem lebendigen Spiel aller seiner Kräfte.“ Die rechte Interpretation kann also nur jene sein, die dazu beiträgt, dieses Genusses teilhaftig zu werden. (Kunze 1989, S. 173 f.)

Vom „genußvollen Aneignen der Künste“ hatte schon Bertolt Brecht gesprochen (Brecht 1967/16, S. 774). Er hatte damit zwar auf die aktiv-schöpferische Leistung des Theaterzuschauers gezielt, das Diktum ist aber auch auf den Umgang mit Gedichten übertragbar. „Genußvolles Aneignen der Künste“ meint kein vordergründiges Vergnügen, ausgelöst etwa durch die Beschäftigung mit trivialen, bloß lustigen, unterhaltsamen Gedichten, sondern weit darüber hinaus „die Lust am Erkennen“ beim Umgang mit thematisch und ästhetisch anspruchsvollen Gedichten. (Ebd.)

Folgerichtig schreibt Brecht den jungen Pionieren – stellvertretend für seine Leser insgesamt – auf die Frage *Wie man Gedichte lesen muß* ins Stammbuch:

> Es ist [...] mit Gedichten nicht immer so wie mit dem Gezwitscher eines Kanarienvogels, das hübsch klingt und damit fertig. Mit Gedichten muß man sich ein bißchen aufhalten und manchmal erst herausfinden, was daran schön ist. (Brecht 1967/19, S. 509)

Die Notwendigkeit des „Sich Aufhaltens“ hat Brecht in der „Anmerkung“ zu seiner „literarischen Arbeit“ *Über das Zerpflücken von Gedichten* (Brecht

1967/19, S. 392 f.) noch einmal variiert, einem Text, der bis heute (fast) in jedem Lesebuch steht, weil damit vorgeblich das Auseinandernehmen von Gedichten legitimiert werden kann, das in dem eingangs zitierten Kindergedicht *Gedichtbehandlung* so negativ konnotiert ist. Brecht rechtfertigt hier aber weder das „Herausreißen von Wörtern und Bildern“ (ebd., S. 392) noch das Versfüßezählen oder ähnliche Operationen; er setzt vielmehr der verbreiteten Meinung, dass Gedichte bloße Stimmung seien, mit denen die Emotion angesprochen werde, seine Position entgegen, dass Gedichte gleichermaßen eine rationale Komponente hätten, die ruhig auch daraufhin geprüft werden dürfe. In diesem Sinne lautet das Fazit seiner kurzen Reflexion: „Zerpflücke eine Rose und jedes Blatt ist schön.“ (Ebd., S. 393) Oder wie im Brief an die jungen Pioniere: „Eine Rose ist schön im Ganzen, aber auch jedes ihrer Blätter ist schön.“ Und an die Pioniere fügt Brecht noch hinzu: „[…] glaubt mir, ein Gedicht macht wirklich nur Freude, wenn man es genau liest.“

3 Zur Konzeption

Die bisherigen Überlegungen dürften deutlich gemacht haben: Interpretation ist keine Kunst, wie das die in ihrem Einfluss auf die Didaktik wirkmächtige werkimmanente Literaturwissenschaft behauptet hatte; sie ist Hilfe zum besseren Verstehen und Unterstützung ‚genussvollen Aneignens' eines Gedichtes. Als solche ist sie das Komplement zu den handlungs- und produktionsorientierten Verfahren im Umgang mit Gedichten, die auf der Grundlage rezeptionsästhetischer Erkenntnisse seit den 1980er Jahren konzipiert und weiterentwickelt wurden. Aktiv-produktiv und zugleich spielerisch handelnd beteiligen sich die Leser und Leserinnen mittels dieser Verfahren an der Sinnbildung bzw. am Verstehen eines Gedichtes. Anders als in mancherlei Unterrichtsvorschlägen erkennbar, sehen wir den interpretativen und handlungs- und produktionsorientierten Umgang mit Gedichten folglich nicht als Gegensätze, sondern als Verfahren, die sich wechselseitig stützen, ergänzen und bereichern.

Der Schweizer Dichter Kurt Marti (geb. 1921) hat – fernab schuldidaktischer Konzepte, gleichwohl aber darauf beziehbar – dieses Verständnis in einem *gedicht von gedichten* überzeugend ausgesprochen. Er spielt dort mit der doppelten Bedeutung des Verbs ‚begreifen', einem Synonym von ‚verstehen', um Möglichkeiten des Umgangs mit Gedichten aufzuweisen:

gedicht von gedichten

ein gedicht,
das nicht zu begreifen ist
möchte vielleicht betastet sein

ein gedicht
das nicht zu betasten ist
möchte vielleicht betreten sein

ein gedicht
das nicht zu betreten ist
möchte vielleicht betrachtet sein

ein gedicht
das nicht zu betrachten ist
möchte vielleicht begriffen sein.

Lehrer und Lehrerinnen haben (bei Fortbildungsseminaren) unter anderem so weitergedichtet:

ein gedicht
das nicht zu begreifen ist
möchte vielleicht gespielt sein

ein gedicht
das nicht zu spielen ist
möchte vielleicht gesungen sein

ein gedicht
das nicht zu singen ist
möchte vielleicht gemalt sein

ein gedicht
das nicht zu malen ist
möchte vielleicht gelesen sein

Umgangsformen mit Gedichten, wie sie in Kurt Martis Ratschlägen und in den Vorschlägen der Lehrer und Lehrerinnen beispielhaft genannt werden, sind in unserem didaktischen Konzept Thema des Kapitels „Blickpunkt: Methoden“. Dieses nimmt einen zentralen Platz ein, weil nach allem, was wir über schulische Lesemotivation allgemein und im Besonderen über die Bereitschaft wissen, sich mit Gedichten zu beschäftigen, die Art und Weise des Umgangs eine ausschlaggebende Rolle spielt – negativ, wie schon angeklungen ist, aber eben auch positiv. Mit der Beschreibung größtenteils praxiserprobter Unterrichtssequenzen und -anregungen wollen wir die Vielfalt des Methodenrepertoires vorstellen, die einem motivierenden Gedichtunterricht verfügbar ist, sowie Möglichkeiten deren Umsetzung zeigen.

Ohne Beachtung der Texte wären die Methoden allerdings bloß substanzlose Formalübungen. Sie müssen immer mit den Gedichten selbst verbunden sein, mehr noch: durch sie sich legitimieren. So geht der Frage nach den Methoden jene nach den Gegenständen voraus. Grundsätzlich steht die ganze ‚Welt' des Gedichts in Vergangenheit und Gegenwart zur Entdeckung bereit. Unterrichtsökonomische Gegebenheiten und durch das Alter der Schüler und Schülerinnen bedingte Grade des Textverstehens machen jedoch eine Auswahl erforderlich. Im Kapitel „Blickpunkt: Formen“ stellen wir dar, welche Gattungen und Formen für die hier in Rede stehenden Klassen eins bis sechs in besonderer Weise geeignet sein könnten, dass die Schüler eine stabile Beziehung zu Gedichten aufbauen bzw. ein anhaltendes Interesse an ihnen bekommen.

Die Motivation und das Interesse allein auf die lyrischen Formen zu gründen, wäre allerdings kurzschlüssig. Gedichte haben immer auch einen Inhalt, mag dieser noch so einfach sein; sie sprechen ein bestimmtes Thema an, wollen etwas bedeuten; selbst die so genannte Unsinnspoesie verzichtet nur im herkömmlichen Verständnis auf Sinn oder auf Logik, ist aber nicht eigentlich sinnlos. Der Inhaltsaspekt ist bei jedem Gedicht im Spiel, auch wenn die Perspektive der Form oder der Umgangsmethode eingenommen wird. Diesen Sachverhalt aber nochmals eigens hervorzuheben, ist Absicht des Kapitels „Blickpunkt: Themen“. Unsere Vorschläge zielen hierbei auf die Bildung von Sequenzen, in denen in besonderer Weise der Wirklichkeitsbezug von Gedichten erkennbar wird.

Die Umgangsformen stützen sich dabei auf das Methodenrepertoire, das zuvor erarbeitet wurde.

Beim Entdecken der ‚Welt' der Gedichte ist schließlich die Komponente des Dichters nicht auszulassen. Die Praxis älterer Lesebücher, den Autor bzw. die Autorin eines Gedichtes nicht direkt beim Text, sondern allenfalls im Inhaltsverzeichnis zu nennen, ist gewiss ebenso verfehlt, wie die Gedichtinterpretation allein an die Biographie des Autors zu binden. Als eine von mehreren Perspektiven auf das Gedicht ist der biographische Aspekt aber auf jeden Fall gut zu rechtfertigen. Leben und Lebenswelt eines Autors mit in den Blick zu nehmen, zumal wenn es sich um einen Autor der Vergangenheit handelt, kann zu aufschlussreichen Einsichten über Gedichte führen.

In unserem Schlusskapitel „Blickpunkt: Autor" nehmen wir diese biographische Perspektive exemplarisch an Johann Wolfgang von Goethe und Josef Guggenmos ein, zwei Dichtern, die sich zu unterschiedlichen Zeiten als herausragende Lyriker erwiesen haben. Informationen über Leben und Lebenswelt der Autoren stehen jedoch nicht allein. Wir verbinden sie in unseren Unterrichtsvorschlägen zum einen mit einer repräsentativen Werkauswahl und zum anderen mit thematischen Aspekten und methodischen Vorgehensweisen. So werden die Unterrichtsanregungen zu Modellen, in denen die verschiedenen Perspektiven auf Gedichte beispielhaft integriert sind.

Die gewählten Blickpunkte auf Gedichte – Formen, Methoden, Themen und Autoren – konvergieren mit den Zielstellungen, wie sie Bildungsstandards und Lehrpläne heute formulieren. Auch mit der Gegenstands-, der Schüler- und der Kompetenzorientierung, die im didaktischen Diskurs als essenzielle Bedingungsfaktoren eines gelingenden Literaturunterrichts gelten, stimmen sie uneingeschränkt überein. Es ist unsere – ganz und gar nicht pathetisch gemeinte – Hoffnung, dass den Lernenden das Entdecken von Gedichten auf den im Folgenden aufzuzeigenden Wegen als Gewinn für ihre Lebensqualität erfahrbar wird.

II Blickpunkt: Formen

Lyrische Dichtung kennzeichnet ein großer, historisch gewachsener Formenreichtum, der sich verschiedenen Komponenten verdankt: der Person des Dichters etwa und der Poesieauffassung seiner Zeit, dem Wirklichkeitsbezug der Gedichte und selbstverständlich auch den Adressaten. Wer Gedichte hören oder lesen soll, ist lange eine Frage von gesellschaftlichem Stand, Bildungsstatus und kultureller Praxis gewesen, was in Formen wie Volkslied, (profanem) Kunstlied und Kirchenlied oder in analogen Formbegriffen wie Volks- und Kunstballade besonders augenfällig wird.

Als Adressaten lyrischer Dichtung sind so lange grundsätzlich Erwachsene zu denken, bis sich im 18. Jahrhundert eine literarische Kinderlyrik herauszubilden beginnt, deren Spektrum an Formen, Inhalten und Funktionen sich in der Folgezeit zusehends erweiterte. Das reichhaltige und vielfältige Repertoire an Kinderlyrik, das derart entstand und sich bis in unsere Gegenwart hinein beständig fortentwickelt, ist ein vorzügliches offenes Angebot an Kinder von heute, die Welt der Lyrik sukzessive zu entdecken.

Auch dem Lyrikunterricht der Schule bietet die Kinderlyrik einen Fundus an geeigneten Texten für planvoll gestaltete Lernprozesse. Nicht unerheblich für didaktische Überlegungen ist nun aber, dass die schulische Rezeption lyrischer Dichtung keineswegs ausschließlich auf die von vornherein für Kinder verfasste und publizierte Kinderlyrik begrenzt ist, sondern – mit zunehmendem Alter der Schüler und Schülerinnen umso mehr – auch genuin für Erwachsene geschriebene Gedichte einschließt, die sich für Kinder als geeignet erwiesen haben. Besonders zahlreich sind die Belege hierfür in der Gattung Ballade, sie finden sich häufig aber auch in der Natur- und Erlebnislyrik. Seit den 1970er Jahren wurde in mehreren Gedichtanthologien, insbesondere an zeitgenössischen Gedichten, konsequent und erfolgreich erprobt, inwieweit sich die Grenzen zwischen beiden Bereichen verschieben oder sogar durchbrechen lassen. Beispielhaft stehen hierfür die von Hans-Joachim Gelberg herausgegebenen Anthologien *Großer Ozean. Gedichte für alle* (2000) und *Wo kommen die Worte her? Neue Gedichte für Kinder und Erwachsene* (2011). Die Mehrfachadressierung deutete sich freilich bereits zuvor schon an, so unter anderem in der richtungsweisenden, von James Krüss herausgegebenen Anthologie *So viele Tage das Jahr hat. 365 Gedichte für Kinder und Kenner* (1959) und noch deutlicher in seinen Gedichtbänden *Der wohltemperierte Leierkasten. 12 mal 12 Gedichte für Kinder, erwachsene und andere Leute* (1961) und *James' Tierleben. Eine kleine Zoologie zur Unterhaltung und Belehrung und zum Lesen und Vorlesen für die ganze Familie* (1965).

Auf die Frage, wie dieses Phänomen begrifflich zu fassen wäre, gibt es bislang keine übereinstimmende Antwort. Die Unterscheidung zwischen ‚Kinderlyrik' und ‚Lyrik für Kinder' weist zwar in die angezielte Richtung, ist aber, weder im Adressatenbezug noch auf der Ebene der Intentionalität, hinreichend präzise.

Ohnehin ist die Verständigung über einschlägige Begriffe schwierig, was an den Termini ‚Kinderlyrik' und ‚Kindergedicht' beispielhaft erkennbar ist. Sie werden vielfach synonym gebraucht; in dem erstmals 1979 vorgelegten, später differenzierten und präszisierten Vorschlag von Kurt Franz (1999; 2000[a]; 2012[a]), dem wir uns hier anschließen, fungiert das Kindergedicht hingegen als ein Teilbereich der Kinderlyrik.

Im Nachwort zu seiner Gedichtanthologie *Großer Ozean* beantwortet Hans-Joachim Gelberg die Frage, wann ein Gedicht ein Kindergedicht sei, mit der Aussage: „Ein Gedicht ist ein Kindergedicht, wenn ein Kind das Gedicht liest." (Gelberg 2000, S. 240) Die Erklärung ist einleuchtend. Abgesehen von der Verwendung des Terminus' ‚Kindergedicht' anstelle des Oberbegriffs ‚Kinderlyrik', eignet sich der Satz gut auch als Leitlinie didaktischen Handelns. Er hebt den zweifelsfrei vorhandenen Unterschied zwischen Kinderlyrik und Erwachsenenlyrik nicht auf, lässt zugleich aber Raum für allfällige Grenzüberschreitungen. Dass diese zudem nicht nur in einer Richtung – sozusagen von unten nach oben – erfolgen müssen, wird angesichts des beiden Bereichen gleichermaßen immanenten Kunstanspruchs heute durchaus auch gesehen und in erwähnten Charakterisierungen wie ‚Gedichte für Kinder und Erwachsene' oder ‚Gedichte für alle' programmatisch zum Ausdruck gebracht.

Im Bewusstsein dieses Umstands geben wir im Folgenden in gegenwartsbezogener Perspektive zunächst einen knappen Überblick über die Entwicklung des Kindergedichts, verstanden als Segment der Kinderlyrik. ‚Gegenwartsbezogen' meint dabei, dass keine historische Gesamtdarstellung beabsichtigt ist, die literarische Überlieferung vielmehr nach ihrer Bedeutung für die Gegenwart befragt wird, somit nur Gedichte (und ihre Dichter) in den Blick genommen werden, die noch heute, vorwiegend in Anthologien und Lesebüchern, rezipiert werden.

Anschließend werden einige wenige ausgewählte lyrische Gattungen, Genres und Arten in ihren historischen, modernen und zeitgenössischen Erscheinungsweisen näher betrachtet und mit Beispielen belegt, die wir didaktisch in besonderer Weise für hervorhebenswert halten, weil sie entweder sehr bedeutsam und repräsentativ sind oder aber in jüngerer Zeit unpräzise verwendet wurden beziehungsweise zu Unrecht aus dem Blick gerieten. Im angesprochenen Sinne geht es dabei nicht allein um Kinderlyrik, sondern auch um Erwachsenenlyrik, die zur Lektüre für junge Leser und Leserinnen geworden ist:

- Erzählende Gedichte: Balladen, Versfabeln, Märchenerzählgedichte;
- Konkrete Poesie: Vorläufer, Spielarten und kinderliterarische Aktualisierungen;
- ‚Artistische' Formen: Akrostichon, Rondel, Haiku.

Die Darstellung versteht sich als Angebot, das Vorhandene zu rekapitulieren und zu prüfen, welche Gedichte der schulischen Rezeption, oder anders formuliert, entdeckendem Lernen heutiger Schüler und Schülerinnen zugänglich sein könnten.

1 Kindergedichte

Das Kindergedicht stand am Anfang seiner Geschichte in der Epoche der Aufklärung ganz im Dienste einer bürgerlichen Moral- und Tugenderziehung. Diese erste, explizit pädagogisch ausgerichtete kinderliterarische Produktion ging wesentlich von Christian Felix Weiße (1726–1804) und Joachim Heinrich Campe (1746–1818) aus: Weiße hatte als erster Dichter eigens *Lieder für Kinder* (zuerst 1767) veröffentlicht, Campe mit den Bänden seiner *Kleine(n) Kinderbibliothek* (1779–1784) die erste kinderliterarische Anthologie erstellt. Als lehrhafte Gattung war auch die (Vers-)Fabel sehr beliebt, ungeachtet dessen, dass sie keine originäre Kinderlyrik war. Solche schrieb hingegen Christian Adolf Overbeck (1755–1821), darunter in *Frizchens Lieder[n]* (1781) das durch Mozarts Vertonung populär gewordene Lied *An den May*, dessen erste Strophe lautet:

> Komm, lieber May, und mache
> Die Bäume wieder grün
> Und laß mir an dem Bache
> Die kleinen Veilchen blühn!
> Wie möchte ich doch so gerne
> Ein Blümchen wieder sehn!
> Ach, lieber May, wie gerne
> Einmal spazieren gehn!

Der Ton, den Christian A. Overbeck hier anschlägt, weist auf die Kinderlyrik der Romantik voraus, in der sich das volkstümliche und zuweilen spielerische Kindergedicht etablierte (vgl. Franz 2012[a], S. 202). Maßstäbe setzte hier der Kinderliedanhang im dritten Band von Achim von Arnims (1771–1831) und Clemens Brentanos berühmter Sammlung *Des Knaben Wunderhorn* (1806/1808). Zu den bis heute bekannten und rezipierten Texten hieraus zählen der *Butzemann*, das *Abendgebet* („Abends wenn ich schlafen geh …“), das *Sommertagslied* („Tra, ri, ro, / Der Sommer, der ist do! …“) und vor allem das geheimnisvolle *Bucklige Männlein* (vgl. Franz 2012[a], S. 203), das von manchen zu den „geistreichsten Stücken“ der ganzen Anthologie (Politzer 1979, S. 49) gezählt wird.

Die vom *Wunderhorn* ausgehenden Impulse bewirken im 19. Jahrhundert „eine erste große Blüte“ des Kindergedichts (Franz 2012[a], S. 203). Vieles davon ist vergessen, eine ganze Reihe der damals entstandenen Texte ist aber heute noch in Anthologien und Schullesebüchern präsent. Zu ihnen gehören die „volkstümliches Allgemeingut“ (ebd.) gewordenen Lieder *Alle Jahre wieder* und *Weißt du, wie viel Sterne stehen* von Wilhelm Hey (1789–1854) aus dem Anhang seiner beiden höchst erfolgreichen Bücher *Funfzig Fabeln für Kinder* (1833) und *Noch funfzig Fabeln für Kinder* (1837) mit gereimten Texten und den berühmt gewordenen Bildern von Otto Speckter (s. S. 156) oder die Erzähl- und Fabelgedichte

Vom schlafenden Apfel (s. S. 110) und *Der Hahn* (s. S. 46) aus dem *Märchen-, Lieder- und Geschichtenbuch* (1873) von Robert Reinick (1805–1852). August Kopisch (1799–1853) hat mit den *Heinzelmännchen zu Köln* „ein bleibendes Paradigma der Lautmalerei“ (Franz 2012[a], S. 204) geschaffen, dem Heinrich Seidel (1842–1906) einige Jahrzehnte später mit der Kinderfabel *Das Huhn und der Karpfen* (s. S. 47) Gleichwertiges zur Seite stellte; auch Seidels Gedichte *Die Schaukel* (s. S. 150), *April* (s. S. 281) und *November* leben bis heute fort. Wegen seiner Lautmalerei beliebt geblieben ist nicht zuletzt das Gedicht vom *Bratapfel* (s. S. 131) von Emilie (gest. 1906) und Fritz Kögel (1860–1905); noch gut hundertfünfzig Jahre später hat es die österreichische Dichterin Friedl Hofbauer (1924–2014) zu dem lautmalenden Gedicht *Bratäpfel* (s. S. 130) angeregt.

„Zum fruchtbarsten und bis heute folgenreichsten Kinderlieddichter wird [...] August Heinrich Hoffmann von Fallersleben (1798–1874), etwa mit seinem *Lied vom Monde* (‚Wer hat die schönsten Schäfchen ...‘, 1835), das [...] oft für sein schönstes gehalten und gerne neben das *Abendlied* (s. S. 211) von Matthias Claudius gestellt wird.“ (Franz 2012[a], S. 203)

Wer hat die schönsten Schäfchen?
Die hat der goldne Mond,
der hinter unsern Bäumen
Am Himmel drüben wohnt.

Hoffmann von Fallerslebens Märchenerzählgedicht *Vom Schlaraffenland* ist derart volkstümlich geworden, dass es oft sogar ohne Verfasserangabe zitiert wird. Und darüber hinaus zählen zahlreiche seiner Liedtexte – beispielsweise *Wettstreit* („Der Kuckkuck und der Esel ...“), *Winters Abschied* („Winter, ade ...“), *Frühlings Ankunft* („Alle Vögel sind schon da ...“) und *Rätsel* („Ein Männlein steht im Walde ...“) – noch immer zum Grundbestand der Sprach- und Musikerziehung in der Vorschule und in den ersten Grundschulklassen (vgl. Franz 2012[a], S. 203).

Wirkt in solchen Gedichten der Einfluss der romantisch-volkstümlichen Kinderlyrik weiter, so setzt sich in anderen die in der Aufklärung begonnene pädagogisch-lehrhafte Tendenz fort, wenn auch durch spielerische Elemente meist stark gemildert. Typische Beispiele sind die Kinderballade *Vom Büblein auf dem Eis* (s. S. 39) von Friedrich Güll (1812–1879) oder die *Fünf Mährlein zum Einschläfern für mein Schwesterlein* (1813), die der junge Friedrich Rückert (1788–1866) für seine kleine Schwester schrieb.

Eine neue Phase der Kinderlyrik zeichnet sich um die Wende vom 19. zum 20. Jahrhundert ab. Den ersten Schritt auf dem Weg zu einem „neuen Kindergedicht“ (Gelberg 1972, S. 218) gehen Paula (1862–1918) und Richard Dehmel (1863– 1920) (vgl. Stark 2004). Sie experimentieren im ersten modernen Künstlerbuch *Fitzebutze* (1900) mit Kindersprache und bringen, beispielsweise mit *Rumpumpels Geburtstag* (Paula Dehmel) oder *Die Schaukel* (Richard Dehmel, s.

S. 149) „überhaupt eine neue, kritische Note ins Kindergedicht“ (Franz 2012[a], S. 204).

Auch Christian Morgenstern (1871–1914) und Joachim Ringelnatz (d.i. Hans Bötticher; 1883–1934) setzen zu Beginn des 20. Jahrhunderts im Kindergedicht neue Akzente. „Diese beiden gelten vor allem als Vorläufer und zugleich als ein Höhepunkt des Nonsens-Gedichts in Deutschland.“ (Franz 2012[a], S. 204) Die „mit koboldischer Lust am Durcheinanderbringen von Sinn und Unsinn“ (Alfred Polgar) geschriebenen Gedichte von Joachim Ringelnatz führen meist in die Welt des Kleinen und Unscheinbaren. Sie sind, wie der Sechszeiler *Die Ameisen* (s. S. 106) oder die Gedichte *Das Federchen* (s. S. 107) und *Der Stein* (s. S. 107) beispielhaft zeigen, „spaßig, anschaulich und ohne intellektualistische Hintergründigkeit“ (Maier 1993, S. 80).

Wie Joachim Ringelnatz ist auch Christian Morgenstern vor allem durch seine umfangreiche Nonsens-Poesie bekanntgeworden, *Das große Lalula* (s. S. 135), *Die Trichter* (s. S. 64) oder *Grusulett* (s. S. 180) geben davon nachhaltig Zeugnis. Die in dem Band *Galgenlieder* (1905) veröffentlichten Texte waren ursprünglich nicht für Kinder bestimmt, wurden später aber in die Kinderlyrik transponiert und als Kinderbuch publiziert. Christian Morgenstern hat darüber hinaus, wie der erst nach seinem Tod publizierte Sammelband *Klein Irmchen* (1921) ausweist, auch naturlyrisch anmutende Kindergedichte geschrieben, die sich „durch ausdrucksstarke und anschauliche Bildhaftigkeit“ (Maier 1993, S. 79) auszeichnen, wie z.B. *Der Frühling kommt bald* (s. S. 285) oder *Wenn es Winter wird*:

> Der See hat eine Haut bekommen,
> so dass man fast darauf gehen kann,
> und kommt ein großer Fisch geschwommen,
> so stößt er mit der Nase an […]

Besonders beliebt geworden ist Christian Morgensterns Gedicht von den *Drei Spatzen*, die da „Bauch an Bauch“ im „leeren Haselstrauch“ sitzen und dem Winter trotzen. „Die liebenswürdig-sachliche Darstellung schafft Gemeinsamkeit mit dem Leser, lässt aber nicht rührseliges Mitleid aufkommen, sondern regt Hilfsbereitschaft an für die sympathischen Drei, die geschickt und tapfer versuchen, sich gegen Schnee und Kälte zu wehren.“ (Maier 1993, S. 79)

Seit dem von Ernst Kreidolf (1863–1956) illustrierten *Fitzebutze* und dem von Richard Dehmel einige Jahre später herausgegebenen *Buntscheck* (1904) hat sich das künstlerisch anspruchsvolle Bilderbuch zu einem wichtigen unterstützenden Medium des Kindergedichts entwickelt (vgl. Stark 2005). Ein exzellentes Beispiel aus den 1930er Jahren ist *Das verhexte Telefon* (1931) mit Texten von Erich Kästner (1899–1974) und Illustrationen von Walter Trier (1890–1951) (s. S. 40 f.). Erich Kästner hat insgesamt eigentlich nur wenige spezifische Kindergedichte geschrieben. Ihnen aber bescheinigt James Krüss, sie seien „halb Clownerie, halb Bänkelsang […] konsequente ‚Gebrauchlyrik‘, allerbeste Hausmittel für das emanzipierte Kind“ (Krüss 1999, S. 274).

Paula und Richard Dehmel haben die (Kinder-)Mundart ins Kindergedicht eingebracht, Erich Kästner den (Alltags-)Jargon. Sie haben der Gattung durch diese sprachlich-stilistische Erweiterung einen markanten Entwicklungsschub gegeben. Starke Impulse zu einer anhaltenden Modernisierung des Kindergedichts gingen sodann von Bertolt Brecht aus, der mit seinen im Exil veröffentlichten *Kinderliedern* von 1934 und 1937 und mit den *Neuen Kinderliedern* von 1950 Maßstäbe setzte. Brechts erstes Kinderlied ist wohl das um 1920 entstandene Gedicht *Der kleine Friederich*, eine Parodie auf Heinrich Hoffmanns *Struwwelpeter* von 1847:

> *Der kleine Friederich* besaß
> Von Kind auf eine weiße Nas.
> Die Mutter sprach zu ihm: Mein Kind
> Der Eifer macht die Menschen blind.
> Der Vater sprach mit arger List:
> Im allgemeinen aber ist
> Die Welt vortrefflich eingerichtet
> (Es wird ihr sehr viel angedichtet!)
> [...]

Bereits hier und in weiteren parodistischen Variationen älterer literarischer Vorlagen deutete sich eine Schreibweise an, die zu einem der bestimmenden Grundzüge von Brechts Schaffen wurde: Gegenentwürfe zu bereits Vorhandenem zu entwickeln und in ihnen zugleich Auseinandersetzungen mit den Fragen und Problemen der Zeit zu leisten. In der Kinderlyrik des Exils und der Nachkriegszeit wird er diese Möglichkeit intensiv nutzen. Unter den in der Emigration geschriebenen *Kinderlieder(n)* von 1934 finden sich beispielsweise die als satirische Scherzgedichte gedachten *Tierverse* (s. S. 9) und *Alfabet* (s. S. 10), unter den *Kinderlieder(n)* von 1937 das später viel zitierte Gedicht *Was ein Kind gesagt bekommt.*

Besonders nachhaltig rezipiert werden von den Texten dieser Jahre bis heute auch die Gedichte *Der Schneider von Ulm* (s. S. 218) und *Der Pflaumenbaum.* (Vgl. Payrhuber 1998, S. 5 ff.) Insgesamt ist der Grundton der *Kinderlieder* sozialkritisch.

> Diese Lieder wirken eher wie Erwachsenenlieder, die sich hinter der Maske des Kindlichen verbergen, um arglos, aber umso intensiver Wirkung auszuüben. Sie wenden sich an Kinder, zeigen aber zugleich auch den Erwachsenen die Gefährdung der Kinder in einer gefährlichen Zeit. (Marsch 1974, S. 231)

In den nach seiner Rückkehr aus dem Exil in der DDR publizierten *Neuen Kinderliedern* (1950) unternimmt Brecht in der Perspektive von Kindern und zugleich mit didaktischem Anspruch den Versuch, die neue sozialistische Wirklichkeit – in Gestalt neuer Verhaltensweisen und neuer Gefühle und Gedanken –

poetisch sinnfällig zu machen. Zu den bekanntesten Texten aus dieser Zeit gehören die Gedichte *Kinderhymne, Drachenlied* (s. S. 260) und *Die Vögel warten im Winter vor dem Fenster* (s. S. 193). Der Ton der *Neuen Kinderlieder* ist einfach und klar. „Alle Formen nutzend, die Lyrik bieten kann und soweit sie seiner Aussageabsicht dienlich sind", verwendet Brecht entweder die Liedform oder er benutzt den Kinderreim, „bei dem Verse aus der Sammlung ‚Des Knaben Wunderhorn' Pate" stehen (Schulz 1987, S. 30). Es ist bezeichnend für die kunstvoll einfache Lyrik Brechts, dass ein zu seinem Spätwerk gehörendes Erwachsenen-Gedicht wie *Der Rauch* (s. S. 13 u. S. 90) aus der Sammlung der *Buckower Elegien* (1953) heute selbst in der Grundschule rezipiert wird.

Bertolt Brechts Einfluss auf das Schreiben von Kinderlyrik wirkte sich in der Bundesrepublik mit einiger Zeitverzögerung besonders intensiv in der aufklärerisch-antiautoritären Phase in den Endsechziger und 1970er Jahren aus, in seinem Lebensbereich DDR war er unmittelbarer. Die Publikation *Bertolt Brecht. Ein Kinderbuch* von 1965 war „ein Meilenstein auf dem Weg eigenständiger Gedichtbände bzw. von Autorenbänden mit Lyrik für Kinder" (Schulz 2006, Sp. 777). Im selben Jahr veröffentlichte Peter Hacks, der sich selbst in der ‚Nachfolge' Brechts sah, seine Gedichtsammlung *Der Flohmarkt* (1965) und erregte damit großes Aufsehen. Auch in der Bundesrepublik rasch populär geworden sind daraus Jahreszeit-Gedichte wie *Die Blätter an meinem Kalender* (s. S. 277) und *Der Herbst steht auf der Leiter* oder die Kinderballaden *Königsrondo* (s. S. 79 f.), *Ladislaus und Komkarlinchen* (s. S. 11) und *Ballade vom schweren Leben des Ritters Kauz vom Rabensee* (s. S. 102).

Mit Peter Hacks' *Flohmarkt* „erfährt die Lyrik für Kinder in der DDR eine Erweiterung ihres Ausdrucksreichtums" (Schulz 1996, S. 38), die auch Spaß und Witz, Sprachspiel und Nonsens in bisher ungewohnter Weise einschloss. Peter Hacks war in der DDR jedoch eine Ausnahmeerscheinung. Die Mehrzahl der Autoren fühlte sich der Kulturpolitik und dem Auftrag der Partei (SED) direkt verpflichtet und stellte ihre Lyrik für Kinder in den Dienst sozialistischer Persönlichkeitsbildung (vgl. Schulz 2006, Sp. 776). Ein repräsentativer Beleg für die Kindern zugedachte Lyrik ist die 1967 im Kinderbuchverlag erschienene Anthologie *Das Windrad.* Erst in den 1970er und 1980er Jahren begegnen in der Kinderlyrik der DDR neue Töne. Sie nimmt sich nun auch „der Wirklichkeit der DDR an, legt den Finger auf die Lebensschwierigkeiten, will der Kindertümelei und freundlich unverbindlichen Harmonisierung andere Bildwelten entgegensetzen" (Schulz 2006, Sp. 824). Beispielhaft für den Gewinn an Subjektivität in den Texten, für neue Themen und neue Sprechweisen steht Dieter Muckes (geb. 1936) Gedichtband *Freche Vögel* (1977), der neben Gedichten zum Nachdenken oder Naturgedichten auch Tier- und moderne Fabelgedichte wie *Die einfältige Glucke* (s. S. 48) enthält. Autoren wie Walther Petri treten ihm mit ihren Texten „in der Absicht" zur Seite, „die Kinder zu unterhalten und zugleich ihnen zu helfen, das Leben zu verstehen und verändernd einzugreifen" (Schulz, ebd.). Lutz Rathenow (geb. 1952) realisiert diese Absicht mit hintergründig-witzigen, auch politisch gefärbten Gedichten, die 1989 in der Bundesrepublik in dem Band *Sterne jonglieren* veröffentlicht wurden.

In der Bundesrepublik selbst verlief die Entwicklung der Kinderlyrik deutlich anders. Nach Versuchen in der unmittelbaren Nachkriegszeit, an den Bestand der ersten Dezennien des Jahrhunderts anzuknüpfen, löste sich das Kindergedicht in den 1960er Jahren aus der vormaligen Bindung an Tugend- und Morallehre und schloss durch Erweiterung des Themenspektrums, dem Gebrauch neuer, freierer Formen sowie durch die Entfaltung des experimentellen, sinnunbekümmerten Sprachspiels an die Moderne an.

Initiiert und repräsentiert wurde dieser Neuansatz durch Autoren und Autorinnen, die großenteils der älteren Generation angehören und, obwohl sie teilweise nur mit einem Gedichtband wirkungsvoll hervorgetreten sind, „geradezu mit heutiger Kinderlyrik identifiziert werden" (Franz 2012[a], S. 208). Zu nennen sind hier, neben vielen anderen, Hans Baumann (1914–1988), Bruno Horst Bull (geb. 1933), der Schweizer Max Bolliger (1929–2013), die Österreicherinnen Vera Ferra-Mikura (1923–1997) und Friedl Hofbauer, Ilse Kleeberger (geb. 1921), Max Kruse, Jürgen Spohn (1934–1992) und Frantz Wittkamp (geb. 1943). Den Rang von ‚Klassikern' haben heute die Gedichtbände *Die Sternenmühle* (1959) von Christine Busta (1935–1987), *Und oben schwimmt die Sonne davon* (1965) von Elisabeth Borchers (1926–2013) sowie *Pampelmusensalat* (1965) von Hans Adolf Halbey (1922–2003). Allen voran begründen in diesen Jahren die großen Autoren James Krüss (1926–1997) und Josef Guggenmos (1932–2003) ihr kinderlyrisches Werk.

James Krüss, der 1959 mit *So viele Tage wie das Jahr hat*[1] die erste große Anthologie nach dem Krieg herausgegeben hatte, legte 1961 mit *Der wohltemperierte Leierkasten* seinen ersten eigenen Gedichtband vor, mit dem er neue Maßstäbe setzte. Insbesondere mit erzählenden Gedichten, mit Kindermoritaten und -balladen (s. S. 42) knüpfte er darin an die Tradition der komisch-grotesken Kinderlyrik (z.B. bei Erich Kästner) an (vgl. Ewers 2012, S. 18). Texte wie *Das Feuer* (s. S. 123) und *Das Wasser* (s. S. 254 f.), *Novemberwetter* (s. S. 98) und *Hundertzwei Gespensterchen* (s. S. 191) gehören, neben einer Reihe von Kinderballaden, bis heute zum Kanon. In der Sammlung *James Tierleben* gab er dann den immer schon beliebten Tiergedichten, einschließlich der Versfabel (s. die Beispiele S. 49), neue, von hintergründigem Humor geprägte Impulse. Repräsentativ wurde James Krüss nicht zuletzt für eine neue, im Reich der Phantasie und in artifiziellen Paradiesen spielende „Kinderlyrik der Kunstwelten", die von Schaustellern und Artisten, Puppenspielern und Zauberkünstlern wie etwa dem *Zauberer Korinthe* (s. S. 200) bevölkert ist (Ewers 2012, S. 21).

[1] Im DDR-Pendant *Ans Fenster kommt und seht* von 1964, hrsg. v. Edith Georg und Regina Hänsel, wird Krüss' Auswahl der Dichter und ihrer Gedichte in weiten Teilen übernommen. Der Aufbau folgt hingegen nicht wie bei James Krüss dem Jahreslauf, der Band ist thematisch gegliedert.

Josef Guggenmos setzt hingegen mit seinen frühen Gedichten in der traditionsreichen Naturlyrik für Kinder neue Akzente. Das Gedicht *Ich weiß einen Stern* aus seinem ersten Gedichtbuch *Immerwährender Kinderkalender* (1958) steht beispielhaft für den neuen Ton heiterer Beschaulichkeit und Naturverbundenheit, der die meisten Texte aus dieser Zeit auszeichnet.

Ich weiß einen Stern

Ich weiß einen Stern
gar wundersam,
darauf man lachen
und weinen kann.

Mit Städten, voll
von tausend Dingen.
Mit Wäldern, darin
die Rehe springen.

Ich weiß einen Stern,
drauf Blumen blühn,
drauf herrliche Schiffe
durch Meere ziehn.

Wir sind seine Kinder,
wir haben ihn gern:
Erde, so heißt
unser lieber Stern.

Josef Guggenmos

1968 erhielt Josef Guggenmos für *Was denkt die Maus am Donnerstag?* die Prämie zum Deutschen Jugendbuchpreis. Das war deshalb ein „besonderes Ereignis“, weil erstmals ein Buch mit Kindergedichten geehrt wurde (Kliewer 2005, S. 332) und derart die Gattung öffentlich die ihr zustehende Wertschätzung erhielt. Im Nachwort zu seinem Band mit dem Titel *Das Schreiben von Kindergedichten als schöne Kunst betrachtet* markiert Josef Guggenmos seine Orientierungspunkte. „Sie liegen in zweierlei Hinsicht nicht in der Tradition der Gattung.“ (Kliewer 1990, S. 348) Sein Ziel ist zum einen

> die Sprachkunst Vergils als die höchste, weil sie nicht nach glatter Vollendung trachte, sondern ein Sprachwerk schaffe, das ein lebendiger Organismus sei, hier weich, dort fest, hier ruhend, dort beweglich und fließend. Von solcher Art aber – kein abschnurrendes Spielwerk, sondern lebendig, Fleisch und Blut durch und durch – müssen Kindergedichte sein. (Guggenmos 1967/1998, S. 111)

Zum anderen fordert Josef Guggenmos vom Autor von Kindergedichten literarische Echtheit, indem er, anders als in der gängigen Praxis üblich, nicht ‚für andere’ schreiben solle.

> Kunst ist immer ein Spiel mit vielen Bällen. So muss auch beim Kindergedicht manches auf besondere Art zusammentreffen. Es muss der Welt des Kindes zugeordnet sein. Doch das andere gilt nicht minder: Der Dichter schreibt das Gedicht für sich selbst. Auf andere Art kommt kein echtes Gedicht zustande. Da beißt keine Maus den Faden ab. Das Kind aber hat ein Recht auf das Echte. Wer ihm mit Mache kommt, so oder so, zeigt, dass er das Beste im Kind nicht begriffen hat. (Guggenmos 1967/1998, S. 113)

Josef Guggenmos löst seinen selbst erhobenen Anspruch ein. Seine Gedichte zeichnen sich aus

> durch sprachliche Prägnanz bzw. einen aufgelockerten, prosanahen Zeilenbau (vgl. vor allem *Kater Maus und Fußballspiel* und *Geschichte vom Wind*), der das extreme Gegenteil der klappernden Schemata des typischen, leicht lernbaren Schulgedichts darstellt, durch eine sehr differenzierte Reimgestaltung [...], durch skurilen Humor und nicht zuletzt durch eine unaufdringliche, augenzwinkernde Vermenschlichung von Tieren, Pflanzen und Dingen. (Kliewer 2005, S. 334)

Als kinderlyrisches Hauptereignis gegen Ende der 1960er Jahre erscheint, in der Rückschau, Hans-Joachim Gelbergs Anthologie *Die Stadt der Kinder* (1969), die anders als James Krüss' *So viele Tage wie das Jahr hat* ein Jahrzehnt zuvor nicht das Bewährte und damals Gegenwärtige sammelte, sondern mehrheitlich Erstveröffentlichungen vereinigte (vgl. Kliewer 1990, S. 349). Der Herausgeber hatte erstmals auch bekannte Autoren der Erwachsenenliteratur aufgefordert, für Kinder zu schreiben – unter ihnen etwa Stefan Andres, Walter Höllerer, Karl Krolow, Günter Kunert und Wolfgang Weihrauch; das Gros der Texte aber stammte von Kinderlyrikern aus der Bundesrepublik, Österreich und – auch dies damals keine Selbstverständlichkeit – aus der DDR.

Auswahlkriterium für Hans-Joachim Gelberg war, wie er in dem „Erwachsenen zugedacht[en]" Nachwort *Das neue Kindergedicht* schreibt, der „Gehalt an Realität". Der aber hänge nicht von seinem Thema ab. Gedichte bedürften nämlich „vor allem der Redlichkeit, im Detail wie im Ganzen" (Gelberg 1969/1972, S. 225). Selbst die scheinbare Wirklichkeit von Nonsensgedichten kann daher seiner Auffassung nach diese Forderung erfüllen. In der Anthologie werden diese an erster Stelle von Josef Guggenmos repräsentiert, sodann vor allem von Jürgen Spohn, Hans Adolf Halbey und dem Schweizer Hans Manz (geb. 1931).

Auch mit eigenen Gedichtbänden haben diese Autoren die Kinderlyrik stark um das Moment des Sprachspiels bereichert, Hans Adolf Halbey mit *Pampelmusensalat* (1965) Hans Manz u.a. mit *Worte kann man drehen* (1964, s. S. 67 f.), Jürgen Spohn ist für *Drunter & drüber* 1981 sogar mit dem Deutschen Jugendliteraturpreis ausgezeichnet worden. In Österreich ist ein vergleichbarer Trend durch das von Hans Domenego herausgegebene *Sprachbastelbuch* (1975) repräsentiert. Vor allem in dieser Anthologie sind die Einflüsse der Konkreten Poesie zu spüren, deren Sprachgebilde eine wichtige Richtung zeitgenössischer Lyrikproduktion ausmachen. Zu diesem Trend passt, dass Gedichte von deren wichtigsten Vertretern selbst, allen voran von Eugen Gomringer (geb. 1925) und Ernst Jandl (1925–2000), seither auch Kindern und Heranwachsenden zur Rezeption angeboten werden (s. Kapitel Konkrete Poesie, S. 56 ff.).

Die sich hier abzeichnende Annäherung zwischen Kinder- und Erwachsenenlyrik markiert punktuell die um 1970 einsetzende, einem „Epocheneinschnitt" gleichende generelle Entwicklung zum „modernen" Kindergedicht (Ewers 1993,

S. 42). Denn ausgelöst durch den Umbruch, der die Gesellschaft Ende der 1960er Jahre erfasste, entstanden jetzt lyrische Texte für Kinder, die sich „in der Formensprache“ (Ewers, ebd.) wie in ihren Sujets „in nichts mehr von der Erwachsenenlyrik“ unterschieden (ebd., S. 43).

„Die ‚neue' Kinderlyrik nach 1970 weiß von keiner kindgemäßen Wirklichkeit mehr, sie kennt nur die eine Wirklichkeit, die Kinder und Erwachsene gleichermaßen zu der ihren, zu ihrer Lebenswelt machen sollen.“ (Ewers 1995, S. 192) Gegen das unbeschwert komische Spiel mit der Sprache, gegen die Lyrik einer durchweg heiteren, autonomen Kinderwelt setzt die Kinderlyrik der 1970er Jahre – wie die Kinderliteratur insgesamt – den Daseinsernst der Wirklichkeit in der Totalität ihrer Erscheinungen und verwirft jeden Bezug zur Phantasie als unangemessene Flucht aus dieser Wirklichkeit (vgl. Bertels 1996, S. 69). Legitimiert ist einzig eine soziale Phantasie, die auf eine Veränderung der Realität abzielt; vorgeführt werden „Infragestellen, Widerspruch, Protest“ als Formen, die das Kind emanzipieren, das heißt zu Gleichberechtigung und Mündigkeit führen sollen (vgl. Motté 1989, S. 27). Zum Paradigma geworden ist Susanne Kilians Gedicht *Kindsein ist süß* aus ihrem *Nein-Buch für Kinder* (1972).

So epochemachend der Einschnitt für die Kinderlyrik in den 1970er Jahren auch war, aus der heutigen Distanz heraus gesehen erscheint das Aufmüpfige, ja Provoziernde, das er bewirkte, eher wie ein „Intermezzo“ (Motté 1989, S. 35). Sehr bald zeigen nämlich die Gedichte für Kinder einen „Rückzug in die Innerlichkeit“ (ebd., S. 32); an die Stelle einer allgemeinen Menschenfreundlichkeit tritt „die Entdeckung des eigenen Ich“ (s. das Kapitel „Ich-Gedichte“, S. 223 ff.) und des partnerschaftlichen Du (z. B. das Gedicht *Mit dir* von Friedl Hofbauer, S. 230), an die Stelle eines „kämpferischen Engagements“ für bessere Zustände in der Welt tritt „die persönliche Verantwortung für die unmittelbare Umgebung“ (ebd.). Gedichte, die zum Nachdenken aufrufen über Natur und Umwelt, Krieg und Frieden, Leben, Tod und Vergänglichkeit, Gedichte, die appellieren, provozieren, zur Diskussion anregen, behalten ihre Bedeutung, aber ihre Intention zielt nun nicht länger auf Destruktion, sondern auf Welt- und Lebensbejahung. Und ebenso werden Sprachspiel und Scherz, Phantasie und Humor ihre Berechtigung zuerkannt.

Als Meister der letztgenannten Form zeigt sich Paul Maar (geb. 1937), von dessen besonderer Art der Lyrik der Band *JAguar und NEINguar* (2007) einen repräsentativen Querschnitt bietet. Paul Maar „ist ein phantasiereicher Verse-Erfinder, ein Sprachbastler, ein Wortakrobat, ein Jongleur mit Buchstaben, Wörtern, Namen, Begriffen, Redensarten und Sprichwörtern, ein Beherrscher aller möglichen Gedicht-Formen“ (Lange 2012, S. 17). *Udakak und Lidokork* ist ein typisches Beispiel dafür, wie souverän er mit Wörtern umgeht und was er mit einer kleinen Spielerei aus ihnen zaubert.

Ein großes grünes Liodkork,
Das badete im Nil.

Dann stieg es rückwärts aus dem Fluss
– Und war ein Krokodil.
Da rennt zum kleinen Udakak
Das grüne Ungetüm.
„Flieg rückwärts aus dem Wald heraus“,
Befiehlt es ungestüm.
Der Kleine schüttelte den Kopf.
Er war zu faul dazu.
Drum wurde aus dem Udakak
Niemals ein Kakadu.

Die Entwicklung, die die Lyrik für Kinder seit den 1980er Jahren genommen hat, ist beispielhaft in den von Hans-Joachim Gelberg herausgegebenen Anthologien *Überall und neben dir* (1986), *Großer Ozean* (2000) und *Wo kommen die Worte her* (2011) nachvollziehbar. In ihnen wird die große formale und thematische Vielfalt erkennbar, in der sich Kindergedichte heutigen Leserinnen und Lesern präsentieren. Mit den Worten von Hans-Joachim Gelberg gesagt: „Sie sind hintergründig, auch rätselhaft, komisch, teils anspruchsvoll, ja, kritisch oder eben einfach direkt zutreffend. Da werden sozusagen alle Register gezogen …“ (Gelberg 2011, S. 6)

Dessen ungeachtet ist die Anzahl von Autoren und Autorinnen überschaubar, die gegenwärtig, ausweislich der dortigen Nachweise, nicht nur gelegentlich Gedichte für Kinder schreiben, sondern als Lyriker auch durch eigene Gedichtbände hervorgetreten sind. Zu nennen sind: Martin Auer (geb. 1951), Georg Bydlinski (geb. 1956), Heinz Hanisch (geb. 1960), Gerald Jatzek (geb. 1956), Manfred Mai, Erwin Moser (geb. 1954), Jutta Richter (geb. 1955), Regina Schwarz. Es ergibt sich die auffällige Gemeinsamkeit, dass sie (fast) alle in den 1950er Jahren geboren sind. So wird das zeitgenössische Kindergedicht im Wesentlichen von Autoren und Autorinnen repräsentiert, die der Großelterngeneration heutiger Kinder angehören.

Für die Rezeption von Kindergedichten insgesamt spielen Anthologien eine wichtige Rolle. Das Angebot hierin ist zahlreich und vielfältig in der Auswahl der Themen und Gattungen (s. Literaturverzeichnis, S. 338 ff.). Bei aller Unterschiedlichkeit im Einzelnen, in einem Punkt stimmen sie aber weithin überein: in ihrer historischen Perspektivierung. Die Anthologien versammeln nicht nur Gegenwartsgedichte, sondern heben auch auf, was des Bewahrens und Erinnerns wert ist – die Lyrikerin Ulla Hahn spricht im auf die Erwachsenenlyrik bezogenen, aber vergleichbaren Zusammenhang treffend von „Gedichten fürs Gedächtnis“ (Hahn 1999, S. 21). Es ist also ein großer Schatz an Kindergedichten aus Gegenwart und Vergangenheit verfügbar, die Schule braucht ihn nur für sich zu entdecken und zu heben.

2 Erzählende Gedichte

In der deutschen Literatur gibt es zahlreiche Formen ‚Erzählender Gedichte', sie werden von den Dichtern besonders gern gebraucht, wenn ihre Adressaten Kinder sind. Die Bezeichnungen der Gattungen und Genres sind aber nicht einheitlich. So spricht beispielsweise Hans-Magnus Enzensberger in seiner bis heute beachtenswerten Sammlung „viele[r] schöne[r] Kinderreime" (Untertitel) *Allerleirauh* (erstmals 1961) außer von „Balladen" auch von „Erzählchen", insbesondere wenn die Gedichte einen humorigen Inhalt haben, während Hermann Helmers in diesem Falle die Bezeichnung „Komische Erzählgedichte" bevorzugt und allgemein von „Geschehnislyrik" redet (Helmers 1971, S. 126 ff.), die ihrerseits bei Magda Motté als „Geschehenslyrik" vorkommt (Motté 1983, S. 150 ff.), während Kurt Franz hingegen von „Erzählende[n] Reimen und Gedichten" spricht (Franz 1979, S. 50). James Krüss wiederum gebraucht in der Anthologie *So viele Tage wie das Jahr hat* den Begriff „Gereimte Geschichten", während Edmund Jacoby vierzig Jahre später in der Anthologie *Dunkel war's, der Mond schien helle* (1999) die Kategorie „Geschichten-Gedichte" einführt oder Rita Harenski in *Zauberwort* (2004) „Gedichte und Balladen" dem Oberbegriff „Märchen- und Sagenhaftes" subsumiert.

Die Grenzen zwischen den einzelnen Genres sind meist fließend, und selbst wenn wir weitere Anthologien zu Rate zögen, würden die Verhältnisse nicht klarer. Sofern diese nicht ohnehin thematisch oder autorenbezogen aufgebaut sind, gehen sie mit Gattungs- und Genrebezeichnungen meist sehr ‚kreativ' um.

Diese Komplexität beachtend, wollen wir hier aus dem Gesamtbereich ihrer Erscheinungsformen drei Arten erzählender Gedichte ausdrücklich herausstellen, die unserer Einschätzung nach wegen ihrer didaktischen Eignung besondere Beachtung verdienen. Unter Berufung auf Magda Mottés Studie zur *Moderne[n] Lyrik* (1983) unterscheiden wir zunächst zwei Gruppen:

Erstens die ‚klassischen' Balladen sowie „Erzählgedichte, die im Stil der alten Gattung ‚Ballade' ein historisches oder sagenhaftes Ereignis, eine heldenhafte Tat oder den Helden selbst besingen bzw. alte Muster parodieren" (Motté 1983, S. 150), wobei wir die von Motté nicht berücksichtigten Kinderballaden ausdrücklich einschließen.

„Zweitens die Beispielgedichte oder versifizierten Fabeln, die in Anknüpfung an die Tradition der didaktischen Dichtung anhand einer erfundenen Geschichte eine Lebensweisheit oder eine allgemeine Lehre enthalten." (Ebd., S. 151)

Als dritte Gruppe beziehen wir die Märchenerzählgedichte ein. Der auf das narrative Strukturelement verweisende Teil des Begriffs hebt diese Texte aus dem umfassenderen Genre der Märchengedichte heraus, die Märchenstoffe als Motive, Versatzstücke oder auch in ironisch-parodistischer Verarbeitung adaptieren. Die Grenzen sind allerdings fließend.

2.1 Balladen

Ein besonders prototypischer Teil der ‚Erzählenden Gedichte' sind Texte, die im allgemeinen Sprachgebrauch ‚Balladen', beziehungsweise, wenn nach Entstehung, literarischem Anspruch oder Adressaten unterschieden wird, ‚Volks-', ‚Kunst-' oder ‚Kinderballaden' genannt werden. Was sich mit dem Phänomen ‚Ballade' jeweils konkret verbindet, erweist sich im Verlauf der Geschichte als vielseitig und wandelbar. Demzufolge ist auch der Balladen-Begriff in gleichem Maße Wandlungen und Perspektivierungen unterworfen wie das Charakteristische balladischer Gestaltung selbst.

Die Ballade ist nach verbreiteter Auffassung eine Form der Poesie, die epische, dramatische und lyrische Elemente in sich vereinigt. Man bezieht sich mit dieser Ansicht auf eine Aussage Johann Wolfgang von Goethes, der die Ballade 1821 in der Zeitschrift *Über Kunst und Altertum* ein „lebendiges Ur-Ey" nannte, weil in ihr die poetischen „Elemente noch nicht getrennt" seien. Diese Idee vom ‚Ur-Ei' stand nicht nur im Zusammenhang mit den zeitgenössischen Vorstellungen von ursprünglich existenten Naturformen der Poesie, sie enthob Goethe zudem der Aufgabe, die Ballade einer bestimmten Gattung der Dichtkunst zuordnen zu müssen. In der Theorie wurde dies seither zwar immer wieder versucht, eine allseits akzeptierte Lösung wurde allerdings nicht gefunden.

Uns erscheint die Vorgehensweise von Wulf Segebrecht einsichtig, der in der Anthologie *Deutsche Balladen* (2012) seine Auswahl im Untertitel als *Gedichte, die dramatische Geschichten erzählen* charakterisiert und im Nachwort erläuternd ausführt:

> Die Formulierung [...] besagt [...] nicht nur, dass die drei Dichtarten (Gedicht, Drama und Erzählung) an der Ballade in irgendeiner Weise [...] beteiligt sind; sie behauptet auch [...], dass es sich bei Balladen um Gedichte handelt, dass in diesen Gedichten Geschichten erzählt werden und dass diese Geschichten dramatisch verlaufen. (Segebrecht 2012, S. 783)

Diese Bestimmung gründet das Gattungsmodell zum einen auf die Vielfalt der historisch gewachsenen Formen und erweitert dieses zum anderen, indem sie „den Einzugsbereich der Balladen" (ebd.) um moderne und zeitgenössische Texte vermehrt. Ein so verstandenes Gattungsmodell erweist sich auch als sehr tragfähige Grundlage für didaktische Reflexionen.

Seit dem 19. Jahrhundert war die Ballade in der Schule fast durchgängig ein beliebter Unterrichtsstoff, sie war zeitweilig geradezu „d i e Dichtgattung der Schule" schlechthin (Lang 1942, S. 84). In Lehrplänen und Lesebüchern wurden die Balladen – bevorzugt die ‚klassischen' Kunstballaden – traditionell für Schüler und Schülerinnen zwischen zwölf und fünfzehn Jahren vorgeschlagen. Auch heute werden sie meist als Unterrichtsstoff für die 7. Klasse vorgesehen, weil davon ausgegangen wird, dass die Schüler in diesem Alter für Form und Themen der Ballade besonders empfänglich sind. Hier wirkt vermutlich noch die auf Charlotte Bühlers (1893–1974) Entwicklungspsychologie zurückgehende Auffassung von entwicklungsbedingten Lesephasen nach, welche die frühere Literaturdidaktik geradezu von einem „Balladenalter“ sprechen ließ (u.a. Engelmann 1926). Die Beschäftigung mit Balladen ist aber keineswegs an ein bestimmtes Alter gebunden, sie hat in beiden Sekundarstufen genauso ihren Platz wie auch bereits in der Grundschule. Dort vor allem ist freilich wichtig, dass die Auswahl, über der Orientierung an einem überzeugenden Gattungsmodell hinaus, auch die Altersgemäßheit der Texte bzw. den Stand der Lesefähigkeit und des Leseverstehens der Schüler und Schülerinnen berücksichtigt.

Zur Auswahl in Frage kommen unter dieser Maßgabe für die hier in Rede stehenden Klassenstufen eins bis sechs zwei Gruppen von Balladen: Einerseits Texte, die bei ihrer Entstehung bzw. Erstveröffentlichung originär zwar für Erwachsene bestimmt waren, sich aber im Laufe der Rezeption auch als geeignete Kinder- bzw. Schullektüre erwiesen haben; andererseits sogenannte ‚Kinderballaden’, das heißt Texte, die von vornherein für ein junges Lesepublikum geschrieben wurden.

2.1.1 Volks- und Kunst-Balladen

Die Gattung Ballade hat sich in Deutschland im Spätmittelalter in Gestalt der – später so genannten – Volksballade ausgebildet, als die höfisch-feudale Kultur von städtisch-bürgerlichen Lebensverhältnissen abgelöst wurde. Die Inhalte und poetischen Strukturen der Volksballade waren wesentlich vom Geschmack und Erwartungshorizont des hier sich entwickelnden Publikums bestimmt (vgl. Pinkerneil 1978, S. VIII). Um bei diesem Wirkung zu erzielen, trugen – anonym gebliebene – Sänger oder Rezitatoren spannende, ‚unerhörte’ Geschehnisse und Begebenheiten vor, „deren Motivation und Auflösung erst nach und nach zum Vorschein kamen, somit den Hörer bis zum Schluß in Bann hielten“ (Pinkerneil, ebd.).

Ursprünglich wurden in den Volksballaden vor allem historische Ereignisse und Konflikte in Liebesbeziehungen besungen. So erzählt „eine der ältesten deutschen Volksballaden“ – ihre Überlieferung beginnt bereits im 15. Jahrhundert – „und wohl zugleich eine der populärsten“ (Holzapfel 2000, S. 531) die Geschichte von den beiden unglücklichen Königskindern, die sich lieben, aber nicht zusammenkommen können, weil ein tiefes Wasser sie voneinander trennt.

Die stoffliche Tradition dieser Volksballade reicht bis in die Antike zurück, wo der römische Dichter Ovid (1. Jh. v. Chr.) die Liebesgeschichte von *Hero und Leander* erzählt. Der Balladentext selbst ist in zahlreichen Varianten überliefert, Achim von Arnim und Clemens Brentano haben eine davon – sie trägt den Titel *Edelkönigs-Kinder* – auch in ihre Sammlung *Des Knaben Wunderhorn* aufgenommen. Eine im 19. Jahrhundert weit verbreitete, verkürzte Version, die Ulla Hahn in *Gedichte fürs Gedächtnis* (1999) zitiert, wurde auch vertont.

Seit dem späten 18. Jahrhundert ist der Einfluss der Volksballaden auf die hochliterarische Kunstpoesie beachtlich. Zumal Johann Gottfried Herder (1744–1803) brachte die ‚Volkslieder' der Deutschen, darunter Balladen und Romanzen, ins Bewusstsein der Dichter und des gebildeten Publikums. Sie wurden zum Vorbild für die jetzt einsetzende große Epoche der Kunstballade. Noch bei Johann Wolfgang von Goethe und Friedrich Schiller (1759–1805), die später ihre eigene ‚klassische' Form konstituierten, gibt es entsprechende Anlehnungen: bei Goethe etwa in *Heidenröslein* (1771) und in seiner ersten bekannten Ballade *Der König in Thule* (1774), bei Schiller beispielsweise in der Ballade *Die Kraniche des Ibykus* (1798), wo in Anlehnung an triviale Muster des Bänkelsangs „auf geheimnisvolle Weise Schuld und Sühne in Einklang gebracht werden“ (Woesler 1981, S. 32).

Das Gedicht *Heidenröslein* entstand in Goethes Straßburger Zeit. Es klingt wie ein Volkslied oder ein Kinderlied, wird von der Literaturwissenschaft jedoch auch als Ballade bezeichnet. Dafür spricht, dass die erste und dritte Strophe eine ‚Geschichte' erzählen, die mittlere ein Gespräch enthält und der gesamte Handlungsablauf sich dramatisch steigert. Dominant ist aber das Liedhafte, das in dem gleichbleibenden Kehrreim der drei Strophen besonders zum Ausdruck kommt.

Heidenröslein

Sah ein Knab ein Röslein stehn,
Röslein auf der Heiden,
War so jung und morgenschön,
Lief er schnell, es nah zu sehn,
Sahs mit vielen Freuden.
Röslein, Röslein, Röslein rot,
Röslein auf der Heiden.

Knabe sprach: Ich breche dich,
Röslein auf der Heiden!
Röslein sprach: Ich steche dich,
Daß du ewig denkst an mich,
Und ich wills nicht leiden.
Röslein, Röslein, Röslein rot,
Röslein auf der Heiden.

Und der wilde Knabe brach
's Röslein auf der Heiden;
Röslein wehrte sich und stach,
Half ihm doch kein Weh und Ach,
Mußt es eben leiden.
Röslein, Röslein, Röslein rot,
Röslein auf der Heiden.

Johann Wolfgang von Goethe

Dieses Gedicht ist vielfach und ganz unterschiedlich gedeutet worden, öfter etwa als ein Liebeslied, das vom Spiel der Geschlechter handelt. Der Literaturwissenschaftler Peter von Matt findet darin hingegen nichts von Liebe, sieht vielmehr nur Gewalt und nennt das Gedicht, das seit zweihundert Jahren von vielen zu Unrecht mit Rührung und Entzücken gelesen werde, folglich einen „schauerlich barbarischen Gesang“; Karl Eibl spricht in einem Werk-Kommentar sogar unumwunden von der „Geschichte einer Vergewaltigung“ (zit. nach: Segebrecht 2012, S. 859).

Das Gedicht lässt sich aber durchaus auch ‚nur' auf der Handlungsebene betrachten. Dann erzählt es davon, wie ein Junge mit einer Rose umgeht, wie er sie (gewaltsam?) vom Stock brechen will und sich dabei an den Dornen sticht. Eine derartige Deutung kann sich überdies auf Johann Gottfried Herder berufen, der das Gedicht 1779 – ohne den Verfasser zu nennen – in einer Volksliedersammlung bekannt machte: *Heidenröslein* ist ihm „nichts als ein kindisches Fabelliedchen“ (zit. nach: Segebrecht, ebd.).

Richtungsweisend für die weitere Entwicklung wurden gleichwohl nicht die Balladen im volkstümlichen Stil, sondern der später so genannte ‚numinose' Balladentypus, den Goethe mit *Der Fischer* (1778) und insbesondere mit *Erlkönig* (1782) exemplarisch ausprägte (s. S. 305 ff.). Einen Höhepunkt in der Gattungsgeschichte bedeutete die aus der Freundschaft mit Friedrich Schiller resultierende intensive Beschäftigung mit der Ballade im sogenannten ‚Balladenjahr' 1797/98, in dem von Goethe Exempel wie *Der Zauberlehrling* (s. S. 309 ff.) und von Schiller Beispiele wie *Der Handschuh* (s. S. 100) oder die ‚Ideenballade' *Die Bürgschaft* (vgl. Wagenknecht 1997, S. 194) entstanden sind.

In Schillers Balladenschaffen herrscht insgesamt unverkennbare Ernsthaftigkeit vor, eine bemerkenswerte Ausnahme ist allein die Ballade *Der Handschuh,* die in einem leichten, ironisch-spöttischen Grundton verfasst ist. Derart lässt sich dem Publikum am treffendsten vermitteln, dass Ritter Delorges das leichtfertige Gesellschaftsspiel nicht mehr mitspielt und seiner ‚Herrin' sozusagen den Dienst quittiert.

Für die Goethe'sche Balladendichtung der Klassik ist hingegen ein ausgeprägtes Zusammenspiel von Ernst und Humor charakteristisch. So hat die zur beispielhaften Kinderlektüre gewordene Ballade *Der Zauberlehrling* (1797) lehrhaft-parabolische und humoristische Züge zugleich, wenn sie die Anmaßung des Schülers rügt, es seinem Meister gleich zu tun. Eine ähnliche Stiltendenz hat auch die Ballade *Der Schatzgräber* (1798), und die *Legende* (1798) vom Hufeisen leistet sich sogar „einen doppelten Spaß, indem sie frech und fromm die bürgerliche Tugend der Sparsamkeit biblisch legitimiert dadurch, dass der Herr Jesus sie selbst vorexerziert“ (Mecklenburg 1980, S. 197).

Halb ernsthaften, halb ironisch-humorvollen Charakter haben auch Goethes Balladen der nachklassischen Zeit. Zusammen mit *Der getreue Eckart* (1813) bezeichnete er selbst in einem Brief an seinen Sohn August die Geisterballade *Der Totentanz* (1813) und das Mahngedicht *Die wandelnde Glocke* (1813) als „Späße“ und evozierte damit das Urteil des Literaturwissenschaftlers Emil Staiger, es handele sich hier um poetisch gefällige Arbeiten „auf Bestellung oder um Kinder zu unterhalten“ (Staiger 1956, S. 315). Ein vergnüglicher Spaß, wenngleich in anderem Kontext entstanden, ist nicht zuletzt das *Flohlied*, das Mephisto im *Faust*-Drama singt und das in Anthologien als selbstständige Ballade tradiert wird.

Insgesamt setzten Schiller und Goethe mit ihren – 1798 einen ganzen Musenalmanach füllenden – Balladen einen neuen Standard, indem sie die Gattung nach Stoff, Gehalt und Form auf die Grundsätze der Weimarer Klassik verpflichteten. (Wagenknecht 1997, S. 194) Das klassische Balladenkonzept wurde jedoch bereits von den Dichtern der Romantik kaum mehr anerkannt, diese stellten wieder den volkstümlichen Charakter der Ballade heraus. Vor allem Achim von Arnim und Clemens Brentano suchten in ihrer einflussreichen Sammlung *Des Knaben Wunderhorn* im Liedgut den unverfälschten Ausdruck des Volkes zu dokumentieren.

Das 19. Jahrhundert brachte gleichwohl eine regelrechte Balladenflut, die im Kontext der Herausbildung des Nationalstaates vor allem das Interesse an Stoffen der deutschen und germanischen Vergangenheit bediente (vgl. Woesler 1981, S. 33), aber auch eine Reihe herausragender Balladendichter aufwies. So gehört Eduard Mörikes (1804–1875) Gedicht *Der Feuerreiter* (1841) noch heute zum Kanon, und auch Adalbert von Chamissos (1781–1838) *Der rechte Barbier* (1834) und *Das Riesen-Spielzeug* (1833) sind Allgemeingut geworden.

Mit *Das Riesen-Spielzeug* und mehr noch mit *Die alte Waschfrau* begründete der aus einer adligen Familie stammende Adalbert von Chamisso außerdem den Typus der sozialen Ballade, der von Heinrich Heine (1797–1856) beispielsweise mit *Das Sklavenschiff* (1854) fortgeführt und später von Bertolt Brecht (1895–1956) politisch aufgeladen wurde. Während Heinrich Heine in seinen Balladen zudem mythische und historische Stoffe bearbeitete wie etwa in *Belsatzar* (1822) und *Lorelei* (1824), fanden Balladen der gleichaltrigen Annette von Droste-Hülshoff (1797–1848) wie *Der Knabe im Moor* „wegen ihrer Originalität und Schauerlichkeit“ (Woesler 1981, S. 33) besondere Beachtung.

Zum beliebten Balladendichter avancierte insbesondere Theodor Fontane (1819–1898) mit einigen bis heute populären Texten. In *Die Brück' am Tay* (1880) suchte er der Gattung die Lebenswelt der Gegenwart zu erschließen, indem er die neue Welt der Technik einbezog, in *John Maynard* (1886) zeigt er einen Helden, der sich vorbildlich an bürgerliches Pflichtethos gebunden fühlt, und in der Balllade *Herr von Ribbeck auf Ribbeck im Havelland* (1889) (s. S. 161 ff.), die heute zu den „am weitesten verbreiteten Gedichten der deutschen Literatur“ gehört (Küpper 1999, S. 106), singt er das Lob eines Mannes, dessen gutes Herz auf dem rechten Fleck sitzt. Theodor Fontanes Balladen zeichnen sich aber auch dadurch aus, dass sie meist, beispielhaft *Die Brück' am Tay,* „eine etwas geheimnisvoll-numinose Grundstimmung haben, die sich rationaler Durchdringung entzieht und den Leserinnen und Lesern Schauder einflößen soll“ (Woeßler 1981, S. 33).

Als gegen Ende des 19. Jahrhunderts im Zeichen der Moderne, die mit dem Naturalismus beginnt, die Gattung Ballade unzeitgemäß zu werden droht, unternahm ein Kreis um Börries von Münchhausen (1874–1945) nochmals den Versuch einer Erneuerung nach romantischem Muster, das traditionelle Gattungsmodell hatte aber keine Zukunft mehr. Diese eröffnete sich jedoch, als gleichfalls um 1900 Frank Wedekind (1864–1918) einen neuen Weg beschritt, indem er die Ballade mit Elementen von Bänkelsang und Moritat versetzte und sozialkritisch auflud; bevorzugtes Rezitationsforum wurde jetzt das literarische Kabarett. Auf diesem Weg folgte ihm dann Bertolt Brecht, zuerst in der 1927 erschienenen *Hauspostille,* der Sammlung seiner frühen Gedichte, die zahlreiche Ballladen dieses neuen Stils enthält. Die Texte sind sozialkritisch wie etwa im Falle der *Ballade von der Kindsmörderin Marie Farrar* und *Apfelböck oder Die Lilie auf dem Felde* oder akzentuiert politisch wie im Falle der *Legende vom toten Soldaten.* Brecht öffnet die Gattung damit für neue Themen und Intentionen, später erschließt er ihr in Songs seiner Theaterstücke wie der berühmten *Moritat von Mackie Messer* in der *Dreigroschenoper* (1928) noch weitere Wirkmöglichkeiten. Ein Paradigma seines Gesellschaftsmodells ist die 1938 im dänischen Exil geschriebene *Legende von der Entstehung des Buches Taoteking auf dem Weg des Laotse in die Emigration.*

Diese und andere Balladen Bertolt Brechts von vergleichbarer Provenienz sind aufgrund ihres sprachlichen und inhaltlich-thematischen Anspruchs als Lektüre für Schüler und Schülerinnen bis zur sechsten Klasse allerdings nicht geeignet. Gleiches gilt weithin auch für die Balladen moderner und zeitgenössischer Autoren und Autorinnen, die sich – von wenigen Ausnahmen abgesehen, von denen im nächsten Abschnitt zu handeln sein wird – durchweg an ein erwachsenes Leserpublikum richten.

Dass die Balladendichtung nach dem Zweiten Weltkrieg, entgegen mancher Todeserklärung (vgl. z.B. Müller-Seidel 1963, S. 83), überhaupt weiterlebte, ist wesentlich den von Wedekind und Brecht bewirkten Neuerungen und Erneuerungen zu danken. Freilich gilt diese Feststellung nur, wenn die Ballade nicht normativ auf eine bestimmte historische Erscheinungsform, etwa jene der Weimarer Klassik, festgelegt oder nur einer Gattung, der Epik etwa oder der Lyrik, zugeschlagen wird. Wulf Segebrecht bescheinigt der Ballade grundsätzlich einen „gattungsüberschreitenden Impetus“; je mehr man auf Eingrenzungen verzichte, desto deutlicher erkenne man, dass sie auch „in den unterschiedlichsten hoch- und trivialliterarischen Kontexten“ lebendig und wirksam sei (Segebrecht 2012, S. 789).

Der Versuch Heinz Pionteks aber, die Neuerungen und Erneuerungen begrifflich als „Neue deutsche Erzählgedichte“ (1968) zu fassen, war auf Dauer nicht erfolgreich. „Die Autoren selbst verwenden den Begriff des Erzählgedichts nicht“ (Segebrecht 2012, S. 790). Sie nehmen sich zwar „auch die Freiheit, die Bezeichnungen Legende, Moritat, Lied, Geschichte, Bericht, Märchen, Romanze und manche andere Namen für Gedichte zu wählen, die dramatische Geschichten erzählen“ (ebd.), halten ansonsten aber weithin „völlig undoktrinär“ an der Ballade fest (ebd.). Auffällig oft nehmen sie den Begriff sogar in den Titel ihrer Texte auf; so dichtete beispielsweise Christa Reinig (1926–2008) im Bänkelsängerstil *Die Ballade vom blutigen Bomme* (1956), Wolf Biermann (geb. 1936) die Protest- und Politsongs *Ballade vom preußischen Ikarus* (1978) und *Die Stasi-Ballade* (1991), Christoph Meckel (geb. 1935) historische Stoffe wie die *Argonautenballade* (1988) oder Günter Kunert (geb. 1929) und Robert Gernhardt (1937–2006) Parodien wie *Neuere Ballade infolge alter Sage* (1961) und *Malade Ballade* (2006). ‚Moderne“ Balladen’, die neben den hier beispielhaft genannten Belegen noch um Texte von Peter Hacks (1928–2003), Hans-Magnus Enzensberger (geb. 1929), Ulla Hahn (geb. 1946), Helga M. Novak (geb. 1935) und zahlreichen anderen Autoren zu ergänzen wären, zeugen von der ungebrochenen Vitalität der Gattung.

2.1.2 Kinderballaden

Den Begriff ‚Kinderballade’ hat Severin Rüttgers in dem „Handbuch für Lehrende“ (Untertitel) *Die Dichtung in der Volksschule* (erstmals 1921) geprägt. Er meint damit „epische Lieder“, die „meistens in der strophischen, sangbaren Form der alten Volksballade“ auftraten, und nennt als Beispiele die Gedichte mit Motiven aus „Scherz- und Lügenmärchen“, Lieder über „Vogel- und Käferhochzeiten“ oder, ganz direkt, die erzählenden Gedichte *Buckliges Männlein* und *Butzemann*, die Achim von Arnim und Clemens Brentano unter die ‚Kinderlieder’ im Anhang ihrer Sammlung *Des Knaben Wunderhorn* aufgenommen haben (Rüttgers 1923, S. 311 u. 319). Exakt abgrenzbar ist der Bezirk der Kinderballaden kaum, insbesondere die Übergänge zum erzählenden, gleichwohl aber nicht balladischen Kindergedicht sind fließend. Beispielhaft wird dies etwa an Alwin Freudenbergs (1873–1930) bis heute beliebtem Gedicht *Vom Riesen Timpetu* (s. S. 204 f.) deutlich oder, um Belege aus jüngerer Zeit zu nennen, an Bertolt Brechts Gedichten *Der Kirschdieb* (s. S. 118) oder *Das Drachenlied* (s. S. 260) und Josef Guggenmos’ *Kater, Maus und Fußballspiel* (s. S. 319) oder *Der Wind* (s. S. 325).

Von den intentionalen Kinderballaden des 19. Jahrhunderts gehören Friedrich Rückerts (1788–1866) *Vom Büblein, das überall mitgenommen hat sein wollen* und *Vom Bäumlein, das andere Blätter hat gewollt* aus den *Fünf Mährlein zum Einschläfern für mein Schwesterlein* (1813) heute noch ebenso zum tradierten Bestand wie August Kopischs (1799–1853) *Die Heinzelmännchen zu Köln* (1836), Heinrich Hoffmanns (1809–1894) *Der fliegende Robert* aus dem *Struwwelpeter* (s. S. 258) oder auch Robert Reinicks (1805–1852) Gedicht *Vom schlafenden Apfel* (s. S. 109 f.).

Ein ‚klassisches’ Beispiel (Beinlich 1966, S. 1144) ist Friedrich Gülls (1812–1879) Kinderballade *Will sehen, was ich weiß, vom Büblein auf dem Eis,* die er erstmals 1846 in der von Franz Graf Pocci illustrierten zweiten Auflage seines Gedichtbandes *Kinderheimath* veröffentlichte.

Will sehen, was ich weiß, vom Büblein auf dem Eis

Gefroren hat es heuer
noch gar kein festes Eis.
Das Büblein steht am Weiher
und spricht so zu sich leis:
Ich will es einmal wagen,
das Eis, es muss doch tragen,
wer weiß?

Das Büblein stampft und hacket
mit seinen Stiefelein.
Das Eis auf einmal knacket
und krach, schon bricht's hinein.
Das Büblein platscht und krabbelt
als wie ein Krebs und zappelt
mit Schrein.

O helft, ich muss versinken
in lauter Eis und Schnee!
O helft, ich muss ertrinken
im tiefen, tiefen See!
Wär nicht ein Mann gekommen,
der sich ein Herz genommen,
o weh!

Der packt es bei dem Schopfe
und zieht es dann heraus,
vom Fuße bis zum Kopfe
wie eine Wassermaus.
Das Büblein hat getropfet,
der Vater hat's geklopfet
zu Haus.

Friedrich Güll

Die dramatische Handlung verläuft in vier kunstvoll gebauten Strophen: der Versuch, das Eis zu betreten; der Übermut, es zu zerstören; die Not des Einbrechens mit dem Hilfeschrei; die mutige Tat des Retters mit der Reaktion des Vaters. Jede Strophe bietet gleichsam ein Bild in dem dramatischen Geschehen: Die ersten vier Zeilen schildern jeweils die Situation, die letzten Zeilen bringen retardierende, vorausdeutende oder zusammenfassende Aussagen, samt Kommentar des Erzählers. Die Reime binden zusammen, was inhaltlich zusammengehört (ababccd).

Das Gedicht mutet von der Sprache altmodisch an (Stiefelein, Büblein, getropfet, Herz genommen ...) und die Verse wirken auf den ersten Blick einfach oder gar unbeholfen,

> offenbaren aber auf den zweiten Blick verborgene Kunstfertigkeit, die herkömmliche poetische Mittel geschickt nutzt. Dazu gehören: die Lautmalerei, etwa das *a* in der zweiten Strophe in Verbindung mit Konsonanten, die hörbar machen, wie das Eis bricht und das Wasser schwappt, oder die vier *-opfe-* in der vierten; ebenso die Doppelungen: *stampft* und *hacket*, *platscht* und *krabbelt*, zweimal *o helft*, im *tiefen, tiefen* See – man sieht den Lehrer, der den Zeigefinger hebt und wiederholt, was er gesagt hat, förmlich vor sich. (Ayren 1985, S. 80)

Die ‚Moral von der Geschicht' formuliert er in den letzten drei Versen: Kinder, geht nicht aufs Eis, sonst brecht ihr ein und bekommt noch obendrein den Hintern voll! Heutigem pädagogischen Handeln wird die Strafe des Vaters kaum entsprechen, eher wäre er wohl froh und voller Dankbarkeit gegenüber dem Retter, seinen Jungen wiederzuhaben. Der Humor, mit dem Güll die kleine dramatische Geschichte erzählt, mildert aber in den Augen heutiger Leser, was seinerzeit pädagogischer Alltag war. Und die Warnung vor dem Einbrechen hatte ja durchaus einen realen Bezug.

Im 20. Jahrhundert bringen Christian Morgenstern und Joachim Ringelnatz neue, bänkelsängerisch-kabarettistische Töne in die Geschichte der Kinderballade, die dann auch von Erich Kästner aufgenommen werden; Bertolt Brecht setzt dazu noch politisch-gesellschaftskritische Akzente. In den *Galgenlieder[n]* (1908) Christian Morgensterns findet sich beispielsweise das Gedicht *Das Häslein*, das ein Erlebnis eines Waldspaziergängers und dessen damit verbundene Impressionen erzählt und aus der humoristisch getönten Spannung lebt, wie lange es wohl dauern werde, bis das Tier den Menschen wahrnimmt. Oder das Gedicht *Der Gaul* berichtet vom Gaul des Tischlers Bartels, der unverhofft vor Professor Steins Tür steht, weil aber keiner ihn versteht, bloß mal mit der Zunge schnalzt und sich dann still abkehrt und die Treppe wieder hinuntergeht. Die beiden Schlussverse bringen das Balladische des Geschehens auf den Punkt:

> „Das war", spricht der Professor Stein,
> Ein unerhörtes Erlebnis!" …

Joachim Ringelnatz erzählt u.a. *Im Park* von einem Reh aus Gips, oder er verulkt die Gattung selbst und dichtet einen Vierzeiler, den er mit *Ballahde* betitelt:

> *Ballahde*
>
> Das warf ihn ab sein schwarzes Ross –
> Bums! Fiel der Reiter in das Moss.
> Es glitzerte sein blankes Schwerd –
> Hobbs! Saß er wieder auf dem Ferd.
>
> Joachim Ringelnatz

Das Gedicht *Der erste April* wiederum lässt sich als humoreske Ballade verstehen. Die Brüder Fritz und Hans „treiben ewig Neckerei. / Zumal dem Hans macht's großen Spaß, / Den Fritz zu führen an der Nas'." Am Schluss freilich ist er es selbst, der hereingelegt wird.

1931 wurde das von Walter Trier (1890–1951) illustrierte Gedichtbuch *Das verhexte Telefon*[1] mit Texten von Erich Kästner (1899–1974) publiziert, das außer dem titelgebenden Gedicht die drei humorvoll-sprachspielerischen Kinderballaden *Der Preisboxer*, *Ferdinand saugt Staub* und *Übermut tut selten gut* enthält. Von den anderen Balladen, die Erich Kästner für Kinder geschrieben hat, sind heute *Die Sache mit den Klößen* (s. S. 200 f.) und *Fauler Zauber* (s. S. 41 u. S, 193) als Lesebuchtexte noch recht beliebt. Der Grund dafür dürfte in der ko-

---

[1] Erstausgabe 1931. Die 2000 erschienene Neuausgabe mit den Illustrationen von Walter Trier ist um vier Kindergedichte erweitert: *Arthur mit dem langen Arm, Ursula hängt in der Luft, Das zersägte Motorrad, Die Sache mit den Klößen.*

misch-grotesken Form dieser Gedichte liegen, der Kästner „in Deutschland erstmals eine gewisse Popularität" verschaffte (Ewers 2012, S. 17).

Fauler Zauber

Der Zauberkünstler Mamalock
hebt seinen goldnen Zauberstock.
„Ich brauche", spricht er dumpf, „zwei Knaben,
die ziemlich viel Courage haben."

Da steigen aus dem Publikum
Schnell Fritz und Franz aufs Podium.
Er hüllt sie in ein schwarzes Tuch
Und liest aus seinem Zauberbuch.
Er schwingt den Stock ein paar Sekunden.
Er hebt das Tuch – sie sind verschwunden!

Des Publikums Verblüffung wächst.
Wo hat er sie nur hingehext?
Sie sind nicht fort, wie mancher denkt.
Er hat die beiden bloß – versenkt.

Fritz sagt zu Franz: „Siehst du die Leiter?"
Sie klettern abwärts und gehn weiter.
Der Zauberkünstler lässt sich Zeit,
nimmt dann sein Tuch und wirft es breit.
Er schwingt sein Zepter auf und nieder –

Doch kommen Fritz und Franz nicht wieder!
Der Zaubrer fällt vor Schrecken um.
Ganz ähnlich geht's dem Publikum.

Nur Fritz und Franz sind voller Freude.
Sie schleichen sich aus dem Gebäude,
und Mameluck sucht sie noch heute.

Erich Kästner

Den wenigen, im engeren Sinne balladischen Kindergedichten Bertolt Brechts aus den 1930er Jahren ist diese Tonlage Erich Kästners hingegen fremd. Das ist der Zeit und den Umständen ihrer Entstehung im dänischen Exil geschuldet, wo Brecht eine politisch-aufklärende und sozial-eingreifende Funktion gefordert sieht. Beispielhaft zeigt sich dies an den Gedichten *Ballade vom Pfund* (1934), *Der Schneider von Ulm* (1934) (s. S. 218) und *Der Pflaumenbaum* (1937). Für heutige Leser und Leserinnen macht sie interessant, dass ihr Erkenntnisinteresse auch unter veränderten Verhältnissen noch nachvollziehbar ist. Tendenziell gilt das auch für das in den 1950er Jahren in der DDR entstandene Gedicht *Die Pappel vom Karlsplatz*, das das Motiv vom *Pflaumenbaum* variiert und das Überleben der Pappel in einer unfreundlichen Umwelt als Zeichen von Zukunftshoffnung deutet.

Die Pappel vom Karlsplatz

Eine Pappel steht am Karlsplatz
Mitten in der Trümmerstadt Berlin
Und wenn Leute gehen übern Karlsplatz
Sehen sie ihr freundlich Grün.

In dem Winter sechsundvierzig
Fror'n die Menschen, und das Holz war rar
Und es fielen viele Bäume
Und es wurd ihr letztes Jahr.

Doch die Pappel da am Karlsplatz
Zeigt uns heute noch ihr grünes Blatt:
Seid bedankt, Anwohner vom Karlsplatz
Daß man sie noch immer hat.

Bertolt Brecht

Nach dem Krieg setzen Peter Hacks in der DDR und James Krüss in der Bundesrepublik die Entwicklung der Kinderballade auf je eigene Weise fort, der eine mit komisch-spöttischen Gedichten in seiner Sammlung *Der Flohmarkt* (1965), der andere mit eingestreuten Gedichten in *Mein Urgroßvater und ich* (1959) und vor allem mit ‚gereimten Geschichten' in seinem Band *Der wohltemperierte Leierkasten* (1961).

In Gedichten wie *Ballade vom großen Hut, Das Lied vom schnellen Hasen* oder *Das Pflaumenhuhn* parodiert Peter Hacks die Gattung und insbesondere mit *Königsrondo* (s. S. 79 f.), *Ballade vom schweren Leben des Ritters Kauz vom Rabensee* (s. S. 102) und *Ladislaus und Komkarlinchen* (s. S. 11 f.) repräsentiert er einen Zweig der modernen Ballade, in dem alte Heldenballaden im Stil des Bänkelsangs ironisiert werden.

James Krüss, der die Bezeichnung ‚Ballade' den tradierten Texten vorbehält (vgl. das Kapitel „Balladen zum Gruseln und Schmunzeln" in *So viele Tage wie das Jahr hat*), wählt für seine eigenen balladischen Texte *Schneemannslos* und *Der Garten des Herrn Ming* den Begriff „gereimte Geschichten". Zu den bis heute beliebten dieser „Geschichten" gehören *Die knipsverrückte Dorothee, Die sonderbare Stadt Tempone* oder *Das Königreich von Nirgendwo* und nicht zuletzt das lautmalende Gedicht *Das Feuer* (s. S. 123). Die Ballade *Der Zauberer Korinthe* (s. S. 200) hat Krüss selbst als Titelgedicht einer eigenen Sammlung (1982) besonders herausgestellt.

In jüngerer Zeit haben die Kinderlyriker keine eigenständigen Balladensammlungen mehr herausgebracht, vereinzelt finden sich aber Beispiele in ihren Gedichtbänden, so bei Josef Reding etwa *Die Ballade vom staunenden Noah* in *Tiere sprechen dich an* (1993) und bei Jutta Richter *Die Ballade von Anna* oder *Sternengeschichte* in *Der Sommer schmeckt wie Himbeereis* (1990).

Zuweilen aber wird der Gattungsbegriff sehr großzügig ausgelegt, so beispielsweise von Christa Reinig, wenn sie ihn für das Kettengedicht *Ballade von der ungehemmten Vermehrung* benutzt oder in *Ballade von den unsagbaren Geschehnissen* für ein konkretes Lautgedicht, das eigentlich in den Bereich der Nonsensdichtung gehört. Auch Lutz Rathenows *Ballade* (1989) ist eher ein Gedicht zum Nachdenken, als dass sie eine dramatische Geschichte erzählt.

2.2 Versfabeln

Der Ballade und der Fabel ist gemeinsam, dass sie eine Geschichte erzählen, wobei für die Fabel allerdings typisch ist, dass die handelnden Figuren darin meist Tiere sind. Auch das Dramatische ist beiden Formen eigen, zumindest die ‚klassische' Fabel gilt geradezu als ‚ein Drama im Kleinen'. Im Unterschied zur Ballade erschließt sich die Bedeutung des Fabelgeschehens aber nicht unmittelbar, sondern erst durch einen Analogieschluss (‚so – wie'), in dem es vom tierischen auf den menschlichen Bereich übertragen wird. Dieses spezifische Strukturmoment macht den gleichnishaften und beispielgebenden Charakter der Fabel aus, der oft noch durch eine Nutzanwendung – eine sogenannte ‚Lehre' oder ‚Moral' – zusammengefasst wird.

Bei der Form der Fabel wird man wohl zuerst an die Prosafabel denken, die gemäß der einflussreichen Definition Gotthold Ephraim Lessings (1729–1781) knapp und pointiert sein soll. Fast genauso lange wie die Gattung selbst gibt es aber auch schon Versfabeln: In der Antike hat beispielsweise der römische Fabeldichter Phädrus die Prosafabeln Äsops in Verse umgedichtet, und in der Neuzeit hat Jean de La Fontaine (1621–1695) besonders stilbildend gewirkt. Die bei ihm angelegte freie, ironisch-witzige Verserzählung wurde durch Christian Fürchtegott Gellert (1715–1769) in Deutschland legitimiert und popularisiert, und die meisten und besten Fabeldichter sind ihm darin gefolgt (vgl. Kaiser 1982, S. 165).

So beginnt im 18. Jahrhundert eine Produktion von Versfabeln, die von Magnus Gottfried Lichtwer (1719–1783) und Gottfried Konrad Pfeffel (1736–1806) bis zu Wilhelm Busch (1832–1908) und, mit einzelnen Texten, von Matthias Claudius (1740–1815) und Johann Wolfgang von Goethe bis zu Christian Morgenstern und Joachim Ringelnatz reicht. Beispiele dieser üppigen Produktion an Versfabeln haben in Lesebüchern und Anthologien die Zeit überdauert und somit auch ihre Eignung als Kinder- (und Jugend-)lektüre erwiesen. Zu den Fabeln, die Kinderlektüre wurden, ohne ausdrücklich für Kinder geschrieben worden zu sein, kamen spätestens seit dem 19. Jahrhundert viele, die von ihren Autoren von vornherein an die „noch bildsamen, noch unerfahrenen, noch lernbereiten jungen Menschen" (vgl. Doderer 1970, S. 188) adressiert waren. An diese Intention konnte im 20. Jahrhundert auch Bertolt Brecht anknüpfen. In den Sammlungen seiner *Kinderlieder* finden sich zahlreiche Texte mit Fabelcharakter, in denen er nicht nur vergnügliche Geschichten erzählte, sondern auch seine aufklärerischen politischen Botschaften transportierte. Eine Hochphase erlebte die Fabel in Gedichtform dann noch einmal nach dem Zweiten Weltkrieg bei

James Krüss, der in seinen Anthologien sowohl Beispiele aus der Vergangenheit tradierte, als auch selbst eine Vielzahl von Fabeln nach- und neu dichtete.

Gegenwärtig wird die Fabelform von den Autoren und Autorinnen zwar nur vereinzelt angewendet, die in Gedichtbänden und Anthologien überlieferten Texte belegen jedoch hinreichend, dass hier ein noch heute interessantes Lektüreangebot vorhanden ist.

2.2.1 Versfabeln als Kinderlektüre

Wie seine Zeitgenossen und andere Dichter vor ihm schätzte der sächsische Dichter Magnus Gottfried Lichtwer die Fabel als ein Medium der Aufklärung und Moralerziehung, weil durch die Bildhaftigkeit ihrer Geschichten möglich war, Wahrheiten indirekt auszusprechen und doch den entscheidenden Punkt zu treffen. Die meisten der in seinem Werk *Äsopische Fabeln* (1748) veröffentlichten Texte schließen aber nicht mit einer aufdringlichen Lehre, sondern mit einem zum Selbstdenken einladenden Merksatz. Im Falle der Fabel *Die Katzen und der Hausherr* ist dieser sogar zum geflügelten Wort geworden: „Blinder Eifer schadet nur."

Die Katzen und der Hausherr

Tier' und Menschen schliefen feste,
selbst der Hausprophete schwieg,
als ein Schwarm geschwänzter Gäste
von den nächsten Dächern stieg.

In dem Vorsaal eines Reichen
Stimmten sie ihr Liedchen an,
So ein Lied, das Stein' erweichen,
Menschen rasend machen kann.

Hinz, des Murners Schwiegervater,
Schlug den Takt erbärmlich schön,
Und zween abgelebte Kater
Quälten sich, ihm beizustehn.

Endlich tanzten alle Katzen,
Poltern, lärmen, dass es kracht,
Zischen, heulen, sprudeln, kratzen,
Bis der Herr im Haus erwacht.

Dieser springt mit einem Prügel
In dem finstern Saal herum,
Schlägt um sich, zerstört den Spiegel,
Wirft ein Dutzend Schalen um.

Stolpert über ein'ge Späne,
Stürzt im Fallen auf die Uhr
Und zerbricht zwo Reihen Zähne:
Blinder Eifer schadet nur.

Magnus Gottfried Lichtwer

Zahlreiche Fabeln Lichtwers sind später zur beliebten Kinder- und Schullektüre geworden; die Rezeption reicht bis in unsere Gegenwart. James Krüss beispielsweise repräsentiert in der Anthologie *So viele Tage wie das Jahr hat* außer *Die Katzen und der Hausherr* noch der *Der Affe und die Uhr* und Herbert Heckmann und Michael Krüger bringen in *Kommt, Kinder, wischt die Augen aus, es gibt etwas zu sehen* (1974), um noch eine andere repräsentative Gedichtanthologie zu nennen, zudem die Fabeln *Der Hänfling* und *Das Kamel*. In einer aktuellen Sammlung für die Schule (Poser 1985/2004 ist *Der Hänfling* ebenfalls repräsentiert.

Ähnlich stellt sich die Situation bei den Fabeln des Elsässers Gottlieb Konrad Pfeffel dar. James Krüss nimmt von seinen Texten *Der junge Hase* und *Das Stinktier und die Bisamratze* auf, Herbert Heckmann und Michael Krüger wählen *Der Knabe und sein Vater* und *Das Johanniswürmchen* aus. Spezielle Fabelsammlungen für die Schule (u.a. Poser 1985/2004) bringen auch Beispiele seiner politischen Fabeln, unter ihnen die gegen die Willkür der Herrschenden und Mächtigen gerichteten *Der Löwe, der Fuchs und der Esel*, *Der Igel* oder *Der Tanzbär*.

Die politischen Fabeln hat Gottlieb Konrad Pfeffel vor allem im Umfeld der Französischen Revolution geschrieben. Seine frühen, wenige Jahre nach Lichtwers Fabelbuch entstandenen Texte zielen hingegen ganz allgemein auf die Entlarvung von Vorurteilen, Eitelkeiten und anderen lächerlichen Verhaltensweisen der Menschen, was sie bis heute lesenswert macht. Ein charakteristisches Beispiel beschreibt derart ‚das Glück' der Dummheit:

Das Glück des Esels

Ein Esel zog in kurzem Trab
Mit faulem Dünger durch die Straßen;
Der Dunst, den dieser von sich gab,
War eine Pest für alle Nasen.

Die edle Fracht war kaum erblickt,
So trat ein jeder auf die Seite.
Ei, ei!, sprach Langohr hoch entzückt,
Wie ehren mich die guten Leute.

Er trug an einem andern Tag
Den Raub von zwanzig Blumenbeeten,
Der bunt in seinen Körben lag,
Die süßen Balsam von sich wehten.

Er ward umringt. Der Nasen Schmaus
Hat Jung und Alt herangetrieben.
Ha!, rief das Tier mit Tränen aus,
Wie mich die guten Leute lieben.

Beglückte Dummheit! Sollte sie
Nicht selbst des Weisen Neid erregen?
Was auch geschieht, weiß ihr Genie
Zu ihrem Vorteil auszulegen.

Gottlieb Konrad Pfeffel

Die Tendenz, dass eigentlich sich an Erwachsene wendende Fabeln auch zur Kinderlektüre wurden, hat sich, zumal in Beziehung auf die Versfabel, später immer wieder bestätigt. So fanden von Matthias Claudius Gedichte wie *Der Esel* oder *Fuchs und Bär* Eingang in Anthologien für Kinder, und ein geradezu ‚klassisches' Beispiel für diesen Rezeptionsprozess ist Johann Wolfgang von Goethes Fabelgedicht *Die Frösche* (s. S. 219).

Im weiteren Verlauf der Gattungsgeschichte hat sich das Bestreben, für Erwachsene geschriebene (Vers-)Fabeln auch Kindern zur Lektüre anzubieten, vor allem mit Wilhelm Buschs (1832–1908) komisch-satirischen Fabeldichtungen erwiesen. In Anthologien für jüngere Leser und Leserinnen und in Schullesebüchern finden sich heute insbesondere Fabelgedichte wie *Der kluge Kranich, Die Affen, Ein dicker Sack, Es sitzt ein Vogel auf dem Leim* (s. S. 98), *Ja, ja* (s. S. 99), *Bewaffneter Friede* und – immer wieder – *Fink und Frosch* (s. S. 219 f.).

2.2.2 Versfabeln für Kinder

Paradigmen für die direkt für ein kindliches Lesepublikum geschriebene Fabeldichtung waren im 19. Jahrhundert die beiden Sammlungen *Fünfzig Fabeln für Kinder* (1833) und *Noch Fünfzig Fabeln für Kinder* (1837) des protestantischen Pfarrers Wilhelm Hey, die Otto Speckter (1807–1871) kongenial illustrierte (s. S. 156). Wilhelm Heys Gedichte sind allerdings keine Fabeln mehr im Sinne Äsop'scher oder Lafontaine'scher Dichtungen, „es sind kleine, gereimte Geschichten, in denen Tiere in naiver, pseudokindlicher und anthropomorpher Weise dargestellt werden" (Dithmar 1974, S. 68). Generationen von Kindern (und Eltern) haben Heys Fabeln begeistert, noch zu Beginn des 20. Jahrhunderts, mehr als siebzig Jahre nach ihrem ersten Erscheinen, zählten sie zum ‚eisernen Bestand' der Schullesebücher (Köster 1904, S. 108). Heute findet sich in einer Fabelsammlung für die Schule (Poser 1985/2004) immerhin noch der Text *Der Bär*. Herbert Heckmann und Michael Krüger repräsentierten in ihrer Anthologie *Kommt Kinder [...]* noch sechs Texte, darunter *Rabe* (s. S. 156) und *Kätzchen*. Davon angeregt, haben Ursula Remmers und Ursula Warmbold *Kätzchen* auch in ihre Anthologie *Allerlei Getier* von 2003 aufgenommen.

Ansonsten sind die meisten Kinderfabeln des 19. Jahrhunderts aber vergessen, nur einige wenige werden heute noch rezipiert, diese freilich durchaus mit Vergnügen – wie etwa *Der Hahn* von Robert Reinick (1805–1852)

Der Hahn

In der Sonne steht der Hahn,
redet seine Hennen an:
„Seht mich an! Wo ist der Mann,
der sich mit mir messen kann?
Sehr dies Auge groß und mächtig,
meine Federn golden, prächtig,
meines Kammes Majestät,
diese rote Krone, seht.
Meine Haltung stolz und schlank,
meines Rufs Trompetenklang
und mein königlicher Gang,
an den Füßen diese Sporen,
alles zeigt euch einen Mann,
der wahrhaftig sagen kann,
dass zum Helden er geboren!"
Also spricht der stolze Hahn,
kräht, so alut er krähen kann.
Plötzlich kommt ein kleiner Mops,
springt und bellt mit lust'gem Hops
nur zum Spaß den Helden an,
und – o seht! – der kühne Mann
läuft, was er nur laufen kann.
Ach du jämmerlicher Hahn!

Robert Reinick

Zu den bis heute beliebten Versfabeln des 19. Jahrhunderts gehört auch Heinrich Seidels *Das Huhn und der Karpfen*, das James Krüss als ganz „reizendes Gedicht" (Krüss 1999, S. 269) wertete.

Das Huhn und der Karpfen

Auf einer Meierei,
Da war einmal ein braves Huhn,
Das legte, wie die Hühner tun,
An jedem Tag ein Ei
Und kakelte,
Mirakelte, spektakelte,
als obs ein Wunder sei!

Es war ein Teich dabei,
Darin ein braver Karpfen saß
Und stillvergnügt sein Futter fraß,
Der hörte das Geschrei:
Wies kakelte,
Mirakelte, spektakelte,
als obs ein Wunder sei!

Da sprach der Karpfen: Ei!
Alljährlich leg ich 'ne Million
Und rühm mich des mit keinem Ton:
Wenn ich um jedes Ei
So kakelte,
Mirakelte, spektakelte –
Was gäbs für ein Geschrei.

Heinrich Seidel

Heinrich Seidels Versfabel charakterisiert am Gegensatz von geschwätzigem Huhn und stummem Karpfen zwei Menschentypen: Das Huhn steht für jene Menschen, die wenig leisten, aber viel Aufhebens von sich machen, der Karpfen für jene, die viel tun, aber davon nicht reden. Die Kritik wird in humorvoller Form vorgetragen, verstärkt durch wort- und lautspielerische Ausdrücke. Im Volksmund heißt die Karpfenmoral: Eigenlob stinkt.

Humorvoll kommen auch die fabelartigen Gedichte daher, die Bertolt Brecht 1934 unter dem Titel *Tierverse* veröffentlicht hat, sie wirken aber nur vordergründig arglos und unterhaltsam. Bei näherem Hinsehen erweisen sie sich jedoch als ausgesprochen politisch (s. S. 9 f.). So handelt beispielsweise der erste der vierzehn ‚Verse' von einem Adler, dem ungeachtet seiner Größe und Majestät das Manko nachgesagt wird, nicht schwimmen zu können und, weil er es nicht wahrhaben will, beim Beweis des Gegenteils zugrunde geht.

Es war einmal ein Adler
Der hatte viele Tadler
Die machten ihn herunter
Und haben ihn verdächtigt
Er könne nicht schwimmen im Teich.
Das versuchte er es sogleich
Und ging natürlich unter.
(Der Tadel war also berechtigt).

Das geschieht ihm also recht, wenn er sich derart provozieren lässt, heißt die explizit ausgesprochene Lehre. Die Fabelgeschichte bekommt aber einen völlig anderen Charakter, wenn sie historisch-politisch aufgefasst und im Adler das Wappenemblem der Weimarer Republik gesehen wird. Dann lautet die Botschaft: Im Adler wurde der Staat von seinen Gegnern verspottet und ist mit der ‚Machtergreifung' der NSDAP zugrunde gegangen.

Der Tiervers *Es war einmal ein Rabe* (s. S. 9 f.) wiederum zielte auf die Situation des Künstlers in der Diktatur, und damit auf ein Thema, das einige Jahrzehnte später auch Reiner Kunze (geb. 1933) in *Das Ende der Kunst* ebenfalls in Form einer Fabel beschrieb: „Du bist ein künstler, / sagte die eule zum auerhahn“, als dieser befehlsgemäß die Sonne aus seinem Gedicht genommen hatte und es jetzt „schön finster“ war. Reiner Kunze bezog sich in dieser Fabel auf das Unrechtssystem der sozialistischen DDR, während Brecht die Gewaltherrschaft des Nationalsozialismus meinte, die ihn ins Exil getrieben hatte. Beide Dichter aber nutzen die Form der Fabel, um verschlüsselt eine Botschaft weiterzugeben, die direkt auszusprechen sie in ihrer Existenz hätte gefährden können.

Es dürfte dem Lebensumfeld in der ehemaligen DDR geschuldet sein, dass auch in Gedichten von Dieter Mucke (geb. 1936) politische (Unter-)Töne anklingen. Beispiele dafür sind die Versfabeln *Der eingebildete Hund*, der glaubt, „die Macht von ihm sei ohne Schranken“, oder auch die Fabel *Die einfältige Glucke,* beide aus dem Band *Freche Vögel* von 1977.

Die einfältige Glucke

Daß Kücken wachsen mit den Tagen
Nein, das konnt' sie nicht ertragen.

Solang sie klein und niedlich blieben
Ja, da waren sie die Lieben.

Da saß sie mit dem breiten Hintern
Die meiste Zeit auf ihren Kindern.

Sie hatte es am allerliebsten
Wenn sie nur ganz leise piepsten

So daß sie jedes niederdrückte
Das sich nicht mehr zum Kücken bückte.

Die ließen sich das nicht gefallen
Und sie waren sehr enttäuscht von allen

Worauf sie nur noch Eier mochte
Die Ruhe hielten und keiner kochte:

Sie saß mit ihrem kleinen Grips
Froh und zufrieden auf Eiern aus Gips.

Dieter Mucke

Auf der Bildebene erzählt das Fabelgedicht die Geschichte eines dummen Huhns, das seine Küken zusammenhalten will und sich am Ende sogar mit Gipseiern begnügt. Auf die Bedeutungsebene übertragen verweist die Geschichte auf das gleiche Phänomen in der Welt der Menschen. Politisch gelesen kann sie aber auch auf die in der DDR herrschende Partei bezogen werden, die ihre ‚Kinder', d.h. die Bürger des Landes, nicht in die Freiheit entlassen will.

James Krüss, dem in der Nachkriegszeit führenden Dichter versifizierter Fabeln und Tiergedichten mit fabeltypischem Beispielcharakter, sind solche politisch-kritischen Bezüge freilich fremd. Die in dem Band *Ergebener Diener! sprach der Fuchs* (1975) versammelten Gedichte erinnern zwar formal an die *Tierverse* Bertolt Brechts, sprachlich auch an die Lautmalereien bei Heinrich Seidel, sie attackieren mit ihrem Witz und ihrem Spott aber durchweg ‚nur' menschliche Schwächen – so beispielsweise die Fabel *Ungebildet.*

Ungebildet

„Wie ungebildet" sagt das Schwein,
„Muß doch die ganze Tierwelt sein,
Da wird gekräht, gekakelt,
Gepfiffen und spektakelt,
Doch richtig grunzen kann allein
Das Schwein."

James Krüss

Neben Prosafabeln enthält auch der spätere Sammelband *Die Schiffbrüchigen oder Die Fabelinsel* (1984) zahlreiche Fabelgedichte wie etwa *Der Bär und das Eichhorn* (s. S. 166 f.). Am bekanntesten geworden sind freilich die fabelartigen Gedichte von James Krüss aus der Sammlung *James' Tierleben,* die erstmals 1965 erschien und danach noch zweimal, zuletzt 2003, neu aufgelegt wurde. Im Kapitel „Kleiner Fabelgarten" stehen hier neben Nachdichtungen tradierter Motive wie beispielsweise die sich auf Jean de La Fontaine stützende Variante von *Der Fuchs und die Trauben* (s. S. 97) unterhaltsamen Neuschöpfungen wie *Der Kater und die Maus.*

Der Kater und die Maus

Über eine Maus gebeugt,
Sprach der Kater Wenzel:
„Maus, ich bin dir sehr geneigt,
Sei so lieb und tänzel!"

Und die arme kleine Maus
Ist herumgetänzelt
Und dem Kater, welch ein Graus,
Um den Bart geschwänzelt.

Als sie schließlich sehr adrett
Um sich selber kreiste,
Fand der Kater sie so nett,
Daß er sie verspeiste.

„Ach, sie war zum Fressen süß!"
Hörte man ihn sagen.
Ja, die Liebe geht gewiß
Manchmal durch den Magen.

James Krüss

Viele der Gedichte in *James' Tierleben* erinnern ersichtlich an die Fabeln der Aufklärung eines Magnus Gottfried Lichtwer und eines Gottlieb Conrad Pfeffel, aber auch an die so unterschiedlichen Fabeln Wilhelm Heys und Wilhelm Buschs. Magda Motté (1983, S. 156 f.) hat die Intention von James Krüss treffend beschrieben:

Wie diese Autoren will Krüss das Kind an Beispielen aus der Tierwelt auf liebenswürdige Weise über menschliche Vorzüge und Schwächen aufklären und es zu vernünftigem Handeln anleiten. Die Themen sind ernst, z.B. von der Sinnlosigkeit des Krieges in *Krieg der Bienen und Hornissen*, oder heiter [...] [z.B. in *Der Windhund Flick von Fleckenstein*]. [...] Ein besonderes Merkmal der Krüss'schen Gedichte ist der Humor; der Autor versteht es, durch Inhalt und Sprachgestaltung gleichermaßen Komik zu erzeugen. Nicht selten wird die sprachliche Gestaltung durch ein sprachspielerisches Element aufgelockert. In *Krieg der Bienen und Hornissen* unterstreicht der Kehrreim mit den lautmalenden Wortgebilden die Aussage:

> Laßt es alle Bienen wissen:
> Heute schwärmen die Hornissen
> auf die Bienen bei den Schlehen
> haben sie es abgesehen.
> Schrumm, terumm,
> schrumm, terumm
> Krieg ist böse,
> Krieg ist dumm!
> [...]

Trotz der durchgehend heiteren Note liegt fast allen diesen Texten eine der Gattung Fabel gemäße moralisierende Intention zugrunde. Meist wird die belehrende Schlußfolgerung auch ausgesprochen; so z.B. in *Eine Mücke wollte reisen*:

> Liebe Kinder, diese Mücke
> Gab schon auf, eh sie begann.
> Selbst die kleinsten Schicksalsstücke
> Wirft oft um den stärksten Mann.

2.3 Märchenerzählgedichte

Das Märchenerzählgedicht wurde von Friedrich Rückert mit seinen *Fünf Märlein zum Einschläfern für mein Schwesterlein* (1813) eingeführt. Das narrative Element, das im Begriff betont wird, hat die Form mit balladesken Erzählgedichten gemeinsam; zu denken ist etwa an August Kopischs *Die Heinzelmännchen von Köln* oder *Die Büsumer,* Theodor Storms (1817–1888) *In Bulemanns Haus,* James Krüss' *Der Garten des Herrn Ming* oder Peter Hacks' *Nachricht vom Leben der Spazoren*. Die im Bestimmungswort ‚Märchen' benannte stoffliche Grundlage verbindet das Märchenerzählgedicht mit ‚Lügenmärchen', wie sie unter diesem Titel außer von Ernst Moritz Arndt (1769–1860) („Ich will euch erzählen und will auch nicht lügen ...") auch von einem unbekannten Verfasser („Ich will euch singen und nicht lügen ...") überliefert sind. Von Wilhelm Busch wurden sie beispielsweise in *Der kluge Kranich* erzählt und in der Gegenwart von James Krüss in *Die sonderbare Stadt Tempone* erprobt oder mit *Geh' ich in den Garten raus* von Robert Gernhardt (1937–2006) als Parodie auf *Butzemann* in *Des Knaben Wunderhorn* verfasst.

Geh' ich in den Garten raus

Geh' ich in den Garten raus,
will ein Süpplein schmecken,
sagt die schwarze Katze mir:
„Mußt den Tisch erst decken!"

Lege ich die Decke auf,
will nun endlich essen,
maunzt die schwarze Katze scharf:
„Hast's Geschirr vergessen!"

Hole ich den Teller her,
will von Herzen schlingen,
schreit die schwarze Katze laut:
„Mußt den Löffel bringen!"

Habe ich auch den gebracht,
will den Teller füllen,
sitzt die schwarze Katze drauf
und fängt an zu brüllen:

„Grad als du im Hause warst,
ist ein Hund gekommen,
fraß die ganze Suppe auf,
hat Reißaus genommen!"

Seh' die Katze zweifelnd an,
fühl mein Herze klopfen.
Zittert nicht am Schnurrbarthaar
Noch ein Suppentropfen?

Robert Gernhardt

Nicht weit vom Lügengedicht entfernt sind auch die Gedichte übers Schlaraffenland, die zuerst Hans Sachs (1494–1576) („Ein Gegend heißt Schlaraffenland / den faulen Leuten wohlbekannt. ...") und rund zweihundert Jahre später August Heinrich Hoffmann von Fallersleben („Kommt wir wollen uns begeben / Jetzo ins Schlaraffenland. ...") geschrieben haben.

In neuerer Zeit sind die Grimm'schen *Kinder- und Hausmärchen* beliebte Stofflieferanten von Märchenerzählgedichten geworden. Eines der bekanntesten Beispiele aus der Sammlung der Brüder Grimm hat Manfred Hausmann (1898–1986) mit *Die Bremer Stadtmusikanten* (s. S. 143 f.) adaptiert, von dem u.a. auch eine Bearbeitung von *Brüderchen und Schwesterchen* stammt, das er einfach als *Märchen* betitelte.

Einen besonderen Stellenwert hat Franz Fühmann (1922–1984) den Märchen beigemessen. Er hat 1962 in der ehemaligen DDR einen Band veröffentlicht, dem er den programmatischen Titel *Die Richtung der Märchen* gab. Die Märchen bergen für ihn einen Schatz verarbeiteter Erfahrungen und werden ihm so zum Schlüssel für das Verständnis der Wirklichkeit überhaupt. In der Sicht des systemkonformen DDR-Autors erfüllen sich in den Märchen die Hoffnungen und Wünsche des Volkes auf Gerechtigkeit und Glück, wie sie auch die Ideologie des Sozialismus versprach. Und folglich könnten die Märchen dem Menschen von heute in den Widersprüchen des Lebens den richtigen Weg, die richtige Richtung zeigen.

Besonders solche bekannten Märchen wie *Dornröschen, Der Froschkönig* und *Der Wolf und die sieben jungen Geißlein* haben Franz Fühmann dazu angeregt, die Grimm'schen Texte poetisch umzugestalten. Obwohl die Primäradressaten seiner Märchenumdichtungen Erwachsene waren, wurden sie im Lauf der Rezeption auch Kindern zur Lektüre angeboten. So ist insbesondere das Gedicht *Lob des Ungehorsams* ein seit Jahren beliebter Lesebuchtext.

Lob des Ungehorsams

Es waren sechs artige Geißlein,
die wollten überall reinschaun,
nur nicht in den Uhrenkasten,
das könnte die Uhr verderben,
hatte die Mutter gesagt.

Es war ein unfolgsames Geißlein,
das wollte überall reinschaun,
auch in den Uhrenkasten,
da hat es die Uhr verdorben,
wie es die Mutter gesagt.

Dann kam der böse Wolf.

Es waren sechs artige Geißlein,
die versteckten sich, als der Wolf kam,
unterm Tisch, unterm Bett, unterm Sessel,
und keines im Uhrenkasten,
sie alle fraß der Wolf.

Es war ein unartiges Geißlein,
das sprang in den Uhrenkasten,
es wußte, daß er hohl war,
dort hat's der Wolf nicht gefunden,
so ist es am Leben geblieben.

Da war Mutter Geiß aber froh.

Franz Fühmann

In dem bekannten Grimm-Märchen vom *Wolf und den sieben jungen Geißlein* entdeckt Franz Fühmann einen Aspekt, der es erlaubt, den alten Text neu zu lesen. Bei den Brüdern Grimm bleibt das jüngste Geißlein übrig, so dass die Mutter erfahren kann, was geschehen ist. Sein eher zufälliges Überleben macht die – im Sinne des Märchens zu lesende – Rettung aller möglich. Und am Ende singen dann alle voller Freude: „Der Wolf ist tot!"

Franz Fühmann löst aber noch einen über Rettung und Freude hinausreichenden Denkanstoß aus. Er stellt die Frage, wie es überhaupt einem Geißlein gelingen konnte, dem Wolf zu entgehen. Die Antwort heißt für ihn: Angeborener Neugier folgend, wollen alle sieben Geschwister „überall reinschaun". Die Mutter lässt sie gewähren, aber sie macht eine Ausnahme: Sie dürfen „überall reinschaun, / nur nicht in den Uhrenkasten, / das könnte die Uhr verderben." Das Verbot der Mutter scheint einleuchtend. Sechs von den sieben halten sich auch ‚artig' daran. Das siebte aber setzt sich über das Verbot hinweg. Es w i l l „überall reinschaun", getrieben von einem Erkenntnisdrang, der vor nichts haltmacht.

Es entspricht nun dem dialektischen Anspruch des Textes, dass gerade dieser Ungehorsam das Überleben bewirkt. Die ‚Artigen', die der Mutter ‚aufs Wort gehorchen', werden vom Wolf gefressen. Es überlebt dagegen, wer im Ungehorsam das Risiko der Freiheit auf sich nimmt und dem Angriff auf das Leben mit aufgeklärtem Bewusstsein begegnet. Solcher Ungehorsam ist im Recht, weil er nicht Anarchie an die Stelle der Ordnung setzt, sondern dem Leben dient. In diesem Sinne ist der Titel zu lesen: Gelobt wird ein Ungehorsam, dessen Nein zu tradierten Ansprüchen zugleich ein Ja ist zum Menschen: zur Verantwortung für alles Leben.

In der Rezeption dieses Märchenerzählgedichts von Franz Fühmann ist, ungeachtet seiner Leitbildfunktion innerhalb eines sozialistischen Erziehungskonzepts, insbesondere sein Ansatz zu einem antiautoritären Aufbegehren gesehen worden. Es ist kein Zufall, dass *Lob des Ungehorsams*, „obwohl nicht für Kinder geschrieben, [in der Bundesrepublik] d a s Kindergedicht der 70er Jahre" (Gelberg 1993, S. 49) wurde.

Bei Peter Hacks, der wie Franz Fühmann in der ehemaligen DDR lebte und arbeitete, verbindet sich das Märchenerzählgedicht mit der komischen Kinderballade. *Nachricht vom Leben der Spazoren* heißt eines dieser in der Sammlung *Der Flohmarkt* veröffentlichen Gedichte, dessen Eingangsstrophen die seltsamen Spaziergänger, die Thema des Gedichtes sind, vorstellen:

> Bei Asien gleich querfeldein,
> Da lebten die Spazoren,
> Die haben Rüssel wie ein Schwein
> Und tellergroße Ohren.
>
> Von Tokio bis nach Athen
> Gibt's keine mehr wie diese.
> Man sieht sie bloß spzierengehn
> Auf einer gelben Wiese.
>
> [...]

Ein anderes Gedicht aus der Abteilung *Schnurrmurr* des Hacks'schen *Flohmarkts* erzählt die *Ballade vom großen Hut*, in der ein überdimensionierter Hut Herrn Zwerg zum Verhängnis wird; und wieder ein anderes handelt von einem *Pflaumenhuhn* in Pleischte, „Das Ärgernis erregte, / Weil es (was Hühner sonst nicht tun) / Statt Eier Pflaumen legte." Zu seiner Entlastung wuchs in Plauschte allerdings ein Pflaumenbaum, der statt Pflaumen Eier trug: „Und nie ward einem jemals kund / wer diese zwei vertauschte."

Während Peter Hacks mit solchen Texten die Grenze zum Unsinnsgedicht streift, knüpft James Krüss hingegen an die Tradition des Verkehrte-Welt-Gedichtes bzw. der Nemo-Dichtung an, beispielweise mit *Das Königreich von Nirgendwo*, das mit den Versen beginnt:

Das Königreich von Nirgendwo
Liegt tief am Meeresgrund.
Dort wohnt der König Soundso
Mit Niemand, seinem Hund.

[...]

Josef Guggenmos wiederum bringt märchenhaftes Geschehen in Gedichtform, wobei er für *Es gingen drei Kinder durch den Wald* (s. S. 328) das Paradigma eines Endlos-Gedichtes wählte und in *Besuch* die Riesen aus dem Märchen auftreten lässt:

War einst ein Ries' bei mir zu Gast,
sieben Meter maß er fast,
hat er nicht ins Haus gepasst,
saßen wir im Garten.

[...]

Treibt dieser Riese im weiteren Verlauf des Besuchs Schabernack mit seinem Namen, gerät der Name eines der Zwerge im Gedicht *Wick* zum reinen Sprachspiel:

Hinter Idaroberstein,
hör zu und lass dir was sagen,
sitzen drei Zwerge
vor dem Berge
und reden von alten Tagen.
Der erste heißt Schnack,
der zweite heißt Schnick,
der dritte heißt
Schnigelschnalgelguckgagelzibelzabeldiwick.

[...]

Spätestens an den Texten von Josef Guggenmos wird erkennbar, wie sich das Märchenerzählgedicht wandelt oder eigentlich sogar durch andere Formen ersetzt wird. An die Stelle der lyrischen Märchendichtungen und der Bearbeitungen, die die alten Märchen mehr oder weniger getreu nacherzählen, treten Gedichte, in denen die Märchen nurmehr in intertextuellen Bezügen aufscheinen. Texte dieser Art, die übergreifend meist als ‚Märchengedichte' bezeichnet werden, sind offensichtlich aber sehr beliebt (vgl. z.B. *Altneues Märchen* von Hans Manz, S. 99). Däumlinge, Zwerge, Riesen, Drachen, Feen, Ritter und Könige fehlen in kaum einer neueren Kinderlyrik-Anthologie (vgl. Franz 2005, S. 4). Viele der Märchengedichte erweisen sich als ironische Sprachspielereien, beispielsweise mit Märchentiteln, -figuren und -motiven, andere verwandeln die vorhandenen Märchenstoffe in parodistische, satirische oder gesellschaftskritische Antimärchen (vgl. Mieder 1983, S. 8). Die Anthologie *Mädchen, pfeif auf den Prinzen* (1983) versammelt eine charakteristische Auswahl, ihr titelgebendes Gedicht stammt von dem auch als Autor von Kinder- und Jugendliteratur hervorgetretenen Josef Reding (geb. 1929):

Mädchen, pfeif auf den Prinzen

Es kommt kein Prinz, der dich erlöst,
wenn du die Jahre blöd verdöst,
wenn du den Verstand nicht übst,
das Denken stets auf morgen schiebst.

Es kommt kein Prinz, der dich umfängt,
von nun an deine Schritte lenkt.
Befrei dich selbst vom Dauerschlaf,
sonst bleibst du nur ein armes Schaf.

Es kommt kein Prinz mit einem Kuß,
macht nicht mit deinen Sorgen Schluß;
es bringt dich auch kein Königssohn
vom Kochtopf auf den Herrscherthron.

Du kannst dir selbst dein Leben bauen,
musst allen deinen Kräften trauen.
Mach noch heute den Versuch
und pfeif auf den Prinzen im Märchenbuch!

Josef Reding

Ursprünglich meist als Erwachsenengedichte publiziert, sind eine ganze Reihe der modernen Märchengedichte durch Rezeption in Kinderlyrik-Anthologien und Lesebüchern auch zur Lektüre für junge Leserinnen und Leser geworden. Als exemplarischer Beleg dafür sei abschließend Wolfgang Bächlers (geb. 1925) kleines Gedicht *Märchen* zitiert, das in vielschichtigen Anspielungen und Verfremdungen Personen und Requisiten des Märchens *Froschkönig* evoziert:

Märchen

Der goldene Sonnenball
ist in den Brunnen gefallen.
Am Morgen holt ihn
der Froschkönig wieder herauf.
Da keine Prinzessin ihn ruft,
wirft er den Ball in den Himmel.

Wolfgang Bächler

3 Konkrete Poesie

Konkrete Poesie ist eine Form moderner Lyrik, die, von vorausgegangenen Sprachkunstexperimenten angeregt, als selbstständige Gattung in den 1950er Jahren entstanden ist, zügig an „Breitenwirkung" gewann (Döhl 1971, S. 282) und „ihre höchste Ausstrahlungskraft in den 1960er und 1970er Jahren" hatte (Korte 2000[a], S. 60). Sie wurde originär nicht als Kinder- und Jugendliteratur geschaffen, eine Reihe ihrer Werke ist aber im Kontext der curricularen Neuorientierung der 1970er Jahre rasch didaktisch rezipiert worden, hat auch Eingang in Lesebücher und Textsammlungen für die Schule gefunden und ist so zur Kinder- und Jugendlektüre geworden. Texte der Konkreten Poesie wurden außerdem in Lyrikanthologien für junge Leser und Leserinnen aufgenommen oder motivierten Künstler zur Gestaltung von Bilderbüchern. Die intentionale Kinder- und Jugendliteratur verdankt der Konkreten Poesie anregende Impulse, sie hat zahlreiche ihrer Möglichkeiten innovativ aktualisiert.

Mit der Konkreten Poesie eröffnete sich ein breites Spektrum neuer unterrichtlicher Möglichkeiten, das bis heute Gültigkeit hat. In den anfänglich um ihre Relevanz kreisenden literaturdidaktischen Diskursen (vgl. Brög u.a. 1977; Wermke 1981; Steffens 1981/1998), Unterrichtsmodellen und Praxisberichten (vgl. Praxis Deutsch H. 5, 1974; Rückert/Schuler 1974, Schmieder/Rückert 1977; Langheinrich 1979) interessierte vor allem das der Konkreten Poesie immanente Spiel mit der Sprache. Hier erschloss sich ein anregendes Übungsfeld der Sprachbetrachtung und der eigenen Sprachgestaltung. Auch der Umstand, dass von dieser Sprachkunst die Kreativität der Rezipienten herausgefordert, Spontaneität, Innovationsbereitschaft, divergentes Denken und expressives Verhalten verlangt wird (vgl. Langheinrich 1979, S. 22), kam ihrer schulischen Rezeption entgegen, die sich grundsätzlich über alle Schulstufen erstreckte. Das politische Engagement, das in der Konkreten Poesie ohnehin „temporär" blieb (Hartung 2007, S. 330), kam zwar in den 1970er Jahren im Horizont der ideologiekritischen Didaktik und ihrer Lesebücher streckenweise auch in den Blick, spielt(e) ansonsten aber allenfalls in höheren Klassen bzw. bei älteren Jugendlichen eine Rolle.

Nach einer in den 1970er Jahren einsetzenden Hochphase hat die Repräsentanz der Konkreten Poesie in Lesebüchern und Arbeitsmaterialien für den Unterricht inzwischen nachgelassen. Zu Unrecht! Zusammen mit ihren Vorläufern und kinderliterarischen Aktualisierungen ist die Konkrete Poesie nach wie vor ein attraktiver Unterrichtsgegenstand von hoher didaktischer Relevanz.

Unter dem Gesichtspunkt ihrer Eignung für die Klassenstufen eins bis sechs werden im Folgenden, nach einer einführenden Begriffsklärung, die wichtigsten Spielarten und kinderliterarischen Aktualisierungen der Konkreten Poesie beschrieben. Dabei wird auch auf ihre Vorläufer Bezug zu nehmen sein, von denen einige zu ‚Klassikern' geworden sind.

3.1 Zum Begriff ‚Konkrete Poesie'

Vorläufer von Formen der Konkreten Poesie reichen teilweise weit zurück. So finden sich beispielsweise Figurengedichte bereits in Antike und Barock, im Naturalismus experimentierte Arno Holz (1863–1929) in seiner *Phatasus*-Dichtung mit visueller Lyrik, Christian Morgenstern schrieb groteske Gedichte und Hugo Ball (1886–1927) trug dadaistische Lautgedichte vor. An derartigen Entwicklungen knüpften die Autoren der Konkreten Poesie an. Das Adjektiv ‚konkret' bezeichnete in der Theorie ihrer Sprachkunst das Gegenständliche oder anders: das Reale im Unterschied zum Abstrakten. Dieses prägte sich in einem breiten Spektrum an Möglichkeiten bzw. Genres aus:

> Artikulationen, Konstellationen, Variationen, Zitatcollagen, Lautgedichte gehören [zum …] festen Repertoire [der Konkreten Poesie]. Visuelle Texte und Lautgedichte, Dialektdichtung und Piktogramme, serielle Manifestationen und literarische *minimal art* sowie deren experimentelle Mischungen haben der konkreten Dichtung für mehr als ein Jahrzehnt eine innovative Kraft zur ständigen Metamorphose verliehen. (Korte 2004, S. 146)

Die vielfältigen Erscheinungsweisen machen erklärlich, dass der Begriff ‚Konkrete Poesie' eigentlich recht unpräzise ist und daher an seiner Stelle auch andere wie etwa ‚Konkrete Dichtung', ‚Visuelle Poesie', ‚Konkrete Lyrik' und ‚Visuelle Texte' vorkommen. Diese Begriffe sind jedoch auch nicht eindeutig oder sie heben nur ein bestimmtes Merkmal hervor. So hat sich trotz seiner Unschärfe der Begriff ‚Konkrete Poesie' durchgesetzt, der von Eugen Gomringer (geb. 1925) Mitte der 1950er Jahre in Analogie zur ‚Konkreten Kunst' der 1920er Jahre geprägt wurde. „Er verwendete den Terminus für eine Art von sprachexperimenteller Literatur, die – wie die Kunst – die *Mittel* reflektiert, d.h. hier: die Sprache." (Kopfermann 1974, S. X)

Eugen Gomringer war nicht nur Namensgeber der Konkreten Poesie, sondern auch, in der Theorie wie in der künstlerischen Praxis, einer ihrer herausragenden Protagonisten. Die originellsten Beispiele weiterer wichtiger deutschsprachiger Exponenten – der ansonsten internationalen Sprachkunst-Bewegung – versammelte er in der von ihm herausgegebenen, 1972 erstmals erschienenen Anthologie *konkrete poesie*, auf die in der Folgezeit immer wieder zurückgegriffen wurde und die so, wie Eugen Gomringer in einer Vorbemerkung zum Nachdruck von 1991 schreibt, zum „klassischen Muster" geworden ist. Neben ihm selbst sind darin Autoren vertreten wie Claus Bremer (1924–1996), Reinhard Döhl (1934–2004), Helmut Heißenbüttel (1921–1996), Konrad Balder Schäuffelen (1929–2012) oder Timm Ulrichs (geb. 1940) und nicht zuletzt Ernst Jandl (1925–2000), der in den 1970er Jahren den wohl höchsten Anteil an der Popularisierung der Konkreten Poesie hatte (vgl. Korte 2004, S. 143).

Gemeinsam ist den Exponenten der Konkreten Poesie der avantgardistische Anspruch, sich von gewohnten poetischen Vorstellungen abzukehren, und der experimentelle Charakter ihrer Werke, wie unterschiedlich deren Erscheinungsweisen im Einzelnen auch sein mögen.

Konkret dichten heißt für die Verfasser Konkreter Poesie, die Sprache vor allem als Material – man kann auch sagen als ‚Spielmaterial' – zu nutzen und weniger als begriffliches Zeichen und Bedeutungsträger. Der konkrete Dichter gestaltet mit dem Wort, dem Buchstaben, dem Laut und stellt derart Kunstobjekte aus Sprache her. Die Sprache hört auf, nur Medium zu sein, mit dem Aussagen über die Wirklichkeit gemacht werden. Das Gedicht, sagt Eugen Gomringer in einer theoretischen Positionsbeschreibung, ist „eine realität an sich und kein gedicht über …" (Gomringer 1954/1972, S. 158).

Die Verwendung des Begriffs ‚Gedicht' für die Produktionen der Konkreten Poesie war zur Zeit ihrer Entstehung – wie auch schon für zahlreiche ihrer Vorgänger – nicht unumstritten, was verständlich ist, wenn nur die überlieferten poetischen Erscheinungsformen als Gedicht bezeichnet und anerkannt werden. Konkrete Gedichte folgen hingegen „entweder gar nicht der üblichen vers- und zeilenanordnung oder sie folgen dieser in einer so reduzierten form, daß man dabei nicht an das übliche gedichtbild denkt" (Gomringer 1956/1969, S. 285). Was an der Konkreten Poesie als Grenzüberschreitung empfunden wird, ist aber akzeptabel, wenn man dem Plädoyer Ernst Jandls folgt und bereit ist, den Begriff „auch, jederzeit, für die Unvorhersehbarkeit des immer neuen Gedichtes" offen zu halten (Jandl 1970/1974, S. 45).

Den „provozierenden Gestus", der sich zur Zeit ihrer Entstehung und Etablierung mit der Konkreten Poesie verband, hat sie inzwischen „längst verloren" (Korte 2000[a], S. 61); sie hat, „ebenso anerkannt wie arriviert" (ebd.), ihren Platz in der Literatur(geschichte) gefunden.

3.2 Spielarten der Konkreten Poesie und ihre Vorläufer

3.2.1 Konstellationen

Einer der Formtypen der Konkreten Poesie, der für die schulische Rezeption bedeutsam wurde (und es nach wie vor ist), ist die Konstellation. Der Begriff wurde von Eugen Gomringer eingeführt. Mit ihm bezeichnete er seine wesentliche und einflussreiche poetische Erneuerung, die in seiner Lyrik an die Stelle des traditionellen Verses oder der Gedichtstrophe rückte. In seinem 1954/55 verfassten Manifest *Vom Vers zur Konstellation* definierte er eine Konstellation als

> die einfachste gestaltungsmöglichkeit der auf dem wort beruhenden dichtung. sie umfaßt eine gruppe von worten – wie sie eine gruppe von sternen umfaßt und zum sternbild wird. in ihr sind zwei, drei oder mehr, neben- oder untereinander gesetzten worten – es werden nicht zu viele sein – eine gedanklich-stoffliche beziehung gegeben. […] die konstellation ist eine ordnung und zugleich ein spielraum mit festen größen. sie erlaubt das spiel. (Gomringer 1954/1972, S. 159)

An anderer Stelle nimmt Eugen Gomringer den Gedanken des Spiels nochmals auf und bezieht auch die Rolle des Lesers in seine Definition ein:

> unter konstellation verstehe ich die gruppierung von wenigen verschiedenen worten, so daß ihre beziehung nicht vorwiegend durch syntaktische mittel entsteht, sondern durch ihre materielle, konkrete anwesenheit im selben raum. dadurch entstehen statt der einen beziehung meist deren mehrere in verschiedenen richtungen, was dem leser erlaubt, in der von dichter (durch die wahl der worte) bestimmten struktur, verschiedene sinndeutungen anzunehmen und auszuprobieren. die haltung des lesers ist die des mitspielenden, die des dichters die des spielgebenden. (Gomringer o.J./1974, S. 93)

Aus dem Umstand, dass die Konkrete Poesie mit der Sprache als Material operiert, ergibt sich für Eugen Gomringer ein „inter- und übernational(er)“ Charakter der Konstellation; sie ist für ihn nicht an eine bestimmte Sprache gebunden (Gomringer 1954/1972, S. 160). Er selbst schrieb zahlreiche Konstellationen auf deutsch, englisch, französisch, schweizerdeutsch oder, wie seine erste Konstellation *avenidas* von 1951 in seiner Muttersprache – er ist in Bolivien geboren – Spanisch.

avenidas
avenidas y flores
flores
flores y mujeres
avenidas
avenidas y mujeres
avenidas y flores y mujeres y
un admirador

Eugen Gomringer

Für Eugen Gomringer zeigt sich in diesem frühen, aus sechs spanischen Wörtern – avenidas (Straßen), flores (Blumen), mujeres (Frauen), admirador (Bewunderer), y (und), un (ein) – bestehenden konkreten Gedicht die Grundstruktur einer Konstellation: „man erkennt, dass die kombinatorik ein hilfsmittel der konstellation ist. [...] und man erkennt ferner, dass sich in der konstellation mechanistisches und intuitives prinzip in reinster form verbinden können.“ (Gomringer 1954/1972, S. 160) Die so entstehenden Sprachgebilde wirken einfach, ohne freilich anspruchslos zu sein.

> das neue Gedicht [...] wird zum seh- und gebrauchsgegenstand: denkgegenstand – denkspiel. es beschäftigt durch seine kürze und knappheit. Es ist memorierbar und als bild einprägsam. Es dient dem heutigen menschen durch seinen objektiven spiel-charakter. (Gomringer 1954/1972, S. 158)

Das hier beschriebene Prinzip wendet Eugen Gomringer auch in seinen deutschsprachigen Konstellationen an, beispielsweise mit den Verben *sehen trennen verbinden* (in: worte sind schatten, 1969, S. 66) oder – in einer seiner „reinsten Konstellation[en]“ (Gomringer 1960/1969, S. 292) – mit den Substantiven Baum, Kind, Hund, Haus:

baum kind hund haus

baum
baum kind

kind
kind hund

hund
hund haus

haus
haus baum

baum kind hund haus

Eugen Gomringer

Wie in *avenidas* stellt der Autor die Wörter zusammen wie Dinge; er belässt seinem Sprachmaterial zwar den Sinn, gibt den Wörtern im Zusammenhang der Konstellation aber keine darüber hinausgehende Bedeutung. Diese für sich zu erschließen, intuitiv oder assoziativ, ist Sache des ‚mitspielenden' Lesers.

In einem Interview nach dem Anlass bzw. der Motivation zu dieser Konstellation gefragt, gab Eugen Gomringer folgende Erklärung:

> Das ist eine kleine Welt. „baum“ ist das Natürliche, ist kein Tier, kein Mensch – dann „kind“, das ist [...] für mich der Inbegriff der Menschen [....]; vielleicht ein gewagtes Wort, aber ich finde: das Kind ist der wichtigste Mensch, weil Kinder doch mehr Zukunft haben als jeder Erwachsene. Deshalb betrachte ich das Kindsein als ganz wichtige Phase des Menschseins. – Und dann: „hund“ ist einfach das verbindende Wesen, das Tier. [...] – Und „haus“: das ist eben die Behausung des Menschen, die vier Wände, in denen man lebt, die Umgebung auch. Also das Ganze ist eine Welt: baum-kind-hund-haus. (Gomringer 1977, S. 103)

In der 1954 entstandenen Konstellation *das schwarze geheimnis* (die er auch auf Englisch und Französisch variiert) stellt Eugen Gomringer Aussage- und Frageform des Satzes gleichzeitig vor, indem er sie zur Figur vereinigt:

das schwarze geheimnis
ist   hier
hier   ist
das schwarze geheimnis

Eugen Gomringer

Es liegt nahe, die Mitte, die hier von dem aus Worten gebildeten Rechteck umschlossen wird, als den Ort des Geheimnisses anzusehen. Da diese Mitte aber weiß gelassen und gerade nicht schwarz ist, drängt sich doch die zweifelnde Frage auf: „ist hier das schwarze geheimnis?“ Es entsteht derart ein artistisch-hintergründiges Sprachspiel, das letztlich auf dem Schwanken zwischen der Aussage- und Frageform des Satzes beruht, die gleichzeitig gebraucht werden und gleiche Gültigkeit haben. (Rückert/Schuler 1974, S. 28)

Das berühmteste konkrete Gedicht Eugen Gomringers dürfte die Ein-Wort-Konstellation *schweigen* (1960) sein, die zugleich ein paradigmatischer Beleg für den immanenten visuellen Aspekt der Konkreten Poesie ist.

schweigen schweigen schweigen
schweigen schweigen schweigen
schweigen   schweigen
schweigen schweigen schweigen
schweigen schweigen schweigen

Eugen Gomringer

Die typographische Gestaltung bzw. visuelle Ausdrucksform lässt sich in diesem Gedicht nicht von seinem ‚Sinn’ trennen. „Das Schweigen, in den Wortreihen mehrfach benannt, wird als leere Fläche optisch markiert und wirkt wie die Imitation eines akustischen Phänomens mit visuellen Mitteln.“ (Korte 2000[a], S. 66) Das Gedicht „arbeitet mit der Paradoxie, dass man ein Schweigen brechen muss, um übers Schweigen zu sprechen oder, wie Eugen Gomringer sagt, „ein neues schweigen zu beschwören“ (zit. in: Wagenknecht 1978, S. 15). „Gleichzeitig versucht der Text, diesen Befund zu visualisieren, indem er *schweigen* als Leerstelle typographisch ausspart.“ (Hartung 1975, S. 41) „Es entsteht auf dem Blatt ein paradoxes Spiel zwischen Wort und Leere, zwischen Schweigen und Sprache und zwischen dem Schwarz des Druckes und dem Weiß des Papiers.“ (Adler/Ernst 1987, S. 283) Sprechend kann der Leser sich den Text *schweigen* nicht erschließen, er muss ihn optisch wahrnehmen. Der Leser wird zum Betrachter. „Vor diesem Hintergrund“ ist *schweigen* „ein Paradigma an der Grenze zwischen bildender Kunst und Literatur“ (Korte 2000[a], S. 66). Es ist ein „Textbild“ (Adler/Ernst 1987, S. 283), von Eugen Gomringer selbst „visuellen konstellationen“ zugerechnet (zit. in: Wagenknecht 1978, S. 15).

Die beiden das Gedicht *schweigen* konstituierenden Aspekte, visuelle Ausdrucksform und Konstellation, erscheinen auch in Textbildern anderer Autoren, beispielsweise in den Gedichten in Tabellenform wie *immer schön in der reihe bleiben* von Claus Bremer (1968) oder in *(un)ordnung* von Timm Ulrichs, denen Eugen Gomringer „eine wirkliche erweiterung der konstellation“ bescheinigt (Gomringer 1960/1969, S. 292). Die Texte zeigen, was sie sagen: der erste eine Widerspruch provozierende unerträgliche Einförmigkeit, der andere eine aus

,ordnung' entstehende ,unordnung'. Das ist nicht nur spielerisch gemeint und etwa auf Situationen im kindlichen Alltag bezogen, sondern durchaus auch gesellschaftspolitisch verstehbar: als Ausdruck von Freiheitsdrang und Protesthaltung und als Kritik an Gleichförmigkeit und Konformismus.

ordnung ordnung
ordnung ordnung
ordnung ordnung
ordnung ordnung
ordnung ordnung
ordnung unordn g
ordnung ordnung
ordnung ordnung
ordnung ordnung
ordnung ordnung
ordnung ordnung

Timm Ulrichs

Besonders eindrucksvoll hat Eugen Gomringer die Konkretion von semantischer und zeichenhafter (semiotischer) Intention in *wind* gestaltet (s. S. 260 f.). Es begegnet hier wieder „eine typische Reduktion des Sprachmaterials auf ein Minimum und die plakative Einfachheit" eines Textes, die jedoch eine „kontemplative Interpretation" erlaubt (Adler/Ernst 1987, S. 281). Eugen Gomringer bezeichnet solche Texte als Ideogramme, das heißt als Sehgegenstände von logischem Aufbau (Gomringer 1972/1991, S. 165): Die Bedeutung des Wortes ,Wind' wird durch Visualisierung dargestellt. In der geschriebenen Form ergibt sich die Möglichkeit, die das Wort ,Wind' bildenden Buchstaben sowohl diagonal wie über Eck und in Kreisform zu lesen.

w w
d i
n n n
i d i d
w w

Eugen Gomringer

In Eugen Gomringers Konstellation *ping pong* kommt zu dem visuellen noch ein akustisches, lautmalendes Element hinzu. Auf der Sinnebene ist es ein Klang-Abbild des Tischtennisspiels. Durch das Spiel mit den Worten „ping" und „pong" wird eine Zweierbeziehung dargestellt, die – wie Gomringer selbst erklärt – nicht immer im Gleichgewicht ist: „Und wenn es hier in der 3. Zeile ganz plötzlich mit ,pong' beginnt, das ist eine Art Störung, aber kei-

ping pong
ping pong ping
pong ping pong
ping pong

Eugen Gomringer

ne echte; denn wenn man es in eine Zeile schreiben würde, wäre es immer gleich abwechselnd i – o, i – o, und am Schluss ist die Ordnung wiederhergestellt.“ (Gomringer 1977, S. 102; Unterrichtsvorschlag s. S. 146)

3.2.2 Figurengedichte

Eine charakteristische Form der Visuellen Poesie ist das Figurengedicht. Dieses ist eine Text-Bild-Komposition, „bei der ein in der Regel versifizierter oder in anderer Weise lyrischer Text zu einer visuellen grafische Figur formiert ist“ (Ernst 2009[b], S. 271). Das Figurengedicht „führt Bild und Text zu einer Synthese“ (ebd.), indem im Bild visuell ausgedrückt wird, was im Text verbal ausgesagt ist; es ist *Text als Figur* (Adler/Ernst 1987).

Vorläufer des modernen Figurengedichts finden sich von der Antike an (Beispiele in der Anthologie *Text-Bilder*, 1972). Besonders beliebt war diese Art zu dichten im Barock. So demonstriert beispielsweise ein Umrissgedicht, das Theodor Kornfeld in seiner Poetik von 1685 veröffentlicht hat, das für die Epoche zentrale Lebensverständnis von der Vergänglichkeit alles Irdischen. Das Textbild ist optisch in der Form einer Sanduhr gestaltet, in welcher der Fluss des Sandes sinnbildlich auf das Verrinnen der Zeit verweist.

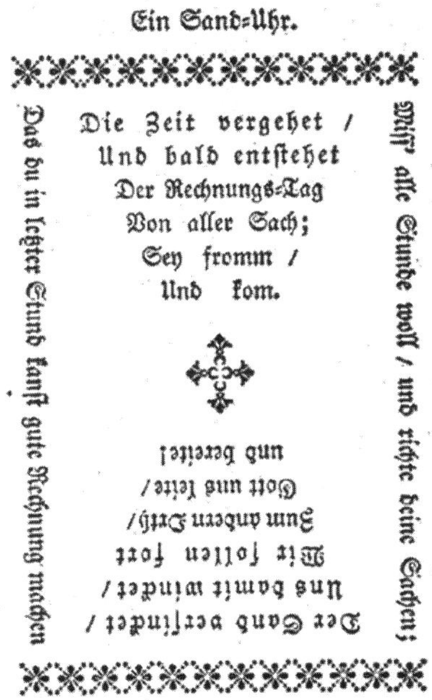

Theodor Kornfeld (1685)

Im frühen 20. Jahrhundert ist Arno Holz eine „Schlüsselfigur in der Evolution der modernen visuellen Poesie“ (Adler/Ernst 1987, S. 216). Seine Versuche zur Neugestaltung der Gattung ‚Gedicht‘, die er insbesondere in seinem Hauptwerk *Phantasus* unternimmt, beruhen darauf, dass er „Worte nach visuellen Prinzipien im Raum arrangiert“ (ebd., S. 217). Er erfindet die Mittelachse, „von der Wortgruppen“ – in Kurz- oder Langzeilen – „symmetrisch nach beiden Seiten ausschwingen“ (Heißenbüttel 1966, S. 37).

Ein paradigmatischer, in Lesebüchern und Anthologien vielzitierter, meist mit *Im Gras* (s. S. 181 ff.) überschriebener Text beschreibt derart das Erleben des Frühlings (vgl. auch *Mondabend*, S. 213 f.). Im *Phantasus* findet sich aber auch schon eine „eine Methode der Wortwiederholung und des Arrangements im

Raum, die […] in wesentlichen Punkten dem Begriff der ‚Konstellation' entspricht" (Adler/Ernst 1987, S. 217), wie die folgende kurze Passage beispielhaft deutlich macht:

alles
alles, alles, alles
bewegte mich … alles, alles, alles umhegte ich!

Fast zeitgleich mit Arno Holz publiziert Christian Morgenstern im Jahr 1905 seine grotesken *Galgenlieder*, die von einer humorvollen Sprachbehandlung zeugen. „Zu den Späßen, die er der Sprache entlockte" (Adler/Ernst 1987, S. 230), gehört *Fisches Nachtgesang*, das überhaupt keine Buchstaben und Worte mehr benutzt, sondern Siglen des Metrums (Kürze und Länge), die bildliche Abstraktionen von Blasen, Wellen u.ä. assoziieren (vgl. Text-Bilder 1972, S. 58).

Die Trichter

Zwei Trichter wandeln durch die Nacht.
Durch ihres Rumpfs verengten Schacht
fließt weißes Mondlicht
still und heiter
auf ihren
Waldweg
u. s.
w.

Christian Morgenstern

Noch bekannter geworden ist das Umrissgedicht *Die Trichter*, in dem er eine „konkrete Sprach- und Formbehandlung" praktiziert (Adler/Ernst 1987, S. 230).

Das Gedicht „ahmt die Form eines einzelnen Trichters nach. Durch die Verdoppelung des Trichters im Text wird das Motiv ins Groteske gesteigert, zumal die konkreten Gegenstände mit dem romantischen Motiv des Mondscheins verbunden werden." (Ebd.)

Die personifizierten Trichter wandern als einbeinige Figuren bei idyllisch weißem Mondlicht durch den Wald. „Am Schluß wird ein weiteres optisch-verbales Spiel inszeniert, da die Abkürzung ‚u.s./w.' auch beim stillen Lesen wahrgenommen wird, um den Reim mit ‚heiter' herzustellen." (Ebd.)

In der Konkreten Poesie der Nachkriegsjahre wurde Reinhard Döhls auf den ersten Blick ganz spielerisch wirkendes ‚Textbild' *Apfel*, das mit der Inhaltsseite des sprachlichen Zeichens operiert, zum Paradigma des Umrissgedichtes. Das 1965 zuerst als Weihnachtskarte gedruckte „Piktogramm" – so die Selbstbezeichnung Döhls (Döhl 1971) – avancierte schon bald „zu einer Ikone einer vor allem visuell verstandenen Konkreten Poesie" (ebd.).

Durch die Wiederholung und entsprechende graphische Anordnung des Wortes bzw. der Zeichenfolge ‚Apfel' wird das Bezeichnete, also die Baumfrucht ‚Apfel', mimetisch abgebildet. Als eine Art Pointe wirkt dabei der im Apfel versteckte Wurm, der erst bei genauerem Hinsehen entdeckt wird. Für den Autor bewirkt dies, über das anregende Sprachspiel hinaus, Bedeutung: Der Apfel, dem Adam und Eva nicht widerstehen konnten und der zu ihrer Vertreibung aus dem biblischen Paradies führte, wird ebenso assoziiert wie der Apfel, den der trojanische Prinz Paris im Schönheitswettstreit griechischer Göttinnen der Aphrodite zuerkennt, oder andere märchenhafte (vgl. *Schneewittchen*) und mythologische Äpfel, in denen der sprichwörtliche Wurm steckt (vgl. Döhl 1971; s. auch die Adaptionen S. 70 u. 71).

Reinhard Döhl

3.2.3 Lautgedichte

Das Lautgedicht als Genre der Konkreten Poesie ist vor allem von Ernst Jandl ausgeformt worden. Er geht aber nicht so weit wie die Vorläufer im Dadaismus, die in ihren ‚Versen ohne Worte' (Hugo Ball) auf Aussageinhalt oder Sinngebung fast oder gänzlich verzichten und um des musikalisch-melodischen Wohlklangs willen ästhetisch gefilterte Laute aneinanderreihen (vgl. Wilpert 1979, S. 447). Die Grenze zur Unsinnspoesie ist in solchen Kreationen fließend, wie die klassisch gewordene Beispiele, Christian Morgensterns *Das große Lalula* (1905) (s. S. 135) und *Gruselett* (1919) (s. S. 180 f.) und Hugo Balls *Seepferdchen und Flugfische* (1916) und insbesondere *Karawane* (1916) (s. S. 137) unschwer belegen, die alle auch gegenwärtig noch in Gedichtanthologien vorkommen.

Zwischen Hugo Balls Lautgedichten und den Sprachexeperimenten, mit denen Ernst Jandl seit den 1960er Jahren hervortrat, beispielsweise mit den drei gleichartig gestalteten Gedichten *harter vogel*, *schmerz durch reibung* oder *die zeit vergeht* von 1964, liegt ein zeitlicher Abstand von mehr als einem halben Jahrhundert. Gleichwohl sind die Analogien augenfällig. Das konkrete Gedicht *die zeit vergeht* beispielsweise besitzt in seinem Aufbau, der ein gleichschenkliges Dreieck aufscheinen lässt, einen unverkennbar visuellen Charakter.

die zeit vergeht

lustig
luslustigtig
lusluslustigtigtig
luslusluslustigtigtigtig
lusluslusluslustigtigtigtigtig
luslusluslusluslustigtigtigtigtigtig
lusluslusluslusluslustigtigtigtigtigtigtig
luslusluslusluslusluslustigtigtigtigtigtigtigtig

Zugleich erzeugen die beiden Bestandteile ‚lus' und ‚tig' des Wortes ‚lustig', die, von einer Mittelachse geteilt, achtmal symmetrisch nach beiden Seiten zunehmend redupliziert werden, ein markantes Lautgefüge. Die Einheit „tig" vermittelt phonetisch das Ticken einer Uhr, während „lus" an „Wörter des Hörens, wie ‚losen' oder [...] ans englische ‚lose', verlieren," erinnert (Jandl 1970/1974, S. 46). Indem man „lus" aber mit ‚lust' assoziiert und als Aufforderung deutet, sich der Lust hinzugeben, ruft dieser Wortbestandteil auch das ‚carpe-diem'-Motiv auf, dem im Barock immer das ‚memento mori' gegenübersteht, das hier in dem „tig" aufgerufen ist.

Wird „lustig" als Adverb dem Satz der Überschrift zugeordnet, wird daraus die Aussage „Die Zeit vergeht lustig". Als gültige Feststellung will Ernst Jandl diese aber nicht verstanden wissen, allenfalls als Frage (vgl. Jandl 1970/1974, S. 46). Nicht anders wird auch der Leser reagieren und fragen: Vergeht die Zeit wirklich lustig? Die verneinende Antwort ist naheliegend. „Wohl niemand hat das Gefühl, dass das Adverb ‚lustig' zur semantischen Ebene ‚Die Zeit vergeht' passt." (Langheinrich 1979, S. 70)

Weite Verbreitung gefunden hat Ernst Jandls dreistrophiges Gedicht *ottos mops,* das, 1963 geschrieben, erstmals 1970 in dem Lyrikband *der künstliche baum* publiziert wurde (s. S. 133 f.). Es ist durch die Einordnung in diese Sammlung als „Lese- und Sprechgedicht" bestimmt, wobei Ernst Jandl als „Sprechgedicht" eine Mischform von Wort- und Lautgedicht versteht (Brandtner 2002, S. 75). Zu einem beliebten Lesebuchtext ist auch das Gedicht *auf dem land* (s. S. 269) avanciert, das Ernst Jandl selbst einen „Zwitter aus Wort- und Lautgedicht" (Jandl 1970/1974, S. 49) genannt hat.

3.3 Kinderliterarische Aktualisierungen der Konkreten Poesie

Gegen Ende der 1960er Jahre erwies sich Konkrete Poesie mit ihren Formen und ihrer Programmatik als einer der „Brückenpfeiler" (Lypp 1991, S. 371) beim Versuch moderner Autoren und Autorinnen, das Kindergedicht aus einer „langen Periode der Konventionalität und Gleichförmigkeit" (ebd.) zu befreien und „Anschluß an die zeitgenössische Literatur" zu finden (ebd.). Die in einem Prozess produktiver Rezeption erfolgte kinderliterarische Aktualisierung der Konkreten Poesie betont zwar stärker das sprachspielerische Element und löst sich auch nicht von der Bedeutungs- bzw. Mitteilungsfunktion der Sprache, das charakteristische Merkmal aber bleibt identisch, dass die Sprache selbst zum Gegenstand wird und als zentrales Spielmaterial fungiert.

3.3.1 Wortgedichte und Wortspiele

Der Formtyp der Konstellation, der für die Konkrete Poesie paradigmatisch ist, hat in der originären Kinderlyrik nur wenige Entsprechungen gefunden. Immerhin aber knüpft Max Kruse mit dem „Wortgedicht" (Motté 1989, S. 24) *Abend-*

lied (s. S. 108) daran an und vermag „deren Struktur für ein lyrisches Gebilde für Kinder fruchtbar zu machen“ (Motté, ebd.).

Wegweisend geworden für die kinderliterarische Aktualisierung der Konkreten Poesie ist der Schweizer Lehrer und Autor Hans Manz. Seit *Worte kann man drehen* (1964), seinem ersten *Sprachbuch für Kinder* (Untertitel), veröffentlichte er Texte, die Merkmale einer Konstellation mit visuellen Elementen verbinden, beispielsweise *Wortverästelungen*, *Pyramide*, *Das kann doch nicht immer so weitergehen?* und *Weltberühmt*, ein Textbild zum Panama-Kanal, oder den *Ratschlag* „Geh doch nicht immer im gleichen / Trott,“ weil du sonst zum „Trottel“ wirst. Einige dieser Texte wurden später in Lesebüchern und Anthologien für die Schule rezipiert und haben dadurch große Breitenwirkung erreicht.

Wortverästelungen

AST AST AST AST
AST AST AST AST AST
AST AST AST AST AST AST
TASTE ASTI LAST LAST ASTI TASTE
LASTER ASTOR ELAST ELAST ASTOR LASTER
BASTARD ASTHMA DAMAST DAMAST ASTHMA BASTARD
PASTORIN ASTARTE BALLAST BALLAST ASTARTE PASTORIN
PASTETE ASTRID MORAST MORAST ASTRID PASTETE
KASTEN ASTER KNAST KNAST ASTER KASTEN
PASTE ASTA MAST MAST ASTA PASTE
AST AST AST AST AST AST
AST AST AST AST AST
AST AST AST AST
STAMMSTAMM
STAMMSTAMM
STAMMSTAMM
STAMMSTAMM
STAMMSTAMM
STAMMSTAMM
STAMMTSTAMMT
STAEMMIGSTAEMMIG
STAMMBAUMBAUMSTAMM

Hans Manz

Hans Manz ist es wichtig, dass Kinder mit solchen Texten ganz unbefangen umgehen, weil sie seiner Auffassung nach nicht gewohnt seien, diese auf Anhieb Gedichte zu nennen. Im Nachwort zu seinem *Neue[n] Sprachbuch für Kinder* (Untertitel) *Kopfstehen macht stark* (1978), als Taschenbuch unter dem Titel *Über die Kunst zwischen den Zeilen zu lesen* (1986) herausgekommen, schreibt er:

> Die Kinder stutzen zuerst, aus dem Stutzen erwächst das Raten, das Suchen nach dem Hintersinn. Es erinnert an das Suchen beim Versteckspiel. Wenn das nicht so wäre, hätte es ja nie die Lust an Rätseln gegeben, die so alt ist wie die Literatur selbst. (Manz 1986, S. 144)

In einer *Kleine(n) Wörterkunde*, die Hans-Joachim Gelberg in der Anthologie *Überall und neben dir* (1986) veröffentlichte, hat Hans Manz den Gedanken vom Rätsel ganz wörtlich genommen und als literarische Form gewählt. Strukturell kommen diese Rätsel (deren Lösung er vor oder nach dem Text mitteilt) einer Konstellation sehr nahe, auch wenn die Suche nach einer Bedeutung ein offenes Assoziieren nicht intendiert.

Kleine Wörterkunde

	Und was ist das?	
Was ist das?	reden	reden und hören
Mund hart	reden	reden und hören
Auge böse	reden	hören und reden
Finger groß	reden	hören und reden
weinen	hören	(Vernünftiger Erwachsener
(Standpauke)	(Erwachsener spricht mit Kind)	spricht mit Kind)

Die beiden Spielarten, in denen Hans Manz die Verben „reden“ und „hören“ kombiniert, verweisen in sich auf verschiedene Bedeutungen: Dem eindimensionalen Sprechen eines Erwachsenen mit dem Kind steht als Alternative ein ausgeglichener Wechsel von Reden und Hören entgegen, der in der Rätselauflösung als Sprechen eines ‚vernünftigen Erwachsenen’ mit dem Kind bezeichnet wird.

In der Wiederaufnahme einiger der hier veröffentlichten Texte in dem Band *Lieber heute als morgen* (1988) nimmt Hans Manz kleinste Veränderungen an dem Sprachmaterial vor, die aber – wie etwa in dem Rätseltext *Waldsterben* durch das Weglassen des Vokals a in dem letzten Wort ‚Baum’ – zu einer wirkungsvollen Variante führen; die Aussage wird – wie die Gegenüberstellung exemplarisch belegt – dadurch in ihrer umweltkritischen Intention sichtlich verschärft.

Waldsterben	*Was ist das?*
Baum Baum Baum Baum Baum	Baum Baum Baum Baum Baum
Baum Baum Baum Baum	Baum Baum Baum Baum
Baum Baum Baum	Baum Baum Baum
Baum Baum	Baum Baum
Baum	Baum
	B um

Hans Manz

3.3.2 Visuelle Texte

Unmittelbarer als die Wortgedichte und Wortspiele fallen die visuellen Texte ins Auge. Nach der Typologie von Eugen Gomringer (1972/1991) handelt es sich hier um Typogramme (Buchstabengedichte), Ideogramme (Wortbilder) und Piktogramme (Textbilder). Wiewohl die kinderliterarischen Anthologien und Monographien alle drei Formen repräsentieren, sind die Piktogramme, zumal in der Form des Figurengedichtes, besonders häufig vertreten; es darf begründet vermutet werden, dass dies vor allem durch ihr implizites sprachspielerisches Potential verursacht ist.

Im österreichischen Kinderbuch erfolgen Annäherungen an die visuelle Poesie vor allem im innovativen und weit verbreiteten *Sprachbastelbuch* (1975/2005). Gerri Zotter, Mira Lobe und Renate Welsh bauen – wie die nachstehend abgebildete Doppelseite exemplarisch zeigt – aus an- und übereinandergereihten Buchstaben und Wörtern „Wort-Bilder“ (ebd., S. 45): Häuser, Pyramiden, eine Wand und eine Brücke oder einen Wald. Die Beispiele machen „das Spannungsverhältnis zwischen inhaltlicher und grafischer Dimension auf wunderbar spielerische Weise deutlich“ (Rabus 2006, S. 16).

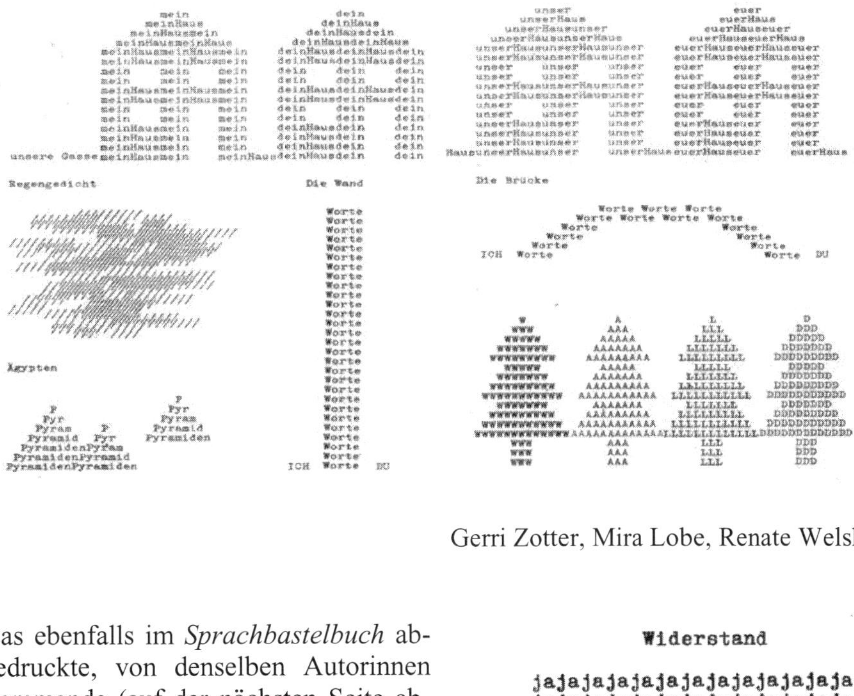

Gerri Zotter, Mira Lobe, Renate Welsh

Das ebenfalls im *Sprachbastelbuch* abgedruckte, von denselben Autorinnen stammende (auf der nächsten Seite abgebildete) Figurengedicht *Die Sanduhr*, das mit seinem Text über die verrinnende Zeit an das barocke Vorbild von Theodor Kornfeld (s. S. 63) erinnert, und das ‚Textbild‘ *Widerstand*, das mit seinem im Zentrum stehenden – im Original roten – „nein“ strukturell Reinhard Döhls *Apfel* (s. S. 65) ähnelt, verdeutlichen freilich auch, dass die Autorinnen nicht beim reinen Sprach-

spiel verbleiben, mit ihren Figurengedichten vielmehr durchaus auch ernsthafte, Nachdenklichkeit evozierende Aussagen machen.

Insbesondere mit dem ‚Textbild' *Der Krieg*, das an die Figurengedichte von Claus Bremer (z.B. *Der Soldat* oder *Panzer*, 1968) denken lässt, gehen sie dabei sogar in Richtung der ‚engagierten' Poesie. Sie verwenden nur den –

```
                     Der Krieg

                    ANGSTANGST
               ANGSTANGSTANGSTANGST
     ANGSTANGSTANGSTANGSTANGSTANGSTANGST
ANGSTANGSTANGSTANGSTANGSTANGSTANGSTANGSTANGST
 ANGSTANGSTANGSTANGSTANGSTANGSTANGSTANGSTANGSTANGST
ANGSTANGSTANGSTANGSTANGSTANGSTANGSTANGSTANGSTANGST
ANGSTANGSTANGSTANGSTANGSTANGSTANGSTANGSTANGSTANGSTANGST
ANGSTANGSTANGSTANGSTANGSTANGSTANGSTANGSTANGSTANGSTANGST
 ANGSTANGSTANGSTANGSTANGSTANGSTANGSTANGSTANGSTANGST
  ANGSTANGSTANGSTANGSTANGST ANGSTANGSTANGSTANGSTANGSTANGST
   ANGSTANGSTANGSTANGST         ANGSTANGSTANGSTANGST
     ANGSTANGSTANGSTANGST   ANGSTANGSTANGSTANGSTANGST
                          H
                          A
                          B
                          E
                         ICH
```

Gerri Zotter, Mira Lobe, Renate Welsh

von unten nach oben zu lesenden – Aussagesatz „Ich habe Angst", der im Original durch rote Druckfarbe auch optisch hervorgehoben wird. Doch durch hundertfache Wiederholung des Wortes ‚Angst' wird der verbale Satzrahmen derart gesprengt, dass statt der syntaktisch geordneten, beschreibenden Aussage sich ein Angstausbruch darstellt. Hinzu kommt die Anordnung der Wörter zum Bild eines Atompilzes. So zeigt das Figurengedicht sowohl die Größe als auch den Gegenstand der Angst. (Funk 1977, S. 85)

Angelegt nach dem Bauprinzip ‚Apfel-Wurm' (s. S. 65) treiben eine ganze Reihe von Texten der konkret-visuellen Poesie ein Versteckspiel mit den Lesern und Leserinnen. So kann im Textbild einer ordentlich sortierten Schrankwand „geld" zwischen der „wäsche" liegen oder „Plunder" unter „Pollunder(n)"; oder in einem Textgehege von „wald" lässt sich, wie die nebenstehende Abbildung zeigt, zweimal „wild" entdecken (Funk 1977, S. 79 f.). Die abstrakte Wortgestalt wird in solchen Textbildern mit Leben, Anschaulichkeit, Gegenständlichkeit aufgeladen (ebd., S. 80).

```
waldwaldwaldwaldwald
waldwaldwaldwaldwald
waldwaldwaldwaldwald
waldwaldwaldwaldwald
waldwaldwaldwildwald
waldwaldwaldwaldwald
waldwaldwaldwaldwald
waldwaldwaldwaldwald
waldwaldwaldwaldwald
waldwildwaldwaldwald
waldwaldwaldwaldwald
waldwaldwaldwaldwald
```

Eine gelungene Adaption von Reinhard Döhls Textbild *Apfel* findet sich in Sharon Creechs Buch *Der beste Hund der Welt* (2003), das von einer Lehrerin erzählt, die einem Jungen die wunderbare Welt der Gedichte erschließt. Das Textbild ist nicht nur ein inspirierendes Beispiel einer kinderliterarischen Adaption, es ist darüber hinaus geeignet, selbst zum Gegenstand von Betrachtungen zu werden.

Auch Paul Maar hat eine Reihe sprachspielerischer Figurengedichte vorgelegt. Erstmals enthält das Buch *Onkel Florians fliegender Flohmarkt* (1977), dessen Intention der Autor im Untertitel programmatisch *Ein Spiel-Vorlese-Lese-Rätsel-Reim-Geschichten-Anschau-Weitermach-Buch* nennt, mehrere solcher „gezeichnete(r) Gedichte“ (ebd.). Von Lesebüchern und Anthologien rasch rezipiert wurden beispielsweise der graphisch visualisierte Vierzeiler „Einen König und einen Baum erkennt man ohne Krone kaum …“ oder das Textbild *Regen*, in dem optisch die kleine Geschichte sichtbar gemacht wird, die in Versen erzählt wird (s. S. 246). Dieses Beispiel hat Paul Maar auch in die Auswahl seiner sprachspielerischen Werke *Kreuz und Rüben, Kraut und quer* (2004) aufgenommen, für Hans-Jürgen Kliewer repräsentiert es auch in der Neuausgabe seiner Anthologie *Wundertüte* (2005) „alte[r] und neue[r] Gedichte für Kinder“ (Untertitel) die Form des zeitgenössischen Figurengedichtes.

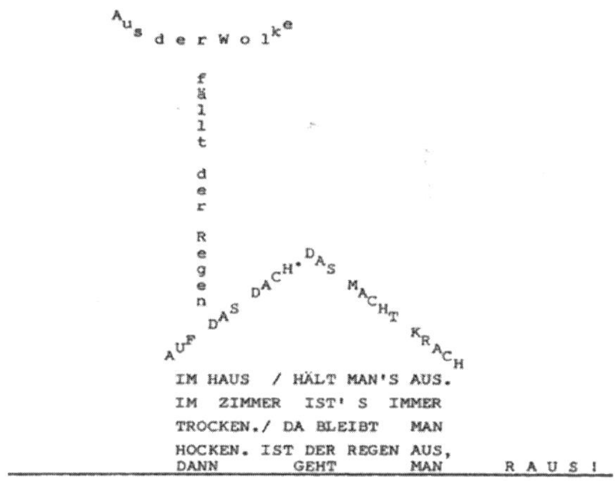

Paul Maar

3.3.3 Lautgedichte

Auch das Lautgedicht, der dritte wichtige Formtyp der Konkreten Poesie, ist in der Lyrik für Kinder aktualisiert worden. Das ist insofern folgerichtig, als Klangspiele und Lautmalereien im Kindergedicht schon immer ihren Platz hatten. Als wichtiger Gewährsmann hierfür kann aus jüngerer Zeit James Krüss gelten, der sich, beispielsweise mit Texten wie *Der Uhu und die Unken* (s. S. 132 f.), als ein Meister dieser Form erwies, insbesondere aber mit seinen *Polulangrischen Liedern* (1968) eine höchst vergnügliche Sammlung von weithin bedeutungsfreien, auch der Unsinnspoesie zurechenbaren Lautgedichten vorlegte, die Ähnlichkeiten mit Werken der Konkreten Poesie haben. Das *Lied der Krebsesser von den bachkrontischen Inseln*, das die Gestaltungsweise modellhaft demonstriert, zeigt derart zwar, an Hugo Balls *Karawane* oder Christian Morgensterns *Das große Lalula* erinnernd, gewisse Annäherungen an ein durch die Überschrift angestoßenes Sinngefüge, im Kern aber werden diese inhaltlichen Assoziationen durch unsinnige Wortkörper erzeugt, die lautlich das Knacken, Krachen und Zersplittern von Krebsschalen anklingen lassen.

Lied der Krebsesser von den bachkrontischen Inseln

Knrps rps wrps
Irkari rankulai trps
Rankulai irkari
Hankulai kirkari
Chrks rks wrks

Schnabulik schmakulan trks
Schmakulan schnabulik
Bläkibab babulik
Schnrks krks drks

James Krüss

Im engeren Bezirk der Konkreten Poesie hat Ernst Jandl mit seinen Lautgedichten vorbildhaft für die Kinderlyrik gewirkt. Vor allem das spielerisch-ironische, heitere Element seiner Texte hat einer produktiven Rezeption Impulse gegeben. Ungeachtet der offenen Frage nach direkten Verbindungslinien fällt auf, dass in der Gruppe Wiener Kinder- und Jugendliteratur-Autoren, aus der u.a. das *Sprachbastelbuch* hervorging, eine Affinität zu poetischen Experimenten bestand, die jenen ähnelte, die in der sogenannten ‚Wiener Gruppe' erprobt wurden, zu der auch Ernst Jandl gehörte. Im Umfeld der kinderliterarischen Aktualisierung von Lautgedichten der Konkreten Poesie hat etwa Käthe Recheis im *Sprachbastelbuch* mit dem *Zuselwusellied* ein typisches Beispiel gegeben. „Hier sind Wortklangkörper erfunden, die keinerlei Bedeutung haben." (Motté 1983, S. 165) Der Text assoziiert allenfalls einen Abzählreim, vor allem aber spielt er mit den Selbstlauten und mit Konsonantenvariationen.

In dem Nonsensgedicht kommt es nur auf das Spiel mit Lauten an: Ein Klang zieht einen anderen ähnlichen oder kontrastiven nach sich. Einzig das Wort „schludriani" assoziiert „schludern" oder „Schlendrian", was zum Inhalt des Textes auch zu passen scheint.

Die vielfältigen Klangqualitäten kommen durch den Austausch von Konsonanten bzw. Konsonantenverbindungen bzw. Vokalen und die daraus resultierende Änderung der Binnenstruktur der Wörter zustande. Das Ganze ist in Form eines Gedichtes mit festem Metrum, Strophen und Reimen gefügt, was beim (klanggestaltenden) Sprechen zum Ausdruck kommt.

Über Abzählreime hinaus, die sich in besonderer Weise für Lautgedichte zu eignen scheinen, hat Hans Manz auch noch ‚Zauberformeln' beigesteuert; so soll das Gedicht *Die Beschwörung* beispielsweise bei Bauchweh nach Rhabarberkompott helfen.

Das Zuselwusellied

Zusel wusel
lusel musel
schlutzenbusel
schludriani
timperani
omenca
schludriwupp und
wuselzupp

Ringel rangel
zingel zangel
zutzelwangel
zomowomo
komosomo
wiklafuri
miriuri
wudrischlupp und
zuselwupp

Käthe Recheis

Beschwörung

Aba
Rhaba

Aba
Rhaba

Habar
Habarbe
Habarber
Babarberbarber

Barber
Barkom
Barberkom
Rhaberkom
Rhaberpott
Rhaberpottkom

Aberko
Berko
Aberkom
Aberkomp

Kompo
Ompo
Pott

Hans Manz

Hans Manz erweist sich insgesamt mit Lautgedichten als sehr produktiv, im Sprachbuch *Kopfstehen macht stark* hat er ihnen ein ganzes Kapitel gewidmet, eines davon ist das folgende *Klanggedicht*:

Mag i'
Magie?

Mahamagie?

Maha
Haha
Mahagoni
Hahagoni?

Mahago
Mahago
Mahagogo
Mahagonimagie?

Ha, Agonie
Mahagoniagonie
Mahagonimagieagonie!

Hans Manz

Wie für Hans Manz' Arbeiten insgesamt charakteristisch, schwingt auch in diesem Text, ungeachtet seiner sprachspielerischen Komponente, ein kritisches Moment mit. Hans Manz bleibt hierin freilich singulär.

Ansonsten dominiert in den Lautgedichten das Sprachspiel. *Mundmusik* von Gerhard Jatzek in seinem Band *Rabauken-Reime* (2011) gibt dafür ein aktuelles Beispiel.

4 ‚Artistische' Formen

Es ist ein Merkmal der lyrischen Tradition, dass die verschiedenen Gedichtformen nach festen Regeln gebaut sind. Bis in die Antike zurück reicht beispielsweise die Form der Ode mit ihrem triadischen Bau von Strophe, Gegenstrophe und Nachstrophe. Eine ursprünglich italienische Schöpfung ist das Sonett mit zwei vierzeiligen (Quartette) und zwei dreizeiligen (Terzette) Strophen. In Italien hatte es in der Renaissance mit den Dichtungen Petrarcas einen ersten Höhepunkt, in Deutschland reicht seine Anwendung beginnend mit Dichtern des Barock wie Andreas Gryphius (1616–1664) oder Paul Fleming (1609–1640) über Friedrich Gottlieb Klopstock (1724–1803) und Rainer Maria Rilke (1875–1926) bis in unsere Gegenwart.

In jüngster Zeit haben seltenere Formen wie das vor allem in der Barockzeit gepflegte Akrostichon, das auf eine französische Liedform zurückgehende Rondel und das aus dem japanischen Kulturkreis stammende Haiku spezielle didaktische Aufmerksamkeit gefunden. Allerdings beruht diese kaum auf der je besonderen ‚artistischen' Form dieser Gedichttypen, sondern resultiert in erster Linie aus ihrer Tauglichkeit als Muster kreativer Schreibübungen, die wenig bis gar nichts mit ihrer Eigenheit als lyrische Texte zu tun haben. Im Unterschied dazu richtet sich unser Blick auf genau diese Qualitäten und erweist sie als im höchsten Maße ‚artistische' Formen, die sich keineswegs in spielerischem Tun erschöpfen.

Insgesamt sind die nach den kunstvollen Formmustern Akrostichon und Rondel gebauten Texte nicht sehr zahlreich und haben auch keine kindlichen Adressaten im Blick. Kinderliterarische Adaptionen, wenn sie überhaupt vorkommen, bewegen sich ausschließlich im Umfeld des Sprachspiels und lassen den Zusammenhang mit der lyrisch-artistischen Form des jeweiligen Vorbilds kaum noch erkennen. Wir halten es daher für angebracht, Beispiele von Akrosticha und Rondels zumindest exemplarisch vorzustellen, um auf diesen literarischen Zusammenhang hinzuweisen.

Auch das Haiku stellen wir mit einigen Gedichten vor. Bei diesem Gedichttyp ist die Situation allerdings anders. Das Haiku hat nicht nur in seinem Ursprungsland Japan eine lebendige und reiche Tradition, es ist in neuerer Zeit auch in Deutschland rezipiert und von Dichtern selbst, insbesondere von Josef Guggenmos, produziert worden – in jüngster Zeit auch in kinderliterarischen Aktualisierungen. Zumal diese Haiku stehen zu didaktischer Entdeckung bereit.

4.1 Akrostichon

Das Akrostischon (griech. Akron = Spitze, stichos = Vers) ist eine aus der Antike stammende lyrische Form, bei der die Anfangsbuchstaben oder die Anfangssilben bzw. -wörter der einzelnen Verse oder Strophen, wenn sie aneinandergereiht werden, ein Wort, einen Namen oder einen Satz bilden. Diese sind aber nicht beliebig, sondern fügen sich zu neuen tragenden Begriffen oder Aussagen zusammen.

Insbesondere zur Zeit des Barock war es üblich, die einzelnen Buchstaben oder Wörter auch graphisch hervorzuheben. So ergeben beispielsweise in Friedrich von Logaus (1604–1655) Gedicht *Des Krieges Buchstaben* die Anfangsbuchstaben das Wort K r i e g (I und J waren im Barock graphisch identisch).

Des Krieges Buchstaben

K ummer, der das Mark verzehret,
R aub, der Hab und Gut verheeret,
J ammer, der den Sinn verkehret,
E lend, das den Leib beschweret,
G rausamkeit, die Unrecht lehret,
sind die Frucht, die Krieg gewähret.

Friedrich von Logau

Charakteristisch für die Form ist hier, dass die Folgen des Krieges, von der die einzelnen Verse handeln, in einer letzten Zeile nochmals in einer Art Fazit („Frucht“) zusammengefasst werden.

Etwa zur gleichen Zeit wie Logau hat Paul Gerhardt (1607–1676) mit den Anfangswörtern der zwölf Strophen seines Kirchenlieds *Befiehl du deine Wege* ein Akrostichon besonderer Art gebildet: Befiehl / Dem Herren / Dein / Weg / Und / Hoff / Auf / Ihn / Er / Wirds / Wohl / Mach En[n].

Ein Beispiel aus neuerer Zeit, auch aus einem anderen Themenkreis, ist Detlev von Liliencrons (1844–1904) Akrostichon auf seine Braut Helene von Bodenhausen:

H ell leuchtet die Sonnen,
E s zwitschern die Schwalben,
L eis rauschen die Bronnen,
E in Glanz allenthalben. –
N ur such ich vergebens in Garten und Au
E in Röslein zu schauen im perlenden Tau.

Detlev von Liliencron

Die Anfangsbuchstaben des sechszeiligen Gedichtes ergeben, von oben nach unten gelesen, den Namen „Helene“. Es ist eine poetisch-heitere Spielerei, um der Braut ein Kompliment zu machen. Formal ist beachtenswert, dass die Verse sich sogar reimen, die ersten vier über kreuz und die beiden letzten, die auch in der Länge wechseln, als Paar. Der Charakter eines traditionell gebauten Gedichtes wird dadurch verstärkt.

Das nachfolgende kinderliterarische Beispiel bewirkt den Charakter eines Gedichtes allenfalls noch durch den freien Rhythmus, der seine Zeilen zusammenhält. Die Grenze zum Gebrauch des Akrostichons als bloßes Wortspiel ist fließend: Werden die Anfangsbuchstaben seiner ‚Verse' untereinander gelesen, ergeben sie das Wort „Lesevergnügen".

Lesevergnügen

Lesen macht Spaß
Es hilft
Sogar, wenn man
Einsam ist oder
Vielleicht
Einen
Richtigen
Großen Kummer hat.
Nur ohne etwas
Übung
Gelingt
Es
Nicht sofort.

Gottfried Herold

Werden die ‚Verse' hintereinander gelesen, ergeben sie eine Aussage darüber, wie Lesevergnügen zustande kommt, was es beim Lesenden bewirken kann. Das Gelungene an einem Akrostichon, wie wir es hier vor uns haben, besteht in der Korrespondenz von Form und Aussage.

4.2 Rondel

Im 13. Jahrhundert entstand in Frankreich ein Tanzlied, das wegen seiner typischen Form ‚Rondeau' (rond = rund) genannt wurde. Daraus entwickelte sich eine eigenständige, teilweise auch ‚Rondel' genannte Gedichtform mit mehreren Varianten. In seiner klassischen Form besteht das Rondel aus dreizehn bzw. vierzehn acht- oder zehnsilbigen Versen mit nur zwei Reimen. Die ersten beiden Verse, die das Thema angeben, kehren in der Mitte als siebte und achte und am Schluss in vorletzter und letzter Zeile als Refrain wieder. Die übrigen Verse wandeln das Thema ab (bzw. variieren es).

In der anakreontischen Lyrik um die Mitte des achtzehnten Jahrhunderts war das (dreizehn- bzw. vierzehnversige) Rondel recht beliebt. Das folgende Beispiel, ein Frühlingsgedicht, stammt von dem heute kaum noch bekannten Dichter Johann Nikolaus Götz (1721–1781); die wiederkehrenden Verse sind (zum leichteren Erkennen) unterstrichen.

Den Rock von Regen und von Schnee
Hat nun die Jahrszeit ausgezogen.
Ihr ist ein schönerer von Klee
Und Sonnenstrahlen angeflogen.
Myrtill singt mit der Galathee.
Den Rock von Regen und von Schnee
Hat nun die Jahrszeit ausgezogen.
Das junge Tal, die lichte Höh
Stehn glänzender als Regenbogen.
Demanten trägt auch selbst der Schlee;
Es funkeln alle Wasserwogen
In prächtig silberner Livree.
Den Rock von Regen und von Schnee
Hat nun die Jahrszeit ausgezogen.

Als Variante zu der hier veranschaulichten ‚klassischen' Form kommt auch die ebenfalls aus Frankreich stammende achtzeilige Form vor – genauer als ‚Triolett' bezeichnet –, wobei Zeile eins in Zeile vier und sieben völlig gleich oder in ganz leichter Abänderung wiederkehrt und ebenso Zeile zwei und acht übereinstimmen (vgl. Kayser 1961, S. 53). Durch die Beschränkung auf nur zwei Reime – die dritte und die fünfte reimen auf die erste, die sechste auf die zweite – wird die Form noch kunstvoller (ebd.). „Als Beispiel für die anmutige Form, die im 18. Jahrhundert wie bei den Romantikern recht beliebt war," bringt Wolfgang Kayser in seiner *Kleine[n] deutsche[n] Versschule* (1945 u.ö.) „eins der ältesten deutschen Trioletts. Es ist von dem Anakreontiker [Friedrich von] Hagedorn [1708–1754] einem französischen Vorbild nachgedichtet worden." (Ebd.) Als einzige aktuelle Anthologie enthält *Das Kanapee ist unser Kahn* (2006) ebenfalls dieses Rondel bzw. Triolett.

Der erste Mai

Der erste Tag im Monat Mai
Ist mir der glücklichste von allen.
Dich sah ich und gestand dir frei,
Den ersten Tag im Monat Mai,
Daß dir mein Herz ergeben sei.
Wenn mein Geständnis dir gefallen,
So ist der erste Tag im Monat Mai
Für mich der glücklichste von allen.

Friedrich von Hagedorn

In der Moderne betitelte Georg Trakl (1887–1914) eines seiner Gedichte mit der Genrebezeichnung ‚Rondel'. Er vollzog darin eine drastische Verkürzung auf fünf Verse, von denen nur einer sich nicht wiederholt. Die für den Gedichttyp

‚Rondel' typische Kreisbewegung ist im Vers- bzw. Reimschema (ABbBA) konsequent durchgeführt.

Rondel

Verflossen ist das Gold der Tage
des Abends braun und blaue Farben:
Des Hirten sanfte Flöten starben,
des Abends braun und blaue Farben:
Verflossen ist das Gold der Tage.

Georg Trakl

Die Form Rondel fungiert in diesem Gedicht als Ausdruck eines in sich selbst zurückfließenden Gefühls.

> Das Gedicht ist [...] durch die spiegelbildliche Wiederkehr der ersten und 2. Verszeile in der 4. und 5. Verszeile bestimmt, die ihm den Charakter des In-sich-Kreisens verleiht. Dieses Kreisen ist genauer die Bewegung des Ineinander Übergehens: Die Farben des Abends der 2. Verszeile sind mit einbezogen in das „Verflossen" der 1. Verszeile; in der 4. Verszeile sind sie (spiegelbildlich vertauscht) angeschlossen an das Sterben der Hirtenflöten in der 3. Verszeile. Der Sinnzusammenhang gleitet so unmerklich ineinander über und bringt eine Gesamtempfindung von verfließendem Vergehen des Herbstes hervor. (Waldmann 2001, S. 251)

Kinderliterarische Aktualisierungen der Gedichtform ‚Rondel' liegen bisher nicht vor. Georg Trakls Gedicht *Rondel* allerdings ist durch die Rezeption in zahlreichen Lesebüchern, unterstützt durch Unterrichtsmodelle (vgl. z.B. Kügler 1975, S. 146 ff.; Waldt 2003, S. 143 ff.), zu einem Gedicht geworden, das sich auch für Kinder eignet (s. S. 151).

Im Titel seines Kindergedichtes *Königsrondo* (1965) ruft Peter Hacks zwar die Form des Rondos (= Rondeaus) auf, er praktiziert aber einen sehr freien Umgang mit ihr. Das Gedicht besteht aus sechs fünfzeiligen Strophen, wiederholt werden darin immer die ersten beiden Verse, die zudem identisch sind, sowie, ausgenommen in der sechsten Strophe, der fünfte Vers, der wie in einem Kettengedicht zur jeweils folgenden Strophe überleitet.

Königsrondo

Der König von Frankreich heißt Schmidt.
Der König von Frankreich heißt Schmidt.
Er heißt nicht Herr Ludwig,
Das wär uns zu mutig,
Drum singen wir gleich alle mit:

Der König von Frankreich heißt Schmidt.
Der König von Frankreich heißt Schmidt.
Er heißt nicht Herr Ritter,
Das wär uns zu bitter,
Drum singen wir gleich alle mit:

Der König von Frankreich heißt Schmidt.
Der König von Frankreich heißt Schmidt.
Er heißt nicht Herr Mollig,
Das wär uns zu drollig,
Drum singen wir gleich alle mit:

Der König von Frankreich heißt Schmidt.
Der König von Frankreich heißt Schmidt.
Er heißt nicht Herr Greulich,
Das wär zu abscheulich,
Drum singen wir gleich alle mit:

Der König von Frankreich heißt Schmidt.
Der König von Frankreich heißt Schmidt.
Er heißt nicht Herr Bauch,
Das missfiele uns auch,
Drum singen wir gleich alle mit:

Der König von Frankreich heißt Schmidt.
Der König von Frankreich heißt Schmidt.
Er heißt nicht Herr Stiefel,
Er heißt nicht Herr Tritt.
Lang lebe der König, Herr Schmidt.

Peter Hacks

4.3 Haiku

Ein Haiku (oder ‚hokku' = Startvers einer Kette) ist die kürzeste Literaturform der Welt und lässt sich etwa mit ‚Kurzgedicht' übersetzen. Es hat in Japan eine mehr als vierhundertjährige Tradition und hat von dort aus auch Eingang in andere Sprachräume und in die Weltliteratur gefunden.

Im japanischen Original besteht ein klassisches Haiku aus drei Zeilen, insgesamt maximal siebzehn Silben – etwa die Dauer eines Atemzuges. Die Silbenaufteilung folgt dem Schema fünf-sieben-fünf. Reime spielen keine Rolle, aber Alliterationen, Assonanzen und ein gewisser Silbenrhythmus. Die japanische Sprache begünstigt die formalen Bedingungen, in anderen Sprachen, auch im Deutschen, lassen sich Haiku selten in dieses Schema pressen, vielfach variiert die Anzahl der Silben, dem Paradigma verpflichtet bleiben aber Rhythmus und die Begrenzung auf drei Zeilen. Zur Markierung der kennzeichnenden Verspause nach dem zweiten Vers, die im Japanischen durch Partikel geleistet wird, hat sich in der deutschsprachigen Literatur der Gedankenstrich eingebürgert (Wittbrodt 2009, S. 355).

Inhaltlich beziehen sich klassische Haiku bevorzugt auf Jahreszeiten oder Naturerlebnisse, so dass sich die Auffassung vom Haiku als ‚Naturlyrik' herausbildete (Wittbrodt 2009, S. 356). Der japanische Dichter Matsuo Bashô (1644–1694) entwickelte das Haiku dieser Art zu einer einzigartigen lyrischen Form. Zwei seiner Texte, die in einem älteren Lesebuch (was weithin singulär blieb) in deutscher Übertragung repräsentiert wurden, seien beispielhaft zitiert:

Wintermorgenschnee –
Selbst die Krähe, sonst verhaßt,
Heute ist sie schön!

Alter Teich in Ruh. –
Fröschlein hüpft vom Ufersaum,
Und das Wasser tönt.

Matsuo Bashô

Die auf äußerste Verhaltenheit des Sprechens reduzierten Texte bewegen intensiv die nachschaffende Phantasie der Leser und Leserinnen. Sie müssen von ihnen gleichsam ‚zu Ende gedichtet' werden.

> Eine Krähe im Morgenschnee, ein Fröschlein, das ins Wasser hüpft. [...] Der lyrische Augenblick hat Atmosphäre: Der frische, unberührte Schnee eines hellen Wintermorgens überglänzt alle Erscheinungen. [Die] Stille [des ruhenden Teiches] öffnet das Ohr für sonst kaum wahrnehmbare Vorgänge der Natur. (Hötzer 1968, S. 28)

Im Laufe der Geschichte hat sich das Haiku aber von der bindende Vorschrift gelöst, ‚künstlerisch anspruchsvolle Jahreszeitenpoetik' zu sein (ebd.).

Im deutschsprachigen Raum wurde das Haiku seit Beginn des 20. Jahrhunderts rezipiert. In den 1920er Jahren haben beispielsweise Yvan Goll (1891–1950) und Rainer Maria Rilke Haiku geschrieben, „freilich ohne weitere literarische Folgen" (Wittbrodt 2009, S. 358). Eine Verbreitung beim deutschsprachigen Publikum bewirkten erst in den 1950er Jahren erschienene, aus dem Japanischen übersetzte Anthologien, die ihrerseits die österreichische Autorin Imma von Bodmershof (1895–1982) und den deutschen Dichter Manfred Hausmann (1898–1986) zu eigenständigen deutschen Haiku anregten.

Als Paradigma für ein künstlerisch geglücktes Haiku (Wittbrodt 2009, S. 356) kann der folgenden Text von Imma von Bodmershof gelten:

Das alte Mühlrad
vom Wasser hell übersprüht –
es dreht sich wieder.

Imma von Bodmershof

Dem Haiku, so wird in der Fachliteratur immer wieder betont, sei eine Interpretation der üblichen Art nicht angemessen, weil diese dem Leser das aufdrängen würde, was er selbst assoziierend ergänzen soll. Die nachfolgend zitierten Gedanken von Andreas Wittbrodt zu dem Haiku von Imma von Bodmershof entsprechen dieser Maßgabe, sie geben einige Impulse, ohne eine Deutung festzulegen.

> Die Jahreszeit, die in dem Gedicht, einem klassischen Haiku der Form ‚5-7-5' zur Sprache kommt, ist der Frühling, erkennbar am ‚Jahreszeitenwort' [...] „übersprüht“, das im Kontext des Gedichts auf das schnell fließende, durch den Mühlgraben schießende Wasser des Baches verweist, der das Mühlrad antreibt. Die Pause nach dem ersten Vers betont das Wort „Mühlrad“ und gibt so der Einbildungskraft Zeit, sich ein Bild von diesem Mühlrad zu machen. Dieses Bild erfährt dann nach dem zweiten Vers, dank der gravierenden rhythmischen Pause [...], versinnbildlicht durch den Gedankenstrich, eine gedankliche Ausweitung und Vertiefung. Der Akzent auf dem Wort „wieder“ im dritten Vers, ebenfalls durch eine Pause (das Ende des Gedichts) rhythmisch hervorgehoben, verweist auf den Sachverhalt, dass sich das Mühlrad nicht einfach nur dreht, sondern dass es sich *wieder* dreht – was auf den Gedanken hinleitet, dass nun Frühling ist, insofern das Mühlrad zuvor, da es sich nicht drehte, im Eis eingefroren gewesen sein muss, also Winter herrschte. Dabei ruft das Wort „übersprüht“ einerseits die Vorstellung eines sich schwungvoll drehenden Rades hervor, was wiederum die Vorstellung, insofern die Schneeschmelze gravierend gewesen sein muss, eines nachhaltigen Frühlingseinbruchs weckt, und andererseits, in Verbindung mit dem Adjektiv „hell“, die Vorstellung eines im Licht der Sonne wirbelnden Rades, was wiederum die Vorstellung, insofern das Licht intensiv sein muss, heller und warmer Sonnenstrahlen evoziert, womöglich bei einem vormittäglichen Sonntagsspaziergang auf dem Land. – Dank der bildhaltigen Sprache, der Evokationskraft der Begriffe, des Vokalismus (der ‚farbigen' Prägung des Gedichts durch den Vokalklang), der geschickt platzierten rhythmischen Pausen sowie der schlüssigen Unterordnung dieser Elemente unter *ein* Stilprinzip verfügt dieses Haiku, auch als deutsches Gedicht, über den von der japanischen Haiku-Poetik besonders geschätzten [...] (‚Nachhall') – gleichsam ein strahlkräftige Aura. (Wittbrodt 2009, S. 356 f.)

In der Nachfolge von Imma von Bodmershof wurde das Haiku in besonderem Maße von Josef Guggenmos weiter gepflegt. Er trat 1984 mit der Jahresgabe des Verlags Windecker Winkelpresse *Mit zwölf Haikus durch das Jahr* erstmals als Haiku-Autor hervor. Elf Gedichte – unter ihnen *Aufruhr*, *Bruder Ahorn, Neues Gedicht, Stern* und *Schneekristall* – fanden 1986 Eingang in Hans-Joachim Gelbergs Kinderlyrik-Anthologie *Überall und neben dir* und machten sie derart jungen Lesern und Leserinnen zugänglich. Mit seiner Naturthematik ist *Bruder Ahorn* ein sehr typisches Guggenmos-Haiku:

Bruder Ahorn

Ich lege mein Ohr
An den Ahorn, fast hör ich
Es schlagen, sein Herz.

Auch für Hans-Joachim Gelbergs Lyrik-Anthologie *Großer Ozean* (2000) hat Josef Guggenmos unter dem Titel *Mein Tag und dein Tag* fünf Haiku beigesteuert. Aus seinem Nachlass wurde 2005 schließlich der Band *Rundes Schweigen. Ausgewählte Haiku 1982–2002* veröffentlicht, der 70 von insgesamt 345 vor allem in den letzten Lebensjahren entstandenen Gedichten enthält (Wolfschütz/Wittstock 2005, S, 76). Die japanische Gattung kam offensichtlich dem entgegen, was der Dichter „so sehr liebte: schauen und schreiben" (ebd., S. 75). Er bevorzugte dabei die überlieferte Haiku-Form mit ihren 5-7-5 Silben und, an die ursprüngliche Tradition anknüpfend, einen „ausgeprägten Jahreszeiten- sowie einen engen Naturbezug" (ebd., S. 78). Damit schreibt er „die bestehende Tradition des ‚klassischen' *deutschen* Haiku" thematisch und stilistisch fort (ebd., S. 82).

Ein charakteristisches Beispiel aus der Sammlung *Rundes Schweigen* ist das folgende Haiku über eine Libelle:

Libelle, jäh da,
blank, schlank, kurz still vor mir, jäh
aus meinem Leben.

Josef Guggenmos

Stefan Wolfschütz und Andreas Wittbrodt schreiben zu diesem Haiku:

> So unvermittelt, wie das Insekt erscheint, so unvermittelt wird es genannt: „Libelle, jäh da". Nachdem der erste Vers das Bild der Libelle ‚jäh' evoziert hat, wird es im zweiten Vers weiter ausgeführt: „blank, schlank, kurz still vor mir". Der Sprecher beschreibt, wie die schmale, schimmernde, ja geradezu elegante Libelle den ‚eckigen' und ‚ruckartigen' Flug , wie er für sie charakteristisch ist, sozusagen unterbricht, um einem Moment lang, dem Blick *als* Libelle faßbar, in der Luft auf der Stelle zu verharren. Der nächste Satz bringt dann zum Ausdruck, wie das Insekt aus dem Gesichtsfeld des Sprechers verschwindet: „jäh / aus meinem Leben". So plötzlich, wie die Libelle in den Blick gekommen ist, so plötzlich – „jäh" entzieht sie sich ihm wieder. Insofern Guggenmos die Verspause, indem er den letzten Satz gleich nach „jäh" ‚umbricht', gegen den Satzrhythmus kehrt, verleiht er der Plötzlichkeit, mit der die Libelle verschwindet, besonderen Ausdruck […]. Der schöne Anblick entzieht sich dem Sprecher derart schnell, daß es ihn gearadezu schmerzt, er einen Verlust für sein Leben empfindet. (Wolfschütz/Wittbrodt 2005, S. 83 f.)

Kinderliterarische Aktualisierungen des Haiku sind bislang selten geblieben; jüngst haben Rotraut Susanne Berner und Martin Auer zu Hans-Joachim Gelbergs Anthologie *Wo kommen die Worte her* (2011) Originalbeiträge beigesteuert.

Martin Auer bezeichnet seine dreizehn Texte als *Twitter-Haiku* und spielt damit auf die Kurznachrichten im entsprechenden sozialen Netzwerk an, die beabsichtigte Assoziation trifft aber nur die Kürze, die beiden Formen eigen ist, thematisch wahrt auch er, nicht anders als Rotraut Susanne Berner, einen jahreszeitlichen Bezug und hält sich weitgehend an die naturlyrische Tradition. Zwei Beispiele sollen dies veranschaulichen:

Schnee fällt und Regen
Tropfen auf kahlen Ästen.
Winzige Knospen.

Vor meinem Fenster
mit schwarzen Ästen der Baum
spricht Schattensprache.

Martin Auer

Rotraut Susanne Berner stellt ihre sieben Gedichte unter den Titel *Kinderjahr Haiku* und illustriert sie mit beziehungsreichen kleinen Bildern. Die erste Text-Bild-Kombination bezieht sich auf den Frühling:

Duftender Frühling
Kleine Schwester des Sommers
Rot und weiß getupft

Rotraut Susanne Berner

III Blickpunkt: Methoden

Unter dem Blickpunkt „Methoden“ richten wir unsere Aufmerksamkeit auf unterrichtspraktische Verfahren im Umgang mit Gedichten. Wir stützen uns dabei wesentlich auf die didaktischen Ansätze des handlungs- wie des produktionsorientierten Literaturunterrichts, die auf „eine selbsttätige, methodisch vielfältige [...], an künstlerischen Entstehungsprozessen [...] orientierte Ausrichtung des Unterrichts“ abzielen (Gien 2005, S. 283). Durch diese Verfahren wird die eigene Beteiligung der Leser und Leserinnen an der Sinnbildung gefördert und sichtbar gemacht. Im Hören, im Erlesen, Erspielen, Erleben, im Malen und Musizieren und im eigenen Produzieren sollen sich die Schüler und Schülerinnen auf Gedichte einlassen und sie deutend zu verstehen suchen (Waldmann 2001, S. 275). Daneben muss aber auch ein Umgang mit ihnen stehen, der Nachsinnen und Betrachten, Analyse und Interpretation, Reflexion und Kritik evoziert. Die Unterrichtsverfahren beanspruchen also gleichermaßen kognitive und emotive Prozesse für sich. Wir fassen handlungs- und produktionsorientierten und analytisch-interpretativen Umgang mit Gedichten nicht als Gegensätze, sondern – im Sinne Günter Waldmanns (ebd.) – „als Verfahren [auf], die sich in der verschiedensten Weise ergänzen, gegenseitig bedingen und ermöglichen, die auseinander hervorgehen und ineinander übergehen“.

Intendiert ist also Ganzheitlichkeit. Diese ist im Zusammenhang mit lyrischen Texten „besonders angemessen, ‚weil Gedichte ihrem Wesen nach auf Empfinden und Erleben angelegt (sind)’ (Waldmann 2001, S. 1) [...]. Der unbedingt notwendige emotionale Zugang zu Lyrik verlangt geradezu nach einer auf Sinnenhaftigkeit und Ästhetik basierender Unterrichtsgestaltung. Die Andersartigkeit der Sprache erkennen, auf die Instanz des ‚lyrischen Ich’ und dessen divergierenden Blick aufmerksam zu werden sind Erkenntnisprozesse, die handlungsbezogene und textproduktive Erfahrungen voraussetzen. Einige Aspekte dieser Ganzheitlichkeit sind [...] die ästhetische, die sinnliche, die operative und die spielerische Komponente, wobei die isolierte Diskussion der einzelnen Kategorien schwierig ist, da die Bereiche stark voneinander abhängig sind, bzw. sich gegenseitig hervorrufen. Ein Unterricht, der das ästhetische Einfühlungsvermögen seiner Schüler aktiv einsetzen will, muss zugleich immer handlungsbezogene, operative und sinnliche Strukturen aufweisen. Erste Aufgabe des Literaturunterrichts, der Kinder an Gedichte heranführen will, ist es, ihre lyrische Empfindungs- und Erlebnisfähigkeit zu fördern. Was lyrisches Verhalten so einzigartig macht, ist die darin enthaltene Mehrperspektivität. Ein Gedicht bedeutet immer mehr als die Aussage seiner Wörter. Gedichte sind so intensiv, weil der Leser sie durch seine Imagination mit hervorbringt ‚und so in gewisser Weise selbst enthalten ist’ (Waldmann 2001, S. 2).“ (Gien 2002, S. 137)

Unter Berücksichtigung dieser Grundgedanken werden in unseren Anregungen und Beispielen die Lerninhalte so arrangiert, dass die Schüler und Schülerinnen unter Einsatz all ihrer Sinne Zugang finden.

1 Textbegegnungen

1.1 Unmittelbare Textbegegnung

Bei der Beschreibung von Formen unmittelbarer Textbegegnung greifen wir Vorschläge auf, die zwar nicht neu, deswegen aber keineswegs überholt sind. So gehört die unmittelbare Begegnung mit einem Gedicht durch den guten Vortrag der Lehrkraft – das heißt durch Vorlesen und möglicherweise sogar durch auswendiges Vortragen – noch immer zu den Verfahren, die ganz besonders wirksam sind. Dieses gelingt allerdings nicht ohne Übung. Die Argumentation des Didaktikers Paul Nentwig gilt unverändert fort: „Zwar kann nicht jeder Lehrer ein Sprachkünstler sein, eins aber kann er: sich zu Hause das Gedicht mehrere Male vorsprechen, bis er glaubt, den richtigen Ton getroffen zu haben." (Nentwig 1969, S. 184) Anders gesagt: Der gut vorbereitete Vortrag muss auf Wirksamkeit und Anteilnahme angelegt sein, und er muss Engagement und Emotionalität des bzw. der Vortragenden zu erkennen geben.

Kurt Franz wies bereits vor Jahren mit gutem Grund darauf hin, dass der Gedichtvortrag natürlich auch durch den Einsatz von Hör-Medien erfolgen kann (s. S. 139 ff.). Beachtenswert ist bis heute zudem sein Rat, dass jeder Schüler in Hinsicht auf die weitere Beschäftigung mit einem Gedicht eine eigene Textgrundlage besitzen sollte. Das wird in vielen Fällen das Lesebuch sein oder auch eine Kopie (auf einem Arbeitsblatt), aber immer noch hat auch ein Hefteintrag beziehungsweise ein Übertrag auf ein ‚Schmuckblatt' seine Berechtigung (vgl. Franz 1979, S. 152).

Bedenkenswert ist – ungeachtet ihrer nicht mehr so ganz aktuellen Formulierungsweise – durchaus auch noch die Empfehlung des Didaktikers Alexander Beinlich, von der 3. Klasse an sollte jeder Schüler „in einer eigenen Mappe oder auch in einem pfleglich betreuten Sammelheft weitere Gedichte in sorgsamer Schrift aufzeichnen" (Beinlich 1966, S. 1144).

Und nicht zuletzt fordert auch Günter Waldmanns Appell Gehör. Im Unterricht aller Klassenstufen sollten Gedichte einfach nur vorgelesen, vorgetragen und gehört werden, um L u s t a n L y r i k zu wecken oder zu stärken: „Lyrik, die der Lehrer vorstellt, die vor allem die Schüler mitbringen und die nun vorgelesen oder auch von [...] CDs vorgespielt wird." (Waldmann 2001, S. 275)

Wie wirkungsvoll dies alles sein kann, erzählt eine Episode aus dem Buch *Der beste Hund der Welt* von Sharon Creech (2003). Von der Hauptfigur Jack erfahren die Leser und Leserinnen (aus seinem Tagebuch), dass Gedichte nicht seine Welt sind. „Hab's probiert. Geht nicht. Kopf leer." Seine Lehrerin ist beharrlich anderer Meinung und sorgt dafür, dass der Kopf nicht leer bleibt. Sie hängt Texte ans Brett und liest sie vor – auch Texte ihrer Schüler. Jack kommt so den Gedichten immer näher, mehr und mehr wird er von ihrer wundervollen Wort-Welt in Anspruch genommen.

1.2 Gedichte bereitstellen – Gedichte auswählen lassen

„Motivation und Leseinteresse können gerade bei Gedichten nur geweckt werden, wenn den Schülern eine geeignete Auswahl an Texten zur Verfügung steht und unterschiedliche Zugänge zu verschiedenen Gedichten gewählt werden können. Ein vielfältiges Angebot schafft Möglichkeiten,

- selbst die Initiative zu ergreifen,
- Gedichte persönlich auszuwählen (und auch eigene mitzubringen),
- eigene Interessen zu entdecken,
- kooperativ zusammenzuarbeiten,
- den eigenen Erfahrungsbereich zu erweitern,
- kreative Prozesse in Gang zu setzen und
- verschiedene ästhetische Erlebnisse auf sich wirken zu lassen.“ (Gien 2005, S. 289)

Es bestärkt die Motivation, sich mit Gedichten zu beschäftigen, wenn die Schüler und Schülerinnen an der Auswahl mitwirken können. In den unteren Klassen wird man dafür nicht einfach ein Sortiment von Gedichten präsentieren, sondern eine aktivierende Beteiligung bevorzugen.

Eine erprobte Möglichkeit dieser Art ist die **Gedichtwand**. Sie entsteht im Laufe von etwa zwei Wochen. Die Schüler (und die Lehrkraft) hängen an diese Wand Kopien oder Abschriften von Gedichten, die sie zur Beschäftigung mit einem bestimmten Thema oder einem bestimmten Autor bzw. einer Autorin vorschlagen. Als Quelle stehen ihnen alle Möglichkeiten offen, beispielsweise (alte und neue) Lesebücher, Gedichtbände oder Anthologien und selbstverständlich auch das Internet. In Gruppen entscheiden sie schließlich, mit welchem Gedicht sie sich näher beschäftigen wollen. – Das Verfahren ist auch als Einstieg in einen Gedichtvergleich gut geeignet.

Anzustreben ist, dass in der Klassen-Leseecke Gedichtbände und Anthologien zur Verfügung stehen – auch für das freie Lesen. Hilfreich kann auch eine **Gedicht-Kiste** oder ein **Gedicht-Korb** sein, die zum Schmökern und Suchen einladen. Dabei kommt es der Praxis zugute, wenn Titel mehrfach vorhanden sind. Für die Wochenplanarbeit kann dann beispielsweise die Aufgabe gestellt werden, ein Gedicht über den Frühling, über Bäume oder ein Tier zu suchen, das zu einem bestimmten Zeitpunkt der Klasse vorgestellt werden soll.

Damit die Schüler immer wieder individuell mit Gedichten arbeiten können, empfiehlt es sich, eine Kartei einzurichten. Diese kann nach Methoden (Malen zu Gedichten, Schreiben zu Bildern, Reimwörter finden ...), nach inhaltlichen Kriterien (Ich-Gedichte, Wind und Wetter, Jahreszeiten, Tiere ...) oder nach Dichtern differenziert werden. Unsere Vorschläge in den folgenden Kapiteln bieten hierfür vielfältiges Material.

1.3 Antizipierende Annäherungen

Die unmittelbare Begegnung mit einem Gedicht durch Lehrervortrag oder CD und Audiodatei, ist in der Regel, wie ausgeführt, ein wirkungsvoller Einstieg in den Prozess des Verstehens. Sie ist aber nicht die einzig denkbare Form der Kontaktnahme mit dem Gedicht, zumal wenn eine aktive Beteiligung der Schüler und Schülerinnen beabsichtig ist. Ein seit langem gebräuchliches und bewährtes Verfahren, in die Behandlung eines Gedichtes einzusteigen, besteht darin, **Erwartungen zur Gedichtüberschrift** entwickeln zu lassen. Hierbei wird zunächst nur den Titel an die Tafel geschrieben und die Schüler äußern dazu Assoziationen; diese werden gegebenenfalls stichwortartig an der Tafel festgehalten (Spinner 2000, S. 46). „Damit wird eine Erwartungshaltung geschaffen, vor deren Folie sich das Gedicht dann plastischer abheben kann. Zugleich fühlen sich die Schüler stärker in den Themen-/Motivkomplex einbezogen; sie können ihre eigenen Gedanken einbringen, bevor der Text zur Kenntnis gegeben ist." (Ebd.)

Im Grunde ist diese Zugangsweise generell anwendbar. Das Verfahren ist freilich umso wirkungsvoller, je aussagekräftiger oder vielleicht auch irritierender eine Gedichtüberschrift ist. Beispiele aus der Tradition sind etwa *Abendlied* (von Matthias Claudius) (s. S. 211), *Mondnacht* (von Joseph von Eichendorff) (s. S. 212) oder *Das Mondschaf* (von Christian Morgenstern) und aus der zeitgenössischen Kinderlyrik Gedichttitel wie *Wohin der Schlaf sich schlafen legt* oder *Die Sonntagmorgenmeise* (von Reiner Kunze).

Eine weitere Möglichkeit, Schüler an Erfahrungen aktiven Lesens und Deutens teilhaben zu lassen, ergibt sich, wenn ihnen ein Gedicht versweise zur Kenntnis gegeben wird und sie aufgefordert sind, während der sukzessiven Präsentation ihre eigenen Gedanken einzubringen. Dieses Verfahren des **schrittweisen Erlesens** – Gerhard Haas hat es als Interlinear-Kommentierung bezeichnet (Haas 1997, S. 102) – verlangsamt zum einen den Leseprozess und stützt dadurch die wichtige Forderung, ein Gedicht nicht allzu schnell verstehen zu wollen; zum anderen regt es den Leser an, sich zum Gedicht „subjektiv-assoziativ zu äußern bzw. zusätzliche Fakten hinzuzunehmen" (ebd.).

Die erwünschte Verlangsamung des Leseprozesses bzw. das schrittweise Vertrautwerden mit dem Text kann auch erreicht werden, wenn die versweise – maximal strophenweise – Präsentation des Gedichtes sich schwerpunktmäßig auf die Fortsetzung der Texte bezieht (vgl. Spinner 2000, S. 35).

> Das hält zur genauen Lektüre des bereits bekannten Textteiles an, denn aus ihm muß eine mögliche Fortsetzung extrapoliert werden. Was im Grunde genommen jeden Leseprozeß charakterisiert, nämlich daß er vorwärts gerichtet ist, geprägt von der Erwartung auf das, was kommt […], wird durch dieses Verfahren verstärkt. (Ebd.)

(1) *Biologie* von Klaus Kordon (3. – 6. Klasse)

Biologie

Dieser Baum ist knorrig,
weil er alt ist.
Er ist verzweigt,
weil er viel erlebt hat.
Er ist nicht schön,
aber in seinen Zweigen
ist ein Nest.

Klaus Kordon

Klaus Kordon beschreibt in diesem Gedicht in wenigen reimlosen Sätzen einen alten, knorrigen Baum, der zwar unnütz erscheint, in dessen Zweigen sich jedoch ein Vogelnest befindet. Lässt man die Schüler und Schülerinnen hier weiterdenken, werden sie schnell darauf kommen, dass der Baum zwar nicht mehr schön aussieht, aber trotzdem die Lebensgrundlage für andere bietet. Und darum, so die unausgesprochene Schlussfolgerung, muss er erhalten bleiben.

Begonnen wird mit einer Phantasiereise:

> Wir fahren hinaus in die Natur, das Wetter ist schön und wir gelangen über einen Weg in ein Tal, umsäumt von Wäldern. Im Tal fließt ein Bach durch grüne Wiesen. Wir halten an und betrachten einen Baum, der mitten auf einer Wiese steht. Er ist sehr auffällig.

Nun wird das Gedicht, ohne den Titel, Zeile für Zeile vorgelesen (oder an die Tafel geschrieben) – außer der letzten, die antizipierend erschlossen werden soll. Zwischen dem Vorlesen jeder Zeile wird den Kindern hinreichend Zeit gelassen, ihre Gedanken zu der jeweiligen Aussage aufzuschreiben. Sie notieren ihre Sätze auf einem eigenen Blatt. Anschließend wird ein vorbereitetes Arbeitsblatt ausgeteilt und die Schüler schreiben ihre Texte in den freigelassenen Platz zwischen die Zeilen des Gedichtes und ergänzen den Schluss. Im dialogischen Wechsel werden dann die Gedichtzeilen und die Texte der Kinder vorgelesen – nun auch einschließlich der letzten Zeile des Originals.

Zuletzt wird die Überschrift mitgeteilt, erklärt und in Beziehung zu den Aussagen des Gedichtes gebracht. In der Erprobungsklasse[1] wurde der Baum als lebendige Pflanze, der altert und seine Schönheit verliert, von den Kindern intensiv beschrieben. Ein Junge leistete den Transfer: Das ist mit den Menschen genauso. Viele Beiträge der anderen Kinder griffen den Gedanken auf: Die Menschen werden alt, sie haben in ihrem langen Leben viel erlebt, sie werden runzlig wie die die Rinde des Baumes.

[1] Erprobung: Ruth Walzik (Nackenheim)

Ein Lehrerimpuls lenkte die Aufmerksamkeit auf das „aber“ in der vorletzten Zeile und löste zahlreiche Überlegungen der Kinder aus, zum Beispiel: ... aber alte Menschen sind trotzdem lieb; ... sind freundlich; ... können schön erzählen; ... spielen mit Kindern. Oder: Es ist wie mit dem Baum, der noch für die Vögel da ist. – Vielleicht hat der Dichter auch die Menschen gemeint mit dem Baum.

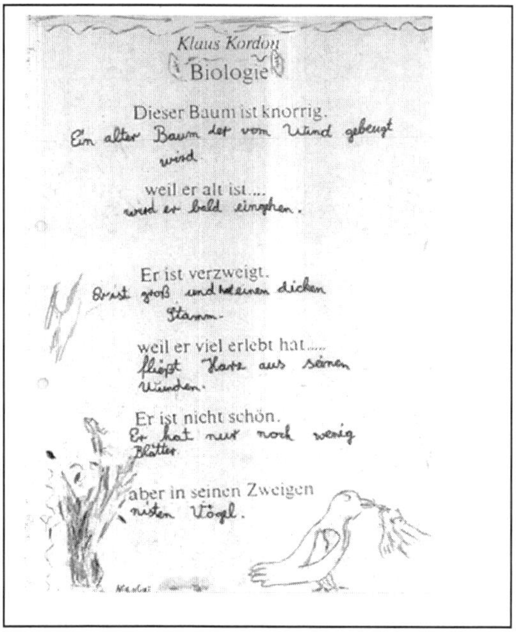

Schülerarbeit – Nicolai (10 J.)

Bei diesem Verfahren macht die eigene Formulierung neugierig auf die originale Fortsetzung und lenkt die Aufmerksamkeit gleichzeitig auf die Textaussage (vgl. Spinner 2000, S. 36). „Manches, was beim zusammenhängenden Lesen eines ganzen Textes einfach hingenommen wird, erscheint erst im verlangsamten Vorgehen in seiner Besonderheit – etwa wenn der Autor ganz anders, als erwartet, fortfährt oder eine treffende Formulierung verwendet, die man gesucht, aber nicht gefunden hat.“ (Spinner 2000, S. 36)

(2) *Der Rauch* von Bertolt Brecht (4. – 6. Klasse)

Bertolt Brechts kleines Gedicht *Der Rauch* (Text und Erläuterung s. S. 13 f.) eignet sich ebenfalls gut für das Verfahren der Interlinear-Kommentierung.

Die Lehrkraft liest die sechs unregelmäßig langen Verszeilen schrittweise vor (oder schreibt sie sukzessiv an die Tafel). Nach jedem Vers haben die Kinder ca. zwei Minuten Zeit, ihre Gedanken dazu (auf einem leeren Blatt) aufzuschreiben. Im Hintergrund läuft leise Musik.

Die Notate werden danach auf ein vorbereitetes Arbeitsblatt, auf dem zwischen den Brecht'schen Versen immer zwei leere Zeilen eingefügt sind, übertragen. Im Lesekreis tragen die Schülerinnen und Schüler anschließend ihre ‚Werke‘ vor. Nun findet auch ein Austausch statt. Im optimalen Fall erfahren die Kinder, dass bei ihren Mitschülern die unterschiedlichsten Vorstellungen wach geworden sind und sie nicht vorgegebene Deutungsmuster ‚nach-denken‘ müssen. Es ist hier die Aufgabe der Lehrkraft, die Kinder in ihren individuellen Empfindungen zu bestätigen und ihnen Mut zu machen, diese auch zu äußern.

2 Handelnde Zugänge

Die handelnden Zugangsformen zeichnen sich dadurch aus, dass die Schüler und Schülerinnen mit den Gedichten etwas tun, sich handelnd mit ihnen beschäftigen, bevor sie die Originale der Dichter und Dichterinnen kennenlernen – Wolfgang Menzel (1994) hat für derartige Zugänge den Begriff der ‚operativen Verfahren' geprägt. In Übereinstimmung mit ihm sehen auch andere Didaktiker wie Gerhard Haas (1997), Kaspar H. Spinner (2000) oder Günter Waldmann (2001) darin die Chance einer besseren, intensiveren Beteiligung am Verstehensprozess als bei der bloßen ‚Besprechung' bzw. bei ausschließlicher Analyse und Interpretation.

Anstelle des Originalgedichtes erhalten die Schüler und Schülerinnen einen unfertigen – d.h. von der Lehrkraft in didaktischer Absicht unfertig gemachten – Text, bei dem sie, je nach vorgenommenem Eingriff, beispielsweise ausgelassene Wörter oder Verszeilen ergänzen, Vers- oder Strophenfolgen herstellen, Zeilenumbrüche vornehmen oder aus Formulierungsangeboten auswählen. Welche Operation auch immer die Schüler durchführen, sie müssen den vorgelegten Text zuerst restaurieren bzw. re-produzieren, um ein – zumindest vorläufiges – Ganzes zu bekommen. „Bei den Operationen selbst handelt es sich vor allem um Interpretationsentscheidungen: Welches Wort passt wohl am besten an diese oder jene Stelle des Textes? Welcher Reim passt an ein Zeilenende? An welcher Stelle ist wohl das Ende eines Verses? In welcher Reihenfolge sind die Strophen zu lesen?" (Menzel 1994, S. 63)

Die Erwartung ist, dass auf der Grundlage derartigen Handelns das Originalgedicht besser verständlich wird. „Da die Operationen von Entscheidungsprozessen bestimmt sind, die von jedem einzelnen getroffen werden mußten, kann man sich im anschließenden Gespräch auf vorausgegangene Reflexionen bereits berufen – und das macht Gespräche natürlich fruchtbarer. […] Auf diese Weise wird Lyrik als Gestaltungsarbeit besser begreifbar, als wenn man es immer nur mit dem schon fertigen Gedicht zu tun hat." (Menzel 1989, S. 33)

Die Auswahl eines Verfahrens ist freilich nicht willkürlich, sie muss einen Zusammenhang mit dem Erkenntnisziel haben. Die Verfahren dürfen sich auch nicht verselbständigen. Bloßer Aktionismus ist nicht gefragt, alle Formen dienen vielmehr dem Verstehen.

Darum steht am Ende aller operativen Verfahren immer das deutend-interpretierende Gespräch über das authentische Gedicht. Das heißt für den Schüler: Er macht verständlich, wie er das Gedicht verstanden hat, und erfährt von anderen, wie sie es verstanden haben. Im gelingenden Falle führt dies zur Bereicherung des literarischen Verstehens. Das zunächst eher subjektive Textverständnis wird zu einer dialogischen, engagierten, möglicherweise auch kritischen Auseinandersetzung zwischen den Lernenden und zwischen Lehrenden und Lernenden.

2.1 Auslassungen ergänzen

Dieses Zugangsverfahren wird man dann wählen, wenn man die Aufmerksamkeit der Schüler und Schülerinnen auf besondere Textmerkmale (z.B. Reim) oder Textstellen richten möchte. In didaktischer Absicht werden aus einem ‚vollständigen' Gedicht einzelne Teile – bevorzugt Reimwörter, Verszeilen oder Strophen – entfernt, um mit Hilfe solcher Arrangements zur intensiven Arbeit mit dem Text zu motivieren und Textverstehen einzuleiten.

Die von den Schülern und Schülerinnen ergänzten Worte, Vers- bzw. Satzteile oder Strophen müssen nicht unbedingt dem Original entsprechen. Der Wert dieses Verfahrens liegt nicht zuerst im Finden ‚richtiger' (d.h. vom Autor gewählter) Lösungen, sondern im Erproben unterschiedlicher sprachlicher Möglichkeiten und in den dann zu treffenden Entscheidungen für eine bestimmte Formulierung. Auf der Basis ihrer Erfahrungen beim Wiederherstellen und mit den eigenen Texten vor Augen sind die Schüler gut vorbereitet, ein Interpretationsgespräch über den Originaltext zu führen.

(1) Reimwörter ergänzen

Ein unvollständiges Gedicht bekommt man am einfachsten in der Weise, dass bei einzelnen Versen, Verspaaren, Strophen oder einem ganzen Gedicht die Reimwörter weggelassen werden. Das Ergänzen kann man erleichtern, indem man die ausgesparten Wörter durcheinander gewürfelt zusammen mit dem Text präsentiert.

Insbesondere für den Einstieg in operative Arbeitsweisen in den unteren Klassen ist diese, eine spielerische Tätigkeit fordernde Aufgabe, gut geeignet, sie muss aber keineswegs darauf beschränkt bleiben. Der Anspruch kann von einfachen Kinderversen bis zu inhaltlich und formal schwierigeren Texten sukzessive gesteigert werden.

- *Ein Elefant* von Janosch (1. – 2. Klasse)

Einen motivierenden Einstieg in die Aufgabenstellung ermöglicht Janoschs Spaßgedicht *Ein Elefant*:

Ein Elefant
stand am Strand
auf einer Hand.

Dann fiel er um.
Das war … [dumm].

Beim Vorlesen lässt die Lehrkraft das letzte Reimwort weg, die Kinder werden es in aller Regel spontan ergänzen. Danach sprechen sie den Text selbst und fragen sich, ob und, wenn ja, warum der Elefant „dumm" ist. Ihre (vermutliche) Zirkuserfahrung kann bei der Antwort helfen, ob hier eine realistische Aussage gemacht oder ordentlich übertrieben wird.

Zum eigenen ‚Weiterdichten' werden dann analog aufgebaute Texte angeboten, bei denen Reimwörter fehlen und zu ergänzen sind, zum Beispiel:

Ein Krokodil
lag am Nil
und fraß zu … [viel].
Dann war es voll.
Das war …[toll].

Ein kleiner Floh
saß nur so
mal im … [Stroh].
Dann sprang er weiter.
das war … [heiter].

Die Kinder schreiben ihre Lösungen auf ein Blatt und versuchen die jeweilige Szene zu illustrieren.

Eine Kindergruppe kann auch nach dem gleichen Muster Gedichtanfänge zusammenstellen und eine andere Gruppe auffordern weiterzudichten.

Thematisch gut geeignet ist z.B. das als Volksgut tradierte Gedicht *Fastnacht der Tiere*, das Harald Reger (2000, S. 254) – ebenfalls für die erste und zweite Klasse – vorschlägt. Seiner Beobachtung nach suchen und finden die Kinder mit Freude das zweite Reimwort in den Paarreimzeilen.

„Fastnacht feiern auch wir!"
brüllt der …
„Wir wollen lustig sein!"
grunzt das …
[…]

„Wie ziehen wir uns an?"
fragt der …
„Als Frau und Mann!"
kräht der …
[…]

- *Eine Frau und zweiundzwanzig Tiere* von James Krüss (1. – 2. Klasse)

Das Reimspiel von James Krüss, dessen Stoff aus dem Volksgut (vgl. „Es war einmal ein Mann …") stammt, knüpft stark an vorschulische Erfahrungen der Kinder an. Sein einfacher Aufbau wird durch die Wiederholung des Endreimwortes – ausgenommen die letzten fünf Zeilenpaare – als durchgängiges Muster deutlich. James Krüss hat „die Verse auch inhaltlich durch die Wortreihe ‚Tiere' gebunden und das Ganze auf eine Pointe hin komponiert" (Motté 1983, S. 168).

Diese Reimstruktur ist auch als Kettenreim bekannt: Das letzte Wort eines Paarreims bildet das erste Wort des folgenden paarenden Reims. Durch das Einsetzen genau dieses Wortes werden die Kinder auf diese Struktur aufmerksam. Haben sie aber erst einmal die ‚Spielregel' erkannt, fällt es ihnen leicht, das passende Reimwort (inhaltlich: das passende Tier) einzusetzen. Eine Illustration – wie im vorliegenden Beispiel (aus: Lesespuren 2, S. 72 f.) – kann eine zusätzliche Hilfe sein.

Eine Frau und 22 Tiere

Es war mal eine Frau.
Die hatte einen …
Der Pfau war ihr zu bunt.
Da nahm sie einen …
Der Hund war ihr zu brav.
Da nahm die Frau ein …
Das Schaf schrie nach dem Schäfer.
Da nahm sie einen …
Der Käfer kroch zu fleißig.
Da nahm sie einen …
Der Zeisig sang zu viel.
Da kam ein …
Das Krokodil war roh.
Da nahm sie einen …
Der Floh stach sie ins Bein.
Da kaufte sie ein …
Das Schwein war ihr zu faul.
Da nahm sie einen …
Der Gaul war ihr zu forsch.
Da nahm sie einen …
Der Dorsch war ihr zu nass.
Da kam ein kleiner …
Das Häschen war zu bange.
Da nahm sie eine …
Die Schlange war zu nichts nütz.
Da nahm sie einen …

Der Spitz war ihr zu weiß.
Da nahm sie eine …
Die Geiß war ihr zu kraus.
Da nahm sie eine …
Die Maus war zu geschwind.
Da hielt sie sich ein …
Das Rind zertrat die Brille.
Da nahm sie eine …
Die Grille sang zu schlecht.
Da nahm sie einen …
Der klopfte immerzu.
Da nahm sie eine …
Die Kuh nahm ihr den Platz.
Da nahm sie eine …
Die Katz war ihr zu leise.
Da nahm sie eine …
Die Meise war zu scheu.
Da kam ein …
Der Papagei schrie schändlich.
Und sie verstieß ihn endlich.
Was tat die Frau zum Schluss
Nach solcherlei Verdruss.
Sie baute einen Zoo
Auf ihrem … [Vertiko]
Nun kann sie ohne Klagen
Ein jedes Tier … [ertragen]
Denn Hase, Hund und Hahn,
die sind aus Porzellan.

James Krüss

Für eine kurze Hinführung bekommen je zwei Kinder zwei Verspaare und setzen die fehlenden Wörter ein. Die Klasse ordnet die Einzelstrophen dann auf einem großen Plakat zu einem Gesamtgedicht an.

Bei der inhaltlichen Besprechung sind besonders die letzen aus dem Schema fallenden Verse von Bedeutung – mit der Pointe am Schluss: Statt der lebenden Tiere, die ihr aufgrund ihrer Eigenschaften Ärger bereiten, nimmt die Frau Tiere aus Porzellan.

Der Kettenreim kann im Ablauf von zweizeiligen Versen in Eigenversuchen fast beliebig lange fortgesetzt werden. Denkbar ist freilich auch, dass die Schüler versuchen, einen thematisch anderen Kettenreim zu verfassen. Ein Vorschlag könnte so beginnen: „Es war einmal ein Kind …“

Auch eine Umsetzung in ein Projektorspiel (Schattentheater auf dem Tageslichtprojektor) würde der Struktur des Gedichtes entsprechen, es genügt aus (weißem) Papier einfache Tiere auszuschneiden und diese an einem Papierstreifen zu befestigen.

Als mögliche Anschlussaufgabe könnte im fächerübergreifenden Unterricht ein Bilderbuch entstehen (zum Ausgangsgedicht oder auch zu den eigenen Verspaaren), bei dem zu jedem Zweizeiler ein Bild gemalt wird. Diese werden dann als Buch gebunden.

*

Nach dem Muster des Volksgut-Kettenreims hat die durch ihre Sprachspiele bekannt gewordene österreichische Dichterin Gerda Anger-Schmidt das Kettengedicht *Es war einmal ein Dachs…* verfasst. Es könnte eine Alternative zu James Krüss’ Gedicht sein und wäre dann in der dort dargestellten Weise didaktisch aufzubereiten.

Es war einmal ein Dachs …

Es war einmal ein Dachs,
der aß am Abend Lachs.

Der Lachs war ihm zu fett,
da legt’ er sich ins Bett.

Das Bett war ihm zu neu
Da sprang er schnell ins Heu.

Das Heu war ihm zu weich,
da traf er einen Scheich.

Der Scheich war ihm zu klein,
da trank er ein Glas Wein.

Der Wein …

- *Kinderverse* (2. – 4. Klasse)

Anregende Textvorlagen für Reimspiele sind auch die Kinderverse von Franz Hohler und Bertolt Brecht. Franz Hohler hat vierzig in *Es war einmal ein Igel* versammelt (s. S. 7 ff.), und von Brechts Versen hat beispielsweise Ursula Kirchberg in *Onkel Ede hat einen Schnurrbart* zwölf Beispiele ausgewählt und illustriert (s. auch die *Tierverse*, S. 9). Einige davon sind paarweise gereimt, andere über kreuz, wieder andere wie das Titelgedicht von Onkel Edes fünf Schnurrbarthaaren haben ein unregelmäßiges Reimschema, das gleichwohl (oder gerade deshalb) zum Entdecken herausfordert, wenn einige Reimwörter weggelassen werden.

Onkel Ede. Illustration von Ursula Kirchberg

Zwei Knaben stiegen auf eine Leiter,
der obere war etwas … [gescheiter].
Der untere war etwas dumm.
Auf einmal fiel die Leiter … [um].

Onkel Ede hat einen Schnurrbart,
der Schnurrbart hat fünf … [Haar].
Und dass ihm keins verloren geht,
hat jedes einen Namen, … [klar].
Sie heißen Fritz und Otto
Und Max und Karl und … [Paul].
Max ist etwas kränklich
Und Fritz ein wenig … [faul].

Bertolt Brecht

- *Es sitzt ein Vogel auf dem Leim* von Wilhelm Busch (3. – 6. Klasse)

Sehr geeignet für das Arrangieren von Übungen für das Ergänzen von Reimwörtern sind kurze humorvolle Texte, etwa von Joachim Ringelnatz und Christian Morgenstern (s. die Beispiele zum ‚Verwürfeln', S. 105 ff.) und nicht zuletzt von Wilhelm Busch (s. auch *Fink und Frosch*, S. 219).

Es sitzt ein Vogel auf dem Leim

Es sitzt ein Vogel auf dem … [Leim],
Er flattert sehr und kann nicht … [heim].
Ein schwarzer Kater schleicht … [herzu],
Die Krallen scharf, die Augen … [gluh].
Am Baum hinaus und immer … [höher]
Kommt er dem armen Vogel … [näher].
Der Vogel denkt: Weil das so … [ist]
Und weil mich doch der Kater … [frisst],
So will ich keine Zeit … [verlieren],
Will noch ein wenig … [quinqulieren]
Und lustig pfeifen wie … [zuvor].
Der Vogel, scheint mir, hat … [Humor].

Wilhelm Busch

Im Beispielgedicht werden die ausgesparten (im Text an den richtigen Stellen jeweils in Klammern eingesetzten) Reimwörter der Paarreime den Schülern verwürfelt mitgeteilt (an der Tafel; projiziert auf dem Tageslichtprojektor; auf dem Whiteboard). Die Anforderung wird gesteigert, wenn zwei Reimwörter ganz weggelassen werden und diese von den Schülern frei zu ersetzen sind.

Bei dem Adjektiv „gluh" und dem Verb „quinquilieren" könnten sich Verständnisschwierigkeiten ergeben, die sich eigentlich aber aus dem Kontext heraus lösen lassen. Die beiden Wörter bedeuten:

gluh: glühend
quinquilieren: in melodischer Folge helle und feine Töne erklingen lassen.

- *Der Fuchs und die Trauben* von James Krüss (3. – 6. Klasse)

James Krüss' Nachdichtung der La Fontaine'schen Fabel von den süßen Trauben, die dem Fuchs zu hoch hingen und die er deshalb als sauer diffamierte, ist formal über kreuz gereimt. Bei solchen Gedichten mit Kreuzreim kann es den Schülern zunächst eine Hilfe sein, wenn sie Hinweise zur Textkohärenz erhalten, um über die Aufdeckung sprachlicher Zusammenhänge die richtigen Reimwörter zu finden. Dazu sind zwei Fragen zu berücksichtigen:

– Welche Wörter passen inhaltlich zusammen (semantische Kohärenz)?
– Welche Wörter werden durch den Satzbau zusammengefügt (syntaktische Kohärenz)?

Der Arbeitsauftrag für das Ergänzen lautet dann: Lest das unvollständige Gedicht und die Reimwörter. Findet zunächst einmal e i n Reimpaar heraus und ergänzt die zwei zugehörigen Verse. Vervollständigt auf dieselbe Weise das ganze Gedicht.

Der Fuchs und die Trauben

Ein Fuchs aus Frankreich (oder auch von hier),
Der schrecklich hungrig war, sah große … [Mengen]
Der schönsten Trauben oben im … [Spalier]
Des Weinstocks rot und glänzend … [hängen].
Er hätte gern davon genascht. Allein,
Sie hingen viel zu hoch für Mund und … [Magen].
Drum sagte er: „Sie werden sauer … [sein]!"
Ist das nicht klüger, als sich zu … [beklagen]?

James Krüss

*

Da beide Gedichte inhaltlich keine besonderen Anforderungen stellen, kann sich die Aufmerksamkeit – ohne den Inhalt dabei zu vernachlässigen – primär auf die Form richten. Man wird den Schülern erklären, dass es üblich ist, zur Festestellung der Reimfolge bzw. des Reimschemas jedes Reimwort am Versende mit einem Buchstaben zu versehen. Gleiche Reime werden mit dem gleichen Buchstaben gekennzeichnet. Die Beispielgedichte sind auf zwei Arten gereimt:

Paarreim: Leim – heim; herzu – gluh; höher – näher …
a – a b – b c – c …

Kreuzreim: hier – Mengen; Spalier – hängen; Allein – Magen …
a – b a – b c – d

Die Schüler und Schülerinnen können hier entdecken, dass der Reim ein kennzeichnendes Strukturprinzip von (traditioneller) Lyrik ist.

(2) Lücken ergänzen

Eine Variante der Aufgabenform ergibt sich, wenn nicht Reimwörter zu ergänzen sind, sondern Lücken innerhalb eines Verses, größere Lücken am Ende eines Verses, ein ganzer Vers oder eine ganze Strophe auszufüllen sind. Indem sie die Lücken ergänzen, erproben die Schüler und Schülerinnen ihre Phantasie. Es werden mit großer Wahrscheinlichkeit ganz unterschiedliche Gedichte entstehen. Die Schüler lesen sie einander vor und vergleichen sie. Durch diese Eigenproduktion vorbereitet, fordert sie die dann erfolgende Begegnung mit dem Original zu einer intensiven weiteren inhaltlichen Bearbeitung auf.

- *Novemberwetter* von James Krüss (2. – 3. Klasse)

James Krüss beschreibt in dem Gedicht eine für den November typische Wettersituation, mit vom Regen verursachten Matsch, Schlamm und Dreck. Klangliche und lautmalende Reihungen leiten die drei Strophen ein und werden am Ende wiederholt, was ihre Wirkung verstärkt:

- Klitsch, klitsch, klatsch
- Klick, klick, klack
- Plim, plim, plam.

Klitsch, klitsch, klatsch,
vollgespritzt.
Ih ·nd huh!
Igel aus.
Klick, klick, kleck,
Schlamm.
Matsch.
Dreck.
kommt nach Haus,
Plim, plim, plam,
Gummischuh.
Wege sitzt,

Novemberwetter

Klitsch, klitsch, klatsch,
der Hund fällt in den ____
Die Gretel, die am ____
die heult, denn sie ist ____
____
das ist Novembermatsch.

Plim, plim, plam,
wir waten durch den ____
Die Damen rufen: ____
Die Herren tragen ____
____
das ist Novemberschlamm.

Klick, klick, kleck, ____
der Pudel tollt im ____
Und als der Pudel ____
da sieht er wie ein ____
____
das ist Novemberdreck.

James Krüss

Arbeitsblatt: Ruth Walzik (Nackenheim)

Die Lautmalereien und die einfachen Paarreime erleichtern es den Kindern, auf einem Arbeitsblatt die Lücken mit den danebenstehenden, verwürfelten Textangeboten auszufüllen. Zur Bearbeitung werden folgende Aufgaben vorgeschlagen:

- ➢ Dem Dichter sind Reime und Verse vom Blatt geweht. Überlegt zuerst selbst, welche Wörter in die Lücken passen könnten.
- ➢ Schneidet die neben dem Gedicht stehenden Reimwörter und Verse aus. Legt sie in die Lücken der Verszeilen.
- ➢ Prüft, ob alles zusammenpasst.
- ➢ Klebt nun die Reimwörter und Verse in die Lücken.
- ➢ Lest das Gedicht laut vor. Was erzählt das Gedicht vom Novemberwetter?

- *Altneues Märchen* von Hans Manz (4. – 6. Klasse)

Mehr noch als einen gleichmäßigen Versaufbau (Metrum) und einen regelmäßigen Rhythmus identifizieren Kinder den Reim mit der Form eines Gedichtes. Dass dies in vielen Fällen zutrifft, ist unbestreitbar und wird auch in unseren bisherigen Beispielen bestätigt. Trotzdem sollte diese recht festgefügte Auffassung allmählich aufgebrochen werden, weil sie ja nicht generell zutrifft. Mit *Altneues Märchen* von Hans Manz haben wir ein dafür geeignetes Gedicht. Es hat nicht nur ein wechselndes Metrum und einen unregelmäßigen Rhythmus, sondern verzichtet auch weitgehend auf den Endreim.

Altneues Märchen

Es war einmal eine Prinzessin …
Halt! Rief die,
hört auf mit den alten □ , [Sachen]
womöglich mit einem □ , [Drachen]
der Königstöchter □ , [verspeist]
sowie drei □ , [Prinzen]
die, von weither □ , [angereist]
mit ihm □ , [fochten]
wobei ihn □ [zwei]
nicht zu töten □ . [vermochten]
Wenn das □ [Ungetüm]
denn schon besiegt sein □ , [muß]
dann kann ich das selber □ . [machen]

Hans Manz

Um die Ergänzungsaufgabe nicht allzu schwer zu machen, sollten die ausgesparten Wörter dem Text – natürlich in verwürfelter Reihenfolge – beigegeben werden. Beim Versuch der Schüler, die Lücken sinnvoll zu füllen, entwickelt sich notwendigerweise ein Gespräch über den Inhalt des Gedichtes: In beabsichtigter Destruktion macht sich Hans Manz über die Helden der ‚alten' Märchen lustig, verweist aber auch den selbstbewussten Anspruch heutiger Prinzessinnen ins Reich ‚neuer' Märchen. – Im Sprechen des vervollständigten Gedichtes sollte versucht werden, den parodistischen Tenor zum Ausdruck zu bringen.

(3) Den ausgesparten Schluss eines Gedichtes ergänzen

Den Schluss eines Gedichtes wegzulassen, bietet sich besonders an, wenn er pointenhaft ist (vgl. Spinner 2000, S. 54); bei manchen erzählenden Gedichten, deren Handlung zielgerichtet auf einen wirkungsvollen bzw. überraschenden Schluss ausgerichtet ist, können sogar die Schlussstrophe(n) weggelassen werden.

- *Der Handschuh* von Friedrich von Schiller (4. – 6. Klasse)

Der Handschuh

Vor seinem Löwengarten,
das Kampfspiel zu erwarten,
saß König Franz,
und um ihn die Großen der Krone,
und rings auf hohem Balkone
die Damen in schönem Kranz.

Und wie er winkt mit dem Finger,
auf tut sich der weite Zwinger,
und hinein mit bedächtigem Schritt
ein Löwe tritt,
und sieht sich stumm
rings um
mit langem Gähnen,
und schüttelt die Mähnen,
und streckt die Glieder,
und legt sich nieder.

Und der König winkt wieder,
da öffnet sich behend
ein zweites Tor,
daraus rennt
mit wildem Sprunge
ein Tiger hervor.
Wie der den Löwen erschaut,
brüllt er laut,
schlägt mit dem Schweif
einen furchtbaren Reif,
und recket die Zunge,
und im Kreise scheu
umgeht er den Leu
grimmig schnurrend;
drauf streckt er sich murrend
zur Seite nieder.

Und der König winkt wieder,
da speit das doppelt geöffnete Haus
zwei Leoparden auf einmal aus,
die stürzen mit mutiger Kampfbegier
auf das Tigertier,
das packt sie mit seinen grimmigen Tatzen,
und der Leu mit Gebrüll
richtet sich auf, da wird's still,
und herum im Kreis, von Mordsucht heiß,
lagern die greulichen Katzen.

Da fällt von des Altans Rand
ein Handschuh von schöner Hand
zwischen den Tiger und den Leun
mitten hinein.

Und zu Ritter Delorges spottenderweis'
wendet sich Fräulein Kunigund:
„Herr Ritter, ist Eure Lieb so heiß,
wie ihr mir's schwört zu jeder Stund',
ei, so hebt mir den Handschuh auf."

Und der Ritter in schnellem Lauf
steigt hinab in den furchtbaren Zwinger
mit festem Schritte,
und aus der Ungeheuer Mitte
nimmt er den Handschuh mit keckem Finger.

Und mit Erstaunen und mit Grauen
sehen's die Ritter und Edelfrauen,
und gelassen bringt er den Handschuh zurück.
Da schallt ihm sein Lob aus jedem Munde,
aber mit zärtlichem Liebesblick –
er verheißt ihm sein nahes Glück –
empfängt ihn Fräulein Kunigunde.
Und er wirft ihr den Handschuh ins Gesicht:
„Den Dank, Dame, begehr' ich nicht",
und verlässt sie zur selben Stunde.

Friedrich von Schiller

Der Ballade *Der Handschuh* hat Schiller den Untertitel ‚Erzählung' beigefügt, womit er wohl den vorwiegend epischen Charakter hervorheben wollte. In einem Brief an Goethe hat er sie zudem „ein kleines Nachstück zum *Taucher*" genannt und damit auf die thematische Ähnlichkeit verwiesen. Beide Male wird ein unmenschliches Spiel mit der tödlichen Gefahr als Liebesspiel inszeniert. Und doch ist der Unterschied beachtlich. Was er dort tragisch behandelte, hat er hier untragisch, ja ironisch-komisch gestaltet: die Versuchung eines Menschen, sein Leben in einem frevelhaften Spiel aufs Spiel zu setzen.

Die Handlung in *Der Handschuh*, die ein Gesellschaftsspiel im Löwengarten Königs Franz I. von Frankreich (1515–1547) zum Anlass hat, ist von Anfang an auf die Entlarvung der zur bloßen Konvention erstarrten Lebensvorstellung einer höfisch-ritterlichen Gesellschaft angelegt, indem sie einmal die von ihr ausgehende Nötigung und zum anderen das hinter ihr versteckte falsche Bild von Heroik aufdeckt. Delorges gehorcht nur dem Schein nach dem Zwang der ritterlichen Konvention, er unterwirft sich ihr nur mit dem Ziel, sie umso wirksamer der Lächerlichkeit preiszugeben.

> In dem Augenblick, da die versammelte Gesellschaft und Kunigunde das scheinbare Heldentum, den Todesmut des Ritters, zu feiern anheben, entlarvt er deren Falschheit, indem er entgegen aller Konvention der Dame den Handschuh ins Gesicht wirft und sie der allgemeinen Beschämung aussetzt. (Bauer 1979, S. 238)

Die tragikomische Lösung erst lässt die befreiende Kraft wirksam werden, die in der sittlichen Autonomie des Menschen beschlossen liegt. Und auf diese kam es Schiller ja an. Deswegen wählte er als Form der Balladenhandlung das Spiel im Spiel:

> Es ermöglichte ihm sowohl die Doppelbödigkeit der ironischen und parodistischen Darstellungsweise wie die komische Pointierung des Schlusses. Wie wenig sich Schiller selber der Konvention unterwirft, macht die souveräne Verwendung von Formelementen deutlich: die freien Rhythmen, die unterschiedlich gefüllten Verszeilen, die Unregelmäßigkeit im Reimschema [Paar- und Kreuzreim] und die syntaktische Gliederung, die alle Regelmäßigkeit sprengt, verschaffen dem Dichter die Freiheit zur ironischen Pointierung. (Bauer 1979, S. 238)

Aufgrund ihres spannungsvollen Aufbaus und ihrer unerwarteten Pointe ist diese Ballade gut für die – mündlich oder schriftlich zu lösende – Aufgabe geeignet, den zunächst weggelassenen Schluss, genauer die letzten beiden Strophen, zu ergänzen, in denen Ritter Delorges auf Fräulein Kunigundes unangemessenes Verlangen reagiert, ihr den aus purer (vielleicht auch böser) Lust in den Löwenkäfig geworfenen Handschuh zurückzuholen.

Erfahrungsgemäß sind folgende Lösungen zu erwarten: Entweder verweigert der Ritter das Ansinnen aus Selbsterhaltungstrieb oder er kommt um seiner Ehre willen dem Ansinnen nach. In diesem Falle sind wiederum zwei Lösungen denkbar: Der Ritter wird von den wilden Tieren zerfleischt oder der Ritter entkommt dem Löwenzwinger lebendig und bringt den Handschuh seiner Besitzerin zurück.

Die voraussehbar unterschiedlichen Lösungen der Schüler und Schülerinnen wecken verstärktes Interesse für das Kennenlernen des Originals. Schillers Pointe, dass Delorges dem Ritterfräulein den Handschuh ins Gesicht wirft, wirkt zumeist sehr überraschend. Der Vergleich der Schülerproduktionen mit dem Original so wird zum Mittel, das die Besonderheit von Schillers Ballade zu erkennen hilft, die in dem ironisch-spöttischen Grundton und in der unerwarteten Pointe besteht.

- *Ballade vom schweren Leben des Ritters Kauz vom Rabensee* von Peter Hacks (5. – 6. Klasse)

Ballade vom schweren Leben des Ritters Kauz vom Rabensee

Es war ein alter Ritter,
Herr Kauz vom Rabensee.
Wenn er nicht schlief, dann stritt er.
Er hieß: der Eiserne.

Sein Mantel war aus Eisen,
Aus Eisen sein Habit.
Sein Schuh war auch aus Eisen.
Sein Schneider war der Schmied.

Ging er auf einer Brücke
Über den Rhein – pardauz
Sie brach in tausend Stücke.
So schwer war der Herr Kauz.

Lehnt er an einer Brüstung,
Es macht sofort: pardauz!
So schwer war seine Rüstung.
So schwer war der Herr Kauz.

Und ging nach solchem Drama
Zu Bett er, müd wie Blei:
Sein eiserner Pyjama
Brach auch das Bett entzwei.

Der Winter kam mit Schnaufen,
Mit Kälte und mit Schnee.
Herr Kauz ging Schlittschuh laufen
Wohl auf dem Rabensee.

Er glitt noch eine Strecke
Aufs stille Eis hinaus.
Da brach er durch die Decke
Und in die Worte aus:

Potz Bomben und Gewitter,
Ich glaube, ich ersauf!
Dann gab der alte Ritter
Sein schweres Leben auf.

Peter Hacks

Das Gedicht gehört zu den parodistischen Kinderballaden, die Peter Hacks 1965 in seinem Gedichtband *Der Flohmarkt* (s. auch S. 11 f.) im Kinderbuchverlag der DDR erstveröffentlichte. In acht vierzeiligen Strophen zeichnet der Autor darin das Bild eines kauzigen, aufgrund seiner schweren Rüstung wenig glückhaften Ritters, dem seine eiserne Haltung gleichermaßen wie sein symbolhaft dafür stehendes eisernes Gewand zum Verhängnis werden. Die Ballade ist in der Form einer einfachen Erzählung gehalten und kommt in Rhythmus, Reim (durchgängiger Kreuzreim) und Aufbau dem Moritatenstil nahe.

Fünf Strophen erzählen vom – im doppelten Wortsinne – „schweren" Leben des Ritters Kauz vom Rabensee bzw. von wunderlichen Ereignissen aus seinem Alltag, bevor sich in der sechsten das Geschehen zuspitzt und in den beiden letzten Strophen zum grotesken Höhepunkt kommt: der in schwerer eiserner Rüstung steckende, auf dem Rabensee Schlittschuh laufende Ritter bricht in das Eis ein. Ihm bleibt keine andere Möglichkeit, als sich mit seinem Ende abzufinden, wenn er auch scheinbar erstaunt und in gewisser Verfremdung derb-ritterlich sein Missgeschick beklagt: „Potz Bomben und Gewitter / Ich glaube, ich ersauf!"

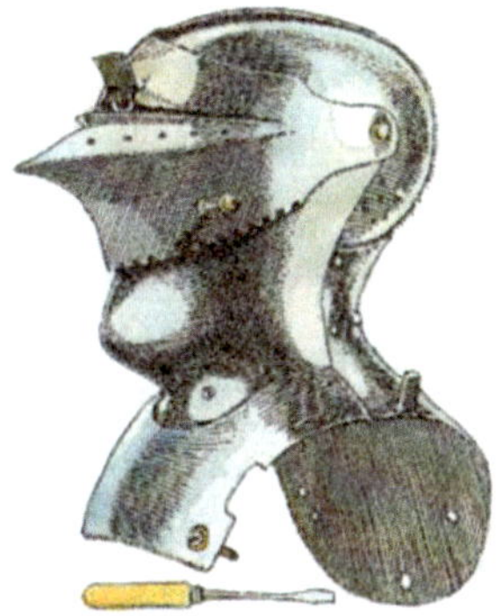

Illustration von Klaus Ensikat (2001)

Der in der Schlussstrophe vorgenommene einzige Wechsel der Erzählperspektive lässt die Eindringlichkeit und Endgültigkeit des dramatischen Geschehens nachempfinden. Aus der auktorialen Sicht beschreibt der Autor in den letzten beiden Zeilen der Ballade ironisch das Ende des Ritters: „Dann gab der alte Ritter / Sein schweres Leben auf."

Peter Hacks' Ballade vom Ritter Kauz soll die Schüler zu einer gründlichen Durchdringung von Inhalt und Form motivieren. Sie machen Entdeckungen über die Komik, indem sie nach den Mittel ‚forschen', die diese erzeugen, z.B.:

- Übertreibung: Unter dem schweren Ritter bricht alles zusammen: Brücke, Brüstung, Bett, Eisdecke.
- Witziger Einfall: Der Schlittschuh laufende alte Ritter (Anachronismus).
- Witzige Wörter: Drama: Begriff ist hier unangemessen.
  Pyjama: Attribut „eisern" ist unpassend.
- Witzige Reime: Ritter – stritt er / Rabensee – Eiserne.
- „Da brach er in die Decke / und in die Worte aus": Satzkonstruktion, bei der ein Verb für zwei syntaktisch gleichgeordnete, aber semantisch nicht gleichartige Aussagen verwendet wird (= Zeugma).

Der Zugang zu dem Gedicht wird den Schülern und Schülerinnen durch die spannende Handlung erleichtert. Ein zusätzlicher Anreiz wird dadurch geschaffen, dass bei der Erstbegegnung zunächst die beiden Schlussstrophen ausgespart bleiben, um von den Schülern in Eigenproduktion ergänzt zu werden.

Nach einer Einstimmungsphase, in der die Schüler und Schülerinnen – beispielsweise anhand eines Ritterbildes – ihr Wissen vom Aussehen und Leben eines mittelalterlichen Ritters äußern, trägt die Lehrkraft die Ballade bis auf die beiden Schlussstrophen vor. Ein Gespräch über den Text schließt sich an. Natürlich wird schon der junge Leser die parodistische Absicht erkennen und den Inhalt dieser Ballade nicht ernst nehmen, denn Hacks' augenzwinkernde Ironie ist unübersehbar. Auch der dümmste und streitbarste Ritter ist nicht immer in seiner Rüstung herumgelaufen; die einzelnen Erlebnisse des Ritters Kauz entspringen also dichterischer Phantasie, doch sie vermitteln großen Lesegenuss.

Nach dem gesprächsweisen Austausch von Vermutungen über den Ausgang der Ballade, schreiben die Schüler in Partner- oder Einzelarbeit den Schluss. Vorgegeben werden lediglich noch die ersten beiden Zeilen der vorletzten Strophe: „Er glitt noch eine Strecke / aufs stille Eis hinaus." Bei der Ausgestaltung des Schlusses sollen die Schüler bewusst die der Ballade eigene Erzählweise aufgreifen und sich etwas Komisches ausdenken. Die Anzahl der noch zu schreibenden Strophen wird nicht verbindlich festgelegt.

Nach dem Ende der Schreibphase tragen die Schüler ihre Texte vor und sprechen darüber. Schließlich präsentiert die Lehrkraft die beiden Schlussstrophen von Peter Hacks. An dessen komisch-ironischer Darstellung – z.B. am kurzen und sarkastischen Abschiedsmonolog des Ritters – werden die Schüler recht leicht erkennen, dass der an sich bedauernswerte Unfalltod nicht zum tragischen Ende wird; der Leser braucht das Geschehen nicht allzu ernst zu nehmen. – Eine Schülerarbeit als Beispiel:

> Er glitt noch eine Strecke
> aufs stille Eis hinaus.
> *Er fuhr noch um die Ecke*
> *dann fiel er auf die Schnauz.*
>
> *Da knacken seine Knochen,*
> *da sieht man ihn nicht mehr,*
> *er ist nun eingebrochen,*
> *da schrie er gar so sehr.*
>
> *Da ging er unter Wasser,*
> *man sah ihn nimmermehr,*
> *ich glaub, er ist ersoffen*
> *und er lebt nicht mehr.*
>
> Natascha (11 Jahre)

*

⌦ Querverweis

Siehe auch den Vorschlag zu *Der Trapper* von Ralph Thenior, S. 177 f.

2.2 Verwürfelte Textteile zu einem Gedicht zusammenfügen

Es geht hier um die Aufgabe, Gedichte, die in einzelne ungeordnete Zeilen oder Strophen – z.B. durch Auseinanderschneiden – aufgelöst wurden, so zu rekonstruieren, dass daraus ein sinnvoller Text wird. Der didaktische Wert dieses Verfahrens, das Gerhard Haas eine „Form produktiven Verstehens" (Haas 1997, S. 56) nennt, „ergibt sich aus dem Umstand, daß der Schüler auf diese Weise am Gestaltungsprozeß teilnehmen und die verschiedenen Gestaltungsmöglichkeiten durchspielen kann, ohne sofort über gehaltliche oder formale Probleme sprechen zu müssen" (ebd., S. 57). Bei der Wiederherstellung wird in jedem Falle ein Gespür für das Beziehungsgefüge von Texten auf inhaltlicher, klanglich-rhythmischer Ebene sowie auf der Ebene des Reimes geweckt. Zugleich hat das Verfahren durch seinen Rätselcharakter einen hohen Motivationswert, der besonders solchen Schülern und Schülerinnen entgegenkommt, die sich am Unterrichtsgespräch kaum oder nur zurückhaltend beteiligen.

Bei der Herstellung solcher ‚Werkstücke' ist zu beachten, dass das Ausgangsgedicht so klar aufgebaut ist, dass eine richtige Endform überhaupt erreicht werden kann – oder aber, dass es, zumindest stellenweise, mehrere Möglichkeiten der Vers- oder Strophenfolge gibt, so dass auch die Produkte der Schüler dann noch einen Sinn ergeben, wenn die authentische Reihenfolge nicht hergestellt worden ist. Das Verfahren gleicht zwar ein bisschen einer spielerischen Puzzlearbeit, dennoch ist es ein gutes Mittel, den Blick für Einzelheiten im Text zu schärfen, denn es ist sehr genaues Lesen erforderlich. Zugleich lenkt es die Aufmerksamkeit auf den folgerichtigen Aufbau eines Gedichtes. (Vgl. Spinner 2000, S. 48 f.)

Für die gemeinsame Besprechung bewährt sich ein Vorschlag von Kaspar H. Spinner (ebd.), das Gedicht auf Klarsichtfolie zu zerschneiden; dann kann man die verschiedenen Varianten für alle sichtbar auf den Tageslichtprojektor legen. Einfach umsetzbar ist dieses Verfahren auch auf elektronischen Tafeln.

(1) *Die Ameisen* von Joachim Ringelnatz (1. – 2. Klasse)

Das kleine Gedicht – der Form nach eine Versfabel – können bereits jüngere Kinder verstehen, auch wenn sie vielleicht noch nicht alle Facetten seines Witzes erfassen. Die Pointe des Gedichtes besteht in der ironisch kommentierten Umkehr der Ameisen und in der unangemessenen Auslegung der Reisestrecke Altona-Australien. Dass die beiden Akteure so tun, als hätten sie ihr Vorhaben zum größten Teil umgesetzt und den Verzicht auf die Weiterreise, das heißt auf Unerreichbares, als Weisheit ausgeben, ist eine große Überheblichkeit. Hier wird das kleine, auf den ersten Blick unscheinbare Gedicht zu einem Gleichnis für menschliches Verhalten.

Unverkennbar wird dies, wenn auch die ‚Lehre' bzw. ‚Moral' des kleinen Fabelgedichtes mitgeteilt wird, die in Anthologien und Lesebüchern meist weggelassen wird:

„So will man oft und kann doch nicht
Und leistet dann recht gern Verzicht.“

Die Kinder erhalten das Gedicht verwürfelt – entweder wie nachfolgend für das Lesebuch aufbereitet oder auf einem Arbeitsblatt – und versuchen zunächst, die Verszeilen in die richtige Reihenfolge zu bringen. Dabei achten sie automatisch auf bestimmte Strukturmerkmale: Reim, Groß- und Kleinschreibung, inhaltliche Korrespondenz, etc.

Oh je! Hier sind die Verszeilen durcheinander geraten.

Kannst du den Computerfehler beheben?

Lies dazu das Gedicht mehrmals leise und laut.

Wie könnte es beginnen?

Probiere mehrere Möglichkeiten mit deinem Partner aus.

Aus: Lesespuren 2, S. 63

Methodisch ist es am einfachsten, wenn die Kinder die Zeilen als ‚Zeilenstreifen’ zum Ausschneiden abschreiben, da sie auf diese Weise verschiedene Möglichkeiten ausprobieren können. Wichtig ist dabei das mehrmalige leise und laute Lesen, es ist auch sehr gut als Partnerarbeit möglich. Sollte im Klassenzimmer ein Computer zur Verfügung stehen, kann der optische Impuls der Aufgabe motivationalen Anreiz dazu geben, die Computerstörung tatsächlich zu beheben.

Beim Vergleich mit dem Original werden nicht lediglich die unterschiedlichen Versionen – sofern vorhanden – miteinander verglichen, es wird selbstverständlich auch über den Inhalt gesprochen. Und auch darüber, dass es bei den Menschen – Kindern?! – die gleiche Überheblichkeit gibt.

Das Original lautet:

In Hamburg wohnten zwei Ameisen,
Die wollten nach Australien reisen.
Bei Altona auf der Chaussee,
Da taten ihnen die Beine weh.
Und da verzichteten sie weise
Dann auf den letzten Teil der Reise.

Als produktives Angebot für eine Anschlussaufgabe wäre denkbar, Parallelgedichte zu schreiben. Dazu wird angeregt, zwei andere Tiere auf Reisen (an einen beliebigen Ort) gehen zu lassen:

In .... lebten zwei Schnecken,
die wollten....

Für das Verfahren sehr gut geeignet sind auch Joachim Ringelnatz' Gedichte *Der Stein* und *Ein Federchen*:

Ein Federchen

Ein Federchen flog über Land;
Ein Nilpferd schlummerte im Sand.
Die Feder sprach: „Ich will es wecken",
Sie liebte andere zu necken.
Aufs Nilpferd setzte sich die Feder
Und streichelte sein dickes Leder.
Das Nilpferd öffnete den Rachen
Und musste ungeheuer lachen.

Der Stein

Ein kleines Steinchen rollte munter
Von einem hohen Berg herunter.
Und als es durch den Schnee so rollte,
Ward es viel größer, als es wollte.
Da sprach der Stein mit stolzer Miene:
„Jetzt bin ich eine Schneelawine!"
Er riß im Rollen noch ein Haus
Und sieben große Bäume aus.
Dann rollte er ins Meer hinein,
Und dort versank der kleine Stein.

(3) *Abendlied* von Max Kruse (1. – 4. Klasse)

Abendlied

Mond
Baum
Abendruh
Mond
Traum
Augen zu
Mond
Wolke
Silberlicht
Mond
Mond
Rede nicht

Max Kruse

Dieses Gedicht von Max Kruse wirkt auf den ersten Blick wie eine Konstellation der Konkreten Poesie (s. S. 58 ff.), was formal auch durch die Typographie und den Wegfall der Satzzeichen bewirkt wird. Bei näheren Hinsehen, genauer: beim (lauten) Lesen erweist sich aber, dass das Strukturprinzip einer Konstellation nicht konsequent durchgehalten wird und sich durch Rhythmus und Reim einzelne Wortgruppen miteinander zu einem Vierzeiler fügen, der das in der Überschrift genannte Thema inhaltlich ausführt.

Der unkonventionelle Aufbau des Gedichtes rechtfertigt einen operativen Zugang. Dazu werden – mit Ausnahme der Überschrift – alle Substantive sowie die Aufforderungen der Mittelzeile „Augen zu“ und der Schlusszeile „Rede nicht“ einzeln auf Papierstreifen geschrieben und in ungeordnetem ‚Durcheinander' in der Mitte des Sitzkreises ausgebreitet. Bei Erprobungen[1] wurden im Gespräch Beobachtungen gemacht wie:

- Fast alle Wörter sind Substantive.
- „Rede nicht“ ist das einzige Verb (Aufforderungssatz).
- Das Substantiv „Mond“ kommt fünfmal vor.
- Einige Wörter reimen sich aufeinander.

Die Entdeckung vorhandener Reimwörter wird als Impuls genommen, aus dem Wortmaterial ein Gedicht zu machen. Dazu probieren die Schüler und Schülerinnen – zunächst gemeinsam – durch Hin- und Herschieben der Wörter auf den Papierstreifen Möglichkeiten einer Abfolge aus. Die Lösungen werden jeweils vorgelesen und auf Klang und Rhythmus hin ‚abgehört'.

Ergibt sich hieraus kein Gedichttext, der die Schüler überzeugt, probieren sie in Gruppen

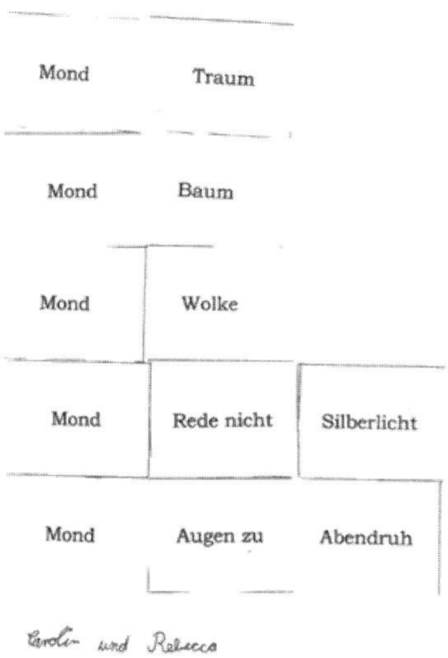

Beispiel einer Schülerlösung (4. Klasse)

[1] Erprobung: Renate Schaab (Koblenz)

weiter. Hierfür erhält jede Gruppe ein Arbeitsblatt, auf dem alle Wörter stehen und als Wortkärtchen ausgeschnitten werden können. Die Lösungen werden vorgetragen und zur Diskussion gestellt. Es muss damit gerechnet werden, dass den Schülern beispielsweise die Platzierung des Wortes „Wolke“ schwerfällt oder auch die Beantwortung der Frage, was am Schluss stehen soll. Nicht einfach ist es für sie auch, den „Mond“ unterzubringen; das fünffache Vorkommen des Wortes macht ihnen aber deutlich, dass ihm eine besondere Bedeutung zukommt: Zu denken ist etwa an Schlafen oder Träumen.

Dieser Ansatz einer Interpretation wird durch die Präsentation von Max Kruses Original aufgenommen und weiter vertieft. Es interessiert nicht nur der rein formale Vergleich, bei dem die ungewöhnliche typographische Gestaltung – untereinander geschriebene Abfolge einzelner Wörter statt linear geschriebenem Vierzeiler – ins Auge fällt, sondern auch das damit ausgesagte (Stimmungs-) Bild: Ein erwachsener Sprecher spricht ein Kind beruhigend in den Schlaf: „Augen zu“ und „Rede nicht“. (Vgl. Motté 1983, S. 25)

(5) *Vom schlafenden Apfel* von Robert Reinick (4. – 6. Klasse)

Das Gedicht ist eine der ‚klassischen' Kinderballaden des 19. Jahrhunderts (s. S. 39 f.). Sein Thema ist das alte Motiv vom Wettstreit der Naturkräfte Sonne und Wind, das hier noch durch die Macht des Gesangs erweitert wird. In zehn Strophen wird die Geschichte von einem (auktorialen) Erzähler vorgetragen. Dabei setzt er geschickt Mittel ein, um die Aufmerksamkeit seiner Leser (bzw. Zuhörer) zu erreichen, und zwar vor allem:

- Er wählt ein Kind als Handlungsträger.
- Er schildert Anlass und Situation – das Verlangen des Kindes nach dem reifen Apfel – sehr plastisch.
- Er steigert die Spannung durch die Schilderung des dreifachen Versuchs von Sonne, Vogel und Wind.
- Er personifiziert die Akteure: Der Apfel schläft im Bett; die Sonne spaziert umher und küsst; der Vogel singt ein Lied; der Wind stemmt die Arme in die Seiten und bläst die Backen auf.

Das Gedicht lässt sich trotz seiner Länge leicht aufnehmen. Die einfach gebauten, vierzeiligen Strophen bilden jede für sich eine kleine Erzähleinheit. Das begünstigt das didaktische Arrangement, das Gedicht strophenweise zu zerschneiden und die Strophen zu verwürfeln – ausgenommen die erste und die letzte. Diese Strophen bleiben unverändert und in ihrer Anfangs- und Endfunktion auch erkennbar. Aufgabe ist, eine plausible (richtige?) Strophenfolge herstellen, individuell oder – bevorzugt – in Partnerarbeit. Das fertige Gedicht wird auf ein Blatt aufgeklebt.

Vom schlafenden Apfel

Im Baum, im grünen Bettchen,
hoch oben sich ein Apfel wiegt,
der hat so rote Bäckchen,
man sieht's, dass er im Schlafe liegt.

Ein Kind steht unterm Baume,
das schaut und schaut und
ruft hinauf:
Ach, Apfel, komm her-
unter!
Hör endlich doch mit
Schlafen auf!

Es hat ihn so gebeten,
glaubst du, er wäre auf-
gewacht?
Er rührt sich nicht im Bette,
sieht aus, als ob im Schlaf er lacht.

Da kommt die liebe Sonne
am Himmel hoch daher spaziert.
Ach, Sonne, liebe Sonne,
mach du, dass sich der Apfel rührt!

Die Sonne spricht: Warum nicht?
Und wirft ihm Strahlen ins Gesicht,
küsst ihn dazu so freundlich.
Der Apfel aber rührt sich nicht.

Nun sieh, da kommt ein Vogel
und setzt sich auf den Baum hinauf.
Ei, Vogel, du musst singen.
Gewiss, gewiss, das weckt ihn auf!

Der Vogel wetzt den Schnabel
und singt ein Lied so
wundernett
und singt aus voller Keh-
le,
der Apfel rührt sich nicht
im Bett.

Und wer kam nun gegan-
gen?
Es war der Wind, den kenn ich schon.
Der küsst nicht, der singt, der pfeift
mit einem anderen Ton.

Er stemmt in beide Seiten
die Arme, bläst die Backen auf
und bläst und bläst, und richtig –
der Apfel wacht erschrocken auf.

Er springt vom Baum herunter,
grad vor die Füße von dem Kind.
Das hebt ihn auf und freut sich
und ruft: Ich danke schön, Herr Wind!

Robert Reinick

Nach dem Gespräch über den Inhalt, das sich aus dem Vorstellen der Ergebnisse heraus ergibt, sollte unbedingt eine Sprechfassung erarbeitet werden. Die Gleichförmigkeit der Strophen könnte dabei einen Leierton begünstigen. Es muss also besonders darauf geachtet werden, ihn zu vermeiden, zum Beispiel durch die Betonung der Zeilensprünge (Enjambements) oder aber durch ein Sprechen mit verteilten Rollen (Erzähler, Kind).

*

⌦ Querverweis

Siehe auch den Vorschlag zu *Die Tulpe* von Josef Guggenmos, S. 323 f.

2.3 Ein Gedicht aus Textalternativen erstellen

Diese Zugangsform wird so arrangiert, dass einzelne Wörter, ein Halbvers oder eine ganze Verszeile mit inhaltlichen Alternativen versehen werden. Damit wird ein Prozess simuliert, der beim Verfassen von Texten – zumindest potentiell – immer passiert, beim Schreiben von Gedichten aber besonderer Sorgfalt bedarf: das Auswählen aus mehreren sprachlichen Möglichkeiten (z.B. aus Wörtern eines Wortfeldes), um einen Sachverhalt, ein Gefühl, eine Stimmung u.ä. angemessen auszudrücken.

Zur (Wieder-)Herstellung eines Gedichttextes werden den Schülern jeweils drei Wahlmöglichkeiten für die Formulierung gegeben. „Die ‚Spielregel' ist dabei immer: Eine der Alternativen muss gewählt werden! Dieser Zwang erschwert zwar das Gestaltungsspiel, nur so ist aber eine wirkliche Annäherung an den Ausgangstext möglich." (Menzel 1989, S. 35)

> Beim Auswählen aus den Angeboten finden Schüler auch Kombinationen, die einleuchtend sind, obschon sie dem Originaltext nicht entsprechen. Für die Wahl der jeweiligen Formulierung sind je nachdem semantische [bildliche], syntaktische, [klangliche] rhythmische Aspekte, auch die grammatische Kongruenz [...] und allenfalls der Reim zu berücksichtigen. (Spinner 2000, S. 52)

Aus den Alternativen auswählend verfasst jeder Schüler sein Gedicht. Er hat sich dabei für seine Wörter entscheiden müssen (vgl. Menzel 1989, S. 35).

Unverzichtbar ist bei Anwendung dieses Verfahrens die Unterrichtsphase, in der sich die Schüler einander ihre Gedichte vorlesen und darüber sprechen, warum sie sich für ein bestimmtes Formulierungsangebot entschieden haben. Erst danach erhalten sie die Originalfassung des Dichters. Sie vergleichen damit die Übereinstimmungen und Abweichungen der eigenen Gedichte und diskutieren (vermutete oder nachvollziehbare) Gründe, die den Dichter zu seiner Gestaltung veranlasst haben (könnten).

(1) *Septembermorgen* von Eduard Mörike (4. – 6. Klasse)

„Das stimmungsvolle Naturgedicht von Eduard Mörike beschreibt in Bildern und Metaphern eine morgendliche Landschaft im Herbstnebel, der sich allmählich lichtet" (Gien 2004, S. 31), angezeigt durch das zweimalige ‚Noch' (V 1 u. 2) und das ‚Bald' (V 3). Das ‚Noch' bezeichnet einen Zustand vor der Bewegung, vor dem Erwachen: Noch ist es so, „noch ruhet die Welt", „noch träumen Wald und Weisen". Aber die Erwartungshaltung, ausgesprochen im ‚Bald', drängt auf Veränderung. Diese beiden Phasen, das ‚Noch' der Gegenwart und das ‚Bald' erwarteter Zukunft, werden durch den Doppelpunkt am Ende von Zeile 2 verdeutlicht und durch das Reimschema (a b – a a a b). Indem Mörike zwei a-Reime zusätzlich einfügt, bewirkt er Verzögerung und damit Spannung. Fast jedem Wort der ersten Phase (V 1 u. 2) entspricht ein ‚Gegenwort' der zweiten (V 3–6). Durch das ‚du' im Text wird der Leser zum ‚Mitgenießer' der geschilderten Landschaft und kann die synästhetischen Eindrücke besser nachempfinden.

„Die Kinder könnten zunächst selbst bei einem Herbstspaziergang Eindrücke und Bilder festhalten und diese dann austauschen. Alternativ wäre eine meditative Einführung zu einem herbstlichen Kunstbild denkbar.

Anschließend lesen die Kinder das Gedicht mit verschiedenen (kursiv geschriebenen) Auswahlwörtern (das Original ist hier unterstrichen) mehrmals laut und leise und entscheiden sich jeweils für eine Alternative, die sie dann aufschreiben." (Gien 2004, S. 31)

Septembermorgen

ruhet
Im Nebel *schläft* noch die Welt,
liegt

dösen
Noch *schlafen* Wald und Wiesen:
träumen

merkst
Bald *siehst* du, wenn der Schleier fällt,
hörst

schönen
Den *blauen* Himmel unverstellt,
grauen

bunte
Herbstkräftig die *gedämpfte* Welt
verschlafene

liegen.
In warmen Golde *fließen.*
baden.

Aus: Lesespuren 4, S. 66

Die Aufgabe lautet:

- In jeder Verszeile kannst du verschiedene Wörter einsetzen.

  Lies die Zeilen mehrmals und überlege dir, welches Wort besonders gut passt oder besonders schön klingt. Du kannst auch selbst eigene Wörter finden.

Schreibe die Verszeilen der Reihe nach auf, wenn du dich entschieden hast und lies das Gedicht mehrmals leise und laut.
Möchtest du noch etwas ändern, oder gefällt es dir? (Aus: Lesespuren 4, S. 66)

„Zunächst werden die Vorschläge der Schüler und Schülerinnen untereinander, dann mit dem Original verglichen. Ziel ist, ein Gefühl für die verdichtete, metaphorische Sprache zu bekommen und verschiedene Möglichkeiten auf die erzeugte Stimmung hin zu ‚untersuchen'." (Gien 2004, S. 31)

(2) *Meeresstille* von Joseph von Eichendorff (4. – 6. Klasse)

„Das zweistrophige Gedicht erzählt aus der Perspektive des lyrischen Ich. Ein Blick vom Rande eines Schiffes eröffnet den Blick in neue Welten. Dabei ist der Übergang in das Phantastische, Märchenhafte fließend. Fast durchgängig findet man Paarreime (außer in der ersten Strophe die fünfte und siebte Zeile), die immer wieder das Realistische mit dem Traum verbinden.

Als Einstieg könnte man eine Aufnahme mit Meeresrauschen abspielen, um die Kinder imaginative Bilder entwickeln zu lassen. Anschließend wird das lückenhafte Gedicht (s. nächste Seite) präsentiert und alleine oder mit dem Partner nach den treffendsten Ausdrücken gesucht. Sind es beim Gedicht *Septembermorgen* hauptsächlich Verben, findet man hier verschiedene Wortarten, auch Satzteile, die fehlen und ergänzt werden müssen. Nach mehrmaligem lautem Lesen wird dann die eigene Version aufgeschrieben und gestaltet. Nach dem Vergleich der Arbeiten untereinander bekommen die Kinder das originale Eichendorff-Gedicht und vergleichen es mit ihrer eigenen Version.

Neben dem Lesen und Malen, könnte man zu diesem Gedicht sehr gut Standbilder bauen lassen, die die Vorstellungen der Kinder bezüglich des Meereskönigs sichtbar werden lassen." (Gien 2004, S. 32)

Zum Vergleich der Originaltext:

Meeresstille

Ich seh' von des Schiffes Rande
Tief in die Flut hinein:
Gebirge und grüne Lande
Und Trümmer in falben Schein
Und zackige Türme im Grunde,
Wie ich's oft im Traum mir gedacht,
Das dämmert alles da unten
Als wie eine prächtige Nacht.

Seekönig auf seiner Warte
Sitzt in der Dämm'rung tief,
Als ob er mit langem Barte
Über seiner Harfe schlief;
Da kommen und gehen die Schiffe
Darüber, er merkt es kaum,
Von seinem Korallenriffe
Grüßt er sie wie im Traum.

Joseph von Eichendorff

Meeresstille

Ich (1) von des Schiffes Rande
(2)
Gebirge und grüne Lande
Und Trümmer im (3) Schein
Und zackige Türme im Grunde,
(4)
Das dämmert alles da unten
Als wie eine (5) Nacht.
(6) auf seiner Warte
Sitzt in der Dämm'rung tief,
Als ob er (7)
Über seiner Harfe schlief;
(8)
Darüber, er merkt es kaum,
(9)
Grüßt er sie wie im Traum.

Joseph von Eichendorff

Hier sind Angebote, wie du die Lücken ausfüllen kannst.
Schreibe dein Gedicht in schöner Schrift auf ein Blatt.

(1) schaue, spähe, seh
(2) Weit ins Meer hinaus – Tief in die Flut hinein – Hoch in den Himmel hinauf
(3) matten – blassen – falben
(4) Wie ich's schon immer vermutet hab – Wie ich's oft im Traum mir gedacht
(5) helle – schöne – prächtige
(6) Der kleine Prinz – Seekönig – Pirat
(7) mit langem Barte – mit traurigem Blick – ohne Hoffnungsschimmer
(8) Da kommen und gehen die Schiffe – Da tanzen und reiten die Wellen
(9) Von seinem Schiffe – Von seinem Korallenriffe

Aus: Lesespuren 4, S. 67

*

⌧ Querverweise

Im Anschluss an die bildkünstlerische Umsetzung kann man das Gedicht noch mit dem Text *Meeresstille* von J. W. von Goethe vergleichen (Text s. S. 125).

Siehe auch die Vorschläge zu *Frühling* von Mascha Kaléko (S. 288) und zu *So im Schatten liegen möchte* ich von Erwin Moser (S. 234 f.)

2.4 Die (Vers)Form eines Gedichtes wiederherstellen

Für das Interesse an Lyrik – vor allem an der modernen Kinderlyrik – ist die Erfahrung wichtig, dass die Grenze zwischen Lyrik und Prosa nicht beliebig ist. Hinzuführen ist also zu der Einsicht, dass Lyrik mehr ist als das Resultat eines Schreibprozesses, in dem die Zeilen lediglich anders als in der Prosa umbrochen werden. Dies lässt sich durch Übungen vorbereiten, in denen sich die Schüler mit Gedichten befassen, die verfremdet wie ein Prosatext gesetzt sind und nun wieder in eine Gedichtform gebracht werden müssen. Dabei kommt es grundsätzlich nicht darauf an, dass der authentische Text entsteht. Sicherlich werden die Schüler einige unterschiedliche Variationen herstellen. Diese Variationen werden anschließend miteinander und mit dem Original des Dichters bzw. der Dichterin verglichen.

Die Reproduktion ist dann recht einfach, wenn der Gedichttext fortlaufend aufgeschrieben wird, ohne sonst etwas daran zu verändern. Man kann aber auch – bei regelmäßig gebauten und gereimten Gedichten – die Syntax der Texte etwas ändern und sie prosaischer Satzbildung angleichen. Schwieriger ist die Aufgabe (aber auch reizvoller), wenn es sich um ein reimloses Gedicht, evtl. noch mit wechselndem Rhythmus (unregelmäßige Verszeilen) handelt.

Nachdrücklich ist auf einen beachtenswerten Hinweis von Gerhard Haas aufmerksam zu machen:

> Erfahrungsgemäß haben Grundschüler längere Zeit beträchtliche Schwierigkeiten, den Vers als Einheit zu begreifen, selbst wenn diese durch den Reim markiert ist. Es genügt deshalb nicht, solche Übertragungen nur ein-, zweimal zu versuchen; vielmehr muß das Spiel der Umwandlung eben als Spiel immer wieder angeboten werden und dann nach und nach ganz vorsichtig [...] mit ersten Verfremdungselementen durchsetzt werden. (Haas 1997, S. 87)

Die Wiederherstellung eines Gedichtes aus einem wie Prosa fortlaufend geschriebenen Text dient einer ersten intensiven Auseinandersetzung. Wie auch bei den anderen operativen Verfahren gilt: Die konzentrierte und von Entscheidungen bestimmte Vorarbeit macht eine aufmerksame Beschäftigung mit dem Originaltext nötig – bevor er dann besprochen wird.

Der Zeilenfall kann zunächst einmal mit Schrägstrichen markiert werden. Durch – mehrfaches – Lesen wird die gefundene Lösung überprüft, eventuell auch nochmals korrigiert. Ihre Endfassung sollten die Schüler aber auf jeden Fall auf ein eigenes (Schmuck-)Blatt schreiben.

Unsere drei Beispiele sind so gewählt, dass sie nicht lediglich zu mehr oder weniger mechanischen (am Metrum und am Reim orientierten) Rekonstruktionen auffordern. Es sollten sich durchaus mehrere Lösungen ergeben können, was wiederum zu Entdeckungen über deren Konsequenzen für den Zusammenhang von Form und Inhalt führen dürfte.

(1) *Der Sommer* von Christine Busta (4. – 6. Klasse)

Der Sommer

Er trägt einen Bienenkorb als Hut,
blau weht sein Mantel aus Himmelsseide,
die roten Füchse im gelben Getreide
kennen ihn gut.
Sein Bart ist voll Grillen. Die seltsamsten Mären
summt er der Sonne vor, weil sie's mag,
und sie kocht ihm dafür jeden Tag
Honig und Beeren.

Christine Busta

In der bildenden Kunst werden die Jahreszeiten nicht selten allegorisch dargestellt (vgl. die Jahreszeiten-Bilder von Guiseppe Arcimboldo; z.B. *Frühling,* s. S. 276). Es scheint, als beschreibe Christine Busta in ihrem Gedicht ein solches allegorisches Bild des Sommers. Das heißt, sie setzt, wie in einer Allegorie üblich, einen abstrakten Begriff in konkrete Bilder um, personifiziert den Sommer und charakterisiert ihn mit für die Jahreszeit typischen Phänomenen. Jedes davon löst eine Reihe von Assoziationen und Vorstellungen aus. Der Bienenkorb lässt an Honig denken, der seinerseits die Vorstellung von Fruchtbarkeit, Blüten und Wärme wachruft; der blaue Mantel verweist auf die Farbe und Beschaffenheit des Himmels; die roten Füchse im gelben Getreide, der Bart voller Grillen stehen für Ernte und Reife, für das Ineinander von Natur und Kreatur; und das Kochen von Honig und Beeren ist wieder ein Sinnbild für den Reifezustand der Sommerzeit.

Die Schüler und Schülerinnen erhalten den Text des Gedichtes in Prosa verfremdet und ohne Überschrift. Damit verbunden ist der Auftrag, die Versgrenzen zu markieren und damit dem Text eine lyrische Form zu geben. Die Aufgabe dürfte lösbar sein, wenn die Schüler lesend den Sinneinheiten nachspüren und ausprobieren, wo sich Reime zueinander fügen. Als Schwierigkeit könnte sich erweisen, dass die Verszeilen unterschiedlich lang sind und der Rhythmus wechselt. Gerade dadurch aber eröffnet sich ihnen ein Zugang zu der Erfahrung, dass eine derart offene(re) Form für moderne Gedichte typisch ist.

Er trägt einen Bienenkorb als Hut, blau weht sein Mantel aus Himmelsseide, die roten Füchse im gelben Getreide kennen ihn gut. Sein Bart ist voll Grillen. Die seltsamsten Mären summt er der Sonne vor, weil sie's mag, und sie kocht ihm dafür jeden Tag Honig und Beeren.

Wenn man die Überschrift zunächst weglässt, entsteht ein Rätseleffekt: Wer wird in dem Gedicht beschrieben? Die Beantwortung der Frage zwingt zum Durchschauen der sprachlichen Bilder und verdeutlicht die Kunstform des Gedichtes.

Die Personifikation des Sommers in dem Gedicht lädt ein zu phantasievollen Illustrationen, etwa in der Art von Johannes Grüger, der Christine Bustas Band *Die Sternenmühle* gestaltete, in dem das Gedicht erstveröffentlicht worden war.

Der Sprechrhythmus könnte mit Orff'schen Instrumenten begleitet werden.

(2) *Schlaflied im Sommer* von Karl Krolow (4. – 6. Klasse)

In diesem Beispiel wird die Verfremdung noch dadurch gesteigert, dass an einigen Stellen des Gedichtes die ursprüngliche Syntax etwas verändert und der Satzbildung von Prosatexten angeglichen ist. Die Schüler und Schülerinnen sollen dadurch insbesondere auf Rhythmus und Reim aufmerksam werden. Strophen sind durch Absätze markiert.

Schlaflied im Sommer

Nun träumen die Hasen im Kleefeld und spitzen ihr Ohr im Schlafe. Im Dunkeln duftet der Rasen. Es spüren mit feinen Nasen die Füchse am Gartentor.
Nun redet im Walnußbaume vorm Fenster der nächtliche Wind. Birne und Pflaume atmen nun und wollen reifen. Im Traume greift sie mein Kind mit Händen.
Es rufen die Uhren die Stunde durchs schlafende Sommerhaus. Die Hunde knurren im Hofe. Mein Kind ruht, die Fäustchen am Munde. Ich lösche die Kerze aus.

Den Auftrag, dem Text die Form eines Gedichtes zu geben, suchen die Schüler zunächst durch (lautes oder stilles) Lesen zu erfüllen. Ihre Lösung festhaltend, markieren sie die vermuteten Versgrenzen. Im aufmerksamen Sprechen und Hinhören werden sie merken, dass in einigen Passagen das Metrum (und damit der Rhythmus) gestört sind. Der Vorschlag einer Umstellprobe dürfte ihnen dann weiterhelfen. Sie entdecken, dass sich durch die Umstellung der Satzglieder zwar nichts in der Aussage ändert, wohl aber in Metrum und Rhythmus.

Schlaflied im Sommer

Nun träumen im Kleefeld die Hasen
und spitzen im Schlafe ihr Ohr.
Im Dunkeln duftet der Rasen.
Es spüren mit feinen Nasen
die Füchse am Gartentor.

Nun redet im Walnußbaume
vorm Fenster der nächtliche Wind.
Nun atmen Birne und Pflaume
und wollen reifen. Im Traume
mit Händen greift sie mein Kind.

Es rufen die Uhren die Stunde
durchs schlafende Sommerhaus.
Im Hofe knurren die Hunde.
Mein Kind ruht, die Fäustchen am Munde.
Ich lösche die Kerze aus.

Karl Krolow

(3) *Der Kirschdieb* von Bertolt Brecht (4. – 6. Klasse)

Der Kirschdieb

An einem frühen Morgen, lange vor Hahnenschrei wurde ich geweckt durch ein Pfeifen und ging zum Fenster. Auf meinem Kirschbaum – Dämmerung füllte den Garten – saß ein junger Mann mit geflickter Hose und pflückte lustig meine Kirschen. Mich sehend nickte er mir zu, mit beiden Händen holte er die Kirschen von den Zweigen in seine Taschen. Noch eine ganze Zeitlang, als ich wieder in meiner Bettstatt lag, hörte ich ihn sein lustiges kleines Lied pfeifen.

Bertolt Brecht

Wird Bertolt Brechts kleines Gedicht vom Kirschdieb zur Erstbegegnung in Prosa verfremdet, stellt die Rekonstruktion seiner lyrischen Form hohe Anforderungen. Denn der Text erfüllt keines der Kriterien – Reim, Metrum, gleichmäßige Versfüllung, Strophen –, die ein Gedicht nach herkömmlicher Vorstellung ausmachen und die entsprechend die formale Wiederherstellung unterstützen. Das Gedicht entspricht vielmehr der Form, die Brecht 1939 in seinem Aufsatz *Über reimlose Form in unregelmäßigen Rhythmen* erstmals reflektierte. Reimlose Verse und unregelmäßige bzw. sogenannte ‚freie' Rhythmen sind ein Merkmal, das moderne Gedichte vielfach auszeichnet. Indem die Schüler sich mit Brechts Gedicht beschäftigen, begegnen sie also exemplarisch dieser für das moderne Gedicht kennzeichnenden Form. Und das methodische Verfahren hilft dabei, sie selbstständig zu entdecken.

Der Gattung nach ist *Der Kirschdieb* ein Erzählgedicht, statt des lyrischen Präsens steht hier das erzählende Präteritum und berichtet von einem Kirschdiebstahl „an einem frühen Morgen, lange vor Hahnenschrei".

Der Kirschdieb

An einem frühen Morgen, lange vor Hahnenschrei
wurde ich geweckt durch ein Pfeifen und ging zum Fenster.
Auf meinem Kirschbaum – Dämmerung füllte den Garten –
saß ein junger Mann mit geflickter Hose
und pflückte lustig meine Kirschen. Mich sehend
nickte er mir zu, mit beiden Händen
holte er die Kirschen von den Zweigen in seine Taschen.
Noch eine ganze Zeitlang, als ich wieder in meiner Bettstatt lag,
hörte ich ihn sein lustiges kleines Lied pfeifen.

Bertolt Brecht

Wie der Diebstahl zu bewerten sei, ist oft diskutiert worden, insbesondere seine mögliche Deutung als marxistisches Programm: Nicht Kirschenpflücken ist Diebstahl, sondern Eigentum. Das Gedicht lässt sich aber auch als Erzählung von einem jungen Burschen lesen, den mehr die Lust am Leben als am Besitz freut. Sogar die Beschwörung paradiesischer Zustände ist in dem Gedicht gesehen worden, „als die Welt voller Kirschbäume und der Himmel voller Geigen war" (Ross 1978, S. 193).

> Heute können nur noch die geflügelten Kirschdiebe, die Amseln, die von Brecht geliebten, beides: das Stehlen und das Pfeifen, in aller Unschuld und Unverschämtheit. Ein solcher Typ ist der junge Mann im Baum; ihm ist nicht nur alles zuzutrauen, sondern alles zu verzeihen. Kein Proletarier, der dem Vitaminmangel durch Zufuhr von frischen Früchten abhilft, sondern ein Hans-im-Glück oder Taugenichts, ein Gottes-Schelm, ein Elf oder Engel. Der bringt ins Morgengrauen (vor dem tröstenden Trompetensignal des Hahnenschreis), in die dumpfen Träume und Ängste des Schläfers in seiner Bettstatt seine Fröhlichkeit, seine Zuversicht, sein Zutrauen, daß die Welt schon morgens um vier in Ordnung ist.
>
> Ist man an diesem Punkt angelangt, so wird der wahre Charakter des Gedichts deutlich. Es ist ein Märchen, zwischen Schlaf und Wachen. (Ebd., S. 193 f.)

3 Handelndes und produktionsorientiertes Erschließen

Die entscheidenden Erfahrungen mit einem Gedicht spielen sich immer im Innern des Rezipienten ab. Während sie aber bei privater Lektüre zumeist auch dort verbleiben (können), ist der Unterricht auf Kommunikation mit anderen und auf Veröffentlichung angewiesen. Dadurch gewinnt die Frage nach den Formen, in denen sich die Rezeption und die Kundgabe von Sinnfindung vollziehen, nicht unerhebliche Bedeutung. Gespräch und Diskussion haben ihren Stellenwert, desgleichen Analysen von ästhetischer Gestalt und vermitteltem Inhalt, Vergleiche von Gattungsformen, Themen und Motiven – also insgesamt Tätigkeiten, die gemeinhin dem Interpretieren zugerechnet werden.

Die analytisch-interpretierenden Tätigkeiten – das sei hier nochmals bekräftigt – sind durch die handlungs- und produktionsorientierten Umgangsformen nicht zu ersetzen, wohl aber um sie zu erweitern. Denn durch diese Verfahren, die an den künstlerischen Produktionsprozessen orientiert sind, werden die Schüler und Schülerinnen stark aktiviert, ihren eigenen Beitrag zur Deutung eines Gedichtes zu leisten.

Während bei den operativen Zugangsformen das Experimentieren, das Ausprobieren und Rekonstruieren der Texte im Mittelpunkt stand, sollen nun unter dem Aspekt des handelnden und produktionsorientierten Erschließens Möglichkeiten aufgezeigt werden, lyrische Texte als ästhetische Gebilde wahrzunehmen und diese Erfahrungen auszudrücken und mitzuteilen.

Schon das erprobende Bemühen um das Sprechen bzw. Vortragen eines Gedichtes dient dazu, Sinnaspekte zum Ausdruck zu bringen, gleichermaßen das aktive Hören, das Gesprochenes aufmerksam aufnimmt. Weitere handlungs- und produktionsorientierte Deutungsmöglichkeiten erschließen das schreibend-zeichnende, bildkünstlerische und rhythmisch-musikalische Gestalten, das Dialogisieren, das Inszenieren und das Dramatisieren; und nicht zuletzt kommt bei den mannigfachen Varianten, selbst Gedichte zu schreiben, noch eine im engeren Sinne literarische Produktivität ins Spiel.

Die angesprochenen handlungs- und produktionsorientierten Tätigkeiten, die im Folgenden näher beschrieben und durch unterrichtspraktische Erfahrungen belegt werden, berücksichtigen nicht nur, dass in jedem Menschen Fähigkeiten und Lust angelegt sind, sich aktiv-kreativ zu betätigen; sie tragen auch der Tatsache Rechnung, dass ästhetische Erfahrung weithin sinnenhaft-gestalthafte Wahrnehmung ist. In den handlungs- und produktionsorientierten Aktivitäten wird der Textsinn durch analoge Verfahren zum Ausdruck gebracht; die Sinndeutung bedient sich dabei vorrangig nicht rationaler, sondern selbst wieder ästhetisch-fiktionaler Mittel. Dadurch kann sie der Mehrdeutigkeit und Vielschichtigkeit, wie sie Gedichten in der Regel eigentümlich sind, vielfach besser gerecht werden als durch die alleinige Anwendung analysierender und explizierender Verfahren.

3.1 Gedichte sprechen und hören

In der älteren Didaktik erschöpfte sich „die Durchnahme“ eines Gedichtes weithin in der Erarbeitung seines Vortrags (Drach 1969, 191 f.), der Gedichtvortrag war krönender Schlusspunkt der Gedichtstunde, ihre Abrundung und Quintessenz zugleich. Diese Verabsolutierung des Gedichtvortrags, die meist auch noch mit der Forderung des Auswendigsagens einherging, hat der Methode heftige Kritik eingebracht. Selbst ihre Spezifizierung als „sprechgestaltende Interpretation“ (Höffe 1967) blieb davon nicht verschont; allerdings spielte hierfür auch eine wichtige Rolle, dass dort der Anspruch erhoben wurde, es müsse eine (vom Lehrer erwartete) einzig richtige Sprechgestaltung erarbeitet werden.

Neues didaktisches Interesse hat die gesprochene Präsentation von Gedichten bzw. der Gedichtvortrag erst wieder erhalten, als die Vorstellung, eine allein gültige Sprechfassung eines Gedichts herausarbeiten zu sollen, der Einsicht wich, dass es nur um ein erprobendes, verschiedene Ergebnisse ermöglichendes Bemühen gehen kann, Sinnaspekte sprechend bzw. sprechgestaltend zum Ausdruck zu bringen und dadurch bei den Hörenden Verständnis auszulösen.

Wenn verschiedene, aus gründlicher Vorbereitung resultierende Ergebnisse vorgetragen werden, fordern sie Begründungen heraus. Durch das Bemühen der Sprecher oder Sprecherinnen, ihre Vortragsweise den anderen plausibel zu machen, kommt ein interpretierendes Gespräch in Gang; denn es ist ihre Sprechfassung, die zur Diskussion steht und nicht eine, die von außen vorgegeben und zu übernehmen ist.

Dass durch die Arbeit an der Sprechgestaltung gleichzeitig ein Verständnis für die lyrischen Formelemente, für Rhythmus, Klang und äußeren Aufbau (Reimschemata, Metrum, Strophengliederung), angebahnt wird, ist ein nicht unerheblicher Lernbeitrag.

Wesentlich aber ist, dass der vortragende Schüler bzw. die vortragende Schülerin selbst einen Zugang zum Gedicht gefunden hat, den er bzw. sie den zuhörenden Mitschülern vermitteln will. Ohne eine solche innere Beziehung zu einem Gedicht wirkt sein Vortrag gleichgültig oder banal, was dann entweder zum Leiern oder zum Überbetonen des Metrums führt (vgl. Lösener 2007, S. 104). Das eine ist so widersinnig wie das andere.

Den Prozess, in die Gedankenwelt einer anderen Person, eines lyrischen Ichs, hineinzufinden, dessen Text sprechend zu gestalten und auf einen Hörer hin auszurichten, hat die Dichterin Ulla Hahn (geb. 1945) mit den Begriffen „Inwendig-Lernen“ und „Auswendig-Sagen“ treffend charakterisiert. Im Vorwort zu ihrer Anthologie *Gedichte fürs Gedächtnis* (2001) erläutert sie einsichtsfördernd, es gehe ihr „um eine An-Eignung im eigenen Gedächtnis“:

> Mit dem altmodischen Auswendiglernen [... in der Schule] hat dies wenig zu tun. Der Begriff des Auswendiglernens enthält eine Distanz zum Gegenstand,

> etwas Äußerliches und Mechanisches. Mein Begriffs-Paar „inwendiglernen" und „auswendigsagen" meint gerade nicht diesen gestreckten pädagogischen Zeigefinder, der sich hinter dem Einpauken von Gedichten erhebt. Gedichte sind viel zu schade, um sie als Drill- und Disziplinübungen, als bloßes Gedächtnistraining zu mißbrauchen. [...] Was ich mit Inwendiglernen und Auswendigsagen meine: die Gedanken, Bilder und Gefühle eines anderen in sich hineinzunehmen, sich anzuverwandeln, sich zu eigen zu machen, in Kopf und Herz. (Hahn 1999, S. 21 f.)

In ihrer Studie *Gedichte sprechen* (2007) nimmt Ingeborg Lösener die Intention Ulla Hahns mit dem Satz auf, „das Wirkungspotential des Gedichtes" trete „im Moment der Verinnerlichung und im Aussprechen des Textes zu Tage" (Lösener 2007, S. 140). Als „gelungen" könne demnach „ein Sprechen von Dichtung dann bezeichnet werden, wenn diese Wechselwirkung von Text und sprechendem Individuum" stattfinde. Ulla Hahn stelle fest: ‚Wer Gedichte lernt, lernt immer zweierlei verstehen, das Gedicht und sich'. Und das heiße: „Im Text liegt etwas, das vom Sprecher zum Leben erweckt werden muss. Dies kann sich dann ereignen, wenn eine echte Verbindung beider Größen vollzogen wird. Gelingt sie, so eröffnet sich dem Vortragenden (und seinen Zuhörern) eine neue Dimension des Erlebens [...]." (Ebd., S. 140 f.)

Die hier erhobene, von Ulla Hahn inspirierte Anforderung an das Sprechen bzw. Vortragen von Gedichten ist hoch. Aber selbst wenn die Alltagspraxis daran manche Abstriche erfordern dürfte, bleibt sie als Leitvorstellung qualifiziert. Es wird allerdings – und allemal bei jüngeren Schülern und Schülerinnen – darauf zu achten sein, dass der Anspruch eines wirkungsvollen Vortrags, wegen einer falsch verstandenen Vorstellung von Ernsthaftigkeit, nicht mit der Freude an den Gedichten kollidiert.

Dem Sprechen steht, abgesehen von Texten visueller Poesie, das gesamte Repertoire offen, ausdrücklich auch Genres wie das konkrete Lautgedicht, das Sprachspiel oder das Nonsensgedicht, die bereits durch ihre sprachlich-ästhetische Konstitution den vergnüglichen Vortrag herausfordern.

Methodisch ist ein variantenreicher Umgang adäquat, der Raum lässt für das spielerisch, experimentierende Sprechen und in vielfältige, auch szenische oder mediale Darstellungsformen eingebunden wird. Insbesondere im erprobenden Sprechen, wenn beispielsweise einzelne Verse oder Strophen versuchsweise mit ganz unterschiedlicher Betonung, Lautstärke oder verschiedenem Sprechtempo vorgetragen werden, können die Schüler durchspielen, „welche Realisationen angemessen sind" (Spinner 2000, S. 63). Sie leisten hierbei eine nicht unerhebliche Interpretationsarbeit.

In ähnlicher Weise können verschiedene Aufnahmen professioneller Sprecher miteinander verglichen werden. Der Vergleich mit eigenen Versuchen ist aber nur anzuraten, wenn die professionelle Vortragsfassung nicht als das unerreichbare Muster präsentiert wird.

3.1.1 Gedichte gestaltend sprechen

Das gestaltende Sprechen hebt sich vom Alltagssprechen ab. So verwenden wir beim Sprechen im Alltag prosodische Elemente wie Tonhöhe, Tonschwere, Lautstärke, Tempo und Pausierung meist ganz natürlich. Für das Sprechen bzw. Vortragen literarischer Texte und insbesondere von Gedichten ist hingegen ihre bewusste Anwendung erforderlich, zumal hierbei Metrum und Rhythmus die Sprachgestalt konstituieren. (Vgl. Baurmann/Menzel 2006, S. 8) Dies alles wiederum setzt Übung voraus, und darum wollen wir zunächst an einigen Beispielen demonstrieren, mit welchen Hilfen das gestaltende Sprechen bzw. der Vortrag eines Gedichtes vorbereitet werden kann, bevor wir dann exemplarische Textvorschläge zum Gedichtesprechen machen.

(1) Einen Gedichtvortrag vorbereiten – Kleine Verslehre

Um der übersichtlicheren Darstellung willen stellen wir jeweils einen Gesichtspunkt besonders heraus, in der Praxis gehen diese Unterscheidungen aber vielfach ineinander über.

Zur Veranschaulichung von **Betonung**s- und **Pausen**zeichen wählen wir das Gedicht *Das Feuer* von James Krüss.

Das Feuer

Hörst du, wie die Flammen flüstern,
knicken, knacken, krachen, knistern,
wie das Feuer rauscht und saust,
brodelt, brutzelt, brennt und braust?

Siehst du, wie die Flammen lecken,
züngeln und die Zunge blecken,
wie das Feuer tanzt und zuckt,
trockne Hölzer schlingt und schluckt?

Riechst du, wie die Flammen rauchen,
brenzlig, brutzlig, brandig schmauchen,
wie das Feuer, rot und schwarz,
duftet, schmeckt nach Pech und Harz?

Fühlst du, wie die Flammen schwärmen,
Glut aushauchen, wohlig wärmen,
wie das Feuer flackrig-wild,
sich in warme Wellen hüllt?

Hörst du, wie es leiser knackt?
Siehst du, wie es matter flackt?
Riechst du, wie der Rauch verzieht?
Fühlst du, wie die Wärme flieht?

Kleiner wird der Feuersbraus:
Ein letztes Knistern
ein feines Flüstern,
ein schwaches Züngeln,
ein dünnes Ringeln –
aus.

James Krüss

Das auffällige Spiel mit der Wortklanggestalt in diesem Gedicht ist kein Selbstzweck, es steht ganz im Dienst seiner Aussage (vgl. Motté 1983, S. 168). Mit sprachlichen Mitteln stellt das Gedicht die sinnliche Erfahrung mit Feuer dar, vom immer Stärkerwerden bis zum langsamen Ausgehen. In den ersten vier Strophen wird der Leser am Anfang jeweils direkt angesprochen; er wird aufgefordert, das Feuer mit allen Sinnen wahrzunehmen: zu hören, zu sehen, zu riechen, zu schmecken und zu fühlen. In der fünften Strophe, in der das Kleinerwerden und das Zusammenfallen des Feuers beginnt, werden die Sinne zeilenweise – in umgekehrter Reihenfolge – nochmals aufgerufen, bevor in der letzten Strophe das völlige Erlöschen des Feuers geschildert wird, gipfelnd in dem allein gestellten „aus" der letzten Zeile.

James Krüss arbeitet in diesem Gedicht stark mit lautmalenden Elementen, um das Feuer klanglich umzusetzen: das Aufflammen vor allem mit Alliterationen oder auch mit kurzen, scharfen Vokalen. Das allmähliche Kleinerwerden des Feuers wird durch Adjektive präzisiert, wobei in der letzten Strophe der Wortschatz der vorangegangenen wieder aufgenommen wird: knistern, flüstern, züngeln und ringeln.

Beim Sprechen dieses Gedichtes sollten die verschiedenen Erscheinungsweisen des Feuers vom Aufflammen bis zum Erlöschen möglichst gut zum Ausdruck kommen. Der Vorbereitung des Vortrags dürfte dienlich sein, wenn die Schüler Betonungs- und Pausenzeichen verwenden. Für die Notation haben sich dafür einfache Formen bewährt, wie etwa die folgenden:

| kurze Atempause, die die Sinneinheit markiert; die Stimme wird nicht abgesenkt

|| längere Pause, die Stimme wird abgesenkt

Überbrückungszeichen, man muss über das Versende (Zeilen-Ende) hinauslesen in den nächsten Vers (Enjambement)

__ Unterstreichungen kennzeichnen die Sinnwörter eines Gedichtes, sie werden beim Vortrag besonders betont.

Für die erste Strophe des Gedichtes kann die Markierung dann so aussehen:

Hörst du, wie die Flammen flüstern, |
knicken, | knacken, | krachen, | knistern, |
wie das Feuer rauscht und saust, |
brodelt, | brutzelt, | brennt und braust? ||

Als Sinnwörter sind in dieser Lösung nur die Nomen „Flammen" und „Feuer" unterstrichen. Damit ist aber nur eine Möglichkeit der Betonung markiert. Im erprobenden – u.a. leise vor sich hinsprechenden – Lesen können die Schüler herausfinden, ob noch andere Lösungen passend sein könnten. Zum Beispiel für die erste Zeile:

Hörst du, wie die Flammen flüstern, |

Hörst du, wie die Flammen flüstern, |

Hörst du, wie die Flammen flüstern, |

Diese Art der Erarbeitung wird Zeile für Zeile und Strophe für Strophe weitergeführt – gemeinsam oder gruppenweise. Auch Modulationen des Sprechens sollten hierbei erprobend herausgefunden werden: laut oder leise, in der Lautstärke sich steigernd oder abnehmend, langsam oder schnell, die Alliterationen – z.B. „knicken, knacken, krachen, knistern“ – betonend, …

Beim Ausprobieren kommen unweigerlich auch das **Metrum** und der **Rhythmus** ins Spiel. Zu entdecken ist unschwer, dass sich die letzte Strophe deutlich von den vorausgehenden fünf Strophen abhebt: rhythmisch, metrisch wie auch in der Zeilenkomposition. Am auf- bzw. augenfälligsten ist die nur aus dem einsilbigen Wörtchen „aus“ bestehende letzte Zeile, die den Schlusspunkt setzt – prosodisch und semantisch.

Der hier erkennbar werdende Zusammenhang von Form und Inhalt eines Gedichtes gilt generell, ist aber im skizzierten, auf den Vortrag bezogenen Beispiel von den Schülern besonders gut zu entdecken. In dieser Hinsicht gleichermaßen interessante Belege (vgl. Ziesmer 2006) sind Johann Wolfgang von Goethes Gedichte *Meeres Stille* und *Glückliche Fahrt,* die er erstmals 1796 in Schillers *Musenalmanach* veröffentlichte. Beim erprobenden Lesen von *Meeres Stille* erspüren die Schüler, dass das Gedicht eine langsame und getragene Sprechweise erfordert. Sie ist in seinem Metrum begründet, das sich mit Hilfe von gängigen Notationszeichen

– = betonte Silbe oder Hebung (mit Akzent)

◡ = unbetonte Silbe oder Senkung

so darstellen lässt:

– ◡ | – ◡ | – ◡ | – ◡
Tiefe Stille herrscht im Wasser, ||

– ◡ | – ◡ | – ◡ | –
Ohne Regung ruht das Meer, ||

– ◡ | – ◡ | – ◡ | – ◡
Und bekümmert sieht der Schiffer |

– ◡ | – ◡ | – ◡ | –
Glatte Fläche ringsumher.

[…]

[Keine Luft von keiner Seite!
Todesstille fürchterlich!
In der ungeheuern Weite
Reget keine Welle sich.]

Die Striche trennen in der zur Demonstration bearbeiteten ersten Hälfte des Gedichtes die einzelnen Takte voneinander, beim Versmaß handelt sich um einen **Trochäus**, der sich aus einer betonten Silbe (Hebung) und einer unbetonten Silbe (Senkung) konstituiert. Die entscheidende Erkenntnis besteht aber für die Schüler und Schülerinnen nicht im Versmaß an sich, sondern in der beim Sprechen gewonnenen Erfahrung, dass das Metrum den Rhythmus bewirkt und, schaut man auf den Inhalt des Gedichtes, dass der Rhythmus die Rede von der Flaute auf dem Meer verdeutlicht.

Im Vergleich des Gedichtes *Meeres Stille* mit Goethes Gedicht *Glückliche Fahrt* finden die Schüler die Entdeckung, dass der Rhythmus zur Aussage passt, eindrucksvoll bestätigt – und dies gerade deshalb, weil die konträre Naturerfahrung im andersartigen **daktylischen** Metrum – bestehend aus einer betonten und zwei unbetonten Silbe – dargestellt wird. Äolus, der Gott der Winde, erweist sich als Helfer und gewährt dem Schiffer eine glückliche Fahrt, und das Versmaß bildet die Bewegung ab. „Mit einer Auftaktsilbe bestimmt der Schwung des Dreiviertel-Taktes die rhythmische Gestalt.“ (Ziesmer 2006, S. 30)

Die ersten sechs Zeilen, versehen mit der Notation des Metrums, lauten:

– | – ∪ ∪| – ∪
Die Nebel zerreißen,

– | – ∪ ∪| – ∪
Der Himmel ist helle,

– | – ∪ ∪| – ∪
Und Äolus löset,

– | – ∪ ∪| –
Das ängstliche Band.

– | – ∪ ∪| – ∪
Es säuseln die Winde

– | – ∪ ∪| – ∪
Es rührt sich der Schiffer.

[…]

[Geschwinde! Geschwinde!
Es teilt sich die Welle,
Es naht sich die Ferne;
Schon seh ich das Land!]

Werden die beiden Gedichte als Paar verstanden und nacheinander vorgetragen, erfassen und erfahren die Schüler im Vergleich die durch den Rhythmus transportierten gegensätzlichen Stimmungen.

Einen nochmals anderen Charakter bekommen die Verse eines Gedichtes, wenn sie im jambischen Metrum gebaut sind. Der Trochäus (– ∪) und der aus einer unbetonten und betonten Silbe bestehende **Jambus** (∪ –) werden in der Verslehre als Geschwister bezeichnet, denn der Unterschied zwischen beiden ist eigentlich nicht groß, praktisch besteht er aus dem vorkommenden oder fehlenden Auftakt eines Verses (vgl. Kayser 1961, S. 28). Die Wirkung des Unterschieds aber ist erheblich. Der Trochäus „ist im ganzen spröder und starrer als der Jambus“ und dieser „weicher, gleitender und verhaltener als der Trochäus“ (ebd.). Als Probe aufs Exempel sollen – im Vergleich zu *Meeres Stille* – einige Verse von Goethes berühmtem Gedicht *Gefunden* (vollständiger Text s. S. 298) dienen:

∪ – | ∪ – | ∪
Ich ging im Walde
∪ – | ∪ – |
so für mich hin
∪ – | ∪ – | ∪
und nichts zu suchen,
∪ – | ∪ – |
das war mein Sinn.

∪ – | ∪ – | ∪
Im Schatten sah ich
∪ – | ∪ – |
Ein Blümlein stehn,
∪ – | ∪ – | ∪
Wie Sterne leuchtend,
∪ – | ∪ – |
wie Äuglein schön.

Der knappe Einblick in die Verslehre sollte auf einige Grundbegriffe aufmerksam machen, die als Hintergrundwissen für die Behandlung von Gedichten im Unterricht hilfreich sind. In unteren Klassen und allemal in der Grundschule ist aber davon abzusehen, mit den poetologischen Begriffen selbst zu arbeiten. Deren Funktion und Wirkung sollen die Schüler hier vielmehr im erprobenden Sprechen bzw. im gestalteten Vortrag der Gedichte erfahren. Und weil die Sprechgestaltung auch bei den Zuhörern eine wichtige Rolle spielt, eröffnet sich hier zudem eine gute Möglichkeit für eindrückliche Hörerlebnisse.

Im Prinzip gilt dies für alle Gedichte. Als Gegenstände gezielter Erprobung und Übung empfehlen sich hingegen vor allem lautspielerische Kindergedichte (wie z. B. *Das Huhn und der Karpfen*, s. S. 47) und Gedichte, in denen Sprachklang, Sprachmusik und -rhythmus wichtig sind. Entsprechend machen wir im Folgenden hierzu eine Reihe von Vorschlägen, wobei wir jeweils bestimmte Aspekte hervorheben (ohne aber deswegen die anderen gering zu achten).

Bei den ersten Anregungen stehen noch einmal Metrum und Rhythmus im Blickfeld. Sie sollen spielerisch erprobt werden.

(2) Abzähl- und Unsinnsverse gestaltend sprechen (1. – 2. Klasse)

Die nachfolgend vorgeschlagenen Beispiele von Abzähl- und Unsinnsversen sind insbesondere für die beiden ersten Klassen geeignet. Es macht aber auch in späteren Klassen noch Spaß, sich mit ihnen zu beschäftigen (s. dazu auch die Texte von James Krüss, Hans Manz und Käthe Recheis, S. 72 ff.). Um sich in das Metrum der Verse einzuhören, werden die Hebungen besonders betont. Gesprochen wird im Chor, entweder gruppenweise oder von der ganzen Klasse. Dazu wird geklatscht oder auf die Tische geklopft.

Ene mene ming mang
wing, wang,
ting, tang,
use wuse wapdick
eie weie weg!

Enne denne dubbe denne
dubbe denne dalia
ebbe bebbe bembio
bio bio buff.

Itzen Titzen Silberschnitzen
Itzen Titzen aus.
Annu widiwannu
widibumbas kadannu.
Itzen Titzen Silberschnitzen
Itzen Titzen raus.
Volksgut

Im Anschluss an das metrisch-rhythmische Sprechen probieren die Schüler verschiedene Sprechweisen aus. Sie stellen sich beim Sprechen vor:

- Ich bin eine ältere vornehme Dame.
- Ich bin ein geheimnisvoller Zauberer in langem Zaubermantel.
- Ich bin müde und murmele schon halb im Schlaf.
- Ich bin sehr wütend und ärgerlich.

Obwohl die Verse keinen Sinn haben, finden die Schüler bei ihren Sprechproben heraus, dass sie je nach Sprechweise einen ganz unterschiedlichen Charakter bekommen. Auch die Frage nach der Wirkungsweise lässt sich stellen, z.B. mit den Behauptungen: Einer der Texte klingt als beschwörender Zauberspruch am schönsten. Ein anderer eignet sich besonders gut, wenn zwei sich beschimpfen wollen.

Bei dem folgenden Unsinnsvers lässt sich das Repertoire der metrisch-rhythmischen Realisierung noch erweitern.

Ong drong dreoka
lembo lembo seoka
seoka di tschipperi
zschipperi di kolibri
ong drong dreoka
Volksgut

In einem ersten Zugang tragen die Schüler Beobachtungen zum äußeren Aufbau zusammen. So fallen ihnen die Gleichheit der Anfangs- und Schlusszeile auf oder auch die Wortwiederholungen. Im zunächst noch leise vor sich Hinsprechen prüfen sie, welche Auswirkungen dies für den Klang des Gedichtes hat.

Dann suchen die Schüler nach Zeilen, die unheimlich dunkel oder sehr hell (auch: grell) klingen. Sie finden heraus, dass der unterschiedliche Klang durch die Vokale verursacht wird. Zur Verdeutlichung werden die hell und dunkel klingenden Vokale mit verschiedenen (hellen und dunklen) Farben gekennzeichnet.

Das rhythmische Sprechen des Unsinnverses kann durch den Einsatz passender Orff-Rhythmusinstrumente unterstützt werden: Triangel, Klangstäbe für hell klingende Passagen, Handtrommel, Holzblocktrommel für dunkel klingende Stellen. Die Lehrkraft sollte unbedingt die Schüler selbst die Instrumente wählen und in ihren Klangwerten ausprobieren lassen.

Eine Variante könnte sein, dass die Schüler aufgefordert werden, den Sprechrhythmus in Bewegung umzusetzen, z.B.: Langsames, beschwörendes Gehen beim „Ong drong dreoka“, ruhige Bewegungen, dazu koboldhaftes Springen bei „tschipperi“. Auch hier sollten die Schüler genug Gelegenheit haben, selbst Passendes auszuprobieren.

*

Viel Spaß macht auch das *Hexen-Einmaleins* von Johann Wolfgang von Goethe. Der Unsinnsvers (der Titel ist nicht original) stammt aus Goethes Drama *Faust*, steht in der Szene „Hexenküche“, in der Mephisto für Faust durch eine Hexe einen Zaubertrank zubereiten lässt, um ihn in die Niedrigkeit der Welt zu verstricken.

Hexen-Einmaleins

Du musst verstehen!
Aus Eins mach Zehn,
und zwei laß gehen,
und drei mach gleich
so bist du reich.
Verlier die Vier!
Aus Fünf und Sechs –
So sagt die Hex –
Mach Sieben und Acht,
So ist's vollbracht:
Und Neun ist Eins,
und Zehn ist keins.
Das ist das Hexen-Einmaleins!

Johann Wolfgang von Goethe

Für die Sprechgestaltung sollten die Kinder ausprobieren:

- Wie klingt es, wenn du leise und geheimnisvoll beginnst und dann mit deiner Stimme immer lauter und schneller wirst?
- Wie ändert sich der Klang des Gedichtes, wenn ein(e) Schüler(in) zu lesen beginnt und dann immer mehr Schüler(innen) dazukommen.

(3) Lautmalende Gedichte sprechen

- *Bratäpfel* von Friedl Hofbauer (2. – 4. Klasse)

Das Gedicht *Bratäpfel* der österreichischen Dichterin Friedl Hofbauer ist ein repräsentatives Beispiel eines lautmalenden Gedichtes, das schon von seiner Struktur her zum Sprechen motiviert. Das Gedicht beginnt mit der bezeichnenden Frage: „Was die Äpfel tun, wenn sie im Backrohr sitzen?" Die Antwort wird vor dem Lesen des Gedichts zusammen mit den Kindern besprochen. Vermutungen machen neugierig auf den Text. Nun trägt die Lehrkraft das Gedicht mit steigerndem Tempo sprechgestaltend so vor, dass die Lautmalereien zur vollen Wirkung kommen.

Bratäpfel

Was die Äpfel tun,
wenn sie im Backrohr sitzen?
Erst sitzen sie,
dann schwitzen sie,
dann brutzeln sie und brutzeln,
dann britzeln brotzeln bratzeln sie
und brutzeln, brutzeln wieder
zisch
und singen Apfellieder
zischhhhhhh
zischhhhhhhhhhhhhhhh
zischhhhhhhhhhhhhhhhhhhhhhhhhhh
jetzt wollen wir auf den Tisch!!!!

Friedl Hofbauer

In lautmalender Sprache wird in dem Gedicht das Braten von Äpfeln im Backrohr beschrieben: vom anfänglichen „Nebeneinandersitzen" im Rohr über das „Schwitzen" bis hin zum Platzen der Apfelschale mit einem Zisch, wenn die Äpfel fertig sind.

Moderne Backöfen mögen es den Kindern zwar erschweren, das Apfelbraten so unmittelbar mitzuerleben, wie es im Gedicht geschildert wird, nachvollziehen können sie es aber doch. Und die Wortspielereien wie „britzeln, brotzeln, bratzeln" sind bei den Kindern allemal sehr beliebt. Sie versuchen gern, das von der Dichterin sprachlich nachempfundene Apfelbraten im Vortrag zu gestalten. Dabei ist außer dem Einzelvortrag auch ein Sprechen mit verteilten Rollen naheliegend: Ein Kind spricht die Frage der ersten beiden Verse, ein weiteres die nächsten sieben, in denen die Antwort gegeben wird. Und die „Apfellieder" sprechen bzw. ‚singen' dann alle Kinder zusammen – eventuell durch Armbewegungen unterstützt.

- *Der Bratapfel* von Fritz und Emilie Kögel (2. – 4. Klasse)

Ein ‚klassischer' Text, auf den auch Friedl Hofbauer anspielt, ist das Gedicht *Der Bratapfel* von Fritz und Emilie Kögel. Es spricht die Kinder durch seine lautmalende Sprache an und fordert daher zum Vergleich mit Hofbauers Gedicht heraus.

Der Bratapfel

Kinder, kommt und ratet,
was im Ofen bratet!
Hört, wie' knallt und zischt!
Bald wird aufgetischt,
der Zipfel, der Zapfel,
der Kipfel, der Kapfel,
der gelbrote Apfel.

Kinder, lauft schneller;
holt einen Teller,
holt eine Gabel!
Sperrt auf den Schnabel
für den Zipfel, den Zapfel,
den Kipfel, den Kapfel,
den goldbraunen Apfel.

Sie pusten und prusten
sie gucken und schlucken
sie schnalzen und schmecken
sie lecken und schlecken
den Zipfel, den Zapfel,
den Kipfel, den Kapfel,
den knusprigen Apfel.

Fritz und Emilie Kögel

Das Gedicht umfasst drei Strophen, die im Klang und im Rhythmus sehr einprägsam sind. Mit der ersten Zeile: „Kinder, kommt und ratet" rufen die Dichter die Kinder zusammen und einigen sie, indem sie ihre Neugierde wecken (ratet!). Das Interesse wird in der nächsten Zeile konzentriert auf „was im Ofen bratet". Das verweist auf etwas Leckeres, Köstliches. Die Spannung erhöht sich. Die Dichter lüften in der dritten Zeile noch ein wenig den Schleier des Geheimnisses, indem sie genauere Angaben machen und die Kinder horchen lassen: „Hört, wie's knallt und zischt." Es muss also etwas Außergewöhnliches sein, denn ein Knallen und Zischen im Ofen ist nichts Alltägliches. Genuss- und verheißungsvoll klingt die vierte Zeile „bald wird er aufgetischt". Die Kinder sind jetzt nahe am Versprochenen, die Spannung steigt; es folgt eine Wortmalerei, ein Spaß am Klingen der Sprache, die endlich das Geheimnis preisgibt: den gelbroten Apfel.

Die zweite Strophe ist ein Aufruf. Erneut setzt das Wortspiel ein, diesmal ist der Höhepunkt erreicht: der Apfel ist goldbraun, d.h. gar und bereit zum Verzehr.

Schließlich wird in der dritten Strophe das Essen des Apfels klanglich und sprachlich anschaulich gestaltet. Man sieht die Kinder sich auf den noch heißen Apfel voller Verlangen und Ungeduld stürzen. „Sie pusten und prusten" und

„gucken und schlucken“. Man hört sie „schnalzen und schmecken“, und die Leser und Leserinnen haben fast selbst den Geschmack eines saftigen, süßen, knusprigen Apfels im Mund, wenn es heißt: „Sie lecken und schlecken / den Zipfel, den Zapfel, / den Kipfel, den Kapfel, / den knusprigen Apfel.“

Im erprobenden Sprechen des Gedichtes können die Schüler die Lautmalereien zum Ausdruck bringen. Die Verse könnten auch auf verschiedene Sprecher(innen) verteilt werden. Besonders viel Spaß macht es, die drei letzten Verse jeder Strophe (den Refrain) gemeinsam zu sprechen, zum Beispiel:

- mit gleichbleibender Lautstärke
- jeden Refrain in einer anderen Lautstärke
- jede Silbe gleich lang sprechend
- immer schneller werdend.

- *Der Uhu und die Unken* (4. – 6. Klasse)

Der Uhu und die Unken
Ein u-Gedicht

Sieben dumme Unken munkeln:
Unke, punke u ru ru,
In dem Brunnen, in dem dunkeln,
Sitzt ein schwarzer Marabu!

Uhu Schuhu hört sie munkeln,
Unke, punke u ru ru,
Und lugt runter in den dunklen
Brunnen mit dem Auge gluh.

Doch nach einer Viertelstunde
Unke, punke u ru ru,
Brummt er: Auf dem Brunnengrunde
Ist kein schwarzer Marabu.

Nur die runden Brunnensteine,
Unke, punke u ru ru,
Malen in dem dunklen Scheine
Schatten wie ein Marabu!

Klatsch und Tratsch und Unkenmunkeln,
Unke, punke u ru ru,
Wuchern immer nur im Dunkeln,
Besser ist, man hört nicht zu.

James Krüss

Das Gedicht aus der Sammlung *James' Tierleben* ist, worauf die Unterüberschrift hinweist, ganz auf dem dunklen Vokal ‚u' aufgebaut. Er beherrscht auch die Namen der beiden Tiere ‚Uhu' und ‚Unken', von denen im Gedicht gesprochen wird. „Thematischer Gegenstand und Lautmalerei vermögen hier wunderbar zusammenzukommen, da Unken und Uhus ja tatsächlich Tiere sind, die u-Töne von sich geben und bei denen der Name sogar lautmalerisch davon abgeleitet ist. Zudem leben diese Tiere in Räumen, in denen es unheimlich ist: der Uhu im Dunkel der Nacht, die Unken im Sumpf oder [wie im Gedicht] im Brunnen. All dies zusammen ergibt die dunkle, unheimlich Stimmung des Gedichtes, die freilich durch den Humor […] etwas relativiert wird.“ (Unterwegs 2, S, 31)

Besonders auffällig ist die in jeder Strophe zweimal wiedergegebene Zeile „unke, punke u ru ru“, eine jener abstrakten Lautfolgen, wie sie in ähnlicher Art bei Gedichten der konkreten Lautdichtung häufig vorkommen. Denn diese Zeile stellt einen Höhepunkt der u-Häufung dar, benutzt aber zugleich die komische Wirkung der Konsonantenvariation „unke/punke, u/ru“.

Zu verstehen, wovon das Gedicht erzählt, dürfte keine Schwierigkeiten bereiten: Einige Unken behaupten, dass in einem Brunnen ein Marabu (Storch) säße (Str. I); ein Uhu geht der Sache nach (Str. II); im Brunnen vermag er aber keinen Marabu zu entdecken (Str. III); er stellt fest, dass die Unken den Schatten der Steine für einen Marabu gehalten haben (Str. IV); zum Schluss warnt der Uhu, das Munkeln der Unken für bare Münze zu nehmen (Str. V).

Ist der Inhalt verstanden, kann sich die Beschäftigung mit dem Gedicht auf das gestaltende Lesen konzentrieren: auf Lautstärke, Tonhöhe Lesegeschwindigkeit und – insbesondere – auf die Sprecherrollen. Das sind:

- Sieben Unken
- Uhu Schuhu
- Erzähler.

Die entsprechenden Verse der Sprecher farbig zu markieren, erleichtert den Vortrag. Aus dem Inhalt des Gedichtes ergibt sich, dass die zweite Verszeile jeder Strophe von den sieben Unken chorisch gesprochen wird.

Es führt zu einem besonderen Anreiz, wenn in Gruppen verschiedene Leseweisen ausprobiert werden. Denkbar wäre dann noch der Auftrag, eine Melodie zu suchen, die dem Gedicht unterlegt werden kann.

- *ottos mops* von Ernst Jandl (4. – 6 Klasse)

Nach Ernst Jandls eigener Typisierung ist *ottos mops* eine Mischform aus Wort- und Lautgedicht (s. S. 65 ff.). Der Texte besteht, bei strikter Kleinschreibung, ausschließlich aus Wörtern, die nur den Vokal o enthalten. Die Überschrift und jede Gedichtzeile beginnen dabei mit „otto(s)“.

ottos mops

ottos mops trotzt
otto: fort mops fort
ottos mops hopst fort
otto: soso

otto holt koks
otto holt obst
otto horcht
otto: mops mops
otto hofft

ottos mops klopft
otto: komm mops komm
ottos mops kommt
ottos mops kotzt
otto: ogottogott

Ernst Jandl

Das kleine Gedicht erzählt eine ganze Geschichte. Die erste und die letzte Strophe sind gänzlich mit der Interaktion zwischen Otto und seinem Mops beschäftigt: Beschreibt die erste Strophe die Distanznahme des Hundes, die Otto weiter betreibt, wird in der letzten Strophe seine Rückkehr, ebenfalls begleitet von Ottos Wohlwollen, dargestellt. Die zweite Strophe ist hingegen auf den Hundehalter konzentriert, und der abwesende Mops tritt nur in Ottos Figurenrede auf. Herausgehoben aus der Konstellation ist die vierte Zeile der dritten Strophe: „ottos mops kotzt." „Die morphologische Nähe, die zwischen ‚kotzt' und ‚trotzt' besteht, bindet [...] diese Zeile an den Ausgang des Textes zurück und lässt sie gleichsam als deren Konsequenz erscheinen." (Brandtner 2002, S. 76)

Bei der unterrichtlichen Bearbeitung gilt – nach dem Vortrag der Lehrkraft – das Interesse zunächst dem Wiedergeben des Handlungsverlaufs und sodann dem Herausfinden der ‚Spielregel', nach der das Gedicht gebaut ist:

1. Es kommt nur 1 Vokal vor.
2. Es handelt sich um eine Begebenheit zwischen zwei Partnern, Mensch und Tier.
3. Alle Wörter sind klein geschrieben
4. Satzzeichen (außer Doppelpunkt) fehlen.

Bei den Sprech- bzw. Vortragsversuchen sollte möglichst deutlich werden, dass sich zwischen Herr und Hund ein kleines Drama abspielt. Entsprechend ausdrucksstark sind vor allem Ottos Sprechpartien zu lesen.

Illustration von Norman Junge

Schöne Anregungen zum sprechenden Umsetzen gibt Norman Junges Bilderbuch *ottos mops* aus dem Jahr 2001. Kongenial hat der Künstler darin das ‚Beziehungsdrama' zwischen Otto und seinem Mops, das den Machtkampf zwischen Groß und Klein, zwischen Erwachsenen und Kindern symbolisiert, in eine Folge ausdrucksvoller Bilder umgesetzt.

Naheliegend ist schließlich, dass die Schüler probieren, einen ähnlichen Text, in dem nur ein einziger Vokal vorkommt, selber zu schreiben. Vorgeschlagen werden z.B:. „Annas Spatz", „Evchens Esel", „Helges Henne", „Ickis Iltis'" oder „Annas Affe gafft", Mimies Mieze sitzt".

Es empfiehlt sich Gruppenarbeit. Jede Gruppe sucht einen anderen Vokal aus und stellt Wörterlisten zu ihrem Titelvorschlag zusammen, bevor sie mit dem ‚Dichten' beginnt. Anschließend trägt sie ihr Ergebnis vor.

(4) Sprech- und Lautgedichte vortragen

Ein reiches Repertoire zur sprechenden Gestaltung bieten die Sprech- und Lautgedichte der Konkreten Poesie mit ihren Vorläufern (s. S. 65 f.) und den in ihrem Umfeld entstandenen kinderliterarischen Aktualisierungen (s. S. 72 ff.). Bereits ihrer Machart nach zielen diese Gedichte vor allem auf das Gesprochen- und Gehörtwerden ab, ihre Rezeption wäre also defizitär, würden sie bloß (leise) gelesen.

Als frühe und bis heute repräsentative Beispiele der Gattung gelten *Das große Lalula* von Christian Morgenstern und Hugo Ball mit seinen Gedichten *Seepferdchen* und *Karawane*. Für Ernst Jandl, den wichtigsten Vertreter dieser lyrischen Formen innerhalb der Konkreten Poesie, ist das Sprechgedicht speziell für den lauten Vortrag bestimmt, es bedarf seiner, denn erst durch ihn wird es ein vollständiges Gedicht. Das Lautgedicht ist in der poetischen Konzeption Jandls eine Unterform des Sprechgedichtes. Es „geht ohne Wörter vor sich" (Jandl in: *Laut und Luise*), das heißt, dass nicht Wörter, sondern einzelne Laute oder allenfalls Silben des Sprachmaterials verwendet werden.

Wir stellen drei typische Beispiele vor und geben Anregungen zu ihrer Sprechgestaltung.

- *Das große Lalula* von Christian Morgenstern

Das große Lalula

Kroklokwafzi? Semememi!
Seiokrontro – prafriplo:
Bifzi, bafzi; hulalemi:
quasti basti bo ...
Lalu lalu lalu lalu la!

Hontraruru miromente
zasku zes rü rü?
Entepente, leiolente
klekwapufzi lü?
Lalu lalu lalu lalu la!

Simarar kos malzipempu
silzuzankunkrei (;) !
Marjomar dos: Quempu Lempu
Siri Suri Sei [ ] !
Lalu lalu lalu lalu la!

Christian Morgenstern

In den Anmerkungen zum *Große(n) Lalula,* die er Herrn Dr. Jeremias Mueller in den Mund legt, gibt Christian Morgenstern die Auskunft, „dieser Gesang" verberge „einfach" das Endspiel einer Schachpartie. Was er sodann erläutert, ist zwar höchst humorvoll, trägt aber zum Entschlüsseln des Textes nichts bei. Außer dem Artikel „das" und dem Adjektiv „groß" in der Überschrift gibt es in dem Gedicht „kein Wort des geläufigen Repertoires, das irgendwelche semantischen Bezüge stiften könnte. [...] Ihre bedeutungsstiftende Funktion ist allerdings gering." (Helmers 1971, S. 41) In *Das große Lalula* wird die Struktur durch Konsonanten- und Vokalvariationen gebildet. „Der Lautkern dieses Gedichtes liegt in der Lautfolge ‚la'. Durch Vokalvariation ergibt sich die Reihe la/lu/le/lei/lü. Alle Teile dieser Reihe werden durch Konsonantenvariation weiter entfaltet." (Helmers 1971, S. 40)

Das große Lalula ist ein Spiel mit der Sprache und es ist ein Gedicht zum Vortragen. Die Zungenbrecher und weichen Lautverbindungen bereiten den Kindern erfahrungsgemäß viel Freude. Sie verlangen allerdings genaues Lesen und das heißt: mehrmaliges Üben, wenn das Gedicht gut vorgetragen werden soll.

Die Kinder sollten verschiedene Möglichkeiten des Vortrags ausprobieren, zum Beispiel: ganz langsam oder ganz schnell, mit hoher oder tiefer Stimme, in freudigem oder traurigem Tonfall, als Singsang …

Eine Variation zum Einzelvortrag könnte sein, dass ein Kind spricht und alle anderen mit dem Refrain im Chor antworten. Eine weitere Variante ergibt sich, wenn das Gedicht dialogisch vorgetragen wird. Dann sprechen zwei Kinder jeweils die ersten vier Verse einer Strophe im Dialog und alle anderen antworten mit dem Refrain im Chor. Beim Dialog lässt sich dann auch noch in der Modulation variieren: freundlich, ärgerlich, streitbar …

Die Bearbeitung könnte beispielsweise folgendermaßen vorgenommen werden:

Illustration aus: Lesespuren 4, S. 17

Sprecher A: Kroklokwafzi?
Sprecher B: Semememi!
Sprecher A: Seiokrontro – prafriplo:
Sprecher B: Bifzi, bafzi; hulalemi:
quasti basti bo ...
Chor: Lalu lalu lalu lalu la!

A: Hontraruru miromente
zasku zes rü rü?
B: Entepente, leiolente
klekwapufzi lü?
Chor: Lalu lalu lalu lalu la!

A: Simarar kos malzipempu
silzuzankunkrei (;) !
B: Marjomar dos: Quempu Lempu
Siri Suri Sei [ ] !
Chor: Lalu lalu lalu lalu la!

- *Karawane* von Hugo Ball (3 – 6. Klasse)

Karawane ist das bis heute bekannteste dadaistische Lautgedicht. Einen Sinn im konventionellen Verständnis unserer Sprache ergeben die in diesem Lautgedicht vorkommenden Worte nicht, allenfalls eröffnet der Titel ein Assoziationsfeld, „das entweder in der Spannung zum Text oder als Deutungshilfe verstanden werden kann (Korte 2000[b], S. 90). Insofern ist das Gedicht *Karawane* doch nicht sinn-los.

KARAWANE

jolifanto bambla o falli bambla
großgiga m'pfa habla horem
egiga goramen
higo bloiko russula huju
hollaka hollala
anlogo bung
blago bung blago bung
bosso fataka
ü üü ü
schampa wulla wussa olobo
hej tatta gorem
eschige zunbada
wulubu ssubudu uluwu ssubudu
tumba ba- umf
kusa gauma
ba - umf

Hugo Ball

> Auf verschiedenen Ebenen der Sinnhaftigkeit entsteht ein klangvolles Gestammel, das, ausgehend vom Titel als dem einzigen Wegweiser, zu einer Fülle von Deutungen und Vermutungen Anlass gibt. Dass es sich um eine Elefantenkarawane handelt, geht aus jenen drei Wörtern hervor, die wie Küchenlatein klingen: *jolifanto, großiga, russula.* Von diesem semantischen Feld aus enträtselt man ohne stichhaltigen Grund das ,ü üü ü' als Trompeten der Tiere, die drei Stellen, an denen die sonst seltenen t und k zwischen zwei a stehen (*hollaka/fataka/tatta*) als Rufe der Treiber, vielleicht nur, weil man auf der Sinnsuche, die jeden Leser leitet, auf die benachbarten Interjektionen *,hollala'* und *,hej'* stößt; schließlich stellen sich Assoziationen des Stampfens ein, [die in verschiedenartigen Lautverbindungen mehrfach wiederkehren und auch das Gedichtende signalisieren,…] das konsequent nur klanglich und nicht vom Sinn her gesetzt werden kann. (Kliewer/Kliewer 2002, S. 47)

Bei den assoziativen Vermutungen und Deutungen, die dieses Lautgedicht bei den Lesern und Leserinnen initiiert, setzt auch die unterrichtliche Erschließung an. Folgende Varianten haben sich in Unterrichtserprobungen als praktikabel erwiesen:

– Mehrmaliges (lautes oder ,gedämpftes') Vorlesen des Gedichtes durch die Lehrkraft. Die Kinder schließen dazu die Augen und versuchen, sich beim

Klang der Wörter etwas vorzustellen: Wie bewegt sich die Karawane? Vielleicht macht die Karawane eine Pause oder sie beeilt sich plötzlich?

- Stilles Einlesen (Wirkenlassen des optischen Eindrucks) mit anschließenden Vortragsversuchen, bei denen unterschiedliche Intentionen ausprobiert werden: eine eilige Karawane, eine sehr erschöpfte, usw.
- Rollenverteiltes Vorlesen von vier Schülern. Diese stellen fest, dass der Text aus Unsinnwörtern besteht, dass er von einer Karawane (Überschrift) aus Elefanten (jolifanto) oder Kamelen (Assoziation) handeln könnte.

Solche Beobachtungen zu Form und Inhalt werden – insbesondere bei älteren Schülern in der fünften und sechsten Klasse – weiter ausgebaut, wobei Sprechversuche, Strukturbeschreibungen und Dechiffrierung eng miteinander verknüpft werden. An der Tafel festgehaltene Teilergebnisse geben den Anstoß zu einer Art ‚Rückübersetzung' des Lautgedichts in die konventionell vertraute Sprache, etwa in der folgenden Art:

- jolifanto bamla o falli bambla: eine Herde Elefanten stapft durch die Steppe;
- ü üü ü: ein Elefant schreit unter den Schlägen eines Treibers auf;
- ... usw.

„Das Gedicht motiviert auch zum **Spielen**. Dafür können folgende Impulse gegeben werden:

- ➢ Verwandelt euer Klassenzimmer zur heißen Wüste und euch zu Karawanenmitgliedern! (Decken als Sand – Tücher zum Einhüllen – Rucksäcke oder Bündel als Lasten …).
- ➢ Die Hälfte der Klasse spricht den Gedichttext, die anderen ziehen dazu als Karawane durch das Klassenzimmer. Dabei soll man am Sprechen und an den Bewegungen merken, wie heiß und beschwerlich der Weg durch die Wüste ist.
- ➢ An einzelnen Stellen geben die Sprecher durch ihren Vortrag bestimmte Ereignisse zu erkennen, auf die sich die Karawane einstellt (z.B. die Karawane stößt auf eine kühlende Oase und macht dort Rast, sie hat etwas verloren und muss noch einmal umkehren, …).
- ➢ Schließlich tauscht ihr die Gruppen und lasst noch einmal die Karawane zum Klang des Lautgedichtes durch das Zimmer ziehen." (Gien 1999, S. 37)

Nicht zuletzt bietet sich das Gedicht auch zur **musikalischen Umsetzung** an, bei der durch den Einsatz von Instrumenten der Sprechrhythmus noch verstärkt wird; z.B. mit Trommeln für die dunklen Klänge (Bassschläge mit der ganzen Handfläche, offene Schläge mit der oberen Hand am Trommelrand u.ä.), mit der Triangel oder Klangstäben für helle Klänge oder auch mit der Stimme erzeugte Klänge.

3.1.2 Gedichte hören

Die Interpretation eines lyrischen Textes wird besonders bei akustischen Umsetzungen deutlich. Ging es in den bisherigen Beispielen um das Sprechen und Vortragen der Schüler, liegt der Akzent hier auf dem Hören.

Ein erprobtes methodisches Verfahren ist der Vergleich verschiedener Sprechfassungen eines Gedichtes mittels Hörmedien (s. die nachfolgenden Vorschläge zum Gedichte-Hörclub und die Anregungen zu Goethes *Erlkönig*, s. S. 306 ff.). Insbesondere zu Balladen liegen unterschiedliche Sprechfassungen vor, an denen die vielfältigen Deutungsmöglichkeiten entdeckt werden können.

Besonders wichtig ist die Anschlusskommunikation zu den Hörbeispielen, die im Idealfall zunächst ohne konkrete Aufträge gehört werden, dann aber im Hinblick auf bestimmte Kriterien differenziertes Hören ermöglichen.

„Das entscheidende Potential liegt im Wechselspiel von Rezeption und Produktion. Durch das Hören erfahren und erleben Schüler, mit welchen sprachlichen Mitteln Lyrik gestaltet und vorgetragen werden kann. Pausen, Intonation, Sprechgeschwindigkeit und Sprechweise, das Spiel mit Höhen und Tiefen, der Wechsel von laut und leise usw. sind vielfältige Instrumente, um Lyrik lebendig zu machen. Das gesprochene, digitalisierte Wort erlaubt Korrektur und Überarbeiten und ein Feilen am gelungenen Vortag, denn man kann sich abwechselnd in die Sprecher- und Hörerrolle vertiefen.“ (Gien 2012, S. 162)

❖ Medien

Edmund Jacoby u.a.: Dunkel war's, der Mond schien helle. Verse, Reime und Gedichte. 1 CD. Hamburg: Jumbo 2000.

Hans-Joachim Gelberg liest aus Großer Ozean. Gedichte für alle. 1 CD. Hamburg: Hörcompany 2001.

Ein Märchen aus uralten Zeiten. Die schönsten Sagen und Balladen. 1 CD. Hamburg: GoyaNice (Jumbo) 2010.

Lutz Görner: Zauberlehrling & Co. Balladen für Kinder. 1 DC. Weimar: KKM 2006.

Zauberwort. Die schönsten Gedichte für Kinder aus vier Jahrhunderten. 1 CD. Hamburg: Igel Records 2006.

Joachim Ringelnatz/Otto Sander: Ritze, Rotze, Ringelnatz. Ausgesprochene Frechheiten. 1 CD. Düsseldorf: Patmos 2005.

Susanne Lothar u.a.: Musenküsse. 60 Gedichte. 1 CD. Düsseldorf: Patmos 2006.

- **Gedichte-Hörclub**

„Im Gedichte-Hörclub wird die Aufmerksamkeit auf das zu Hörende gebündelt, auch für diejenigen Kinder, die eine eher oberflächliche Zuhörhaltung, z.T. bedingt durch ständige Reizüberflutung, entwickelt haben. Rücken wir das gehörte Gedicht in den Mittelpunkt, geben wir den Kindern die Möglichkeit, sich auf das Zuhören einzulassen. Sie können Freude am Klang von Gedichten entwickeln und mit Sprache selbst experimentieren.

Der Gedichte-Hörclub findet innerhalb einer Klasse zu bestimmten Zeiten statt. Entweder wird in einem kürzeren Zeitraum von zwei bis drei Wochen jeden Tag ein Gedicht zu Gehör gebracht oder über mehrere Monate hinweg einmal pro Woche an einem festgelegten Wochentag. So werden die Freude und das Vergnügen an gehörten und selbst gesprochenen Gedichten gesteigert und das innere Vorstellungsvermögen und die Kreativität gefördert. Nicht zuletzt steht auch eine Schulung der Konzentration im Mittelpunkt.

Der Gedichte-Hörclub zeichnet sich durch festgelegte Rituale aus. Dazu gehört ein ritualisierter Ablauf mit Einstimmung, Hören des Gedichtes und eigener kreativer Arbeit. Um den ‚Klubcharakter zu verstärken, kann man zu Beginn jedem Kind einen Hörclub-Ausweis ausstellen.

Die Kinder sitzen in einer bequemen Zuhörposition z.B. im Sitzkreis auf Kissen am Boden, im Stuhlkreis oder gemütlich am Tisch mit Kopf auf den Armen. Mit der Zeit findet sicherlich jedes Kind seine beliebteste Zuhörposition, egal ob mit offenen oder geschlossenen Augen. Als technische Ausstattung ist ein CD-Player nötig. Für das Aufnehmen selbst gesprochener [oder eigener] Gedichte [sind die verschiedenen Geräte mit Aufnahmefunktion geeignet].

Vor dem Hören des Gedichtes werden die Kinder mit Zuhörübungen sensibilisiert. Das kann eine von der Lehrkraft angeleitete Ohrenmassage sein, das Erkennen eines geheimen Geräuschs von einer Geräusche-CD oder das Entschlüsseln eines von Kindern [...] aufgenommenen Geräusches bzw. einer Geräuschfolge. Auch Stille- oder Zuhörübungen bieten sich an, z.B.:

- Ein Blatt Papier wird so im Kreis weitergegeben, dass kein Geräusch entsteht.
- Hilfsmittel wie Klangschalen, Klangkugeln, Regenmacher werden eingesetzt. Sie werden im Kreis weitergegeben, so lange der Ton klingt, oder so leise herumgereicht, dass kein Geräusch entsteht.
- Nach der Einstimmung in die Hörclub-Situation wird ein Gedicht angehört und der dazu formulierte Arbeitsauftrag umgesetzt. Die Lehrkraft kann auf Hör-CD's zurückgreifen (s. Kasten, S. 139), aber selbstverständlich die Gedichte auch selbst betont vortragen.“ (Kreiner 2007, S. 48 ff.)

3.2 Gedichte rhythmisch-musikalisch gestalten und deuten

Die Nähe zur Musik ist bei Gedichten schon durch den Rhythmus gegeben. Der Rhythmus ist gleichsam der Schwingboden, der das Gedicht trägt oder auf dem die Wörter des Gedichtes sich bewegen. Viele Gedichte wurden ja ursprünglich auch gesungen und so wird eine sinnliche Zugangsweise auf jeden Fall das musikalische Aus- und Umgestalten eines Gedichtes nahe legen. Schon in seinem erstmals 1965 erschienenen Buch *Das Gedicht im Unterricht* hat Winfried Pielow in diesem Zusammenhang Gedichte sehr treffend als „Partituren" (S. 112) bezeichnet; die Charakterisierung ist bis heute unverändert gültig.

Die Vitalisierung des Rhythmus' eines Gedichtes erfolgt zuerst durch körperliche Aneignung wie Klatschen, Klopfen und Stampfen, mittels Gehen, Sich-Bewegen und Tanzen, und dies alles auch durch Unterstützung von Rhythmusinstrumenten.

Musikalische Umsetzung ist eigentlich schon ein zweiter, ein weiterer Schritt. Musikalisches Erspielen (als Paraphrasieren, Intonation, Hintergrund bzw. ‚Vorhang', Begleitung, usw.) ist gewissermaßen schon ‚Überbau' auf der Basis des Rhythmus. Darum ist es vielfältiger, subjektiver, in positivem Sinne beliebig, kreativ oder phantasievoll probierend.

Dies kann geschehen durch

- Begleiten von Gedichten mit verschiedenen Musikinstrumenten, auch selbst gebauten;
- Untermalen mit Musik und Geräuschen;
- Zuordnung einer Musik zu einem Gedicht;
- Unterlegen eines Gedichtes mit einer (vorhandenen) Melodie;
- Spielen von Zwischenspielen zu den Strophen (z.B. eines Erzählgedichtes oder einer Ballade);
- Entwerfen einer Gegenmusik;
- ein musikalisches Weiterführen eines sprachlichen Motivs, etc.;
- Vertonen mit Orff-Instrumenten;
- Vertonen mit digitalisierten Instrumenten.

Auch eine musikalische Fantasiereise kann die Kinder auf den Erlebnisinhalt eines Gedichtes hinführen.

Wichtig ist jedoch, bei der musikalischen Umsetzung abschließend zu reflektieren, ob Korrespondenzen zwischen der Musik und dem Text hörbar werden, ein bestimmter Rhythmus beispielsweise etwas mit dem Inhalt des Gedichtes zu tun hat, etc. – Fächerverbindendes Arbeiten ist in diesem Zusammenhang naheliegend.

(1) *Die Nadel sagt zum Luftballon* von Josef Guggenmos (1. – 3. Klasse)

Als Beispiel zum rhythmischen Begleiten eines Gedichtes mit Instrumenten wählen wir ein Gedicht von Josef Guggenmos. Zur Einstimmung könnte die Lehrkraft Nadel und Luftballon mitbringen und die Schüler Phantasiedialoge zwischen beiden erfinden lassen. Dann trägt sie das Gedicht von Josef Guggenmos vor.

Die Nadel sagt zum Luftballon

Die Nadel sagt zum Luftballon
„Du bist rund,
ich bin spitz.
Jetzt machen wir beide
einen Witz.
Ich weiß ein lustiges
Schnettereteng:
Ich mache pick,
und du machst peng!“

Josef Guggenmos

Nadel und Luftballon – ein Zusammentreffen ungleicher Partner, das nicht gut ausgehen kann. Was die Nadel für sich als „Witz“ bezeichnet, ist für den Luftballon Ernst, was sie ein „lustiges Schnettereteng“ nennt, bedeutet für ihn das Ende „peng“. Die Diktion des Gedichtes ist spritzig, knapp und pointiert: acht Kurzzeilen, durch zwei Paarreime sinnvoll verbunden; kein Wort zuviel, jedes an seinem Platz; das abschließende „peng“ steht als lautmalendes Zeichen für das Platzen des Luftballons.

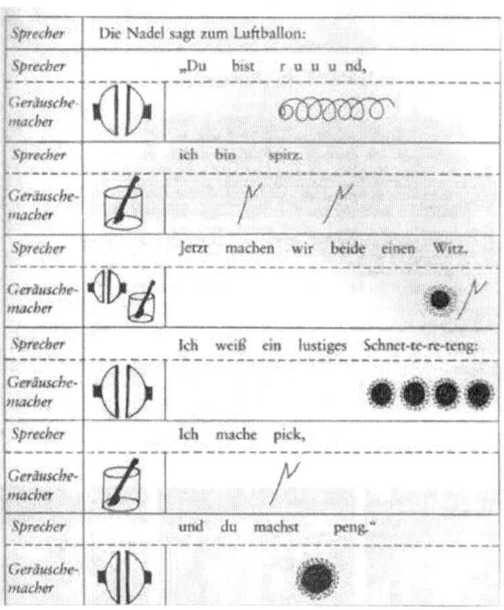

Notationsbeispiel für die Begleitung mit Klang-Instrumenten; aus: Leserunde 2, S. 51

Nach der Texterarbeitung – Wer spricht? Warum spricht die Nadel? Wie geht sie vor? Welche Aussagen sind miteinander verbunden? – wählen die Kinder passende Geräusche zur Begleitung aus.

(2) *Die Bremer Stadtmusikanten* von Manfred Hausmann (4. – 6. Klasse)

Die Bremer Stadtmusikanten

Ein Esel, schwach und hochbetagt,
ein Hund, von Atemnot geplagt,
ein Katzentier mit stumpfem Zahn
und ein dem Topf entwichner Hahn,
die trafen sich von ungefähr
und rieten hin und rieten her,
was sie wohl unternähmen,
daß sie zu Nahrung kämen.

Ich, Esel, kann die Laute schlagen:
Ja plonga plonga plomm.
Ich, Hund, will's mit der Pauke wagen:
Rabau rabau rabomm.
Ich, Katze, kann den Bogen führen:
Miau miau mihie.
Ich, Hahn, will mit Gesang mich rühren:
Kokürikürikie.

So kamen sie denn überein,
sie wollten Musikanten sein
und könnten's wohl auf Erden
zuerst in Bremen werden.
Ja plonga plonga plomm.
Rabau rabau rabomm.
Miau miau mihie.
Kokürikürikie.

Die Sonne sank, der Wind ging kalt.
Sie zogen durch den dunklen Wald.
Da fanden sie ein Räuberhaus.
Das Licht schien in die Nacht hinaus.
Der Esel, der durchs Fenster sah,
wußt anfangs nicht, wie ihm geschah:
Ihr Kinder und ihr Leute,
was winkt uns da für Beute!

Den Fuß er leis' ans Fenster stellte,
ja plonga plonga plomm,
der Hund auf seinen Rücken schnellte,
rabau rabau rabomm,
und auf den Hund die Katze wieder,
miau miau mihie,
zuoberst ließ der Hahn sich nieder,
kokürikürikie.

Das Räubervolk zu Tische saß,
man schrie und lachte, trank und aß.
Und plötzlich brach durchs Fenster
der Sturm der Nachtgespenster:
Ja plonga plonga plomm.
Rabau rabau rabomm.
Miau miau mihie.
Kokürikürikie.

So gräßlich waren Bild und Ton,
daß die Kumpane jäh entflohn.
Statt ihrer schmausten nun die vier,
bezogen dann ihr Schlafquartier.
Ein Räuber doch mit schiefem Blick
schlich mitternachts ins Haus zurück,
um heimlich zu ergründen,
wie denn die Dinge stünden.

Mit eins war sein Gesicht zerrissen,
miau miau mihie,
sein linkes Bein mit eins zerbissen,
rabau rabau rabomm,
sein Leib getroffen von den Hufen,
ja plonga plonga plomm,
sein Herz erschreckt von wilden Rufen,
kokürikürikie.

Er lief und lief durchs Dickicht quer,
als käm' der Teufel hinterher.
Da gab es bei den Tieren
ein großes Jubilieren:
Ja plonga plonga plomm.
Rabau rabau rabomm.
Kokürikürikie
Miau miau mihie.

Manfred Hausmaun

(Illustrationen aus: Lesespuren 3, S. 158 f.)

Das bekannte Märchen liegt hier in Gedichtform vor. Die wesentlichen Elemente – die Figuren und deren Attribute, der szenische Wechsel und dessen Reihenfolge sowie die charakteristischen Lautäußerungen der Tiere – sind übernommen. Inhaltlich sind die Akzente aber anders gesetzt. Statt Einzelheiten breit und ausführlich zu schildern, konzentriert sich das Gedicht auf die knappe Darstellung des Handlungsverlaufs. Die Musik der Tiere, die im Grimm-Märchen nur am Rande steht, wird vom Gedicht in den Mittelpunkt gestellt. Die Dreizahl bestimmt den Aufbau: Teil 1 (Str. 1 – 3) berichtet, wie sich die Tiere kennenlernen und die Reise nach Bremen planen. Teil 2 (Str. 4 – 6) schildert den Überfall auf das Räuberhaus, Teil 3 (Str. 7 – 9) Sieg und Siegesfest. Mit der Handlung ist der musikalische Ablauf verknüpft. Alle drei Teile sind gleich gegliedert: erst ein Bericht ohne Musik (Strophen 1, 4, 7), dann die Tiere mit ihrer Musik nacheinander (Strophen 2, 5, 8), schließlich erst ein Bericht und dann die Musik aller Tiere zusammen (Strophen 3, 6, 9).

Gestaltende Idee des Gedichtes ist die enge Verbindung von Abenteuer und Konzert. Sie führt bis zu der Analogie von Teil 1 als Probe, Teil 2 als Hauptkonzert und Teil 3 als Schlusskonzert. Das einfallsreiche Spiel mit Sprache und Musik fügt sich zu einem kunstvollen Gebilde, das unterhaltsam zu lesen und aufzuschlüsseln ist.

Anders als die Fassung des Märchenstoffes durch die Brüder Grimm dürfte Manfred Hausmanns balladeske Verserzählung den Schülern und Schülerinnen weniger vertraut sein. Insofern macht sie dieses Erzählgedicht neugierig und motiviert sie, sich auf den Stoff erneut einzulassen. Um die Aufmerksamkeit für die andersartige Gestaltung Hausmanns zu wecken, empfiehlt es sich, vorher noch einmal die Märchenfassung der Brüder Grimm vorzulesen.

Nach der ersten Begegnung mit Hausmanns Gedicht können die Kinder einfache Beobachtungen am Text benennen. Auffallen werden ihnen gewiss die lautmalenden Teile. In einem weiteren Schritt wird der dreiteilige Ablauf des Geschehens erarbeitet.

Eine sprechgestaltende ‚Inszenierung' des Gedichts schließt sich an. Dazu werden eine Erzählerstimme und vier Tierstimmen gebraucht. Von ihnen wird das Gedicht mit verteilten Rollen möglichst lautmalend gelesen. Für die Erarbeitung können die Tiere und die Tierstimmen im Text farbig markiert werden.

Die ‚Inszenierung' lässt sich auch so variieren, dass einer einzelnen Erzählerstimme der Chor der Tiere (‚Stadtmusikantenchor') gegenüber steht. Der Chor hätte dann alle lautmalenden Zeilen zu sprechen.

Eine zusätzlich Möglichkeit besteht darin, mit dem Sprecherchor auch Lautstärke und Intonation der Tierstimmenzeilen je nach Strophe zu variieren: leise gesprochen in der 5. Strophe, laut und stürmisch in der 6. Strophe, singend jubilierend in der 7. Strophe, wild klagend in der letzten Strophe.

Nach mehrmaligemVortrag wird mit den Kindern überlegt, wie man das szenische Lesen unterstützen könnte, wobei sicherlich auch der Vorschlag gemacht wird, Körper- und Orffinstrumente einzusetzen. Die zum Text abgebildeten Instrumente signalisieren eine solche musikalische ‚Inszenierung'. Am besten übernimmt jeweils eine Gruppe eine Strophe, dann können die Rollen auch einmal gewechselt werden. Die Gruppen werden anschließend durch das gemeinsame Spiel zusammengeführt.

(3) *Ping pong* von Eugen Gomringer (4. – 6. Klasse)

Diese Konstellation (Text u. Erläuterung s. S. 62) kann sowohl einseitig akustisch wie einseitig optisch erschlossen werden oder auch in einer Kombination beider Möglichkeiten.

ping pong
ping pong ping
pong ping pong
ping pong

Eugen Gomringer

Für das Erlesen ergeben sich mehrere Möglichkeiten: senkrecht, von unten nach oben (oder umgekehrt), von rechts nach links (oder auch diagonal), so dass ping oder pong mehrmals nebeneinander stehen. „Der Wechsel von hellem oder dunklem Vokal (i, o) eröffnet zahlreiche Möglichkeiten, den Text klanglich zu variieren oder rhythmisch in immer neuen Versionen zu erproben.“ (Reichgeld 1993, S. 113)

Diese Lesemöglichkeiten werden, nachdem der Text den Schülern zunächst ohne Kommentar vorgelegt wurde, durchgespielt. Dadurch werden zugleich Einsichten in den Bau der Konstellation möglich. Auch Sinndeutungen ergeben sich. Sie werden vor allem deutlich, wenn zwei Schüler den Text sprechen, einer „ping“ und ein anderer „pong“ übernimmt. Dabei lassen sich die verschiedenen Intonationsebenen von laut zu leise, von hoch zu tief usw. durchspielen. U.a. lässt sich auch das Klangabbild des Tischtennis-Spiels assoziieren.

Anschließend könnten die Kinder selbst ‚Beziehungsmomente’ (-geschichten) durch das Spiel mit Worten darstellen, z.B.:

- einer bestimmt, was gemacht wird, die anderen kommen nicht zu Wort, der erste bestimmt; oder
- drei Freunde sind derselben Meinung, einer ist dagegen, usw.

Von der Sinndeutung her sehen die Schüler nicht in jedem Fall in dem Text ein Ensemble von Klangssignalen. Man kann sie jedoch darauf aufmerksam machen, dass der Text aus der Sprech- in eine mehrfach variierbare musikalische Gestalt überführt werden kann (= piiing, pooong als Sprechgesang) oder auch in unterschiedlicher Tonhöhe usw. wie auch über Instrumente. Die Kinder hätten zu besprechen und zu begründen, welche der folgenden Instrumente das Klangbild des Textes in geeigneter Form wiedergeben:

♫ Baß, Trompete, Flöte, Xylophon, Glockenspiel, Orchester, Geige, Trommel, Schlagzeug, Gitarre.

Mehrfach wird man auf die Klang- bzw. Sinnebene des Textes zurückkommen, wenn die Kinder einen oder mehrere Titel dazu suchen und besprechen. Die Klangstruktur lässt sich dadurch visuell veranschaulichen, dass die beiden Klangsignale farbig (= ping in einem roten, pong in einem blauen Kreis) gegeneinander abgesetzt werden.

3.3 Schreibend-zeichnendes Gestalten und Deuten

Versuche von Autoren, die in einem Gedicht enthaltene Aussage dem Leser durch die grafische Form auch visuell zugänglich zu machen, den Text also zugleich als Figur oder als Bild zu gestalten, haben eine lange Tradition, die von der Antike bis zur visuellen Poesie der Gegenwart reicht (s. S. 63 ff.). Diese Tradition berechtigt, unter hermeneutischem – und daraus abgeleitet unter methodischem – Blickwinkel auch umgekehrt vorzugehen und ein bereits vorhandenes Gedicht ikonographisch umzusetzen, d.h. es schreibend-zeichnend zu interpretieren. Wenn ein handelndes Umgehen mit dem Text zur Grundlage der Interpretation gemacht wird, „dann bietet sich die schreibgestaltende Verdeutlichung der in der Flächenordnung ausgedrückten Bezüge und insgesamt die schriftliche oder malerische Gestaltung der erkannten Wort- und Aussagequalitäten des Textes als ein weiterer Weg an, das bloße Sprechen über Gedichte zu vermeiden und dem eventuell interpretatorischen Gespräch eine als Kontext fungierende Basis zu verschaffen" (Haas 1997, S. 121).

Als Gestaltungsmittel dieser Interpretationsversuche können Buchstabenformen, Farben und bildhafte Untermalungen verwendet werden. Die Größen der Buchstaben vermögen beispielsweise die Bedeutung eines Wortes oder einer Zeile auszudrücken, die Proportionen (kräftig, schlank, gedrungen u.ä.) eine emotionale Befindlichkeit, die Richtungen (horizontal, diagonal usw.) Ruhe, Dynamik, Erregung; und die Farben können hervorheben, Gemeinsamkeiten signalisieren oder Ausdrucksmittel von Harmonie, Spannung (Farbkontraste), Wärme (rot, gelb), Kälte (blau), Offenheit (weiß), Verschlossenheit (schwarz) sein.

Mögliche Vorgehensweisen sind also:

- verschiedene Schreibmaterialien ausprobieren: Wachsmalkreiden, Stifte, Pinsel, Computer;
- verschiedene Papiersorten verwenden;
- unterschiedliche Schriften ausprobieren: Zwergenschrift, Riesenschrift;
- Wörter durch Bilder ersetzen;
- verschiedene Farben verwenden;
- etwas zum Gedicht dazu kleben.

Wichtig ist, dass aus und mit dem Gedicht ein Gesamtbild entsteht. Das liebevolle Schreiben und Ausgestalten solcher Texte zu einer Gedichtseite oder einem Schmuckblatt führt zu einer intensiveren Beschäftigung mit dem Text als das bloße Abschreiben in ‚Schönschrift' oder mit dem Computer.

Aus: Lesespuren 3, S. 65

(1) *Gedichte unterwegs* von Gerald Jatzek (3 – 6. Klasse)

Das Gedicht von Gerald Jatzek (geb. 1956) ist ein Beispiel eines bereits im Original mittels Schrift gestalteten Textes (ein anderes ist *Gewitter* von Josef Lichius, s. S. 249). Der zündende Einfall ist, dass die Gattungsform ‚Gedicht' personifiziert ist. Als ‚Person' können dieser dann ganz menschliche Dinge passieren bzw. sie kann sich ganz menschlich verhalten.

Die Schreibgestaltung ist sodann der sprachspielerische Versuch, auf der optischen Ebene Inhalte zu verdeutlichen: Das Blicken durch den Spiegel wird durch Spiegelschrift ausgedrückt, der Wind durch Wellenbewegungen in der Luft symbolisiert, usw.

Gedichte unterwegs

Wenn ein Gedicht in den Spiegel blickt,
schaut ein Gedicht zurück,

Schaut ein Gedicht aus dem Spiegel zurück,
das in den Spiegel blickt.

Wenn ein Gedicht die Straße langgeht,
ist es stets auf der Hut.
Weil ihm der Nordwind voll Übermut

sonst die Wörter verweht.

Wenn ein Gedicht auf dem Trampolin springt,
übt es in einem fort,
bis ihm bei diesem Sport

endlich ein Salto gelingt.

Wenn ein Gedicht ein Nashorn erblickt,
läuft es rasch davon.
Diese Dickhäuter haben schon
manche Zeile zerdrückt.

Kinder begreifen sehr schnell den Zusammenhang zwischen Inhalt und Gestaltung und probieren gern selbst etwas Ähnliches aus. Nachdem im Unterricht das ‚Bauprinzip' erkannt wurde, können die Kinder zunächst einzelne Wörter, dann ganze Gedichte in ähnlicher Weise gestalten.

(2) *Die Schaukel* von Richard Dehmel (2. – 4. Klasse)

Im *Schaukel*-Gedicht, erstveröffentlicht in *Fitzebutze* (1900), gestaltet Richard Dehmel ein allen Kindern bekanntes und daher nachvollziehbares Erlebnis. Über vier Strophen hin baut das Gedicht eine Schaukel-Situation schrittweise bis zum Höhepunkt auf, indem es in jeweils zwei Versen mimetisch die Bewegungen des Hin- und Herfliegens, des Aufsteigens und Abfallens nachbildet (vgl. Wilkending 1997, S. 192). Das beglückende Erlebnis des „hinauf und hernieder" hatte auch schon Heinrich Seidel in seinem *Schaukel*-Gedicht beschrieben („Wie schön sich zu wiegen / Die Luft zu durchfliegen …"), das Neue in Dehmels Gedicht ist aber nun, dass hier ein kindliches Ich über das eigene Erleben, über seine Wahrnehmungen und Gefühle reflektiert (vgl. Wilkending, ebd.). Insofern ist dieses Gedicht ‚modern'. Es gibt Empfindungen eines bzw. einer Schaukelnden wieder. Das ganze Gedicht schwankt in der Schaukelbewegung mit, was der Künstler Ernst Kreidolf (1863–1956) in seinen Illustrationen kongenial zum Ausdruck brachte.

Die Schaukel

Auf meiner Schaukel in die Höh,
was kann es Schöneres geben!
So hoch, so weit! Die ganze Chaussee
und alle Häuser schweben.

Weit über die Gärten hoch, juchhee,
ich lasse mich fliegen, fliegen;
und Alles sieht man, Wald und See,
ganz anders stehn und liegen.

Hoch in die Höh! Wo ist mein Zeh?
Im Himmel! ich glaube, ich falle!
Das thut so tief, so süß dann weh,
und die Bäume verbeugen sich alle.

Und immer wieder in die Höh,
und der Himmel kommt immer näher;
und immer süßer thut es weh –
der Himmel wird immer höher.

Richard Dehmel

Illustration von Ernst Kreidolf zum *Schaukel*-Gedicht Paul Dehmels in *Fitzebutze* (1900)

Im Zusammenhang mit der Schreibgestaltung ist die Aufgabe hier, die inhaltlichen Aussagen des Gedichtes typographisch möglichst anschaulich zu machen. Vor allem die Hin- und Herbewegung des Schaukelns soll optisch dargestellt werden.

Die nachfolgend dokumentierte, in einer sechsten Klasse entstandene Schülerarbeit zu Heinrich Seidels *Schaukel*-Gedicht zeigt einen angemessenen Versuch.

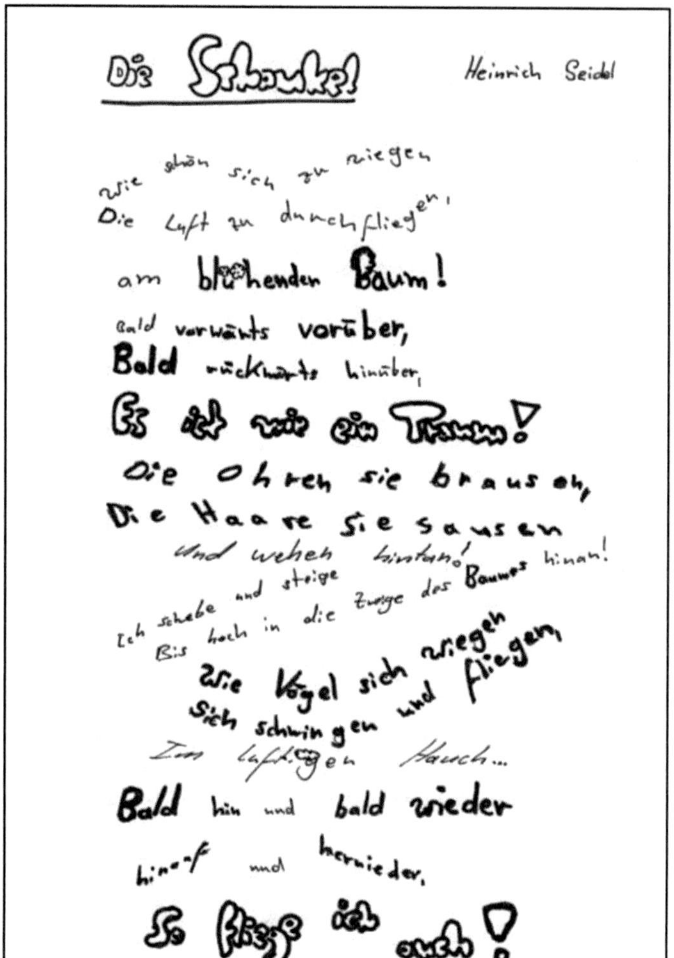

Schülerarbeit: Natalie (12 Jahre)

(3) Kurz-Anregungen

Das erste Beispiel, erprobt in einer vierten Klasse[1], zeigt den Versuch einer schreibend-zeichnenden Gestaltung des Gedichtes *Das ist die Erde* von Elisabeth Borchers. Intendiert war, insbesondere einzelne sinntragende Wörter bildlich hervorzuheben.

---

[1] Erprobung: Renate Schaab (Koblenz)

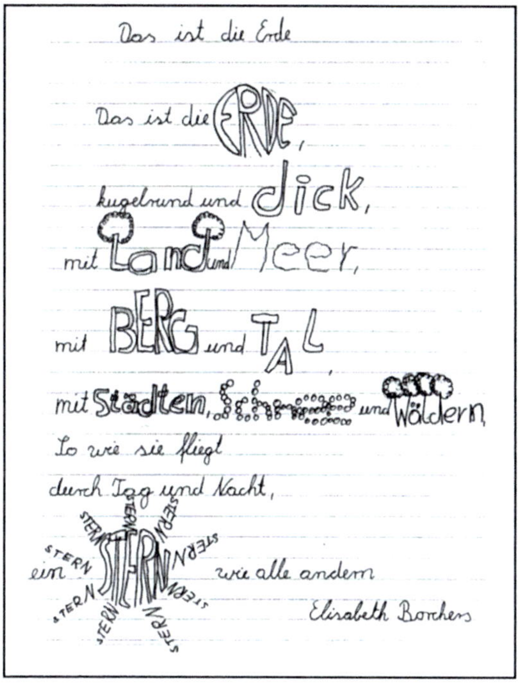

Schülerarbeit (4. Klasse)

Das zweite Beispiel bezieht sich auf Georg Trakls Gedicht *Rondel* (Text u. Erläuterung s. S. 78 f.). In dieser (in einer 6. Klasse[2] erprobten) Schreibgestaltung wird versucht, die Form des Gedichtes – als Rundgesang – anschaulich zu machen.

[2] Erprobung: Christine Sperlich (Borken)

3.4 Bildkünstlerisches Deuten und Gestalten

Im Bezug zwischen Lyrik und Bild geht es um den Versuch, den ästhetischen Prozess, der Lyrik umschließt, und jenen, der das Bildkunstwerk umschließt, einander nahe zu bringen und zu fragen, ob der eine vom jeweils anderen profitieren kann, ob sich hier eine Möglichkeit für den Unterricht zeigt, den Umgang mit Gedichten (implizit auch den Umgang mit Bildern) zu fördern. (Vgl. Grünewald 2012)

Für eine Unterrichtseinheit in diesem Bereich – die prinzipiell auf jeder Klassenstufe durchführbar ist – sind mehrere methodische Variationen angemessen:

- Gedichte zu Bildern: Zuordnung von Gedichten zu einem vorgegebenen (Kunst-)Bild
- Bilder zu Gedichten: Zuordnung von (Kunst-)Bildern zu einem vorgegebenen Gedicht
- Illustrationen: eigene Illustrationen zu (vorgegebenen oder selbst gewählten) Gedichten;
Vergleich verschiedener Illustrationen zu demselben Gedicht
- (Illustrative) Umsetzungen in Bilderfolgen und Bilderbücher.

Bei all diesen Umgangsformen geht es nicht um oberflächliches Betrachten und Handeln, sondern um ein vertieftes Durchdringen eines Gedichtes im Sinne einer Interpretation.

In den Zusammenhang der Text-Bild-Beziehung gehören auch die sogenannten ‚Bildgedichte', das heißt Gedichte, die als unmittelbare Reaktion auf Bilder, speziell auf Werke der bildenden Kunst entstanden sind. Derart entstandene Texte sind so alt wie die Dichtung überhaupt. Immer wieder haben Bildkunstwerke die Menschen zu Wortkunstwerken inspiriert, und im 20. Jahrhundert erfreute sich die Gattung ‚Bildgedicht' sogar besonderer Beliebtheit. Die von Gisbert Kranz herausgegebene Anthologie *Gedichte auf Bilder* (1975) dokumentiert eine große Fülle an Beispielen.

Die literarische Praxis der ‚Bildgedichte' im Zusammenhang der Text-Bild-Beziehung rechtfertigt schulisch auch die methodische Variation, dass die Schüler und Schülerinnen eigene Text-Versuche zu vorgegebenen oder auch selbst gestalteten Bildern unternehmen. Die sich hier ergebenden unterrichtlichen Möglichkeiten ordnen wir aber in den Zusammenhang ‚Schreiben eigener Gedichte' (s. S. 167 ff.) ein.

Mittels Text-Bild-Kombinationen können beispielsweise auch selbst produzierte anschauliche und lesenswerte kleine Gedichtbände entstehen. Der eigentliche Lerngewinn besteht im Prozess der Reflexion, wenn die verschiedenen Zuordnungen miteinander verglichen werden, wenn partielle Begründungen für die Wahl gegeben werden.

3.4.1 Gedichte zu Bildern

Bei dieser Umgangsform geht es darum, ein Sprachkunstwerk (Gedicht) einerseits und ein Bildkunstwerk andererseits einander nahe zu bringen und zu fragen, ob das eine vom anderen im Prozess des Verstehens profitieren kann. Konkrete Aufgabe ist, dass die Schüler und Schülerinnen zu (von der Lehrkraft) ausgewählten Kunstbildern Gedichte finden, die ihrer Meinung nach ‚zum Bild passen'.

„Dazu werden einige ausgewählte Bilder ohne Titel an die Wand gehängt und die Schülerinnen und Schüler haben mehrere Tage Zeit, Texte dazu zu finden.

Die Kinder können in Anthologien (für Erwachsene und Kinder) suchen, die in der Leseecke oder in einer Gedichtkiste bereitstehen. Einige Kinder orientieren sich bei der Suche stark an den Inhalten, andere lösen sich ganz davon und versuchen, von der Bildstimmung oder -perspektive auszugehen. Besonders reizvoll ist es, wenn mehrere Kinder unterschiedliche Texte zu einem Bild aussuchen.

Rudolf Schmidt-Rottluff: *Blitz* (1922)

Zu Karl Schmitt-Rottlufts Bild *Blitz* von 1922 wählte (in einer vierten Klasse) Esther das Gedicht *Vorm Gewitter*, Olivia entschied sich für *Der träumende See* und Mike suchte Georg Trakls *Sommer* aus.

Vorm Gewitter

Wenn sich die Wolken finster ballen
und plötzlich einzeln große Tropfen fallen,
dann schnell ins Haus.
Hört das Gebraus:
der Wind stürmt vorm Gewitter her
wirft Staub empor,
rüttelt an den Fenstern und am Tor
wirbelt den fliegenden Rauch.
Nun regnet es schon sehr:
Da blitzt es auch.

Richard von Schaukal

Sommer

Am Abend schweigt die Klage
Des Kuckucks im Wald.
Tiefer neigt sich das Korn,
Der rote Mohn.
Schwarzes Gewitter droht
Über dem Hügel.
Das alte Lied der Grille
Erstirbt im Feld.

Georg Trakl

Der träumende See

Der See ruht tief im blauen Traum,
von Wasserblumen zugedeckt;
ihr Vöglein hoch im Fichtenbaum,
dass ihr mir nicht den Schläfer weckt.

Doch leise weht das Schilf und wiegt
das Haupt mit leichtem Sinn,
ein blauer Falter aber fliegt
darüber einsam hin.

Julius Mosen

Im Anschluss an die Präsentation ‚Bild und ausgewähltes Gedicht' finden in der Regel intensive Gespräche statt. In unserem Beispiel haben Esther und Mike Gedichte ausgewählt, die Spannung, Angst und Unruhe als Grundstimmung aufweisen (‚schwarzes Gewitter droht', ‚wirbelt den fliehenden Rauch'). Beide haben [in Schmidt-Rottluffs Bild] den orangenfarbenen Blitz mit seiner komplementären Farbgebung als eher bedrohliches Element gesehen. Olivia hat dagegen ein sehr stilles, friedliches und leicht melancholisches Gedicht ausgesucht, wobei sie sich hauptsächlich an den dominanten Blautönen orientiert hat.“ (Gien 2007, S. 42)

3.4.2 Bilder zu Gedichten – Illustrationen

Die Illustration zu einem Gedicht kann dessen Aussage veranschaulichen, bildlich wiederholen, dekorativ schmücken. Insbesondere von Kindern wird diese eigentlich redundante Illustrationsweise, die eine Aussage des Textes lediglich verdoppelt, gern praktiziert. Eigentlich jedoch sollte die Illustration eines Gedichtes nicht einfach eine Wiederholung des im Gedicht Gesagten in Bildform sein, sondern eine mehr oder weniger umfangreiche Interpretation einer Textstelle oder des ganzen Textes. Wesentlicher als bloße Veranschaulichungen sind folglich Versuche, die Aussage eines Gedichtes in Inhalt und Ästhetik aufzugreifen, zu vertiefen, zu akzentuieren, zu erweitern, Interpretationsangebote zu machen, denen der Leser bzw. Betrachter, folgen kann – aber nicht muss, die er also wiederum zu prüfen hat.

Ein anschauliches historisches Beispiel einer (ursprünglich nicht an Kinder adressierten) Illustration, die mehr als lediglich eine Bebilderung leistet, stammt von Wilhelm Busch zu seiner Versfabel *Fink und Frosch* (Text und Erläuterung s. S. 219 f.).

Die drei Zeichnungen Wilhelm Buschs veranschaulichen nicht direkt bestimmte Textstellen, sondern stellen einen Bezug zum Epimythion (zur ‚Moral') her, in dem der erzählte Vorgang verallgemeinert und der Sinn der Fabelhandlung angesprochen wird. In dem für den Frosch tödlich endenden Wettbewerb mit dem Fink in Singen und Fliegen führt Wilhelm Busch einen Akteur vor, der durch Vermessenheit zu Fall kommt. Das harte Ende des großtuerischen Frosches wird in ironischer Untertreibung ein ‚Irrtum' genannt.

Die Illustrationen ergänzen den Text um drei Momente, die sprachlich ausgespart sind. In der ersten Zeichnung schaut der Fink mit Erstaunen auf die überhebliche Miene des Frosches, nachdem der ihn angesprochen hatte: „Ja, ja! Herr Nachbar, ick bin och noch da!" In der zweiten beobachtet er den übermütigen flugähnlichen Sprung des Frosches und scheint ihn im letzten Augenblick noch zurückhalten zu wollen. Und schließlich sieht er – ob bedauernd oder schadenfroh bleibt offen –, wie der Frosch kopfüber auf dem Boden landet. Die Zeichnungen geben also das Geschehen aus einer anderen Sicht wieder als der Text, und die dadurch zwischen Text und Illustration entstehende Spannung bewirkt einen vertiefenden Denkanstoß.

Rabe.

Was ist das für ein Bettelmann?
Er hat ein kohlschwarz Röcklein an,
Und läuft in dieser Winterzeit
Vor alle Thüren weit und breit,
Ruft mit betrübtem Ton: Rab! Rab!
Gebt mir doch auch einen Knochen ab.

Da kam der liebe Frühling an,
Gar wohl gefiel's dem Bettelmann;
Er breitete seine Flügel aus
Und flog dahin weit über's Haus;
Hoch aus der Luft so frisch und munter:
Hab Dank! hab Dank! rief er herunter.

Mehr noch als in der primär an Erwachsene adressierten Lyrik hat die Illustration von Lyrik für Kinder eine lange Tradition. Berühmt geworden sind Otto Speckters (1807–1871) Illustrationen zu Wilhelm Heys beiden Fabelbüchern *Funfzig Fabeln für Kinder* (1833) und *Noch funfzig Fabeln für Kinder* (1837). Sie fanden im deutschen Sprachraum begeisterte Zustimmung und waren die Garantie für den lang anhaltenden Erfolg der Fabelgedichte (s. S. 46). Den Zeitgenossen gefiel der Zusammenhang von einfachen, eingängigen Versen und den der Kinderwelt oder der Natur nahen Bildern. Eine zeitgenössische Rezension lobte, dieser geniale Künstler habe „in Verbindung mit einem frommen Denker […] Fabeln für Kinder in Bildern gezeichnet, welche, abgesehen von ihrem didaktischen Zwecke […], auch einen künstlerischen Wert in Anspruch nehmen“ (zit. in: Stark 2011, S. 6). Die abgebildete Illustration Otto Speckters zum Gedicht *Rabe* eröffnet Wilhelm Heys erstes Fabelbuch.

Spätestens seit der Wende vom 19. zum 20. Jahrhundert gewinnt die Illustration in Gedichtbänden für Kinder zunehmend Bedeutung. Beispielhaft sind die Arbeiten von Ernst Kreidolf (s. die Illustration zu Paul Dehmels *Die Schaukel*, S. 149), die höchsten künstlerischen Ansprüchen genügen.

Heute ist keine Gedichtsammlung oder -anthologie für Kinder ohne Illustrationen denkbar. Die Stile der Künstlerinnen und Künstler sind dabei sehr vielfältig, und auch der Spielraum der illustrativen Interpretation wird ganz unterschiedlich genutzt. Ein herausragendes Beispiel sind die Gedichte und Bilder der Anthologie *Hör zu, es ist kein Tier zu klein, das nicht von dir ein Bruder könnte sein* (2006). Sechzig Künstler und Künstlerinnen haben hier „die Gedichte in ihre ganz persönliche Bildsprache übertragen und so einen überaus spannenden Dialog geschaffen“ (Umschlagtext).

Meist bewegen sich die Illustrationen zwischen den Eckpunkten Kongruenz und Divergenz. Diese Bandbreite wird sehr augenfällig, wenn man Illustrationen zu demselben Gedicht vergleicht, insbesondere solche, die zu unterschiedlichen Zeiten entstanden sind. Anschauungsmaterial hierfür gibt es reichlich, etwa, um nur ein Beispiel anzuführen: Peter Hacks' Gedichtband *Flohmarkt* in den drei Ausgaben von 1965, 1973 und 2001.

Die Illustration von Heidrun Hegewald zu Peter Hacks' Gedicht *Im Herbst ist*

Sonnenschein in der *Flohmarkt*-Erstausgabe von 1965 legt die im Text ‚besungene' Herbstsonne anthropomorphisierend fest und der das Bild dominierende Baum korrespondiert ansonsten, außer als Sitzplatz für den Vogel, nicht mit den im Gedicht mitgeteilten Beobachtungen.

Illustration von Heidrun Hegewald zum Gedicht von Peter Hacks (1965)

Klaus Ensikat, der die Neuausgabe von 2001 illustrierte, geht im Vergleich mit Heidrun Hegewald geradezu minimalistisch vor. Obwohl sich der singende Vogel nur auf eine einzige Textstelle bezieht, trifft Ensikat mit der Darstellung doch die Stimmung und Atmosphäre des ganzen Gedichtes. Beim Lesen und Betrachten kann erfahren werden, wie das Bild den Charakter eines Gedichtes in ästhetischer Einheit aufgreifen kann, wie bei der Wahrnehmung der Eigenständigkeit des Textes wie des Bildes eine innere Synthese auf einer eher emotional geprägten Ebene entstehen und sich vermitteln kann.

Illustration von Klaus Ensikat zum Gedicht von Peter Hacks (2001)

(1) Beispielskizzen zu Schüler-Illustrationen

„Es besteht natürlich auch die produktive Möglichkeit, dass die Schüler und Schülerinnen selbst Gedichte illustrieren, d.h. zeichnen und malen oder Fotos zu Gedichten aufzunehmen usw. Dabei geht es nicht um oberflächliches Betrachten und Handeln, sondern um eine vertiefte Beschäftigung bzw. Interpretation eines lyrischen Textes." (Gien 2012, S. 152)

Die bildhafte, metaphorische Sprache der Gedichte fordert in vielen Fällen geradezu nach einer gestalterischen Umsetzung. Metaphern können oft leichter durch Bilder als durch Worte erklärt werden und ‚unbeschreibliche Stimmungen' finden dort ihren Ausdruck.

Schülerarbeit (4. Klasse)

Hinsichtlich der künstlerischen Technik sollte man allerdings offen sein. Es ist aber zu beachten, dass Techniken nichts Beliebiges sind, sondern ihren Einfluss auf Ästhetik und Aussage nehmen. Didaktisch ist wesentlich, dass die gewählte Technik den Schülern und Schülerinnen auch Erfolgserlebnisse ermöglicht.

Für Schüler – vor allem, wenn ihnen die Worte fehlen, um ihre Empfindungen und Gefühle beim Lesen eines Gedichtes auszudrücken – ist das Illustrieren von Gedichten eine der Möglichkeiten, sich anderen mitzuteilen und metaphorische und symbolische Sprache individuell zu deuten.

Das zeigt das – in einer 4. Klasse entstandene – Kinderbild (Gien 2007, S. 44) zum Gedicht *Abendlied* (Text und Erläuterung s. S. 108 f.) von Max Kruse eindrucksvoll.

- *Fink und Frosch* von Wilhelm Busch

Im (auf der folgenden Seite dokumentierten) Beispiel von *Fink und Frosch* von Wilhelm Busch (Text und Erläuterung s. S. 219 f.; Illustration s. S. 155) werden die Handlungselemente durch die comicartige, künstlerische Umsetzung herausgearbeitet und das Verhältnis von Fink und Frosch wird in eine wunderbare Satire überführt. Die Schülerarbeit (Gien 2012, S. 152) entstand in einer sechsten Klasse.

Schülerarbeit (Gien 2012, S. 153)

- *Raureifmärchen* von Gottlob Haag

„Je weniger konkret und anschaulich ein Gedicht ist, desto mehr muss ein Hineinvertiefen stattfinden, das in der Überlegung endet, wie die Aussage des Textes visualisiert werden kann. Der Vorteil hierbei ist, dass auch sprach- und lyrikfernere Schüler nonverbale Möglichkeiten der Interpretation haben. So gelang es einem Zwölfjährigen, der lyrische Sprache nur schwer versteht, eine Bildreihe zu *Raureifmärchen* von Gottlob Haag zu entwickeln, in der er versucht hat, die Sprache des Gedichtes in der Natur aufzuspüren. Die Verszeilen

Schülerarbeit (Gien 2012, S. 153)

> Er entmündigt den Nebel
> und formt ihn
> an Ästen und Halmen
> zum Filigran

erschlossen sich so durch Imagination und deren Konkretisierung im sinnlich Erfahrbaren.“ (Gien 2012, S. 152 f.)

- Kinder illustrieren Brecht

Einen überzeugenden Beleg dafür, wie Kinder Gedichte illustrieren, liefern die Ergebnisse des Wettbewerbs „Kinder illustrieren Brecht“, zu dem das FaksTheater Augsburg und der Bert-Brecht-Kreis Augsburg aufgerufen hatten. Sie sind in dem Band *Es war einmal ein Rabe* (2014) veröffentlicht.

Illustration zu einem *Kinder-vers* von Bertolt Brecht

Die Texte Bertolt Brechts, auf die sich die Kinder eingelassen haben, reichen vom gegen den Krieg plädierenden *Alfabet* über Gedichte wie das *Drachenlied*, das *Lied vom Kind, das sich nicht waschen wollte* oder die *Tierverse* bis zur *Moritat von Mackie Messer* oder den *Fragen eines lesenden Arbeiters*. Die Illustrationen lassen dabei unzweifelhaft erkennen, dass die Kinder die Gedichte nicht nur ‚bebildert‘ haben, dass diese vielmehr Ergebnis einer intensiven inhaltlichen Auseinandersetzung sind.

Illustration zu Bertolt Brecht *Der Pflaumenbaum*

(2) Beispielskizzen zur Gestaltung von Bilderfolgen

Zur Umsetzung in Bilderfolgen eignen sich erzählende Gedichte in besonderer Weise. Wir wollen dies an zwei ganz unterschiedlichen Beispielen veranschaulichen: an der ‚klassischen' Ballade *Herr von Ribbeck auf Ribbeck im Havelland* von Theodor Fontane und an dem Fabelgedicht *Der Bär und das Eichhorn* von James Krüss.

- *Herr von Ribbeck auf Ribbeck im Havelland*

Im Titel der Ballade *Herr von Ribbeck auf Ribbeck im Havelland* kündigt der Dichter an, von einem Landadligen, dem Träger des alten Namens Ribbeck und Herrn eines gleichnamigen, im märkischen Havelland (in der Nähe Berlins) gelegenen Besitzes erzählen zu wollen. Verstärkt wird diese Ankündigung noch durch die formelhafte Wiederholung des Titels im ersten und letzten Vers des insgesamt aus vier Langstrophen und zwei davon abgesetzten Schlusszeilen bestehenden Gedichtes. Ungeachtet dieser auffälligen Signale erwartet den Leser aber nicht die Schilderung einer Heldentat der Titelgestalt – wie sie Fontane etwa in *John Maynard* gestaltet hat –, er begegnet vielmehr ‚nur' einem adligen Gartenbesitzer und Kinderfreund. Das alljährlich im Herbst stattfindende Beschenken der Dorfjugend mit Birnen, das von ihm berichtet wird, ist, verglichen mit Geschehnissen, die bis dahin sonst für Balladen typisch waren, geradezu profan.

Herr von Ribbeck auf Ribbeck im Havelland

Herr von Ribbeck auf Ribbeck im Havelland,
Ein Birnbaum in seinem Garten stand,
Und kam die goldene Herbsteszeit,
Und die Birnen leuchteten weit und breit,
Da stopfte, wenn's Mittag vom Turme scholl,
Der von Ribbeck sich beide Taschen voll,
Und kam in Pantinen ein Junge daher,
So rief er: „Junge, wist' ne Beer?"
Und kam ein Mädel, so rief er: „Lütt Dirn,
Kumm man röwer, ick hebb' ne Birn."

So ging es viele Jahre, bis lobesam
Der von Ribbeck auf Ribbeck zu sterben kam.
Er fühlte sein Ende. 's war Herbsteszeit,
Wieder lachten die Birnen weit und breit,
Da sagte von Ribbeck: „Ich scheide nun ab.
Legt mir eine Birne mit ins Grab."
Und drei Tage drauf, aus dem Doppeldachhaus,
Trugen von Ribbeck sie hinaus,
Alle Bauern und Büdner, mit Feiergesicht,
Sangen „Jesus, meine Zuversicht"
Und die Kinder klagten, das Herze schwer:
„He is dod nu. Wer giwt uns nu'ne Beer?"

So klagten die Kinder. Das war nicht recht.
Ach, sie kannten den alten Ribbeck schlecht,
Der *neue* freilich, der knausert und spart,
Hält Park und Birnbaum strenge verwahrt,
Aber der *alte*, vorahnend schon
Und voll Misstraun gegen den eigenen Sohn,
Der wusste genau, was er damals tat,
Als um eine Birn ins Grab er bat,
Und im dritten Jahr, aus dem stillen Haus
Ein Birnbaumsprössling sprosst heraus.

Und die Jahre gehen wohl auf und ab,
Längst wölbt sich ein Birnbaum über dem Grab,
Und in der goldenen Herbsteszeit
Leuchtet's wieder weit und breit.
Und kommt ein Jung' übern Kirchhof her,
So flüstert's im Baume: „Wiste 'ne Beer?"
Und kommt ein Mädel, so flüstert's: „Lütt Dirn,
Kumm man röwer, ick gew di 'ne Birn."

So spendet Segen noch immer die Hand
Des von Ribbeck auf Ribbeck im Havelland.

Theodor Fontane

Als Herr von Ribbeck den Tod nahen fühlt, bittet er als Grabbeigabe um eine Birne. Der zunächst seltsam anmutende Wunsch offenbart sich im weiteren Verlauf als weise Voraussicht, denn damit stellt der Kinderfreund sicher, dass es der Dorfjugend auch späterhin nicht an Birnen fehlt. Weil er seinen knausrigen und sparsamen Sohn und Nachfolger kennt, sorgt er vor – und das Unglaubliche geschieht wirklich: Im dritten Jahr „sprosst" aus seinem Grab „ein Birnbaumsprössling" heraus. „Nun können die Dinge wieder ihren Gang gehen […]. Die rechte Ordnung und der rechte Ablauf sind wieder hergestellt; die Herbst- und Früchtepracht […] sind zurückgekehrt. Und jetzt wechselt das Geschehen [… sogar] ins Naturmagische" (Wruck 2001, S. 202 f.):

Und kommt ein Jung' übern Kirchhof her,
So flüstert's im Baume: „Wiste 'ne Beer?"
Und kommt ein Mädel, so flüstert's: „Lütt Dirn,
Kumm man röwer, ick gew di 'ne Birn."

Das Fazit formuliert der Erzähler dann in den beiden Schlusszeilen:

So spendet Segen noch immer die Hand
Des von Ribbeck auf Ribbeck im Havelland.

Die Schlusszeilen sprechen aus, wodurch die kleine Geschichte vom Herrn von Ribbeck auf Ribbeck im Havelland ihre eigentliche Wirkung entfaltet: nämlich dadurch, dass Fontane sie in eine „veritable Legende“ (ebd.) überführt. Nach dem Muster dieser religiösen Textsorte schildert die Ballade ein beispielhaftes Leben, das in einem beispielhaften Tod Erfüllung findet. (Wruck 2001, S. 208) Indem Fontane die natürliche Sphäre (Birnbaum) mit der zwischenmenschlichen verknüpft, gelingt es ihm sogar, das gattungsübliche Moment des Wunderbaren (in Gestalt der austreibenden Birne) hervorzurufen. Herr von Ribbeck „schlägt seinem Nachfahren ein Schnippchen, und der Tod sieht sich überlistet. Im Grunde ist dies ein Schelmenstreich, ein komisches Element, welches dazu führt, dass die Zukunft nicht von seinem Ende überschattet, sondern durchheitert wird.“ (Wruck 2001, S. 208)

Bei der Bearbeitung der Ballade sollten zunächst einige der folgenden Aspekte berücksichtig werden:

- Hintergrundinformationen: geschichtlich, kultur- und sozialgeschichtlich; z.B. Ribbeck, Gutshof, Doppeldachhaus, Büdner, Deern, Pantinen.
- Gedichtvortrag.
- Entwicklung rollenverteilten Lesens verschiedener Figurengruppen (z.B. Kinder, Baum, Leichenzug), musikalische Begleitung.
- Dialogische Ausformulierung verschiedener Szenen:
  Kinder freuen sich auf Ribbecks Birnen;
  Begräbniszug (Lied *Jesus meine Zuversicht*);
  Klage der Kinder, Konfrontation der Kinder mit dem Nachfolger des alten von Ribbeck.

Zur Gestaltung der Bilderfolge wird der Text in elf Szenen eingeteilt, die jeweiligen Bild-Inhalte werden besprochen und die ‚Malergruppen‘ werden festgelegt. Wenn die Zeichnungen bzw. Bilder fertiggestellt sind, werden sie, dem Handlungsverlauf entsprechend, präsentiert. Dazu sprechen Kinder den Text mit verteilten Rollen.

Für eine spätere Präsentation vor größerem Publikum (z.B. beim Elternabend) werden die Bilder fotografiert und per Beamer projiziert.

In weiterführender Bearbeitung können die Originale, ergänzt um die dazu gehörigen Textabschnitte, im Schulhaus ausgehängt werden. Oder: Die Reproduktionen der Kinderbilder werden mit dem Text kombiniert und zu einem Bilderbuch zusammengebunden.

Sofern vorhanden oder zugänglich, kann auch noch eines der zu der Ballade vorliegenden Bilderbücher angeschaut werden. Möglicherweise können sogar zwei verschiedene oder alle drei Bilderbücher (Agthe 1980; Streiter 2002; Hogrogian 2005) verglichen und die jeweiligen Besonderheiten herausarbeitet werden.

Bilderfolge zu *Herr von Ribbeck auf Ribbeck im Havelland* (4. Klasse) – Erprobung: Renate Schaab (Koblenz)

- *Der Bär und das Eichhorn* von James Krüss

Der Form nach haben wir es hier mit einer Versfabel zu tun. Die Akteure sind der große, starke Bär und das kleine Eichhörnchen. Es kommt zum Konflikt, weil der Bär dem Eichhorn gedankenlos auf die Zehen tritt. Die erwartbare Reaktion, dass das kleine Tier den Affront des großen ängstlich erduldet, trifft aber nicht ein. Das Eichhorn tritt dem Bären furchtlos entgegen und bringt ihn dazu, sich zu entschuldigen. Es hat auch noch die Mahnung (‚Moral') parat: Achte künftig auf die Kleinen in deiner Umgebung, wenn du durch den Wald gehst!

Die Sympathie der Kinder ist auf der Seite des Eichhörnchens. Es findet ihre Zustimmung, dass dieses vor „Körperkraft und Krallen" des Bären nicht zurückweicht. Motiviert von dieser Affinität hat eine dritte Klasse[3] die Fabel in ein Bilderbuch umgesetzt. Der Text wurde von der Lehrkraft mit dem Computer geschrieben und strophenweise auf Blätter geklebt. Die Kinder haben dazu – wahlweise in Einzel- oder Gruppenarbeit – die Bilder gemalt. Die Abbildungen vermitteln einen Eindruck vom fertigen Produkt.

[3] Erprobung: Martina Kreiner (Mering)

Der Bär und das Eichhorn

Ein Bär, das stärkste Tier im Wald,
trat einmal aus Versehen
dem armen Willibald
im Walde auf die Zehen

Er sagte nicht: Pardon, mein Herr!
Er trappte in Gedanken
Als Bär verquer im Wald daher.
Ein Bär kennt keine Schranken.

Da rief das Eichhorn Willibald:
„He, Dicker, bleib mal stehen!
Man tritt nicht einfach hier im Wald
wem anders auf die Zehen!“

Der Bär verhielt auf weichem Moos
verwundert seine Schritte
und fragte ganz gedankenlos,
das kleine Tier: „Wie bitte?“

Die Pfötchen voller Wut geballt,
noch kleiner als ein Hase,
so trat das Eichhorn Willibald
dem Bären vor die Nase.

Das Eichhörnchen, das im Humpelschritt
Zum Bären kam geschritten,
sprach: „Wer wem auf die Zehen tritt,
muss um Verzeihung bitten.

Wenn du auch stärker bist als ich
an Körperkraft und Krallen:
Dergleichen find ich widerlich!
Ich lass mirs nicht gefallen.“

Der Bär, mit bärigem Gebrumm
verblüfft und auch betreten,
hat in der Tat das Eichhorn um
Entschuldigung gebeten.

Das sprach das Eichhorn Willibald:
„Schon gut! Schon gut! Doch
Künftig, gehst du mal wieder durch den Wald,
Sei achtsam und vernünftig!“

James Krüss

4 Selberschreiben von Gedichten: Nachgestalten – frei gestalten

Das Selberschreiben von Gedichten bedarf einer sorgfältigen methodischen Vorbereitung und Begleitung. Gedichte sind das Gegenteil von Beliebigkeit. Dieser wohl kaum in Zweifel zu ziehende Grundsatz sollte kritisch alle Übungsformen des poetischen Selberschreibens begleiten.

Das eigene Schreiben von Gedichten ist Bestandteil einer ganzen Reihe der bereits vorgestellten Zugangs- und Erschließungsverfahren. „Reimwörter ergänzen, eigene Reime finden, Strophen ordnen, Gedichte lesen und vortragen sind nur einige Beispiele, um die Schüler und Schülerinnen für das eigene Schreiben von Gedichten vorzubereiten und anzuregen." (Gien 2005, S. 288)

Weil das Selberschreiben bei diesen Umgangsformen aber nicht eigentliches Ziel war, soll es hier nochmals eigens hervorgehoben werden.

Zu drei Schreibformen werden nachfolgend Hinweise gegeben, ohne dass damit eine stringente Systematik angestrebt ist. Die Differenzierung der Schreibformen dient primär der orientierenden Zuordnung verschiedenartiger methodischer Möglichkeiten, erst in zweiter Hinsicht deutet sie auch eine Stufenfolge an.

So ist es hilfreich, wenn sich das Schreiben an formalen Vorgaben orientieren kann, wie sie beispielhaft die ‚artistischen' Formen bieten. Insbesondere gilt dies für das Gewinnen erster Schreiberfahrungen, ist aber keineswegs ausschließlich daran gebunden.

Mit zunehmender Beschäftigung mit Gedichten verschiedenster Formen und Inhalte verbreitern sich auch die Möglichkeiten, Impulse für das eigene Schreiben zu bekommen. Die Texte der Dichter und Dichterinnen fungieren in diesem Kontext als Vorbilder beziehungsweise Muster, die in analogen bzw. parallelen Texten nachvollzogen werden.

Nicht zuletzt geht es auch um Formen des freien Schreibens von Gedichten, zu einem beliebigen Thema, zu Jahreszeiten, Stimmungen oder Emotionen. Dies ist zweifelsfrei die anspruchsvollste Form des Schreibens eigener Gedichte, setzt sie doch voraus, dass die Schüler und Schülerinnen bereits eine hinreichende Vorstellung davon haben, was ein Gedicht auszeichnet. Der geeignete Rahmen für das freie Schreiben von Gedichten ist die Schreibwerkstatt.

Der erhoffte Ertrag ist ein doppelter: Die Schüler lernen zum einen Aussageformen und Inhalte von Lyrik besser verstehen, wenn sie selber Gedichte zu schreiben versuchen, und sie erfahren das Selberschreiben zum anderen als eine hilfreiche Möglichkeit zur Erprobung ihrer kreativen Fähigkeiten.

4.1 Gedichte schreiben nach formalen Vorgaben

Das Verfassen eigener Gedichte gelingt den Schülern und Schülerinnen erfahrungsgemäß am ehesten, wenn sie sich an vorgegebenen Mustern orientieren können, mit deren Aussageform und Inhalt sie sich zuvor hinreichend gründlich beschäftigt haben. Die Gefahr bloß nachahmender Reproduktion des Musters ist sicher nicht ganz von der Hand zu weisen, doch es hat durchaus auch didaktischen Wert, Schreibübungen zu praktizieren, bei denen – zumindest potentiell – alle Schüler zu einem vorzeigbaren Ergebnis kommen (können). Außerdem ist immer die Chance gegeben, dass das angebotene Vorbild kreativ zu eigenständigen Texten verarbeitet wird.

Als ‚Muster' kann grundsätzlich jedes Gedicht fungieren, besonders motivierende Schreibmuster sind aber immer wieder die ‚artistischen' Formen Akrostichon, Rondel und Haiku (s. S. 75 ff.), die sich durch eine regelhafte Struktur auszeichnen. Die nachfolgenden Beispiele geben hierzu Anregungen.

(1) Textvorbild Akrostichon (3. – 6. Klasse)

Für das Verfassen von Gedichten ist das Akrostichon inzwischen zu einem beliebten Muster geworden. Die formalen Kriterien oder Regeln geben den Kindern ein Gerüst, lassen ihnen aber auch genügend Spielraum für eigene Assoziationen und Vorstellungen. Impuls- oder Themengeber ist das Wort oder der Begriff, dessen Buchstaben, senkrecht untereinander geschrieben, zu den Anfangsbuchstaben der Verszeilen des Gedichtes werden.

Virtuos umgesetzt, ist dem Akrostichon ein spielerisches Element eigentümlich, auch wenn es sich ernster Themen annimmt. Gerade bei seiner Verwendung in den unteren Klassen sollte aber darauf geachtet werden, dass die Aussage nicht völlig hinter der Form verschwindet und das Akrostichon zum reinen Schreibspiel wird. Es sollte in diesem Kontext immer bewusst bleiben, dass das Muster wie die eigene Textproduktion sich im Bereich der Lyrik befinden.

Dem eigenen Schreiben eines Akrostichons geht die Beschäftigung mit mindestens einem der oben (s. S. 76 f.) beschriebenen Gedichte voraus. Wichtig ist eben dies: dass es sich um Gedichte handelt und nicht um beliebige Aneinanderreihungen von Wörtern oder Sätzen.

Das hier nun beschriebene Beispiel lässt sich didaktisch zwischen Schreiben nach formalen Vorgaben und freiem Schreiben von Gedichten einordnen. Ausgangspunkt eines Versuchs in einer vierten Klasse[1] war, nachdem das im Lesebuch abgedruckte Gedicht *Des Krieges Buchstaben* von Friedrich von Logau (s. S. 76) besprochen war, ein Akrostichon zu dem Wort ‚Herbst', das als Modell gemeinsam an der Tafel entwickelt wurde:

[1] Erprobung: Ruth Walzik (Nackenheim)

H agel an mein Fenster schlägt.
E rnte in der Scheune liegt.
R egen, der aufs Dach prasselt.
B lätter, die von Bäumen schweben.
S onne, die ihr letztes gibt.
T rauben schmecken gut.

Gruppenweise sammelte die Klasse dann weitere ‚Herbst'-Wörter zu den einzelnen Buchstaben. Alle Wörter wurden an die Tafel geschrieben, dazu wurde erzählt, begründet usw.

Nach mehreren mündlichen Formulierungsversuchen schrieb jedes Kind sein eigenes Herbst-Gedicht. Eine kleine ‚Schreibkonferenz' vor der endgültigen Niederschrift half, Positives an den Texten hervorzuheben und nicht ganz Gelungenes noch zu optimieren.

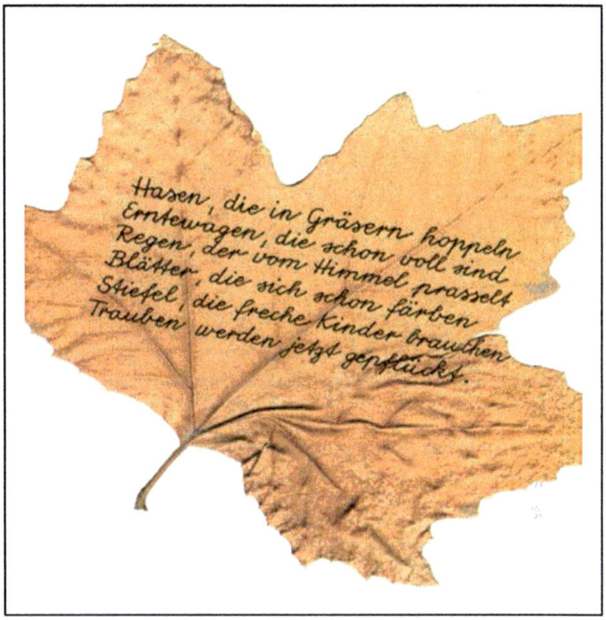

Schülerarbeit (4. Klasse)

Gemäß dem Grundsatz, dass Texte sich an Leser richten, wurden alle Gedichte der Kinder veröffentlicht. Naheliegend war, sie dafür in die Umrisszeichnung von Baum-Blättern zu schreiben und mit diesen Blättern Herbst-Bäume attraktiv zu schmücken.

In einer anderen vierten Klasse[2] haben die Schüler und Schülerinnen in der Vorweihnachtszeit Akrosticha zum Thema ‚Advent' geschrieben. Nachdem der formale Aufbau eines Akrostichons am ‚Muster' erarbeitet war, war beim Schreiben darauf zu achten, dass in den einzelnen Verszeilen nicht nur mehr oder minder willkürliche Assoziationen aneinandergereiht werden, dass die Einzelaussagen vielmehr ein sinnvolles Ganzes ergeben. Das erwies sich in den Schreibversuchen zwar als hoher Anspruch, dieser war allerdings, wie die beiden Schülerarbeiten belegen, zumindest annähernd erreichbar.

[2] Erprobung: Liane Kölsch (Worms)

Advent

Ä pfel, die süß schmecken
D üfte, die nach Weihnachten riechen
V erse, die gesungen werden,
E ngel, die glitzern,
N üsse, die gut sind,
T ürchen, die jeden Tag Überraschungen bringen.

Tatjana H.

Advent

A dventskranz mit vier Kerzen,
D uft von den Plätzchen,
V orbereitung für Weihnachten,
E iszapfen, die glitzern,
N ikolaus kommt ins Haus,
T annenschmuck, den wir an Zweige hängen.

Patrick A.

(2) Textvorbild Rondel (3. – 6. Klasse)

Wird ein Rondel zum Textvorbild, eignet sich als Muster besonders die achtzeilige Form, bei der Zeile eins, vier und sieben gleich sind und ebenso Zeile zwei und acht übereinstimmen. Als Demonstrationsobjekt kann unschwer das oben (s. S. 78) zitierte Gedicht *Der erste Mai* von Friedrich von Hagedorn dienen, wenn die Lehrkraft seine Entstehungszeit und den Anlass erläutert. Die für die Form wichtigen Zeilen werden farblich markiert.

Zum Schreiben eines eigenen Rondels können – in Orientierung am Muster – folgende Hilfen gegeben werden:

- Schreibe einen Satz, der dir gut gefällt, zum Thema … [z.B. Sonne, Mond, Sterne, Wasser, Märchen]. Beginne damit dein Rondel. Schreibe diesen Satz auch in Zeile vier und sieben.
- Lies die erste Zeile noch einmal durch. Was fällt dir dazu noch ein? Schreibe deinen Einfall in Zeile zwei. Schreibe diesen Satz auch in Zeile acht.
- Jetzt ergänze mit vielen Gedanken und Einfällen noch die leeren Zeilen drei, fünf und sechs.

Wenn man, zumal bei ersten Schreibversuchen, den Schülern und Schülerinnen eine zusätzliche Hilfe zur Strukturierung des Rondels geben möchte, kann man auf einem Arbeitsblatt die Anzahl der Verse vorgeben und ihre Abfolge durch Symbole am Rand unterstützen (s. das Beispiel S. 253).

So ist im Zusammenhang einer Unterrichtseinheit zum Thema ‚Rondel' in einer vierten Klasse[3] das folgende Rondel entstanden:

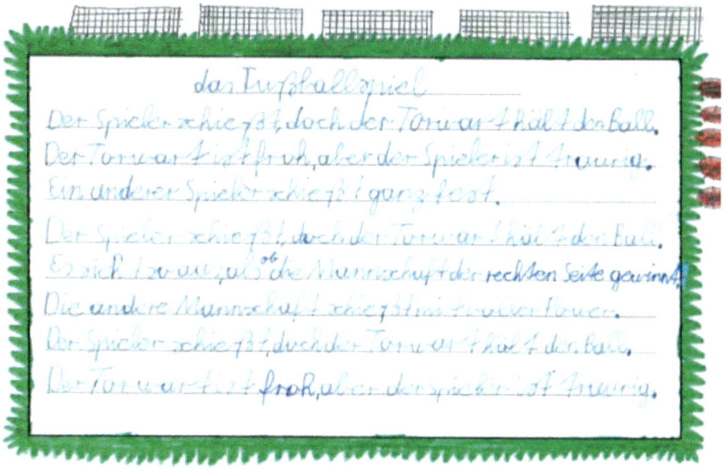

Schülerarbeit: Markus (10 Jahre)

(3) Textvorbild Haiku (4. – 6. Klasse)

Als Textvorbilder erhalten die Schülerinnen und Schüler drei Haiku von Josef Guggenmos (s. auch die Texte S. 82 f.) und lassen sie in Ruhe auf sich wirken.

Der Märzwind lärmt ums
Haus, begeistert klappern mit
die Fensterläden.

Ein Dutzend Spatzen
hört ich plaudern. Was denn, was?
Ich sag's nicht weiter!

Schau! Himmelhoch der
Regenbogen und genau
darunter: unser Haus!

Dann erörtern sie, welcher Text ihnen am besten gefällt und begründen dies. Sie gehen zwei Fragen nach:

– Sagen die Texte etwas aus über die jeweilige Situation, in der sie geschrieben sein könnten? (Jahreszeiten: Frühling, Sommer. Beobachtungen beim Spazierengehen in der Natur. …)
– Welche formalen Besonderheiten sind beim Lesen dieser Texte zu entdecken? Stimmen sie in beiden Texten überein? (Jeder Vers besteht aus einer bestimmten Anzahl von Silben: 5 7 5.)

[3] Erprobung: Martina Kreiner (Mering)

Zum Verfassen eines eigenen Haiku werden u.a. folgende Schreibtipps gegeben:

- Du könntest dir den ersten Eindruck aufschreiben und den Gedanken ausbauen oder dir Schlüsselwörter notieren oder …
- Fürs Schreiben kann es eine Hilfe sein, wenn du deine Notizen zuerst zu drei / vier Sätzen ausformulierst. Dann reduzierst du diese Notizen, bis du das Wichtigste in einem Haiku zusammenfügen kannst.

- Kunstbilder als Schreibimpulse

Als Impulse für das Schreiben gut geeignet sind Bilder aus der Kunstgeschichte oder auch Fotos, beispielsweise von stimmungsvollen Gegenden in der Natur. Die Kinder assoziieren damit bestimmte Vorstellungen und können diese dichterisch umsetzen.

Als Vorarbeit wird empfohlen, dass jedes Kind für sich das Bild betrachtet und zunächst die Gedanken dazu in Stichpunkten notiert, d.h. Wörter sammelt, die ihm dazu einfallen. Diese werden dann mit Silbenstrichen markiert, um später die Arbeit zu erleichtern. Dann schreiben die Kinder ihre Haiku, lesen sie anderen vor und ersetzen evtl. das eine oder andere Wort, bevor sie sie präsentieren.

Drei Schülerarbeiten – vierte Klasse:

Einsam auf dem See
steht ganz verlassen ein Boot
der neue Tag bricht an

Der See im Winter
Das Boot liegt still auf einem
noch stilleren See

Ein Boot treibt einsam
am eisigen Wald vorbei
und verteilt im Wasser

Schreibimpuls: Foto

- Haiku zu einem selbst gemalten Bild

„Das folgende Haiku wurde von einer zehnjährigen Schülerin zu einem selbst gemalten Bild verfasst. Ob ein so dichter, sprachlich komplexer und bilderreicher Text ohne den Umweg über das Medium Bild entstanden wäre, lässt sich schwer sagen, jedoch ist der Versuch deutlich erkennbar, die Bildaussage und Anmutung im Medium der Sprache nachzuahmen.

Schülerbild, Sarah (10 Jahre)

Versunken im Meer
aus blauen Liebesblumen
suchest du Dein Glück

Die Stimmung des Bildes lässt sich als heiter umschreiben: Ein tiefes Blau, gepaart mit den Komplementärfarben Orange, Gelb, Ocker und locker getupftem Grün, lässt an Meer, Sommer, Blumen und warme Landschaften denken, kleine, expressionistische Bäume und Blüten in Weiß und hellem Grün suggerieren Frühling, Erwachen, Anfänge. Zwei Figuren sind hingehaucht, im Zentrum ein Mann, angedeutet durch Hut und kurze Hose, gesichtslos, im rechten Bildrand eine Frau – ganz in Blau! Die Stimmung greift das Gedicht auf, das umfassende Blau korrespondiert mit dem ‚Versunken im Meer aus blauen (Liebes)blumen', die Suche nach dem Glück mit denen noch in Distanz befindlichen Figuren, von denen eine direkt angesprochen wird." (Gien 2012, S. 148)

Der nachfolgend abgebildete Beleg entstand im selben Unterrichtszusammenhang.

Schülerbild, Felix (10 Jahre)

Blühende Blumen
Auf einer Blumenwiese
Voller Weizenduft

4.2 Analoge Gedichte schreiben

Das Schreiben von Gedichten nach formalen Vorgaben ist im Grunde eine Variante des analogen Schreibens nach Vorbildern, das auch als Schreiben von Paralleltexten bezeichnet wird. Das Prinzip, dass eine sprachliche Form nach dem Muster einer anderen gebildet wird, ist in beiden Fällen identisch, beim Schreiben analoger Gedichte ist das Vorbild aber nicht immer strenge Vorgabe und lässt auch Abweichungen zu.

(1) Textvorbild Kindervers (1. – 2. Klasse)

Geht ein Ki-Ka-Kind

Geht ein Ki- Ka- Kind
in den Wi- Wa- Wind,
nimmt er
schni- schno- schnapp
ihm die Ki- Ko- Kapp,
wirft sie wi- wa- weg
in den Dri- Dra- Dreck,
geht's nach Hi- Ho- Haus,
lacht er's i- o- aus.

Volksgut

Nach dem ersten Vorlesen der Lehrkraft wird der Kindervers mehrfach von einzelnen Kindern oder auch im Chor gelesen bzw. gesprochen. Der Lesespaß ist erfahrungsgemäß garantiert.

Danach wird die Besonderheit des Kinderverses herausgearbeitet: Der erste Buchstabe der Reimwörter wird mit verändertem Vokal kombiniert und zweimal vorangestellt:

Ki-Ka-Kind
Hi-Ho-Haus
usw.

Gemeinsam wird nun ein analoges Beispiel an der Tafel erarbeitet,[4] wobei die erste Zeile vorgegeben wird.

Fährt ein Mi- Ma- Mädchen
auf dem Ri- Ra- Rädchen.
Fällt es hi- ha- hin
auf das Ki- Ka- Kinn.

Kommt die Mi- Ma- Mutter
mit der Bi- Ba -Butter
nimmt das Ki- Ka- Kind
Läuft zum Arzt geschwi- geschwa- geschwind.

Bei der Ausführung ist darauf zu achten, dass die Verse einen inhaltlichen Zu-

[4] Erprobung: Liane Kölsch (Worms)

sammenhang haben oder anders gesagt, dass sie eine kleine ‚Geschichte' erzählen. Beim Ausprobieren wird sich ergeben, dass diese ‚Geschichte' bei manchen Reimwörtern frühzeitig zu Ende wäre. Diese sind nicht willkürlich, und es ist also nach ‚passenden' Alternativen zu suchen.

In Partnerarbeit schreiben die Kinder dann selbst ein Gedicht. Zur Auswahl sollten mindestens zwei Varianten für den Anfang (und damit auch für den Inhalt) vorgegeben werden, etwa:

Schleicht 'ne Ki- Ko- Katze

oder

Huscht 'ne Mi- Ma- Maus.

Die Ergebnisse werden vorgelesen und miteinander verglichen, eventuelle Unebenheiten werden korrigiert. Die Reinschriften werden in der Klasse zum Nachlesen ausgehängt.

Die Kinder können ‚weiterdichten', zum Beispiel zu den Anfängen:

Tanzt ein Zwi- Zwa- Zwerg

oder

Schläft ein Ri-Ra-Riese

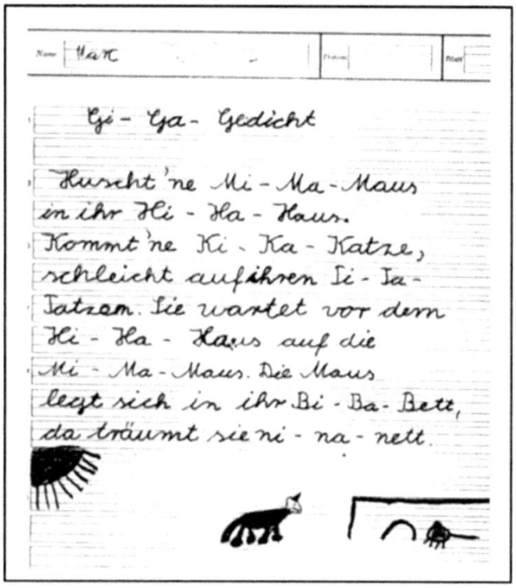

Schülerarbeit (2. Klasse)

(2) Textvorbild ‚Nachdenk'– Gedichte

Während in den unteren Klassen vorwiegend sprachspielerische Texte wie der obige Kindervers bevorzugt werden, kann bereits ab der 3. Klasse reflektierende Lyrik einbezogen werden, das heißt Lyrik, die Alltagsprobleme, Wünsche, Gedanken, Empfindungen der Kinder beleuchtet.

- *Ich wohn auf einer Zauberinsel* von Rose Ausländer (3. – 6. Klasse)

Das Bild von Robinson, der allein auf einer Insel lebt, ist im kulturellen Gedächtnis tief verwurzelt. Es evoziert vordergründig die Assoziationen von Ungebundenheit, tatsächlich aber von großer Einsamkeit. Die jüdische Dichterin Rose Ausländer (1901–1988) verbindet damit vermutlich auch autobiographische Erfahrungen. Denn sie war krankheitsbedingt jahrelang ins Zimmer und ans Bett gebannt und lebte gleichsam wie auf einer Insel. Diese Erfahrung legt sie in ihrem Gedicht *Ich wohn auf einer Zauberinsel* ihrem lyrischen Ich in den

Mund. Für das leibliche Wohl des Inselbewohners ist gesorgt, da fühlt sich der Sprecher bzw. die Sprecherin auf einer „Zauberinsel“ wie Robinson. Die negative Seite der Insel-Situation aber ist die Isolation. Ohne Mitmenschen, ohne die ‚Speise' des Wortes droht das geistig-seelische Verhungern.

Ich wohn
auf einer Zauberinsel
wie einst
Robinson

Früchte nähren mich

doch ohne ein Wort
und Menschen
muss ich

verhungern

Rose Ausländer

Dass ein einsames Inseldasein ohne Möglichkeit, sich auszusprechen und mit anderen Menschen zu kommunizieren, für eine Dichterin geradezu existenzbedrohend ist, verstehen auch bereits Kinder. Auch die Vorstellung, allein zu sein oder sein zu müssen, können sie auf sich selbst übertragen.

Nach mehrmaligem Vortragen und einem Gespräch über den Inhalt sind die Kinder aufgefordert, ihr eigenes „Ich-wohn-Gedicht“ zu verfassen. Zur Einstimmung schließen sie die Augen und stellen sich vor, wo sie wohnen möchten. Hier wäre es nach dem Erstentwurf wichtig, mit verschiedenen Möglichkeiten des Zeilenumbruchs zu arbeiten. – Schülerarbeiten aus einer 3. Klasse:[5]

Tief im Urwald wohne
ich
wie einst
Tarzan

das Wasser kühlt
meinen Durst

Ohne meine treue Familie
ist es
langweilig und

an Sehnsucht
sterbe ich

(Valentin, 9 Jahre)

[5] Erprobung: Martina Kreiner (Mering)

- *Der Trapper* von Ralf Thenior (3. – 6. Klasse)

Ralph Theniors kleines Gedicht *Der Trapper* gehört zu den Texten, die ein unerwarteter, pointenhafter Schluss auszeichnet; es eignet sich daher vorzüglich für antizipierendes Lesen, wenn dieser Schluss bei der Erstbegegnung weggelassen wird. Die Verbindung zum Schreiben ergibt sich, wenn das ergänzte Ende schriftlich fixiert wird.

Der Trapper

Aus den Savannen kam er geritten
mit heißem Gesicht –
das Gewehr auf dem Rücken.
Er hätte gern weitergejagt –

Aber seine Mutti hat gesagt:
[„Wenn die Lampen angeh'n
kommst du nach Hause."]

Ralph Thenior

Phantasie und Wirklichkeit fließen in diesem Gedicht ineinander. Ein Kind, das im Spiel eine phantastische, neue Identität auslebt, wird von der Alltagsrealität überrascht und eingeholt; utopische, abenteuerliche Freiheit und erzieherische Begrenzung – dies wird vom Autor auf die poetische Reihe gebracht als eine witzig ironische Miniatur. Der kindlich-ernste Höhenritt wird überraschend zu Fall gebracht, aber er wird nicht als kindisch entlarvt, im Gegenteil; das abrupt ins Spiel fahrende Gebot der Mutter, pünktlich nach Haus zu kommen, wird, als Mutti-Sorge, preisgegeben, doch nicht dem Gelächter, sondern einem Schmunzeln, das beide Kontrahenten versöhnt, wenigstens auf der inhaltlichen Oberflächenebene.

Den spannungsvollen Umschlag vom Phantasiespiel zur Realität können die Schüler und Schülerinnen am ehesten verstehend mitvollziehen, wenn nach dem Vorlesen des ersten Teils (der ersten fünf Zeilen) eingehalten wird und sie Vermutungen über den weiteren Fortgang anstellen. Das Einhalten und Antizipieren steigert zudem die Überraschung, die der zweite Teil des kleinen Gedichts mit Gewissheit auslöst.

Das Gedicht *Der Trapper* motiviert auch sehr zum Schreiben analoger Texte. Es geht von diesem Text, vor allem von seinem ersten Teil, ein starker Impuls aus, eigene Phantasiespiele zu entwickeln. Hilfreich dafür ist, wenn gesprächsweise einige Vorschläge gemacht werden, welche Spiele gespielt werden könnten, bevor die Kinder ganz individuell oder in Partnerarbeit ausgestalten, was ihnen einfällt. Aus dem kleinen Buch, zu dem eine vierte Klasse[6] ihre Texte zusammengebunden hat, zwei Proben:

[6] Erprobung: Liane Kölsch (Worms)

Das Ballettmädchen

In einem Schloss tanzte sie vor
mit roten Bäckchen –
sie drehte eine Pirouette.
Sie hätte noch weiter getanzt –
Aber ihre Oma hat gesagt:
„Wenn es dunkel wird,
kommst du nach Hause."
Melanie (10 Jahre)

Der Muezzin

Auf dem Minarett stand er
Mit heiserer Stimme –
Die Hände auf den Ohren.
Er hätte noch weiter geschrien –
Aber sein Vater hat gesagt;
„Wenn du dich jetzt nicht weiter wäschst,
kommst du zu spät zum Gebet."
(Stephanie (10 Jahre)

(3) Textvorbild Konkrete Poesie

Viele Anregungen für die eigene Textproduktion bietet die Konkrete Poesie, einschließlich ihrer kinderliterarischen Aktualisierungen.

Das Hinsehen, das Lesen, das Stutzen und die Aha-Erlebnisse bei der Erstbegegnung sind die Ausgangsbasis für den – je nach Altersstufe – unterschiedlich intensiven weiteren Umgang, für analytische Untersuchungen und Deutungsansätze. Von hier aus kann der Weg sodann zu eigenen analogen Produktionsversuchen führen.

Beachtenswert ist der Hinweis von Doris Funk, dass für die angemessene Rezeption der Konkreten Poesie, insbesondere ihrer visuellen Formen, die sinnlich wahrnehmbare Präsenz eine wichtige Rolle spielt. Entsprechend müsse „die Chance der wiederholenden, verweilenden, genießenden Wahrnehmung gehäuft bestehen." Das heißt, die Ausgangstexte wie die analogen Texte der Schüler und Schülerinnen sollten auf Blätter, Plakate oder Poster übertragen und im Klassenraum präsentiert werden. (Funk 1977, S. 75 f.)

- *avenidas* von Eugen Gomringer (2. – 6. Klasse)

Doris Schmieder und Gerhard Rückert (1977, S. 62 ff.) schlagen vor, bei jüngeren Schülern und Schülerinnen den Zugang zu dieser Konstellation (Text und Erläuterung s. S. 59) über das Hören zu wählen, obwohl der streng strukturierte und inhaltlich pointierte Text nicht primär vom Klanglichen her lebe. Dieses Vorgehen entspreche aber am ehesten der kindlichen Freude an fremdartigen Wortklängen und deren spielerischer Nachahmung.

Bei älteren Schülern und Schülerinnen der fünften und sechsten Klasse kann, einem Vorschlag von Rückert/Schuler (1974) zufolge, die Behandlung der Konstellation auch von der sprachlichen Erklärung ausgehen. Dabei könnten, nach ausführlicher Erklärung des Stichwortes „avenida", die anderen fremdsprachigen Begriffe von den Schülern auf assoziativem Weg selber entschlüsselt werden, wobei die Lehrkraft bedarfsweise helfend eingreift. Auf diese Weise könnte, gerade auch durch nicht unerwünschte Abschweifungen, die gesamte Vorstellungswelt der Konstellation entfaltet werden. Die Beschreibung der Kombinationsregel mache dann ihre formale Organisation sichtbar. (Rückert/ Schuler 1974, S. 34)

Im Sinne des „Mitspielens“ als Leser (Gomringer) werden dann analoge Gestaltungen produziert, anders gesagt: Der fremdsprachige Text wird in eigene deutsche Konstellationen ‚übersetzt’. Voraussetzung ist dazu, dass die Strukturen des fremdsprachigen Textes (als Sprachspielregel) so durchschaut sind, dass sie als Grundmuster für die eigenen Texte verwendet werden können. Die Spielregel lautet: Ersetze jedes spanische Wort durch ein deutsches, und wähle für dasselbe spanische auch immer ein und dasselbe deutsche Wort.

Die Themen des produktiven Spiels ‚Übersetzen’ können aus verschiedensten Bereichen genommen werden: dem schulischen, familiären, emotionalen, aus der Natur, dem Sport usw. Außerdem birgt die Form mit ihrer zum Ende hin orientierten Aufgipfelung, mit der ‚Pointe’, ein Kriterium, wie viel Spannung der Text auf den Leser ausübt.

Will man thematisch näher am Original bleiben, bietet sich als Gestaltungsaufgabe „die Übertragung des Themas auf andere spezifische Milieus an: Pariser Boulevard, Berliner Kurfürstendamm, kleinstädtische Geschäftsstraße, Dorfstraße etc.“ (Rückert/Schuler 1974, S. 34).

Eugen Gomringers Konstellation *avenidas* hat für den Umgang mit Konkreter Poesie Modellcharakter (bekommen). Erprobungen in mehreren Klassen der zweiten bis sechsten Jahrgangsstufe haben gezeigt, dass die Schüler sich die Konstellation so weit verstehend aneignen können, dass sie zu eigenen assoziativen Nachgestaltungen fähig sind.

Die beiden Schülerbelege deuten unterschiedliche Möglichkeiten an.

Junge
Junge und Hängematte
Hängematte
Hängematte und Mädchen
Junge
Junge und Mädchen
Junge und Hängematte und Mädchen
und
Pferde auf der Koppel

Natalie (12 Jahre)

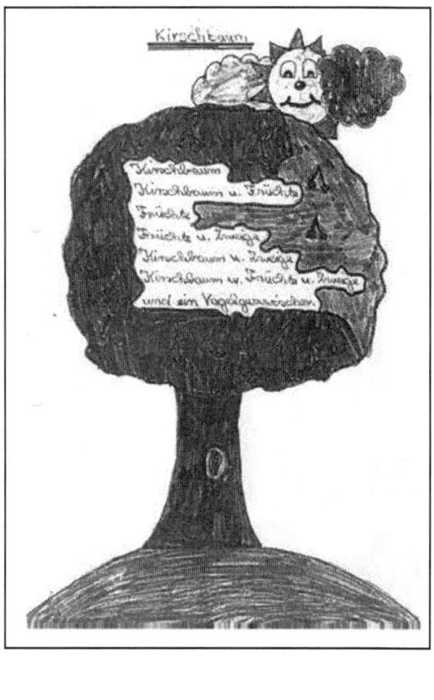

- *Die Brücke/Die Wand* von Gerri Zotter u.a. (2. – 6. Klasse)

Das Textbild (Text und Erläuterung s. S. 69) kann außer zum szenisch-spielerischen Umsetzen (s. S. 189 f.) auch dazu motivieren, formal analoge eigene ‚Ich und Du-Gedichte' zu entwickeln: Verschiedene „Beziehungen" werden graphisch dargestellt, es sollen möglichst wenige Worte gewählt werden. Dieser Vorschlag eignet sich sehr gut für die Partnerarbeit.

Du
Du Du
Du Du Du Du
Du Du Du Ich Du Du Du Du
Ich Ich Ich Du Ich Ich Ich
Ich Ich Ich Ich
Ich Ich
Ich

Tobi (8 Jahre)

Eine Variante im unterrichtlichen Vorgehen setzt bei der Überlegung an, wie das ‚Ich' zum ‚Du' sprachlich Verbindungen knüpfen kann, etwa durch Zurufen, das Treffen von Verabredungen oder die Einigungen über einen Streit. Die Schüler können dazu kleine dialogische Texte schreiben.

- *Gruselett* von Christian Morgenstern (3. – 6. Klasse)

Gruselett

Der Flügelflagel gaustert
durchs Wiruwaruwolz,
die rote Fingur plaustert,
und grausig gutz der Golz.

Christian Morgenstern

Kennzeichnend für dieses Lautgedicht ist, dass es eine Mischung aus Wortneubildungen und bekannten Wörtern enthält und die syntaktische Struktur unserer Sprache beibehält. Auffällig sind die dunklen breiten Vokalen (au, u, o, a). Sie rufen die Geister-Gruselstimmung hervor, die die Überschrift assoziiert.

In den ersten beiden Zeilen wird mit Vokalvariation bei Wörtern mit klingenden Anfangskonsonanten gespielt (Flügelflagel, Wiruwaru …). Die Reimwörter „gaustert" und „…wolz" rufen eine unheimliche und dunkle Wirkung hervor. In der dritten Zeile wird wieder das /f/ in „Fingur" aufgenommen und das Reimwort „plaustert", das leicht an „plustert" erinnert. Die letzte Zeile lebt von der Alliteration mit dem Konsonanten /g/ und wieder von dunklen Vokalen.

Aufgrund der Spannung von grammatisch-formaler Stimmigkeit und weitgehend inhaltlicher Unbestimmtheit eignet sich Christian Morgensterns Lautgedicht *Gruselett* sehr zur Anregung von Assoziationen, etwa in der Richtung, dass es sich beim *Flügelflagel* um ein Gruseln erregendes, vogelartiges Wesen handeln könnte, das sich auf geisterhafte Weise bewegt und dabei unheimliche Geräusche erzeugt.

Indem sie das Gedicht sprechen, empfinden die Kinder seine Stimmung nach, und sie werden aufmerksam auf konstituierende Formmerkmale: auf die Häufung ähnlich klingender Silben, auf Alliterationen und vor allem auf die semantischen Verfremdungen.

Nach gemeinsamen Überlegungen, in welchem geisterhaften Umfeld eine ähnlich unheimliche Stimmung aufkommen könnte, versuchen sich die Kinder an analogen Gestaltungen. Sie erreichen verständlicherweise nicht die ästhetische Qualität des Originals, es entstehen aber Texte, die der Intention des Sprachspiels in Form und Inhalt sehr nahekommen; zum Beispiel:

Der Vampurotzel flaustert
im Schlarudarotal,
das blut'ge Squarlott graustert,
und schaurig lacht der Aal.

Der Garstilari pumpelt
im modergusel Glautz,
die Fördergeule grumpelt
aus Schnötzer geigegautz.

Schülerarbeiten aus einer vierten Klasse[7]

(4) Skizze einer exemplarische Unterrichtseinheit

Im folgenden Beispiel – erprobt in einer vierten Klasse – soll am Thema ‚Frühling' exemplarisch gezeigt werden, wie die Annäherung an Gedichte im Kontext eines sinnlichen Zugangs in der Verknüpfung von Lesen und Schreiben arrangiert werden kann.[8]

Wir wählen dafür *Im Gras* von Arno Holz. Ziel ist es, Möglichkeiten aufzuzeigen, sich dem Gedicht so zu nähern, dass später ein ähnliches Gedicht selbst verfasst werden kann.

[7] Erprobung: Liane Kölsch (Worms)
[8] Text: Gien 2002, S. 139 ff. (bearbeitet).

Im Gras

Schönes, grünes, weiches Gras.
Drin
liege ich
mitten zwischen Butterblumen!

Über mir
warm,
der Himmel:
ein weites, zitterndes Weiß,
das mir die Augen langsam, ganz langsam
schließt.

Wehende Luft ... ein zartes Summen.

Nun
bin ich fern
von jeder Welt,
ein sanftes Rot erfüllt mich ganz,
und deutlich spüre ich,
wie die Sonne mir durchs Blut rinnt –
minutenlang.

Versunken Alles. Nur noch ich.

Selig!

Arno Holz

Das Gedicht stammt aus der ersten Fassung der *Phantasus*-Dichtung von 1898. Äußerlich erinnert sein Schriftbild mit der Mittelachse an das barocke Figurengedicht (s. S. 63 f.), in der Sprachbehandlung, die jedes Wort, jede Zeile, jeden Satz für sich in seiner Einmaligkeit visuell und rhythmisch deutlich vor Augen treten lässt (vgl. Adler/Ernst 1987, S. 231), geht Arno Holz jedoch neue Wege. Sie werden später von der Konkreten Poesie aufgegriffen.

Mit Hilfe einer Phantasiereise werden die Kinder in eine ähnliche Situation wie das lyrische Ich im Gedicht von Arno Holz versetzt.

Bei der anschließenden Textbegegnung liest die Lehrkraft das Gedicht zunächst mehrmals mit bewusst langen Lesepausen bei den Zeilenumbrüchen, um den Kindern Raum für ihre eigenen Imaginationen und Vorstellungen zu geben. Anschließend bekommen die Kinder den gedruckten Text und äußeren sich spontan dazu. Bei einer Erprobung (in einer dritten Klasse) assoziierten die Kinder die Druckform mit einem Körper, der lange Zeit mit ausgestreckten Armen im Gras lag und Druckstellen hinterließ. Es wurde jedoch auch versucht, „Zusammenhänge zwischen Typographie, Leserhythmus und Inhalt“ (Reichgeld 1993, S. 29) im Kontext der eigentümlichen Ästhetik des Gedichtes zu erkennen.

Den Kindern sollte durch das mehrmalige Lesen und das darauffolgende Unterrichtsgespräch deutlich werden, dass die Bedingungen und die Art der sinnlichen Erfahrungen im Gedicht zwar Parallelen zu ihrem eigenen Erleben haben, aber das Gedicht dennoch einen fremden, unwirklichen Ausdruck hat. Das Gedicht kann nämlich keineswegs auf eine Alltagsebene transponiert werden. Bewusst sollten die Kinder ihr eigenes Erleben mit dem des lyrischen Ichs vergleichen: Was sieht / hört / riecht ... das lyrische Ich, was hast du vorher selbst wahrgenommen?

Gerade im Deutlichwerden der Differenz zwischen den eigenen Vorstellungen, Eindrücken und Formulierungen und der erstaunlich anderen Sprechweise des Gedichtes erfahren die Kinder die Eigentümlichkeit von Lyrik. Ähnlich wurde auch mit der Metaphorik des Gedichtes verfahren. Intuitiv sollten die Schüler und Schülerinnen ihre Einfälle zu den Synästhesien äußern und sie sprachlich ausmalen. Die eigenartige Unnahbarkeit der sprachlichen Strukturen, deren Bedeutung sich nicht auf den Punkt bringen lässt und dementsprechend unterschiedliche Adaptionen zulässt, sollte den Kindern so deutlich werden.

Nach diesem assoziativ-sinnlichen Zugang, trat nun das Erkennen einer allgemeinen Textstruktur ins Zentrum der Texterschließung. Das Gedicht wurde abschnittsweise in vier Gruppen verteilt, die sich eine kurze Überschrift ausdenken sollten. Die Gruppen kamen zu folgenden Ergebnissen:

Zeile 1 – 4	Wo bin ich?
Zeile 5 –8	Was sehe ich?
Zeile 9 – 10	Ich beginne zu träumen
Zeile 11 – 19	Was fühle und höre ich?

Diese Inhaltsgliederung hatte zum Ziel, nach den gewollt unstrukturierten Aussagen im ersten Teil die später produktive Auseinandersetzung mit dem Text vorzubereiten. Bereits bei dieser inhaltlichen Gliederung kam mehrmals die ungewöhnliche Anordnung der Zeilen mit den Enjambements zur Sprache, die ja entscheidenden Einfluss auf das Lesen hat. Die Begründungen der Kinder verwiesen einmal auf die Möglichkeit von Lesehilfen durch den Autor oder auf die Tatsache, dass das lyrische Ich ja mehr und mehr „wegdriftet" und nicht mehr „klar sehen" kann (beides Kinderzitate).

Das anschließende Ausprobieren mehrerer leiser und lauter Lesarten bereitete die eigene Produktion vor. Nun sollten die Schüler eigene Gedichte in Anlehnung an die Struktur des Arno Holz-Gedichtes schreiben. Dabei waren die erarbeiteten Gliederungsfragen Struktur für die eigenen Gedichte. Die Schülerinnen und Schüler schrieben nun ihre eigenen Erfahrungen oder Vorstellungen zumeist in ganzen Sätzen und bekamen so bereits das inhaltliche Gerüst ihres Textes.

In der anschließenden Phase wurde ausprobiert (am besten mit dem Partner), diese Texte durch Umbrechen der Zeilen in eine neue, gebundene Form zu bringen.

- Zunächst wurden einzelne Sätze mit einem Strich abgetrennt.
- Danach wurden Zusammenhänge gesucht und markiert (sinngemäße Verse).
- Zuletzt sollten Kinder aussagekräftige Wörter markieren, die alleine in einer Zeile stehen können.
- Abschließend wurde der Text mehrmals gelesen, Änderungen, vorgenommen, Wörter ersetzt, bis die Kinder mit ihrem Produkt zufrieden waren.

Nun trugen einzelne Kinder ihre Gedichte vor. Die Zuhörer erfuhren die Texte als aussagekräftige, klang- und rhythmusvolle Gedichte: „Etwas ganz Besonderes ist dann beim Dichten herausgekommen, wenn es den anderen Kindern gefällt." (Pielow 1985, S. 133)

Die Kinder konnten nun den Text mit dem Computer ‚zentriert' schreiben, um so das entsprechende typographische Aussehen zu erhalten. An den Ergebnissen zeigt sich, wie sehr durch das Zusammenwirken sinnlich-ästhetischer Verfahren, imaginationsfördernder Unterrichtsmomente und kognitiver Durchdringung Lyrik erfahrbar und eigenes Schreiben eng mit der Rezeption verknüpft werden kann. – Ein Beispiel:

Im Wald

Ich setze mich
auf
einen mit Moos bewachsenen Stein.
Von hier aus
kann ich eine große Tanne sehen.
Überall sind Blumen.
Die weißen Lilien
glitzern
wie Schnee.
Ich lege mich
in
das weiche Moos
und schließe meine Augen.
Ich höre, wie die Vögel zwitschern.
Der milde Blütenduft
und das kleine Eichhörnchen
erfreuen mein Herz

Sarina (11 Jahre)

4.3 Freies Schreiben von Gedichten

Die freieste Form der lyrischen Eigenproduktion ist das Schreiben ohne jegliche Vorgabe oder Muster. Freilich haben die Schüler und Schülerinnen auch beim freien Schreiben immer Vorbilder im Hinterkopf, und das ist auch gut so; denn freies Schreiben hat nichts gemein mit Beliebigkeit in der Form, das Attribut ‚frei' beschreibt lediglich den Verzicht auf zielgerichtete didaktische Vorgaben.

Wie bei allem selbständigen Schreiben ist auch beim Verfassen von Gedichten die Erschließung eines Themas vielfach ein nicht unerhebliches Hemmnis. Hier kann das Cluster-Verfahren eine praktikable Hilfe sein. ‚Cluster' bedeutet so viel wie zusammengefügt, zugeordnet, beigeschlagen; in der Sprachwissenschaft bezeichnet das Wort „die ungeordnete Menge semantischer Merkmale eines Begriffs" (Fremdwörterduden). Anders gesagt: Der Begriff ‚Cluster' beschreibt das gesamte denotative und konnotative Umfeld, das uns bei der Wahrnehmung eines Wortes durch den Kopf geht.

Ein vorgegebenes oder selbstgewähltes Wort – zum Beispiel WALD, BAUM, REGEN, HERBST – wird in die Mitte eines Blattes geschrieben und eingekreist. Alle Gedanken (Assoziationen), die dem Schreiber einfallen, notiert er um das Zentralwort herum, kreist sie ebenfalls ein und verbindet sie mit dem Zentralwort. Fallen ihm noch weitere Gedanken ein, schreibt er auch diese auf, kreist sie ein und verbindet sie mit den vorigen.

Gedichte schreiben die Schüler in der Regel mit der Intention, dass sie auch von anderen gelesen werden sollen. Eine Veröffentlichung der Schülertexte ist aufgrund der heute meist gegebenen technischen Ausstattung mit Computern, Druckern und Kopierern leicht möglich. Da ist es dann auch unerheblich, ob die Gedichte handschriftlich oder gedruckt vorliegen.

(1) ‚Nachtgedichte' (3. – 6. Klasse)

„Zur Einstimmung in den Schreibprozess werden die Kinder aufgefordert, den Kopf auf die Arme zu legen und sich mehrmals zwei Gedichtanfänge anzuhören, angeleitet durch den Impuls: Obwohl hier kein Maler am Werk war, kannst du vielleicht beim Lesen Bilder sehen.

Sinkt der Tag in Abendgluten,
schwimmt das Tal in Nebelfluten.
(Heinrich Seidel: *Am Abend*)

Vor der Türe schläft der Baum,
durch den Garten zieht ein Traum.
(Detlev v. Liliencron: *Wiegenlied*)

Die Schüler formulieren, was sie bei den Worten ‚gesehen' haben. Dann versuchen sie mit einfarbigen Seidentüchern gruppenweise jeweils die Gedichtanfänge darzustellen. Bei der Vorführung überlegen die zuschauenden Kinder, zu welchem der beiden Gedichtanfänge die Darstellung passt. In der Erprobung in einer vierten Klasse wurde die erste Verszeile von Heinrich Seidels Gedicht durch rote, gelbe und orange Tücher dargestellt, die sich von oben nach unten bewegten, die zweite Verszeile durch weiße und graue Tücher, die sich von oben nach unten bewegten und sich schlängelten. Bei dem Gedicht Liliencrons verhängte sich ein Kind mit grünen Tüchern, während die anderen Kinder langsam mit verschieden farbigen Tüchern an ihm vorbeigingen. Durch den Einsatz von Musikinstrumenten wurde der Eindruck noch verstärkt.

Anschließend hatten die Kinder die Aufgabe, ‚Nachtwörter' zu sammeln, die sie auf vorbereitete Wortkarten in Sternenform schrieben. In Gruppen suchten sie ‚Nachtwörter', die zu Bildern passten, die sie in einer früheren Unterrichtsphase selbst gemalt hatten:

Angst-Nachtwörter,
Traum-Nachtwörter,
Himmels-Nachtwörter,
Kuschel-Nachtwörter,
Landschafts-Nachtwörter
usw.

Diese Wörter wurden in entsprechende Schachteln verteilt, und konnten als Hilfe für das Verfassen der Nachtgedichte verwendet werden. Dazu gab es in der Klasse immer einen Materialtisch, wo diese Wörtersammlungen (neben anderem Material) während der Schreibphase zur Verfügung standen.

Die Schreibaufgabe lautete:

- Mein Nachtgedicht
  In deinem Bild hast du mit Farben gemalt, wie du dir die Nacht vorstellst. Auch mit Worten kannst du Bilder malen. Wir haben in den Schachteln ‚Nachtwörter' gesammelt, von denen einige ganz sicher besonders gut zu deinem Bild passen. Sicherlich findest du auch noch neue Wörter. Vielleicht brauchst du gar keine Wörter aus unserer Sammlung und du hast ganz eigene Ideen. Dein Gedicht muss sich nicht reimen. Wenn du möchtest, kannst du eine Überschrift finden.

Der Schülerbeleg ist die überarbeitete Fassung nach einer Schreibkonferenz.

Zum Mond

Hell und gelb,
hoch oben lächelt
der Mond
über der schlafenden Stadt,
die schwarz und träumend
unter ihm liegt.

Nur ich
hab mich aus meinem Traum
davongestohlen
und fliege im Heißluftballon,
um den Mond zu besuchen.

Juliano (11 Jahre)

Als Präsentationsform für die ‚Nacht-Gedichte' der Kinder bietet sich ein ‚Klassen-Nachtbuch' an, in dem immer auf den gegenüberliegenden Seiten das von den Kindern gemalte Bild und der entsprechende Text steht. Das Gedicht kann man auf ein zum Bild farblich passendes Tonpapier schreiben und gestalten. Wenn man den Aufwand nicht scheut, kann man das Buch vom Buchbinder professionell binden lassen." (Gien 2011, S. 322 ff.)

(2) Gedichte über Umwelt- und Naturerfahrungen (4. – 6. Klasse)[9]

Bei einem kleinen Spaziergang – in die Umgebung der Schule, ins Stadtzentrum, zum Bahnhof, in die Natur – werden die Schülerinnen und Schüler auf ein Thema eingestimmt. Ein Gang in den Schulgarten, einen Park o.Ä. zu unterschiedlichen Jahreszeiten, bei Schnee, Regen oder strahlendem Sonnenschein wird je unterschiedliche Eindrücke hervorrufen.

Am Ziel angekommen, unternehmen die Schülergruppen den Spaziergang schweigend, gehen dabei riechend, hörend, schauend, wobei eine Gruppe alles oberhalb des Kopfes, eine zweite alles auf Augenhöhe und eine dritte in Bodennähe besonders intensiv betrachtet.

Damit sie ihre Eindrücke nicht vergessen, schreiben die Kinder sie stichwortartig auf einen Notizblock, evtl. schon als Cluster. Diese individuelle Wortsammlung gilt als Grundlage für den ersten Entwurf eines Gedichtes. Als Alternative ist möglich, dass jedes Kind zwei Wörter, die ihm besonders wichtig sind, an die Tafel schreibt – oder auf vorbereitete Wortkarten, die dann allesamt an die Tafel gehängt werden. Fällt einem Kind trotz Wortsammlung gar nichts ein, kann man ihm den Tipp geben, eine Beobachtung als erste Zeile zu nehmen, z.B.:

Die Blumen sprießen aus dem Boden.

oder

Regen prasselt auf die Erde nieder

Nach dem ersten Entwurf lesen sich die Kinder ihre Texte noch einmal durch, dann einem Partner vor. Mit diesem gemeinsam überlegen sie, ob man vielleicht Wörter umstellen oder andere Wörter finden kann. Zum Schluss prüfen sie auch noch einmal den Zeilenumbruch, sie probieren aus, ob man ihn versetzen kann oder wie es wirkt, wenn nur ein Wort in einer Zeile steht oder ein ganzer Satz.

Sind die Kinder mit ihrem Ergebnis zufrieden, können sie ihr Gedicht handschriftlich oder mit dem Computer schreiben und auf einem Schmuckblatt typographisch gestalten.

Die auf der nächsten Seite abgebildeten Schülerarbeiten beziehen sich auf das Thema Regen.

[9] Text: Gien 2004, S. 34 (bearbeitet).

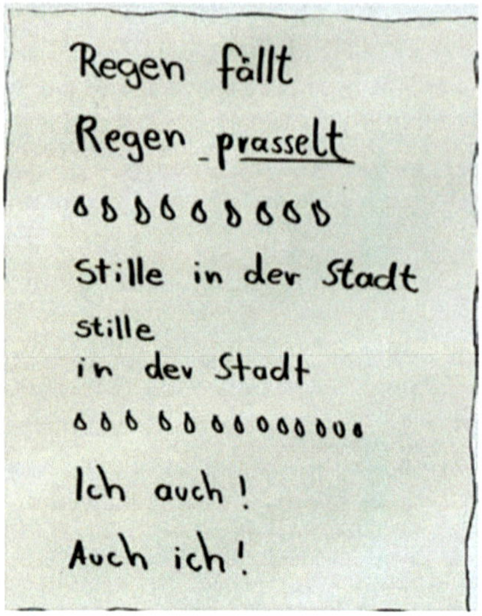

Schülerarbeiten: Regen-Gedicht (4. Klasse)

Alternative Ideen für die Präsentation wären:

- Lesezeichen
- Tischset (laminiert)
- Kleine Schachtelgedichte
- Mit wasserfester Farbe auf einen Schirm schreiben
- Rollen in Flaschen
- u.s.w.

5 Gedichte szenisch interpretieren

Bei Versuchen, ein Gedicht szenisch umzusetzen, handelt es sich immer auch um Interpretationen. Als Formen kommen hier bevorzugt in Frage: Standbilder, Pantomimen, darstellendes Spiel, Schattenspiel mit Leinwand oder auf dem Overheadprojektor, Papiertheater und selbstverständlich auch die medialen Formen der Hörszene bzw. des Hörspiels. Ohne Anspruch auf Vollständigkeit stellen wir einige Möglichkeiten vor.

5.1 Standbilder zu einem Gedicht bauen

Bei diesem Verfahren probieren mindestens zwei Personen oder eine Personengruppe aus, einen Moment oder einen Gedanken, den ein Gedicht für sie zum Ausdruck bringt, durch Körperhaltung und Mimik in einem Standbild darzustellen. Da sich Partner oder die Gruppe über die Konzeption des Standbildes einigen muss, ergibt sich in der Regel sofort in ein Gespräch über das Gedicht und sein Verständnis. Aus der Situation heraus entwickelt sich somit ein Einstieg in die interpretierende Auseinandersetzung mit dem Gedicht.

Die Gruppen zeigen ihre Standbilder dann vor der Klasse; die Zuschauer kommentieren, was sie sehen, sie können das Standbild eventuell auch verändern, und ein Mitglied der Standbildgruppe berichtet von den Gedanken, die sich die Darsteller gemacht haben. Hierbei ist eine Digitalkamera nützlich, da man dann verschiedene Standbilder zu einem Gedicht vergleichen kann.

(1) *Die Brücke / Die Wand* von Gerri Zotter u.a. (2. – 6. Klasse)

Die beiden hier nochmals verkleinert wiedergegebenen Textbilder – ein Ausschnitt aus der oben (S. 69) reproduzierten Doppelseite aus dem *Sprachbastelbuch* – bilden mit jeweils drei Wörtern durch die optische Anordnung figurale Beziehungsgefüge, die Schüler dazu anregen, individuelle Assoziationen einzubringen.

Sprache wird als experimentelles Material betrachtet und dieses auf seine grafische Form reduziert. Die Gruppierung der Wörter zu einem Bild ersetzt Syntax, Vers und Zeile. Entscheidend ist, was die Sprache auf optischer Ebene für das Textverständnis leisten kann.

Inhaltlich geht es um die Beziehung zwischen einem „Ich“ und einem „Du“. Die Beziehung wird durch Sprache, durch „Worte“ (d.h. durch Wörter = Äußerungen, Aussprüche) hergestellt oder verhindert. Diese können wie eine Brücke die Beziehung vom Ich zum Du stiften, tragen, festigen oder aber sich wie eine Wand auftürmen und jeden Kontakt unterbrechen oder verhindern (s. auch den Vorschlag im Kapitel ‚Selberschreiben von Gedichten’, S. 180).

Im Unterricht sollte versucht werden, über die grafische Ebene hinaus Möglichkeiten menschlicher Interaktionsfähigkeit zu interpretieren. Zu dem Textbild *Die Brücke* beispielsweise sind etwa folgende Schüleräußerungen erwartbar:

- Die ‚Worte‘ bilden eine „Brücke“, „ich“ und „du“ sind Pfeiler.
- Zwischen ‚ich‘ und ‚du‘ ist ein großer Zwischenraum, „da kommt man nur mit Wörtern ‘rüber“.
- Zwischen ‚ich‘ und ‚du‘ liegt eine größere Entfernung; „Brücken sehen auch anders aus“.

An ganzheitlichen Bearbeitungsmöglichkeiten der Verstehensansätze bietet sich das Umsetzen der grafisch dargestellten Aussage in ein Standbild an:

Je zwei Kinder versuchen mit körperlichen Ausdrucksmitteln die Textbeispiele darzustellen. Dabei werden verschiedene Möglichkeiten und Vorschläge miteinander verglichen. Das nebenstehende Foto zeigt – einer Idee von Petra Selnar (1998) folgend – einen Versuch zu *Die Brücke*.

Um das Textbild *Die Wand* darzustellen, können die Schüler einander beispielsweise den Rücken zuwenden oder sich, wie auf dem zweiten Foto zu sehen, mit erhobenen Händen abwehrend gegenüberstehen, ohne sich zu berühren.

Eine thematisch weiterführende Variante ergibt sich, wenn im Standbild mit einem oder mehreren Partnern verschiedene Beziehungsgefüge dargestellt werden, die die Zuschauer enträtseln sollen. Eine anspruchsvolle Steigerung wäre, das im Standbild Gezeigte in einem Textbild darzustellen.

Standbilder zu *Die Brücke*

(2) *Hundertzwei Gespensterchen* von James Krüss (1. – 4. Klasse)

Den meisten Kindern ist die Erfahrung vertraut, dass ihre Phantasie sie in eine Situation bringt, wo ein eigentlich ganz harmloser Anlass sie ängstigt. James Krüss hat eine solche Situation in dem Gedicht *Hundertzwei Gespensterchen* in feinfühlig-spielerischer Weise aufgegriffen:

Hundertzwei Gespensterchen

Hundertzwei Gespensterchen
saßen irgendwo
hinter meinem Fensterchen.
Da erschrak ich so.

Hundertzwei Gespensterchen
Waren sehr vertrackt:
An mein Kammerfensterchen
klopften sie im Takt.

Hundertzwei Gespensterchen
Haben mich erschreckt.
Weit entfernt vom Fensterchen
hab ich mich versteckt.

Hundertzwei Gespensterchen
waren plötzlich fort.
Schlich mich schnell zum Fensterchen.
Fand sie nicht mehr dort.

Hundertzwei Gespensterchen,
denkt euch, wie famos,
waren an dem Fensterchen
Regentropfen bloß.

James Krüss

Die Lehrkraft[1] liest das Gedicht schrittweise – bis zur vierten Strophe einschließlich – vor. Nach jeder Strophe hält sie jeweils kurz inne, um den Schülern Gelegenheit zu geben, Vermutungen über den weiteren Fortgang zu äußern. In der letzten Strophe liest sie nur bis zum Anfang des dritten Verses (bis „waren“) und spart den überraschenden Schluss zunächst aus. Jedes Kind überlegt sich eine Lösung und schreibt sie auf.

Die erwartbar unterschiedlichen Lösungen werden vorgelesen; es wird besprochen, ob sie plausibel sind. Schließlich werden die Schülerlösungen mit dem Original „Regentropfen“ verglichen.

Anschließend wird über mögliche Spiel- bzw. Darstellungsformen diskutiert. Die Lehrkraft bringt den Vorschlag ein, ein Standbild zu bauen.

Möglichst viele Kinder sollen ‚mitspielen’. Jede der vier Strophen wird von mehreren Kindern wiederholt. Nach dem Aufsagen sollen sie die „Stellung halten“. Die Schlussstrophe wird von mehreren Kindern gleichzeitig aufgesagt. Beim Stichwort „Fensterchen“ am Ende des dritten Verses holen alle Beteiligten – nach einer Kunstpause – einen großen, aus Karton ausgeschnittenen blauen Regentropfen hervor und bewegen sich erleichtert.

[1] Erprobung: Ruth Walzik (Nackenheim)

5.2 Gedichte pantomimisch darstellen

„Einzeln oder in Gruppen versuchen die Schüler, durch Bewegung etwas von dem zum Ausdruck zu bringen, was sie an Inhalt und Gehalt dem Gedicht entnehmen. Dabei kann sich die pantomimische Darstellung sowohl auf die äußere Bildlichkeit oder die Handlung des Gedichtes als auch auf die von ihm zum Ausdruck gebrachte Stimmung beziehen. [...] Die pantomimische Darstellung kann durch die Rezitation des Gedichtes begleitet werden (ein Schüler spricht das Gedicht, während andere dazu die Pantomime durchführen." (Spinner 2000, S. 61)

- *Petra* von Marianne Kreft (2. – 4. Klasse)

Dieses Gedicht eignet sich gut für eine pantomimische Darstellung. Es beschreibt die gegensätzlichen Verhaltensweisen des Sich-An- und Ab-Freundens zwischen zwei Kindern nicht als innere Vorgänge, sondern mittels typischer Handlungen und Gesten. Wie die Protagonistin Petra ihre Gefühle sichtbar ‚zum Ausdruck' bringt, das kann von den Schülern gut im nachvollziehenden Spiel verstanden werden.

Petra

Das macht Petra, wenn sie sich
mit Steffen an-freundet:
Sie lächelt Steffen an.
Sie legt ihren Arm um Steffen.
Sie hält Steffen an der Hand.
Sie macht Steffen den Ranzen zu.
Sie setzt sich ganz nah zu Steffen.

Das macht Petra, wenn sie sich
von Steffen ab-freundet:
Sie dreht Steffen den Rücken zu.
Sie guckt Steffen bös an.
Sie streckt Steffen die Zunge raus.
Sie lacht Steffen aus.
Marianne Kreft

Nachdem die Lehrkraft das Gedicht vorgelesen hat, wird über seinen Inhalt und seine Aussageabsicht gesprochen. Ist das beschriebene Verhalten der Protagonistin Petra als Vorbild zu verstehen oder soll es das Gegenteil bewirken? Könnte es auch so verstanden werden, dass man mit Freunden auch mal ‚Streit' haben kann und mit ‚Feinden' freundlich umgehen muss? Das heißt dann: Spontane Gefühle für Mitschüler werden ‚auf den Kopf' gestellt.

Diese Intention soll möglichst auch durch das pantomimische Spiel erkennbar werden. Dabei liest ein Kind den Text, während zwei andere (Mädchen und Junge) spielen. Bereits vor Beginn ist zu klären, dass der Leser Pausen einlegen muss, um den Spielern für ihre Bewegungen Zeit zu lassen. Vermutlich muss dieses Zusammenspiel aber mehrmals geprobt werden, um zu gelingen. Auch die passenden Positionen der Spieler werden in Stellproben ausprobiert. Es finden verschiedene Proben mit anschließenden Verbesserungsvorschlägen durch die Zuschauer statt.

Die Fotos dokumentieren einen Spielversuch in einer dritten Klasse.[2]

sich an-freunden

sich ab-freunden

- *Fauler Zauber* von Erich Kästner (3. – 6. Klasse)

Auch die Kinderballade *Fauler Zauber* von Erich Kästner (Text s. S. 41) ist gut geeignet für eine pantomimische Darstellung. Als der Zauberer Mamelock zwei Buben aus dem Publikum als Mitspieler sucht, melden sich Fritz und Franz. Wie beabsichtigt, verschwinden sie auf seinen Zauberspruch hin unter einem schwarzen Tuch. Sie sind die Leiter im Podest hinabgestiegen. Statt aber auf das Kommando des Zauberers wieder zurückzukommen, laufen Fritz und Franz unter dem Podest davon – zur Verblüffung von Zauberer und Publikum. Der Reiz der Ballade besteht also darin, dass aus dem geplanten vorgetäuschten Verschwinden der Buben ein wirkliches Verschwinden wird.

[2] Erprobung: Liane Kölsch (Worms)

5.3 Gedichte inszenieren

5.3.1 ‚Szenisch gestützt' vortragen

Das ‚szenisch gestützte' Vortragen von Gedichten ist eine Art Zwischenform zwischen dem Rollensprechen und dem szenischen Inszenieren. Es operiert mit sparsamen oder angedeuteten inszenatorischen Mitteln. Die im Gedicht gestaltete Situation wird durch Intonation und Sprechhaltung der Vortragenden, gegebenenfalls durch Gang, Gestik und Mimik andeutungsweise ‚gespielt'.

Wir wählen als Beispiel – vorschlagsweise für die 3. – 6. Klasse – Bertolt Brechts *Die Vögel warten im Winter vor dem Fenster* aus der Sammlung der *Neuen Kinderlieder* (1950), das zu den bekanntesten Kindergedichten des Autors zählt.

Die Vögel warten im Winter vor dem Fenster

1
Ich bin der Sperling.
Kinder, ich bin am Ende.
Und ich rief euch immer im vergangenen Jahr
Wenn der Rabe wieder im Salatbeet war.
Bitte um eine kleine Spende.
    Sperling, komm nach vorn.
    Sperling, hier ist dein Korn.
    Und besten Dank für die Arbeit.

2
Ich bin der Buntspecht.
Kinder, ich bin am Ende.
Und ich hämmere die ganze Sommerzeit
All das Ungeziefer schaffe ich beiseit.
Bitte um eine kleine Spende.
    Buntspecht, komm nach vorn.
    Buntspecht, hier ist dein Wurm.
    Und besten Dank für die Arbeit.

3
Ich bin die Amsel.
Kinder, ich bin am Ende.
Und ich war es, die den ganzen Sommer lang
Früh im Dämmergrau in Nachbars Garten sang.
Bitte um eine kleine Spende.
    Amsel, komm nach vorn.
    Amsel, hier ist dein Korn.
    Und besten Dank für die Arbeit.

Bertolt Brecht

Dieses Gedicht Bertolt Brechts ist im Verlauf seiner Rezeption sehr unterschiedlich gedeutet worden, wobei sein zeitgeschichtlicher Bezug und die politische Absicht, zur Verwirklichung der Idee des Sozialismus (in der DDR) beizutragen, eine erhebliche Rolle spielten. Unverkennbar dürfte jedenfalls sein, dass die Rollen der Vögel parabelhaft gemeint sind, und das Gedicht darum nicht, wie in manchen Interpretationen zu lesen ist, zum Mitleid mit den frierenden und hungernden ‚Vögelein' aufrufen will. Es spricht vielmehr vom Wechselverhältnis von Leistung gegen Leistung, von Sommerarbeit gegen Lohn im Winter. Allerdings fällt hierbei die Diskrepanz auf zwischen der Demutsgebärde „Bitte um eine kleine Spende" einerseits und dem Ausweis erbrachter Leistung andererseits. Man würde eigentlich die Forderung nach dem zustehenden Lohn erwarten, nicht aber die Bitte um eine Spende. Der Widerspruch löst sich vom Ende her in der wiederkehrenden, zunächst paradox anmutenden Schlussformel auf: „Und besten Dank für die Arbeit!" Das Verhältnis ‚Not-Barmherzigkeit' wird also doch durch die Dimension ‚Arbeit-Lohn' ersetzt. Allerdings: Nicht der Vogel dankt in Entsprechung zu der erfüllten Bitte, sondern die Kinder (d.h. allgemein: der Mensch) geben und sagen, indem sie danken, dass es keine Gnadengabe für Bettler, sondern gerechter Lohn für geleistete Arbeit ist. Bemerkenswert ist dabei (nicht nur unter zeitgeschichtlicher Betrachtung), dass Brecht auch der Kunst den Charakter von ‚Arbeit' zuerkennt.

Das im Text vorgegebene Wechselspiel von Einzelstimme und Sprechergruppe (Chor) legt eine Erarbeitung über einen szenisch gestützten Vortrag nahe. Indem die ‚Szene' geklärt wird, kann das Inhaltlich-Thematische langsam eingekreist werden. Die im Titel enthaltene Ortsangabe „vor dem Fenster" wirkt wie eine Regieanweisung und baut einen Raum für die Aktionen der Gesprächspartner auf. Auf der einen Seite steht die Gruppe der über ihre Arbeit Rechenschaft Gebenden, unter ihnen Sperling, Buntspecht und Amsel, auf der anderen die Kinder, die über das Maß der Belohung urteilen. Die Vorstellungsformel „Ich bin" dient dazu, (dem Publikum) erkennbar zu machen, dass hier eigentlich Figuren (Schauspieler) agieren, die den Part einer bestimmten ‚dramatis persona' übernommen haben. Die Strophennummern setzen somit gleichsam die einzelnen Auftritte voneinander ab. Nacheinander folgen die Vögel der Aufforderung der Kinder, nach vorne zu kommen. Der Einzelne wird so für einen Moment aus der Gruppe herausgehoben, erfährt sein Lob und seinen je spezifischen Dank für die geleistete Arbeit. Dieser wird von der Gruppe der Kinder gemeinsam (aus)gesprochen.

Besondere Beachtung sollte der Überlegung gelten, in welcher (Sprech-)Haltung die „Bitte" vorzutragen ist. Eine sparsame Gestik könnte sie unterstützen: Der jeweilige Vogel-Sprecher tritt mit einigen Schritten vor die Gruppe und öffnet bei Vers 5 mit kurzer, bestimmter Bewegung die Hand – er bittet, aber er bettelt nicht. Hier müsste die Intention zum Ausdruck kommen, dass mit der Aussage „Bitte um eine kleine Spende" eigentlich gemeint ist: „Ich erinnere euch an den Lohn, den ihr mir schuldet."

5.3.2 Szenisch interpretieren

Bei dieser Form der szenisch-darstellenden Beschäftigung mit Gedichten liegt der Akzent auf der inhaltlich-thematischen Aneignung und Erschließung. Sie beabsichtigt also nicht primär eine Aufführung vor Publikum wie das szenische Darstellen bzw. das Theaterspiel.

Als Beispiel – für die 2. – 5. Klasse – wählen wir das Gedicht *fünfter sein* von Ernst Jandl, ursprünglich ein Gedicht für Erwachsene, das im Verlauf seiner Rezeption aber rasch zu einem der bekanntesten Gedichte für Kinder des Autors wurde.

fünfter sein

tür auf
einer raus
einer rein
vierter sein

tür auf
einer raus
einer rein
dritter sein

tür auf
einer raus
einer rein
zweiter sein

tür auf
einer raus
einer rein
nächster sein

tür auf
einer raus
selber rein
tagherrdoktor

Ernst Jandl

Wie viele Gedichte Ernst Jandls ist auch dieses ein Sprechgedicht. Die Situation – Wartezimmer beim Arzt – erschließt sich erst vom Ende her. Mit sparsamsten sprachlichen Mitteln beschreibt Ernst Jandl die sich steigernde Nervosität des wartenden Patienten. Die Überschrift deutet zunächst auf eine allgemeine Situation: Man kommt irgendwohin und ist der Fünfte, man wartet. Die Strophen verdeutlichen, dass man nur einzeln eintreten darf, nacheinander. Sprachlich arbeitet Jandl dabei mit den Mitteln der Wiederholung, ohne in einen Schematismus zu verfallen. Er schreibt nicht „erster sein", sondern „nächster sein" und zieht damit den Ring um das nervös wartende Ich immer enger – bis zum „selber rein".

Beim Vorlesen oder Vortragen sollte der dadurch bewirkte Spannungsbogen deutlich werden. Die Leseweise hängt von der Stimmung desjenigen ab, der hier spricht, zum Beispiel: ungeduldig forsch, ängstlich, auf Aufschub hoffend, gleichgültig.

Zur szenischen Realisierung greifen die Schüler die im Text thematisierte Situation auf. Gerhard Haas (1997, S. 112) hat dazu folgenden Vorschlag gemacht:

> [Die Spieler] sitzen auf fünf Stühlen; der letzte eröffnet die szenische Lesung mit der Aussage „Fünfter sein". Darauf steht der erste Schüler auf, geht durch eine imaginäre, pantomimisch angedeutete Tür (Türklinke drücken, Türe aufziehen und hinter sich wieder schließen). Der Sprecher dazu: „tür auf / einer raus / einer rein." Der Hinausgehende kehrt an seinen Tischplatz oder Platz im Zuschauer-

> kreis zurück; der bisher Zweite, Dritte, Vierte und Fünfte rückt jeweils einen Stuhl weiter; der Fünfte spricht dabei: „Vierter sein" und zugleich setzt sich jemand aus der Klasse auf den so freigewordenen fünften Platz. Nach dem vollständigen Ablauf, bei dem nur der ursprünglich Fünfte jeweils seinen Stellungswechsel mit Ausdruck (Ärger, Langeweile, zunehmende Freude) kommentiert, während der Sprecher monoton die immer gleiche Formel spricht, ist das Gedicht szenisch realisiert. (Haas 1997, S. 112)

Der Künstler Norman Junge hat zu Ernst Jandls Gedicht ein Bilderbuch gestaltet, in dem er die Wartezimmersituation mit Spielfiguren darstellt und als Sprecher die Pinocchio-Figur wählt, die eine gebrochene Nase hat. Er platziert fünf blessierte Spielzeugfiguren auf den Stühlen des Ärztewartezimmers und spielt zeichnerisch bravourös mit deren zwiespältigen Gefühlen. Einer nach dem anderen verschwindet hinter einer ominösen Tür, um anschließend vollständig und repariert wieder herauszukommen, bis schließlich der Pinocchio mit der abgebrochenen Nasenspitze allein dasitzt: „selber rein" heißt es nun. Die Tür geht auf und endlich wird das Geheimnis gelüftet, was sich hinter der Tür verbirgt: „tagherrdoktor".

Illustration von Norman Junge

Das Bilderbuch zu betrachten und mitzuvollziehen, wie die Figuren voller Angst in das Sprechzimmer der Arztes hineingehen und wie sie es freudig, weil geheilt, wieder verlassen, macht den Kindern viel Spaß. Man kann es dann als Grundlage für Versuche nehmen, aus der Sicht Pinocchios einen inneren Monolog in den Text einzufügen. Während der Text noch einmal verzögernd vorgelesen wird, schreiben die Kinder Gedanken auf, die dem fünften Patienten in den Sinn kommen – wie z.B. in dem Schülertext aus einer vierten Klasse:

tür auf
Endlich!
einer raus
Wer ist denn jetzt dran?
einer rein
Jetzt nur noch vier!
vierter sein

tür auf
Na, mal sehen!
einer rein
Ist das langweilig!
dritter sein
[...]

Auch diese um den inneren Monolog erweiterte Fassung kann selbstverständlich im Rollenspiel vorgetragen werden. Die einfachste Form ist, dass ein Schüler Jandls Text (in der Rolle Pinocchios) spricht, ein anderer gleichsam als ‚alter ego' dessen inneren Monolog.

5.3.3 Szenisch darstellen

Hier geht es, in der Regel nach der inhaltlich-thematischen Aneignung und Erschließung, um eine Umsetzung der Handlung in szenische Darstellung. Eine Aufführung vor Publikum – und bestehe dieses nur aus den nicht am Spiel beteiligten Schülern der Klasse – ist also Bestandteil bzw. Zielpunkt der Erarbeitung.

(1) *Lesestunde* von Hans Baumann (2. – 4. Klasse)

Lesestunde

Ein Hund, ein Schwein, ein Huhn, ein Hahn,
ein Specht, der grade zu Besuch,
die fanden hinterm Haus ein Buch –
was haben da die fünf getan?
Sie riefen alle laut: „Mal sehn,
was mag auf Seite eins wohl stehn?"

„Oi, oi, oi,oi", so las das Schwein.
Da sprach der Hund: „Das kann nicht sein.
Da steht wau, wau, wau, wau, wau, wau."
Der Specht rief gleich: „Ich seh's genau,
da steht tak, tak, tak, tak, tak, tak."
Das Huhn las eifrig: „Gack, gack, gack."
Hell schrie der Hahn: „Das stimmt doch nie,
da steht kikerikikriki."

Die Eule hörte das Geschrei
im Tagversteck und flog herbei.
Nun sprach der Hahn mit wilden Augen:
„Das dumme Buch will nicht viel taugen,
denn jedem lügt's was anderes vor."

Die Eule hielt es an ihr Ohr:
„Mir sagt das Buch, es läg' daran,
dass keiner von euch lesen kann."

Hans Baumann

Lesestunde ist ein „Problemtext, der zugleich besonders viele Möglichkeiten der Schüleraktivität und des kreativen Gestaltens zuläßt. [...] z.B. das Einteilen in Sprecherrollen, das Sucher weiterer Tiere und Tierlaute." (Franz 1981, S. 26)

Als wichtigste Aussagen sind herauszuarbeiten: fehlende Lesefähigkeit bei den Tieren, Täuschungsversuch, Schlauheit der Eule.

Vor allem ist Wert darauf zu legen, „daß der Text laut gelesen und sprecherisch gestaltet wird (einzeln, mit verteilten Rollen; Chorsprechen in der ersten Strophe; unter besonderer Berücksichtigung der Tierlaute). Außerdem können Instrumente zur Untermalung eingesetzt werden. Der Text eignet sich auch gut zur szenischen Ausgestaltung.“ (Ebd.)

In einem Schulversuch hat sich eine 3. Klasse[3] dafür entschieden, aus *Lesestunde* ein Spiel machen. Dafür war vorbereitend – durch Arbeit am Text – zu klären, wie viele Spieler und Spielerinnen gebraucht werden und welche Requisiten erforderlich sind.

Es wurden dann Gruppen (7 Kinder) gebildet, die sich in verschiedenen Räumen der Schule verteilten und selbst ausprobieren sollten, wie das Gedicht gespielt – anspruchsvoller formuliert: inszeniert – werden könnte. Vorgeschlagen wurde u.a., außer den Rollenfiguren für die Tiere auch einen Erzähler zu wählen.

Beim Vorstellen der Gruppenergebnisse ging es darum
- bestimmte Spielideen zu begründen;
- Verbesserungsvorschläge (Sprache der Tiere, Positionen der Schauspieler, Mimik, Gestik, Rücksichtnahme auf Mitspieler) zu machen;
- besonders gelungene Ideen hervorzuheben.

Im Kunstunterricht waren (einfache) Tiermasken (aus Papier) hergestellt worden, die nun bei den Proben eingesetzt wurden.

Das ‚fertige' Spiel wurde mit der Videokamera aufgenommen.

Szenenfotos

[3] Erprobung: Liane Kölsch (Worms)

(2) Kinderballaden von Erich Kästner (3. – 6. Klasse)

Die handlungsstarken, inhaltlich meist lustig-unterhaltsamen Kinderballaden Erich Kästners eignen sich insgesamt gut zur Umsetzung in ein szenisch-darstellendes Spiel. Wir deuten zwei Möglichkeiten an.

- *Der Zauberer Korinthe*

Das (z.B. in [Internet-]Anthologien leicht aufzufindende) Gedicht ist die Parodie einer Moritat und fordert insofern die Inszenierung in Form eines Bänkelgesanges geradezu heraus. Sprachlich benutzt es Elemente des volkstümlichen Kinderliedes wie das ‚Zersilben' von Wörtern („Kori, Kora, Korinthe"; „schmi, schma, schmollte" – vgl. auch den Kindervers *Es geht ein Ki- Ka- Kind*, S. 174 f.) und das Verballhornen von Reimen. Inhaltlich erzählt es von einem Zauberer, der in einem Tintenfass lebt und aus dem, was ein Schreiber mit der Tinte zu Papier bringt, das Gegenteil entstehen lässt.

Aufgeführt werden könnte das Gedicht so: Auf einem Bänkchen steht die Bänkelsängergruppe. Einer zeigt auf die (großformatigen) Bilder, auf denen die wichtigsten Erzählstationen des Gedichtes wiedergegeben sind, zwei tragen laut und vernehmlich den Text im Wechselgesang vor, ein oder zwei weitere begleiten das Lied (den Sprechgesang) auf Instrumenten (Trommel, Flöte, Gitarre, Xylophon). Der Chor der ganzen Klasse (Publikum) spricht die refrainartigen Zwischenstrophen 5, 8 und 11 mit. Dabei ist der Sprechton dem Stropheninhalt anzugleichen und der Refrain entsprechend zu variieren.

- *Die Sache mit den Klößen*

Die Sache mit den Klößen

Der Peter war ein Renommist.
Ihr wißt vielleicht nicht, was das ist.
Ein Renommist, das ist ein Mann,
der viel verspricht und wenig kann.

Wer fragte: „Wie weit springst du, Peter?"
bekam zur Antwort: „Sieben Meter."
In Wirklichkeit – Kurt hat's gesehn –
sprang Peter bloß drei Meter zehn.

So war es immer: Peter log,
daß sich der stärkste Balken bog.
Und was das Schlimmste daran war:
Er glaubte seine Lügen gar!

Als man einmal vom Essen sprach,
da dachte Peter lange nach.
Dann sagte er mit stiller Größe:
„Ich esse manchmal dreißig Klöße."

Die andern Kinder lachten sehr,
doch Peter sprach: „Wenn nicht noch mehr!"
„Nun gut", rief Kurt, „wir wollen wetten."
(Wenn sie das bloß gelassen hätten!)

Der Preis bestand, besprachen sie,
in einer Taschenbatterie.
Die Köchin von Kurts Eltern kochte
die Klöße, wenn sie's auch nicht mochte.

Kurts Eltern waren ausgegangen.
So wurde endlich angefangen.
Vom ersten bis zum fünften Kloß,
da war noch nichts Besondres los.

Die andern Kinder saßen stumm
um Peter und die Klöße rum.
Beim siebenten und achten Stück
bemerkte Kurt: „Er wird schon dick.“

Beim zehnten Kloß ward Peter weiß
und dachte: Kurt erhält den Preis.
Ihm war ganz schlecht, doch tat er heiter
und aß, als ob's ihm schmeckte, weiter.

Er schob die Klöße in den Mund
und wurde langsam kugelrund.
Der Anzug wurde langsam knapp.
Die Knöpfe sprangen alle ab.

Die Augen quollen aus dem Kopf.
Doch griff er tapfer in den Topf.
Nach fünfzehn Klößen endlich sank
er stöhnend von der Küchenbank.

Die Köchin Hildegard erschrak,
als er so still am Boden lag.
Dann fing er gräßlich an zu husten,
daß sie den Doktor holen mußten.

„Um Gottes willen“, rief er aus,
„der Junge muß ins Krankenhaus.“
Vier Klöße steckten noch im Schlund.
Das war natürlich ungesund.

Mit Schmerzen und für teures Geld
ward Peter wiederhergestellt.
Das Renommieren hat zu Zeiten
auch seine großen Schattenseiten.

Erich Kästner

Aufschneiden und Angeben ist den Schülerinnen und Schülern aus dem täglichen Umgang miteinander bekannt. Fremd hingegen ist die Köchin in einer Familie. Sie verkörpert den gehobenen sozialen Status in einer Zeit ohne Küchenmaschinen. Bemerkenswert ist auch, dass sich die Köchin dem Willen Peters unterordnet und die Klöße kochte, „wenn sie's auch nicht mochte“ (VI,4).

Nach der ersten Strophe, die im Erzählstil beginnt, wendet Kästner sich direkt an den Leser und erklärt, was ein Renommist ist. Der weitere Handlungsverlauf, der seinen Höhepunkt in Strophe 11 hat, wird in moritatenhafter Weise dargestellt, durchsetzt von dramatisierender wörtlicher Rede.

Die ‚Klößeaktion' lief interessanterweise, als Kurts Eltern ausgegangen waren; damit wird deutlich, dass diese das Vorhaben gewiss nicht gebilligt hätten. Wie es Kästner eigen ist, vermittelt er dem Leser eine Lehre, jedoch ohne moralisierend erhobenen Zeigefinger, sondern auf besinnlich humorige Art.

Sind die Situation und die Handlung erfasst, kann die szenische Umsetzung erfolgen. Dafür wird zunächst untersucht, wie viele Figuren auftreten bzw. Sprecherrollen vorkommen, und es werden ihre Sprechpartien (wörtliche Rede) im Text markiert. Die Textananlyse wird auch ergeben, dass eine Reihe von Textpartien als Regieanweisungen und Beschreibung des Handlungsortes verstanden werden können. Zum Beispiel: „Die andern Kinder saßen stumm / um Peter und die Klöße rum.“ Die Hauptschwierigkeit dürfte darin bestehen, die Erzählpassagen in Handlung umzusetzen.

Die Schüler proben zunächst in Kleingruppen (evtl. auch nur einzelne Szenen). Improvisationen (und Textveränderungen) sind erlaubt. Die Gruppen spielen sich dann gegenseitig ihr ‚Stück' vor. Die Darstellung wird besprochen.

(3) Zwei Spielanregungen

Die beiden folgenden Anregungen demonstrieren, dass sowohl Texte, die sich auf realistische Situationen beziehen, als auch solche, die in die Sphäre der Phantasie hineinreichen, im Spiel erschlossen werden können. Sie erfordern freilich je eigene Spielweisen.

- *Lückenbüßer* von Regina Schwarz (2. – 3. Klasse)

Lückenbüßer

Bei Jörg ist das so:

Ist der Marc bei ihm,
dann lässt er mich stehn,
und ich kann nach Hause gehen.

Ist der Sven bei ihm,
dann lässt er mich stehn,
und ich kann nach Hause gehen.

Ist Jörg aber allein,
dann sagt er: „Komm rein!"

Regina Schwarz

Der Sprecher dieses kleines Gedichts – vermutlich handelt es sich um einen Jungen – schildert drei identische Situationen, in denen Jörg sich ihm gegenüber gleich verhält: Jedes Mal wird er weggeschickt, weil Jörg bereits jemanden zum Spielen hat. Nur wenn Jörg allein ist, lädt er ihn zu sich ein.

Die unschöne, ja traurige Erfahrung, als Lückenbüßer oder Lückenbüßerin herhalten zu müssen, dürfte nicht wenigen Kindern aus eigener Erfahrung vertraut sein. Sie können daher gut nachvollziehen, wie der Sprecher des Gedichtes sich fühlt. Im Gespräch sollte man aber sehr zurückhaltend damit sein, die Verhaltensalternative, den anderen von vornherein mitspielen zu lassen, als Ergebnis ‚herauszuarbeiten'. Das würde den Text zu direkt pädagogisch instrumentalisieren. Dass er anregen möchte, über das Verhalten der Kinder untereinander nachzudenken, bleibt davon unberührt.

Über das Lesen und das interpretierende Gespräch hinaus, bietet sich ein szenische Umsetzung an, um den Denkanstoß des Gedichtes aufzunehmen. Anders als in *Petra* von Marianne Kreft (s. S. 192 f.) ist hier eine Pantomime weniger geeignet, die Handlung spricht eher für ein Rollenspiel. Die schlichteste Form wäre, einfach die Situationen nachzuspielen. Wirkungsvoller aber erscheint stattdessen, eine Fortsetzung zu erproben und in möglichst unterschiedlichen Varianten darzustellen, ob und wie der zum Spielen aufgeforderte Junge auf die Einladung „Komm rein" reagiert.

- *Märchen* von Hans Arp (3. – 6. Klasse)

Märchen

Ein großer blauer Falter
ließ sich auf mich nieder
und deckte mich
mit seinen Flügeln zu.

Und tiefer und tiefer
versank ich in Träume.
So lag ich lange und vergessen
wie unter einem blauen Himmel.

Hans Arp

„Es sind Bilder, in denen man sich verlieren kann. Die Vorstellung vom blauen Falter und dem Blau des Himmels mag die Erinnerung nahe legen an einen heiteren Sommertag. Andererseits ist das wohltuende Vergessen nur möglich durch das Tiefer- und Tiefersinken, womit die Nähe zum Traum angedeutet wird. Auch der Titel legt das Unwirkliche nahe.“ (Kliewer/Kliewer 2002, S. 131)

Der knappe Text fordert geradezu heraus zum Improvisieren und Spielen. Es könnten folgende Aufträge gegeben werden (Gien 1999, S. 36):

➢ Lies das Gedicht mehrmals und probiere aus, wie du es am besten sprichst! Man soll an deiner Stimme hören, dass der Träumer immer mehr in seine Träume versinkt.

➢ In dem Gedicht spielt die Farbe „Blau“ eine wichtige Rolle. Schließe deine Augen. Woran denkst du bei der Farbe Blau? Schreibe deine Ideen auf ein großes Papier.

➢ Nun sollt ihr das Gedicht spielen. Überlegt, wie ihr in der Gruppe den großen blauen Falter spielen könnt.

➢ Sucht euch Tücher, Stoffreste oder Ähnliches und probiert aus, wie ihr die erste Strophe des Gedichtes darstellen könnt. Bedenkt dabei vor allem, wie man das Zudecken spielen kann (ganz langsam, von oben …)

➢ Bei der zweiten Strophe darf einer von euch der Träumer sein, die anderen malen auf Folie, was er träumen könnte. Ein Traum kann auch nur aus Farben oder/und Formen bestehen.

➢ Spielt nun das ganze Gedicht und verdunkelt in der zweiten Strophe das Klassenzimmer, während die Träume auf Folie [auf den Tageslichtprojektor] aufgelegt werden.

*

⌧ **Querverweis**
Siehe auch die Spielanregungen zu *Karawane* von Hugo Ball auf S. 138.

5.3.4 Schattentheater

Das Schattentheater ermöglicht ohne allzu großen Aufwand ausgesprochen eindrucksvolle Darstellungen, die das Verstehen von Gedichten unterstützen und fördern.

Relativ einfach in Herstellung und Anwendung ist das Schattentheater auf dem Tageslichtprojektor. Dessen Auflagefläche dient dann als Bühne. Hierbei besteht einmal die Möglichkeit, das Spiel auf eine Leinwand zu projizieren oder aber von hinten gegen eine übliche Schattenleinwand.

Geeignet für das Schattentheater sind vor allem erzählende, handlungsbetonte Gedichte.

(1) *Vom Riesen Timpetu* von Alwin Freudenberg (1.– 4. Klasse)

Vom Riesen Timeptu

Still! Ich weiß was. Hört mal zu:
War einst ein Riese Timpetu.
Der arme Bursche hat – o Graus –
im Schlafe nachts verschluckt 'ne Maus.
Er lief zum Doktor Pfiffikus:
„Ach, Doktor, denkt nur, welch Verdruss!
Ich hab' im Schlaf 'ne Maus verschluckt,
die sitzt im Leib und kneipt und druckt."
Der Doktor war ein kluger Mann,
man sah's ihm an der Brille an.
Er hat ihm in den Hals geguckt:
„Wie? Was? 'ne Maus habt ihr verschluckt?
Verschluckt 'ne Mietzekatz dazu,
so lässt die Maus euch gleich in Ruh!"

Alwin Freudenberg

Die Geschichte wird von einem Erzähler mitgeteilt. Der Leser wird direkt angesprochen: „Still! Ich weiß was. Hört mal zu." Es ist eine Aufforderung bzw. Motivation, wie im Kaspertheater: Es gibt eine Neuigkeit!

Die Hauptfiguren dieses humorvollen, märchenhaft erzählten Gedichts von Alwin Freudenberg (1873–1930) sind ein Riese mit Namen Timpetu, der Doktor Pfiffikus und eine kleine Maus, die der Riese verschluckt hat. Der Doktor gibt dem Riesen einen Rat, wie der sein Magendrücken wegbringen könne: Er solle zur Maus eine Katze verschlucken, die sein Problem lösen könne.

Der Textinhalt ist mit den Kindern schnell geklärt und leicht verständlich, so dass man einen Schwerpunkt auf die Klanggestaltung, d.h. das rhythmische Sprechen legen kann.

Das Gedicht eignet sich außerdem hervorragend für die Umsetzung in ein Schattentheater. Das Reizvolle dabei ist, dass man die Maus im Bauch des Riesen sehen, das heißt durch die entsprechende Gestaltung der Schattenspielfiguren sichtbar machen kann. Die Kinder basteln dazu entweder die Spielfiguren selber oder es können auch die abgebildeten Umrissbilder benutzt werden.

(2) *Das Riesen-Spielzeug* von Adalbert von Chamisso (4. – 6. Klasse)

Das Riesen-Spielzeug

Burg Niedeck ist im Elsaß der Sage wohlbekannt,
Die Höhe, wo vor Zeiten die Burg der Riesen stand.
Sie selbst ist nun verfallen, die Stätte wüst und leer,
Und fragst du nach den Riesen, du findest sie nicht mehr.

Einst kam das Riesenfräulein aus jener Burg hervor,
Erging sich sonder Wartung und spielend vor dem Tor
Und stieg hinab den Abhang bis in das Tal hinein,
Neugierig zu erkunden, wie's unten möchte sein.

Mit wen'gen raschen Schritten durchkreuzte sie den Wald,
Erreichte gegen Haslach das Land der Menschen bald.
Und Städte dort und Dörfer und das bestellte Feld
Erschienen ihren Augen gar eine fremde Welt.

Wie jetzt zu ihren Füßen sie spähend niederschaut,
Bemerkt sie einen Bauer, der seinen Acker baut.
Es kriecht das kleine Wesen einher so sonderbar,
Es glitzert in der Sonne der Pflug so blank und klar.

„Ei!, Artig Spielding! ruft sie, „das nehm' ich mit nach Haus."
Sie knieet nieder, spreitet behend ihr Tüchlein aus,
Und feget mit den Händen, was da sich alles regt,
Zu Haufen in das Tüchlein, das sie zusammenschlägt,

Und eilt mit freud'gen Sprüngen, man weiß, wie Kinder sind,
Zur Burg hinan und suchet den Vater auf geschwind:
„Ei, Vater, lieber Vater, ein Spielding wunderschön
So allerliebstes sah ich noch nie auf unsern Höhn."

Der Alte saß am Tische und trank den kühlen Wein,
Er schaut sie an behaglich, er fragt das Töchterlein:
„Was Zappeliges bringst du in deinem Tuch herbei?
Du hüpfest ja vor Freuden; lass sehen, was es sei!"

Sie spreitet aus das Tüchlein und fängt behutsam an,
Den Bauer aufzustellen, den Pflug und das Gespann.
Wie alles auf dem Tische sie zierlich aufgebaut
So klatscht sie in die Hände und springt und jubelt laut.

Der Alte, wird gar ernsthaft und wiegt sein Haupt und spricht:
„Was hast du angerichtet? Das ist kein Spielzeug nicht!
Wo du es hergenommen, da trag es wieder hin,
Der Bauer ist kein Spielzeug; was kommt dir in den Sinn!

Sollst gleich und ohne Murren erfüllen mein Gebot,
Denn wäre nicht der Bauer, so hättest du kein Brot.
Es sprießt der Stamm der Riesen aus Bauernmark hervor:
Der Bauer ist kein Spielzeug; da sei uns Gott davor!"

Burg Niedeck ist im Elsaß der Sage wohlbekannt,
Die Höhe, wo vorzeiten die Burg der Riesen stand.
Sie selbst ist nun verfallen, die Stätte wüst und leer,
Und fragst du nach den Riesen, du findest sie nicht mehr.

Adalbert von Chamisso

Adalbert von Chamisso gibt seiner Ballade (s. auch S. 37) einen gleichlautenden Anfang und Schluss. In diesen Rahmenstrophen betont er, dass nur noch Ruinen heute an das vergangene Geschlecht der Riesen erinnern, die Bauern aber, so kann der Gedanke weitergeführt werden, ihre Felder immer noch pflügen. Die Ballade gerät derart zum Modell für gesellschaftliche Zusammenhänge und Veränderungen. Die produktiv Arbeitenden schaffen die Lebensgrundlagen.

Die Behandlung des Bauern als Spielzeug durch die Tochter erinnert an die Überheblichkeit des Adels, für den die Untertanen oft nur Spielball ihrer Willkür waren; die Verteidigung des Bauern durch den Vater zeigt aber auch die Rolle des Feudaladels als Beschützer der Bauern und weist zugleich auf die zukünftige gesellschaftliche Entwicklung und das aufsteigende Selbstbewusstsein des dritten Standes, wonach der Stamm der Riesen „aus Bauernmark" hervorsprießt.

Zur Umsetzung der Ballade ein Schattenspiel auf dem Tageslichtprojektor wird das Geschehen zunächst in eine Szenenfolge gegliedert. Dazu werden – in Gruppen aufgeteilt – Einzelbilder entworfen. Sodann werden Kulissen und Figuren ausgeschnitten und derart auf eine Folie kopiert, dass die Wirkung von Scherenschnitten entsteht.

Parallel dazu wird die Ballade für den Vortrag erarbeitet. Dazu werden drei Gruppen gebildet: Gruppe 1 erarbeitet den Rollentext des Fräuleins, Gruppe 2 den Rollentext des Vaters, Gruppe 3 den Erzähltext.

Die so vorbereiteten Textpassagen werden in verteilten Rollen gesprochen. Die rhythmische Form der Verse (Nibelungenstrophe: sechshebige Jamben mit einer Zäsur nach der dritten Hebung) und die Reimform (Paarreime) werden vom Sprechen her erschlossen. Werden die beiden Rahmenstrophen chorisch gesprochen, wird die Schicksalhaftigkeit des Untergangs der Riesen besonders betont.

Zur Präsentation werden bildliche Darstellung und Vortrag zusammengeführt. Die Folien werden auf dem Tageslichtprojektor projiziert, während jeweils eine Gruppe dazu den Text vorträgt. – Nachfolgend zwei Beispiele aus der Bilderfolge einer sechsten Klasse.[4]

[4] Erprobung: Gerhard Kaufmann (Landau)

*

⌧ **Querverweis**

Eine vielseitig einsetzbare Spielform ist auch das **Papiertheater**. Wir beschreiben es am Beispiel von Johann Wolfgang von Goethes *Zauberlehrling* auf S. 316.

6 Gedichte vergleichen

Bei Gedichten hat das Vergleichen eine lange und gute Tradition. Was am einzelnen Gedicht oft nicht ausreichend deutlich wird, gewinnt genauere Kontur, wenn es vor dem Hintergrund ähnlicher oder abweichender Beobachtungen an anderen Gedichten vergleichend betrachtet wird. Die Vorzüge des Verfahrens bestehen darin, dass

- bei Gedichten mit gleicher oder ähnlicher Thematik die Gemeinsamkeiten, Überschneidungen oder Gegensätzlichkeiten der Aussagen deutlich ins Blickfeld rücken;
- verschiedene Gestaltungsweisen oder Gestaltungselemente bei gleichem oder ähnlichem Inhalt der Gedichte augenfällig werden;
- der Gedichtvergleich zu genauem Lesen auffordert, d.h. zu textbezogenen, begründeten Aussagen über den Text und zu Belegen am Text;
- eine gewisse Distanz zwischen Text und Leser entsteht, welche die Aufmerksamkeit über das bloß Inhaltlich-Stoffliche hinaus auch auf das Ästhetische der Gedichte lenkt und auch einer vordergründigen Identifikation mit dem Gedicht vorbeugt.

Für die unteren Klassenstufen sind vier Typen des Vergleichens gut geeignet, die sich analytisch voneinander unterscheiden lassen, in der Praxis allerdings weithin ineinander übergehen.

- Thematischer Vergleich
  Im Vergleich zweier (evtl. auch mehrerer) thematisch gleicher oder ähnlicher Gedichte miteinander treten die jeweils eigenen Aspekte eines Gedichtes klarer hervor, als wenn es nur für sich allein betrachtet wird. Die Gedichte erhellen sich gegenseitig.

  Hier ist noch eine Anmerkung zum Begriff ‚Thema' angebracht. Bei Gedichten wird an seiner Stelle oft der Begriff ‚Motiv' gebraucht, der zwar nicht bedeutungsgleich ist, aber doch viele Überschneidungen mit ihm aufweist. Die Abgrenzung beider Begriffe ist schwierig und muss in einem Unterricht, dem es um motivierende Zugänge zu Gedichten geht, auch nicht explizit gemacht werden. So ließe sich in unserem Zusammenhang sowohl von ‚themengleichen' wie ‚motivgleichen' Gedichten sprechen.

- Poetologischer Vergleich
  Damit ist ein kontrastives Erarbeiten einer poetischen Struktur oder sprachlich-literarischen Form gemeint, die zwei oder mehreren Gedichten zugrunde liegt.

- Wertender Vergleich
  Wertungen enthält jeder Vergleich. Werden beispielsweise mehrere Gedich-

te über ein bestimmtes Thema zusammen gelesen, liegt auch die Frage nahe, welches davon am meisten anspricht, am besten gefällt – oder eventuell auch Missfallen und Abwehr evoziert. Selbstverständlich spielen hierbei emotionale Befindlichkeiten oder Wahrnehmungen eine große Rolle und sollten auch nicht zurückgewiesen werden. Begründungen des Urteils führen dann aber über rein emotionale Aussagen hinaus.

– Intermedialer Vergleich
  Hier geht es beispielsweise um den Vergleich verschiedener Sprechfassungen eines Gedichtes oder unterschiedlicher Illustrationen zu einem Gedicht, wie wir das oben (s. S. 139 und S. 155 ff.) schon vorgestellt haben.

Einsicht fördernd sind grundsätzlich auch historische Vergleiche, Fassungsvergleiche oder Vergleiche von Gedichten aus unterschiedlichen Schaffensperioden eines Dichters bzw. einer Dichterin oder auch der Vergleich einer Parodie mit dem Original. Derartige Vergleiche sind aber zumeist höheren Klassen vorbehalten. Am Beispiel verschiedener ‚Wind'-Gedichte von Josef Guggenmos (s. S. 327 f.) demonstrieren wir exemplarisch, wie mehrere Gedichte eines Autors zum selben Thema vergleichend betrachtet werden können.

Ein Vergleich arbeitet immer mit dem Prinzip des Kontrastes. Er fordert insofern primär analytische Fähigkeiten heraus. Dabei sollten die Schüler und Schülerinnen aber möglichst selbst entdeckend vorgehen. Auch tritt nicht immer das ganze Gedicht ins Blickfeld, sondern zumeist werden nur die Bereiche eines Gedichtes erkennbar, die einen Vergleich zulassen.

Zum Vergleich miteinander eignen sich viele Gedichte. Das wird sehr augenfällig, wenn nicht nur zwei Gedichte nebeneinander, sondern mehrere zu Sequenzen zusammengestellt werden, um die verschiedenen Aspekte eines Themas deutlich werden zu lassen. Im Kapitel „Blickpunkt: Themen" wird diese Perspektive durchgehend eingenommen, die meisten der dort vorgeschlagenen Texte könnten auch hier zugeordnet werden. Insofern kann es in diesem Kapitel nur darum gehen, exemplarisch das Verfahren vorzustellen und auf einige besonders geeignete Möglichkeiten des Gedichtvergleichs bzw. auf dafür besonders geeignet scheinende Texte aufmerksam zu machen.

Nicht in allen Fällen werden in diesem Abschnitt die ausgewählten Gedichte einer bestimmten Klassenstufe zugeordnet. Sofern der Verstehenshorizont der Schüler und Schülerinnen dem nicht entgegensteht, kann mit ihnen auf (fast) allen Klassenstufen gearbeitet werden.

6.1 ‚Mond'-Gedichte

Bedichtet wurde der Mond in vielen Sprachen und zu vielen Zeiten. Sein Leuchten am dunklen Firmament hat die Sprache und Poesie merklich bereichert. *Siehst du den Mond?* fragt eine aktuelle Anthologie von 2010 und gibt die Antwort in über 150 Gedichten von über achtzig deutschsprachigen Autoren, die aus verschiedenen Jahrhunderten stammen.

Einige dieser Mond-Gedichte haben wir hier ausgewählt, beginnend mit *Abendlied* von Matthias Claudius und *Mondnacht* von Joseph von Eichendorff, die im kulturellen Gedächtnis geradezu als d i e ‚klassischen' Texte zum Thema weiterleben. Im Vergleich der beiden Gedichte miteinander und dann auch mit später entstandenen Mond-Gedichten können die Schüler entdecken, wie sich die Sichtweisen der Dichter auf den Mond verändern und wie sich dies auch in unterschiedlichen sprachlichen Gestaltungsweisen niederschlägt.

Abendlied

Der Mond ist aufgegangen,
Die goldnen Sternlein prangen
Am Himmel hell und klar;
Der Wald steht schwarz und schweiget
Und aus den Wiesen steiget
Der weiße Nebel wunderbar.

Wie ist die Welt so stille,
Und in der Dämmrung Hülle
So traulich und so hold!
Als eine stille Kammer,
Wo ihr des Tages Jammer
Verschlafen und vergessen sollt.

Seht ihr den Mond dort stehen? –
Er ist nur halb zu sehen
Und ist doch rund und schön!
So sind wohl manche Sachen,
Die wir getrost belachen,
Weil unsre Augen sie nicht sehn.

So legt euch denn, ihr Brüder,
In Gottes Namen nieder;
Kalt ist der Abendhauch.
Verschon uns, Gott! mit Strafen
Und laß uns ruhig schlafen!
Und unsern kranken Nachbar auch!

Matthias Claudius

Das 1779 erstmals publizierte ***Abendlied*** ist das berühmteste Gedicht **von Matthias Claudius.** Es hat sich – insbesondere in der Melodie des Komponisten Johann Abraham Peter Schulz (1747–1800) – so weit in das allgemeine Liedgut hinein entwickelt, dass es – meist, wie in der hier gewählten Textfassung auch, auf Strophe 1 bis 3 und 7 verkürzt – nicht nur als Volkslied und Kirchenlied bekannt ist, sondern ganz selbstverständlich auch als Kinderlied.[1]

Mit der Gattungsbezeichnung ‚Abendlied' hat Matthias Claudius sein Gedicht in die literarische Tradition hineingestellt. Der Mond ist für ihn nicht Gegenstand einer di-

[1] Belege sind neben der bis heute ungebrochenen Aufnahme des *Abendliedes* in Anthologien mehrere Bilderbücher, zuletzt etwa von Jacky Gleich (2007), dem auch eine CD beigefügt ist.

rekten Betrachtung bzw. direkten Ansprache; er ist als Naturerscheinung nur Anlass zu weiterführenden religiösen Gedanken. Die Situationsbeschreibung der ersten Strophe und das in der dritten Strophe eingangs benannte Phänomen des Halbmondes werden sofort zu der Schlussfolgerung verwendet, dass wir Menschen von vielen „Dingen“ auch nur einen Teil zu erkennen vermögen. Das bedeutet, ohne dass es ausgesprochen werden müsste: Allein Gott überschaut die ganze Wirklichkeit. Darum kann die letzte Strophe auch in die Aufforderung gipfeln: Gebt euch ganz in Gottes Hand, bei einem derartigen Gott ist das kein Wagnis.

So kann man die Welt sehen und verstehen. Im Laufe der Rezeption ist die religiöse Deutung aber zunehmend einer volkstümlichen gewichen. Der Abend wird zum Garanten von Geborgenheit, die abendliche Welt bedeutet Schutz („Hülle“, „Kammer“) vor Gefahren jeder Art.

Bei der Betrachtung des Inhalts kann es dem Verstehen helfen, wenn die Schüler und Schülerinnen Überschriften zu den einzelnen Strophen finden, zum Beispiel: (1) Abend, (2) Stille, (3) Halbmond, (4) Gebet. Im Unterrichtsgespräch können diese thematischen Aspekte dann noch weiter anhand von Einzelaussagen im Text differenziert werden. Zumindest ansatzweise wäre mit den Schülern zu reflektieren, wie der Tenor des Gedichtes auf sie wirkt, ob sie Aussagen finden, die sie noch nachvollziehen können, oder was sie heute anders empfinden.

Joseph von Eichendorffs Gedicht ***Mondnacht***, erstmals 1837 unter seinen *Geistlichen Liedern* veröffentlicht, zählt „zu den vollendetsten lyrischen Produkten der deutschen Literatur“ (Krabiel 1973, S. 44). Es präsentiert sich in einer großen Schlichtheit und ist doch höchst kunstvoll gestaltet.

Die erste Strophe entwirft das Bild eines mythischen Brautkusses, der jedoch nicht real ist, sondern – was der Konjunktiv besagt – nur in der Vorstellung existiert. Realen Bezug aber haben die Aussagen der zweiten Strophe, die den durch die Felder gehenden Luftzug, das Wogen der Ähren und das Rauschen des Waldes beschreiben. Es ist der Mondschein, der dieser Nacht das besondere Gepräge gibt. Beim Leser entsteht der Eindruck, er könne die Sanftheit der Mondnacht hören und das schimmernde Licht vor seinem geistigen Auge sehen.

Mondnacht

Es war, als hätt der Himmel
Die Erde still geküsst,
Daß sie im Blütenschimmer
Von ihm nur träumen müsst.

Die Luft ging durch die Felder,
Die Ähren wogten sacht,
Es rauschten leis die Wälder,
So sternklar war die Nacht.

Und meine Seele spannte
Weit ihre Flügel aus,
Flog durch die stillen Lande,
Als flöge sie nach Haus.

Joseph von Eichendorff

Die Schüler und Schülerinnen können bei der Arbeit am Gedicht erkennen, dass dieser Eindruck durch die sehr poetische Wortwahl und die Sprachmelodie bewirkt wird und dass auch der (Kreuz-)Reim das Seine dazugibt. In der dritten Strophe lässt sich sehen, wie sich die Perspektive ändert. Das lyrische Ich bezieht jetzt die vorausgegangenen Beobachtungen der Natur auf sich selbst und spricht von sich, genauer von seiner Seele. Beide, die Naturstimmung und der Seelenzustand des lyrischen Ich befinden sich in großer Harmonie.

Schauen die Schüler von dieser inhaltlichen Aussage aus vergleichend auf das *Abendlied* von Mattias Claudius, dürften sie erspüren, dass die von Joseph von Eichendorff besungene Harmonie dort nicht vorkommt. Da wird vom schwarzen Wald und vom kalten Abendhauch in der Natur gesprochen und beim Menschen von Jammer oder der Angst vor Strafen für Fehlverhalten (Sünden). Jenseits aller Naturromantik, wie sie etwa in dem aus den Wiesen aufsteigenden Nebel anklingt, markiert der Mond die Grenzlinie zwischen Erde und Himmel – anders als bei Joseph von Eichendorff, bei dem der Mond die Erde ‚küsst'. Aber immerhin: das Wissen um den hellen Mond macht den „Jammer" der Erde für die Menschen in Matthias Claudius' *Abendlied* erträglich. Der Leser wird wie in einer Predigt aufgefordert, „in der stillen Kammer" der „Dämmrung", die den Tag verhüllt, Trost zu suchen.

Der vergleichende Blick auf die Form der beiden Gedichte lässt erkennen, dass hier die Unterschiede nicht sehr groß sind: Beide schlagen in Versmaß, Reim und Rhythmus einen liedhaften Ton an (und beide haben sie ja gerade in ihren Vertonungen große Verbreitung gefunden).

Große Unterschiede in der Form sind hingegen zu entdecken, wenn etwa Eichendorffs *Mondnacht* mit dem Gedicht ***Mondabend*** von **Arno Holz** verglichen wird, zwischen deren Veröffentlichung rund sechzig Jahre liegen. Den sehr regelmäßig gebauten Versen und Strophen des klassisch-romantischen Gedichts Eichendorffs stehen die um eine Mittelachse zentrierten, unterschiedlich langen, ungereimten Zeilen gegenüber, die für die *Phantasus*-Dichtung von Arno Holz typisch sind. Die folgenden Verse sind aus dieser Dichtung genommen und werden als eigenständiges Gedicht präsentiert.

Mondabend

Hinter blühenden Apfelbaumzweigen
steigt
der Mond auf.

Zarte
Ranken … blasse … Schatten
zackt
sein Schimmer … in den Kies.
Lautlos … fliegt ein … Falter.

Ich wandle … wie trunken … durch sanftes Licht,
die
Fernen … flimmern.

Selig silbern
blitzt
Busch und Gras.

Arno Holz

Durch die eigenwilligen Zeilenkombinationen werden die Leser und Leserinnen zu einem bestimmten Leserhythmus aufgefordert. Die Schüler können beispielsweise durch Umstellproben herausfinden, dass Arno Holz nicht einfach Aussagesätze aneinanderreiht, sondern mit neuen poetischen Ausdrucksformen experimentiert. Wie nahe oder wie fern diese der Form von Eichendorffs Mond-Gedicht sind, können die Schüler im vergleichenden Vortrag beider Gedichte zumindest erspüren.

Inhaltlich verweist Arno Holz in seinem Gedicht weder direkt noch indirekt auf Gott als den Schöpfer und Lenker der Welt wie der tiefgläubige Matthias Claudius und auch nicht auf die gegenseitige Spiegelung von Naturstimmung und Seelenzustand des betrachtenden Menschen, wie der Romantiker Eichendorff dies tut. Arno Holz abstrahiert völlig von diesen Zusammenhängen, in seinem Gedicht gibt ein lyrisches Ich seine Beobachtungen des „Mondabends“ wieder. Es sieht den „hinter blühenden Apfelbaumzweigen“ aufsteigenden Mond, es nimmt die Schatten wahr, welche die Zweige des Baumes auf den Kiesboden ‚zacken’, und den lautlos vorbeifliegenden (Nacht-)Falter. Die Naturerscheinungen bewirken, dass das lyrische Ich „wie trunken … durch sanftes Licht“ der Nacht wandelt und folglich nicht mehr ganz klar sieht: „Die Fernen … flimmern.“ In diesem Zustand aber scheinen ihm Busch und Gras „selig silbern“ zu blitzen. Das kann heißen: Das Licht des Mondes ‚versilbert’, was in Wirklichkeit grau und dunkel ist. Und diese Deutung würde der Tendenz des Naturalismus, dem Arno Holz literaturhistorisch zugerechnet wird, entsprechen, in der Dichtung die Realität ‚wirklichkeitsnah’ zu beschreiben und nicht zu verklären.

Aus der Fülle der Mond-Gedichte, die seit Beginn des 20. Jahrhunderts entstanden sind, stellen wir den bisherigen noch ein Beispiel vergleichend gegenüber, das anstelle von Naturbildern auf Phantasie- oder Märchenbilder rekurriert: ***Der Mann im Mond*** von **Mascha Kaléko**. Das Gedicht bezieht sich auf das gleichnamige Märchen vom Mann im Mond, das Johann Peter Hebel in einem Mundartgedicht und Ludwig Bechstein auf Prosa erzählen. Es handelt von einem Mann, der einst gegen das Gebot der Sonntagsruhe verstieß und zur Strafe auf den Mond verbannt wurde. Bei Vollmond glaubten die Menschen früherer Generationen, seine Konturen erkennen zu können. Das Märchen gab ihnen derart eine ätiologische Erklärung für Phänomene, die wir heute naturwissenschaftlich als Mondkrater und -gebirge identifizieren können.

Mascha Kaléko nimmt auf das alte Märchenmotiv aber nur in der Überschrift ihres Gedichtes Bezug und entwirft ansonsten um den ‚Mann im Mond' ein neues Märchen.

Der Mann im Mond

Der Mann im Mond hängt bunte Träume,
die seine Mondfrau spinnt aus Licht,
allnächtlich in die Abendbäume,
mit einem Lächeln im Gesicht.

Da gibt es gelbe, rote, grüne
und Träume ganz aus Himmelblau.
Mit Gold durchwirkte, zarte, kühne
für Bub und Mädel, Mann und Frau.

Auch Träume, die auf Reisen führen
in Fernen abenteuerlich.
– Da hängen sie an Silberschnüren!
Und einer davon ist für dich.

Mascha Kaléko

Der Mann im Mond hängt „mit einem Lächeln im Gesicht" bunte Träume, die seine Frau „aus Licht" spinnt, an Silberschnüren in die „Abendbäume". Die Aussagen der ersten Strophe deuten die Träume als gedankliche Phantasien, die ihren Ursprung im Licht des Mondes haben. Die zweite Strophe und die ersten Verse der dritten sprechen dann von der Vielfalt der Träume, die so groß ist, dass jeder Mensch – „Bub und Mädel, Mann und Frau" – einen bekommen können. Die Träume hängen – es wird die Vorstellungen vom silbernen Licht des Mondes aufgerufen – „an Silberschnüren", die Menschen, so darf der Gedanke wohl fortgesetzt werden, brauchen sich nur zu bedienen. Der letzte Vers spricht dies klar aus: Das lyrische Ich wendet sich, indem es vom Beschreiben zur direkten Ansprache wechselt, unmittelbar an den Leser und sagt ihm – auffordernd oder auch tröstend: „Und einer davon ist für dich."

Die Zusage des letzten Verses können die Schüler als Angebot nehmen, sich mit eigenen Träumen zu beschäftigen bzw. zu überlegen – um im Bild des Gedichtes zu bleiben –, welcher Traum für sie selbst an einer „Silberschnur" im „Abendbaum" hängen mag. Die mit Gewissheit unterschiedlich ausfallenden Antworten führen sie zurück zum Gedicht, in dem die Art der Träume durch verschiedene Farben gekennzeichnet wird.

Mascha Kalékos Gedicht *Der Mann im Mond* regt auch zum Illustrieren an. Die beiden Gedichtzeilen „Da gibt es gelbe, rote, grüne / und Träume ganz in Himmelblau" zum Beispiel könnten die Schüler und Schülerinnen motivieren, selbst ein Traumbild mit solchen Farben zu gestalten. Bevor sie mit dem Malen beginnen – z.B. auf ein festes Tonpapier –, lesen sie das Gedicht mehrmals, und sprechen über die Gedanken und Assoziationen, die es auslöst. Die fertigen ‚Traumbilder' werden an Silberschnüren im Klassensaal aufgehängt.

Schülerarbeit – Hannah (5. Klasse)

*

Die Frage, ob sie ein Gedicht mehr anspricht als ein anderes, wird den Schülern beim Einzelvergleich gestellt, sie kann aber bei einer abschließenden Betrachtung auf alle Mond-Gedichte zusammen bezogen werden. Dafür ist es – je nach vorausgegangener Arbeitsweise – hilfreich, alle besprochenen Texte noch einmal auf einem Arbeitsblatt zu präsentieren. Beim Urteil darüber, welches Gedicht ihnen am besten gefallen habe, rekapitulieren die Schüler zur Begründung ihre Einzelbeobachtungen und fassen sie zusammen.

Auf jeden Fall sollten alle Texte noch einmal gesprochen werden – von möglichst vielen verschiedenen Sprechern. Vieles von der poetischen Qualität des jeweiligen Textes wird hierdurch nochmals erfahrbar.

*

⌧ Querverweis

Zum Vergleich miteinander – und auch mit den Gedichten *Mondnacht* oder *Der Mann im Mond* – eignen sich auch *Die Trichter* von Christian Morgenstern (s. S. 68) und *Abendlied* von Max Kruse (s. S. 108).

Beim Vergleich der beiden Gedichte dürfte zunächst die unterschiedliche Form auffallen: Zum einen die Visualisierung des Trichters, zum anderen die Wortliste aus dem semantischen Umfeld von ‚Mond'. Beim (lauten) Lesen der Gedichte lässt sich dann entdecken, dass sie beide in – gedachten – Verszeilen rhythmisiert sind, die sogar Reime aufweisen. Im Sprechen der Gedichte wird auch die Nähe von Max Kruses *Abendlied* zu Joseph von Eichendorffs *Mondnacht* erfahrbar.

6.2 Balladen und Versfabeln

(1) Johann Wolfgang von Goethe: *Der Zauberlehrling* (Text s. S. 312) und Bertolt Brecht: *Der Schneider von Ulm* (4. – 6. Klasse)

Die beiden Gedichte, die in einem zeitlichen Abstand von rund eineinhalb Jahrhunderten entstanden sind, befassen sich mit demselben Thema: Der Selbstüberschätzung von Menschen. Auch in der Form sind sie sich ähnlich, beides sind erzählende Gedichte: Goethes *Der Zauberlehrling* ist eine klassische, Brechts *Der Schneider von Ulm* eine moderne Ballade, genauer: eine balladeske Moritat. Die Geschichten, die erzählt werden, sind freilich sehr unterschiedlich.

Goethe schrieb den *Zauberlehrling* im sogenannten Balladenjahr 1797. Die sieben Strophen geben das Geschehen ganz aus der Sicht des Zauberschülers wieder, der sich anmaßt, es dem Meister gleich zu tun. Dieser, am Schluss zu Hilfe gerufen, bringt mit knappen Worten den Zauber zum Stehen. Von seiner Rede hebt sich umso drastischer die prahlerische Geschwätzigkeit und der am Ende panische Wortschwall des Schülers ab. Der Protagonist in Goethes *Zauberlehrling* verkörpert einen noch unreifen Menschen, der durch Selbstüberschätzung ein bedrohliches Chaos anrichtet, bis der Meister als Sinnbild der gereiften, disziplinierten Persönlichkeit die Ordnung wiederherstellt.

Interpreten bezeichnen die Form der Ballade als Monolog (Ich-Darstellung). Dieser habe es Goethe ermöglicht, das Geschehen als subjektives Erleben wiederzugeben. Es werde weniger das Geschehen selbst als seine Auswirkungen, die Reaktionen, Ängste und Hoffnungen festgehalten.

Der lyrische Sprecher (Zauberlehrling) führt auch kein stummes Selbstgespräch (innerer Monolog), sondern wendet sich, soweit er nicht mit dem Besen spricht oder nach dem Meister ruft, an ein fiktives Gegenüber. Mehrmals heißt es „Seht" (V 29, 71, 76), und seine Ausrufe und Reaktionen wirken wie zu einem Publikum gesprochen.

Die Ballade hat zwei dramatische Wendepunkte: Die Katastrophe bahnt sich an, weil der Schüler die Entzauberungsformel vergessen hat (V 40); der zu Hilfe gerufene Meister bringt das Drama zu einem guten Ende (V 86). Der unverzeihliche Fehler des Schülers besteht darin, dass er sich den ersten Zauberspruch zwar einmal vorspricht (V 9 ff.), bevor er ihn anwendet (V 23 ff.), den viel wichtigeren zweiten aber außer acht lässt. Die Lehre der Ballade spricht der Schüler in klassisch-vorbildlicher Selbsterkenntnis selber aus; sie ist zum geflügelten Wort geworden: „Die ich rief, die Geister, / werd ich nun nicht los." (V 91 f.)

Bertolt Brechts Ballade *Der Schneider von Ulm* gehört zu den *Kinderlieder(n)* der Sammlung *Svendborger Gedichte* von 1937. Das Gedicht gibt nicht die historischen Ereignisse wieder, verändert sie vielmehr und verlegt den 1811 erfolgten Flugversuch des Ulmer Schneiders Albrecht Ludwig Berblinger in das Jahr 1592, hundert Jahre nach der Entdeckung Amerikas, mit der die Welt der Moderne ihren Anfang nahm.

Der Schneider von Ulm
(Ulm 1592)

Bischof, ich kann fliegen
Sagte der Schneider zum Bischof.
Pass auf, wie ich's mach!
Und er stieg mit so 'nen Dingen
Die aussahn wie Schwingen
Auf das große, große Kirchendach.

Der Bischof ging weiter.
Das sind lauter so Lügen
Der Mensch ist kein Vogel
Es wird nie ein Mensch fliegen.
Sagte der Bischof vom Schneider.

Der Schneider ist verschieden.
Sagten die Leute dem Bischof.
Es war eine Hatz.
Seine Flügel sind zerspellet
Und er liegt zerschellet
Auf dem harten, harten Kirchenplatz.

Die Glocken sollen läuten
Es waren nichts als Lügen
Der Mensch ist kein Vogel
Es wird nie ein Mensch fliegen.
Sagte der Bischof den Leuten.

Bertolt Brecht

Was Brecht in der Ballade erzählt, ist eine Schauermär, die so recht in eine Zeit der Widersprüche, der geistigen Umwälzung passt. Berblinger hatte seinen Flugversuch in Gegenwart des Königs von der Adlerbastei, nahe der Donau, unternommen, wobei ihm ein Holzgestell zum Absprung diente. Er endete mit einem Sprung in die Donau, von wo ihn, während ihn die umstehende Menschenmenge verlachte, eine bereitstehende Schiffsmannschaft an Land brachte. Brechts Schneider unternimmt seinen Flugversuch vom Kirchendach aus: Er endete elendiglich auf dem „harten, harten Kirchenplatz." Voraus geht, nur knapp skizziert, der Disput mit dem Bischof: Berblingers Behauptung „Bischof, ich kann fliegen" steht gegen dessen Behauptung „Der Mensch ist kein Vogel. / Es wird nie ein Mensch fliegen."

Der Bischof scheint recht zu behalten, denn das Experiment des Schneiders missglückt. Doch der heutige Leser weiß, dass die Geschichte den Bischof widerlegt hat. So kritisiert Brecht nicht nur die Selbstüberschätzung des Schneiders, sein anderes Thema ist das Misstrauen gegenüber der Arroganz der Macht, wo immer sie auftritt. Immerhin aber verliert der Schneider, der in Wirklichkeit glimpflich davonkam, bei Brecht sein Leben. Brecht verschärft damit das Risiko des Experiments.

Die Schüler erarbeiten zunächst für jedes Gedicht Handlungsablauf und Aussage, bevor sie im Vergleich nach Gemeinsamkeiten und Unterschieden forschen. Sie dürften unschwer entdecken, dass auf der inhaltlichen Ebene die Unterschiede ebenso evident sind, wie die Gemeinsamkeiten beim Thema Selbstüberschätzung. Eventuell durch einen Lehrerimpuls unterstützt finden sie auch heraus, dass Goethes Zauberlehrling und Brechts historisches Vorbild vergleichbare Sanktionen erhalten: Beide machen sich lächerlich und werden verspottet. Umso mehr sind die Schüler dann aber aufgefordert, nach Begründungen zu suchen, warum Brecht seinen Protagonisten zu Tode kommen lässt.

(2) *Die Frösche* von Johann Wolfgang von Goethe und *Fink und Frosch* von Wilhelm Busch (3. – 6. Klasse)

Die Frösche

Ein großer Teich war zugefroren,
Die Fröschlein, in der Tiefe verloren
Durften nicht ferner quaken noch springen,
Versprachen sich aber, im halben Traum,
Fänden sie nur da oben Raum,
Wie Nachtigallen wollten sie singen.
Der Tauwind kam, das Eis zerschmolz,
Nun ruderten sie und landeten stolz,
Und saßen am Ufer weit und breit
Und quakten wie vor alter Zeit.

Johann Wolfgang von Goethe

Das Gedicht wird in der Literatur meist als Fabel bezeichnet. Der für die Fabel typische Gegensatz zweier Protagonisten, aus dem heraus sich eine konfliktreiche Handlung und Gegenhandlung entwickelt, liegt in diesem Gedicht aber allein in den Fröschen selbst. Sie sind mit ihren Lebensbedingungen im winterlich zugefrorenen Teich unzufrieden und haben den naiven Wunsch, ihren angestammten Lebensraum zu verlassen, um wider alle Vernunft ein Leben als angesehene Künstler (als „Nachtigallen“) zu führen. In den ersten sechs Versen wird der Wunschtraum der Frösche erzählt. Nach einem Zeitsprung („Der Tauwind kam, das Eis zerschmolz“) zeigen die vier weiteren Verse in ironischer Zuspitzung, wie dumm und unangemessen eitel die Frösche handeln.

Auch das Fabelgedicht *Fink und Frosch* von Wilhelm Busch zielt in ähnlicher Weise auf Dummheit, Unbeweglichkeit und großtuerisches Verhalten, diesmal aber nur eines einzigen Frosches.

Fink und Frosch

Im Apfelbaume pfeift der Fink
sein: pinkepink.
Ein Laubfrosch klettert mühsam nach
bis auf des Baumes Blätterdach
und bläht sich auf und quakt: „Ja, ja!
Herr Nachbar, ick bin och noch da!“

Und wie der Vogel frisch und süß
sein Frühlingslied erklingen ließ,
gleich muss der Frosch in rauen Tönen
den Schusterbass dazwischendröhnen.

„Juchheija, heija!“, spricht der Fink.
„Fort flieg ich flink!“
Und schwingt sich in die Lüfte hoch.
„Wat!“, ruft der Frosch. „Dat kann ick och!“
Macht einen ungeschickten Satz,
fällt auf den harten Gartenplatz,
ist platt, wie man die Kuchen backt,
und hat für ewig ausgequakt.
Wenn einer, der mit Mühe kaum
geklettert ist auf einen Baum,
schon meint, dass er ein Vogel wär',
so irrt sich der.

Wilhelm Busch

In drei – unregelmäßig gebauten – Strophen erzählt diese Versfabel (entstanden um 1880) von dem Ansinnen eines Frosches, die ihm von der Natur gesetzten Grenzen zu durchbrechen – eine törichte Anmaßung, die er mit dem Leben bezahlt. Entsprechend dem Aufbau einer ‚klassischen' Fabel – Situation, Handlung und Gegenhandlung, Ergebnis – stellt die erste Strophe die natürliche Leichtigkeit und Sangesfreude des Finken der Plumpheit und Schwerfälligkeit des Frosches gegenüber und macht dessen Anspruch auf Gleichartigkeit sichtbar. Wirkt diese Ausgangssituation bereits komisch, macht sich der Frosch im weiteren Verlauf mit seinem anmaßenden Wettbewerb im Singen und Fliegen mit dem Finken vollends lächerlich. Das Ergebnis seiner blinden Selbstüberschätzung hat er sich selbst zuzuschreiben: Er liegt als tragische Figur platt und tot am Boden.

Diese beiden Gedichte behandeln dasselbe Motiv wie die Balladen vom *Zauberlehrling* und vom *Schneider von Ulm*, sie erzählen aber gänzlich andere Geschichten: das eine von Fröschen im Teich, das andere von einem Frosch, der glaubte fliegen zu können. Der Form nach sind beide Versfabeln, in denen einem oder mehreren Fröschen die Hauptrolle zufällt. In beiden Gedichten steht als Kernaussage und dichterische ‚Botschaft' die maßlose Überschätzung der Frösche der Realität gegenüber, die sie in ganz anderem Licht zeigt. Während die Frösche im Goethe-Gedicht quasi als Versprechen geloben, wie die Nachtigallen singen zu wollen, wenn erst der Frühling da sei, steht bei Wilhelm Busch der überhebliche Frosch im direkten Wettstreit mit dem Fink, dem er alles gleichtun will. In beiden Fällen werden die Frösche in die Realität zurückgeholt. Bei Goethe erliegen die Frösche einem Wunschtraum, der nicht in Erfüllung gehen kann, bei Busch endet die Anmaßung des Frosches mit dem Tod auf dem Gartenplatz.

Der „Gartenplatz“ in der Fabel Buschs und der „Kirchplatz“ in der Ballade Brechts klingen nicht nur ähnlich, sie bezeichnen auch beide, wie ein Vergleich erweist, das drastische Ende von Selbstüberschätzung – und damit auch ‚die Moral von der Geschicht'.

IV Blickpunkt: Themen

Die thematischen Sequenzen nehmen den Wirklichkeitsbezug in den Blick, der jedem Gedicht immanent ist, ohne den Anspruch zu erheben, die reale Lebenswelt repräsentativ und gültig abzubilden. Ziel ist, die lyrische Sprechweise als ein Medium der bewussten Auseinandersetzung eines Autors bzw. einer Autorin mit sich und der (Um-)Welt wahrzunehmen (neben anderen literarischen Ausdrucksweisen) und diese als Rezipient und als Rezipientin für sich fruchtbar zu machen bzw. werden zu lassen.

Die Themen sind zum einen so gewählt, dass sie für die Schüler und Schülerinnen bedeutsam sind und ihrem altersgemäßen Interessenhorizont entsprechen. Zum anderen war darauf zu achten, dass es sich um Themen handelt, die in der (Kinder-)Lyrik besondere Berücksichtigung gefunden haben. Intendiert ist die Einsicht, dass ein bestimmtes Thema bzw. eine identische Aussage ganz unterschiedlich gestaltet sein kann und auch unterschiedliche inhaltliche Facetten aufweist.

Wir haben folgende vier Themenbereiche ausgewählt, die beispielhaft für lyrische Identifikationsangebote und Medien zur Ich-Findung einerseits und andererseits zur (Um-)Weltbegegnung stehen sollen:

- Ich-Gedichte und Gedichte vom Träumen
- Wetter: Regen und Gewitter – Wasser und Wind
- Stadt und Land
- Kalenderblätter

Selbstverständlich können die ausgewählten Gedichte ein Thema immer nur eingeschränkt beleuchten. Zudem werden üblicherweise in thematische Unterrichtseinheiten auch andere Textarten einbezogen, erzählende Texte beispielsweise oder Sachtexte. Lesebücher bieten hierfür in der Regel geeignetes Material.

Es lässt sich aber auch rechtfertigen, kleinere Einheiten nur mit Gedichten zu bilden; in ihnen ist das verbindende Element eben dann, außer den Themen selbst, der lyrische Gattungsbezug. Durch die Zusammenstellung von Gedichten verschiedener Autoren und Autorinnen (evtl. auch aus verschiedenen Epochen) wird es möglich, die unterschiedlichen Bearbeitungen eines Themas vergleichend nachzuvollziehen.

Die folgenden Texte und ihre Kommentierungen samt Bearbeitungsvorschlägen verstehen sich als Auswahlangebote. Folglich sollte eine Sequenz nicht als Block abgehandelt werden. Andererseits muss auch nicht jedes einzelne Gedicht ausführlich besprochen werden. Es hat durchaus seinen Wert, wenn eins der Gedichte ins Zentrum gestellt wird und die anderen dazu dann ohne vertiefte Bearbeitung in Beziehung gesetzt werden.

1 Ich-Gedichte und Gedichte vom Träumen

Diese Einheit steht unter dem Leitthema ‚Ich/Individuum/Identität'. Jüngere Kinder sind noch stark ihrer egozentrischen Weltsicht und der Ich-Perspektive verhaftet. Daher ist es wichtig, in unteren Klassen gerade bei der Beschäftigung mit Literatur diesen Aspekt zu berücksichtigen und beim einzelnen Kind anzusetzen. Wahrnehmung und Stärkung der eigenen Individualität und Identität sind wichtige Bausteine zur Entwicklung des Selbstbewusstseins. Auf ihnen aufbauend, erweitert sich dann die egozentrische Weltsicht um die sozialen Beziehungen, was auch bedeutet, dass das Kind zunehmend die Fähigkeit gewinnt, sich und die eigenen Erfahrungen mit den Erfahrungen anderer zu vergleichen und in Beziehung zu setzen, sodann auch die Perspektive anderer einnehmen zu können und derart allmählich ein Fremdverstehen zu entwickeln.

In der (Kinder-)Literatur im Allgemeinen und in Gedichten im Besonderen spielen die Beobachtungen, Fragestellungen und Probleme des Heranwachsens eine große Rolle, insofern existiert ein umfangreiches und thematisch vielfältiges Textangebot. Vor die Notwendigkeit der Auswahl und Beschränkung gestellt, haben wir uns für die Fokussierung der ‚Ich'-Thematik entschieden, die unter zwei inhaltlichen Aspekten beleuchtet werden soll: Zum einen sollen die Schüler und Schülerinnen Gedichte kennenlernen, in denen sie ihre eigenen Befindlichkeiten und Gefühle und ihre Lebenswelt gespiegelt finden, zum anderen sollen sie Gedichten begegnen, die vom Träumen bzw. von der Funktion des Träumens handeln: vom ‚traumhaften' Überwinden von Raum und Zeit beispielsweise oder von Tag- und Wunschträumen.

Alle Gedichte entstammen dem Bereich der zeitgenössischen intentionalen Kinderlyrik. Ihnen gemeinsam ist die Sicht auf die kindliche Wahrnehmung der Welt. Die Dichter beugen sich nicht belehrend zu den Kindern hinab, sie versuchen die Welt mit ihren Augen zu sehen. Das macht die Gedichte für die Kinder interessant, so können sie Neues entdecken und miteinander ins Gespräch kommen.

Die Textangebote zum ersten Aspekt sind mit Blick auf die beiden ersten Klassenstufen ausgewählt, die Texte der zweiten Teileinheit für die Klassenstufen drei und vier. Das können aber nur grobe Orientierungen sein, denn eine ganze Reihe der ‚Ich-Gedichte' passen auch noch für die dritte und vierte Klasse und die Texte zum Thema ‚Träumen' sind durchaus auch für die Klassen fünf und sechs geeignet.

Wir geben nachfolgend jeweils zuerst einige interpretatorische Hinweise zu den Gedichten, bevor wir dann Vorschläge zur methodischen Bearbeitung machen. Dabei sind die einzelnen Unterrichtsschritte so konzipiert, dass die Schüler und Schülerinnen in aktivem Umgang mit den Gedichten eigene Entdeckungen und Erfahrungen machen können. Das gilt in erster Linie für die inhaltlichen Aussagen der Texte, aber auch für die unterschiedlichen lyrischen Formen.

1.1 Ich-Gedichte (1. – 2. Klasse)

(1) *Ich* von Jürgen Spohn

Ich

Ich stehe
manchmal
neben mir
und sage
freundlich
DU zu mir
und sag
DU bist
ein Exemplar
wie keines
jemals
vor dir war
DU bist
der Stern
der Sterne
das hör ich
nämlich gerne.

Jürgen Spohn

Das Gedicht von Jürgen Spohn zeigt auf humorvolle Weise, wie man selbst sein eigenes Selbstbewusstsein stärken kann. Dass der Text nicht zu ernst gemeint ist, zeigen die letzten Verszeilen, in denen eine Übertreibung der Selbstbestätigung ironisch gesehen wird.

Dieses Stilmittel kann vor allem über das klanggestaltende Lesen herausgearbeitet werden. Dabei dürfte auch deutlich werden, dass ein anderer Zeilenumbruch möglich wäre –fünf Verse mit Endreim:

Ich stehe manchmal neben mir
und sage freundlich DU zu mir
[…]

Die Frage, was jedes einzelne Kind zu sich selbst Schönes sagen würde, schließt sich unmittelbar an das Lesen an. Da es vielen Kindern vielleicht unangenehm ist, sich vor der Klasse so hervorzuheben, könnte man die Kinder auch einen Lobesbrief an sich selbst schreiben lassen, wobei auch sie mal mit dem Stilmittel der Übertreibung experimentieren dürfen.

Weitere Möglichkeiten sind:

- In einen auf einem Arbeitsblatt angedeuteten Spiegel zeichnen die Kinder sich so hinein, wie sie sich selbst sehen.
- Das Verfassen eines eigenen Ich-Gedichtes wird angeregt.

Ich schaue in den Spiegel,
da schaut mich eine(r) an
…

(2) *Ich bin ich* von Michael Kumpe

Ich bin ich

Ich bin ich – mich gibt es einmal bloß.
Keiner gleicht dem andern: Hans ist groß,
Peter mittel und Ilona klein.
Menschen können dick und dünner sein.

Sam ist braun, und Wang sieht gelblich aus –
Veras Haar ist glatt und Juttas kraus.
Wenn wir auch so sehr verschieden sind:
Menschen sind wir alle, jedes Kind.

Michael Kumpe

In dem Gedicht von Michael Kumpe wird in einfacher, einprägsamer Sprache die Einmaligkeit eines jeden Menschen betont. Genannt werden äußerliche, optische Körpermerkmale, der Vergleich am Schluss des Gedichtes weist jedoch über die äußeren Merkmale hinaus. Toleranz als Voraussetzung, Menschen in ihrer Unterschiedlichkeit zu akzeptieren, wird ‚zwischen den Zeilen' formuliert. Diese ‚literarische Botschaft' sollte auch im Mittelpunkt der Unterrichtseinheit stehen.

Folgende Vorschläge könnte man im Kontext der Arbeit am Gedicht umsetzen:

– Weiterdichten

  Nach der zweiten Zeile in der zweiten Strophe wird das Gedicht nicht mehr weitergelesen. Die Schüler schreiben in Partnerarbeit je eine Zeile zu sich und ihrem Banknachbarn, die sich reimen kann, aber nicht muss; z.B.

  Peter hat Sommersprossen und kann gut schreiben,
  Max hat keine und wird wohl immer der Größte bleiben.

– Collage

  Jedes Kind in der Klasse malt sein Porträt und klebt ‚seine Zeile' dazu. Dies ist auch eine gute Möglichkeit, sich zu Schuljahresbeginn einander vorzustellen.

Um seine persönlichen Eigenarten und Vorlieben hervorzuheben, eignen sich Steckbriefe. Während das Gedicht nur die ‚äußere Seite' des Menschen anspricht, gibt man in einem Steckbrief schon mehr von sich preis.

Die persönlichen Steckbriefe werden als Klassenbuch gebunden. Dabei kann auf normierte Fragen (Lieblingsspeise, Hobbies, ...) geantwortet oder frei formuliert werden.

Eine gute Möglichkeit für die Partnerarbeit ist das Verfassen eines Steckbriefes von dem jeweiligen Banknachbarn, den man natürlich zuerst interviewen muss.

(3) *Ein Schnurps grübelt* von Michael Ende

Ein Schnurps grübelt

Also, es war einmal eine Zeit,
das war ich noch gar nicht da. –
Da gab es schon Kinder, Häuser und Leut
und auch Papa und Mama,
jeden für sich –
bloß ohne mich.

Ich kann mir's nicht denken. Das war gar nicht so.
Wo war ich denn, eh es mich gab?
Ich glaub, ich war einfach anderswo,
nur, dass ich's vergessen hab,
weil die Erinnerung daran verschwimmt. –
Ja, so war's bestimmt.

Und einmal, das sagte der Vater heut,
ist jeder Mensch nicht mehr hier.
Alles gibt's noch: Kinder, Häuser und Leut,
auch die Sachen und Kleider von mir.
Das bleibt dann für sich –
bloß ohne mich.

Aber ist man dann weg? Ist man einfach fort?
Nein, man geht nur woanders hin.
Ich glaube, ich bin halt dann wieder dort,
wo ich vorher gewesen bin.
Das fällt mit dann bestimmt wieder ein.
Ja, so wird es sein!

Michael Ende

Das Nachdenk-Gedicht von Michael Ende greift philosophische Grundfragen auf, die jedes Kind wohl irgendwann beschäftigen: Wo komme ich her? Wohin gehe ich? Was war vor mir da?, u.s.w. Michael Ende lässt Schnurps darüber grübeln und lässt durch dieses fiktive Wesen den Kindern alle Freiheit, sich selbst diese Fragen zu stellen.

Der Zugang erfolgt durch Vorlesen (der Lehrkraft) und eigenes Lesen (der Schüler). Für die Wirksamkeit des Vortrags ist wichtig, dass die bohrenden Fragen in entsprechender Betonung zum Ausdruck kommen. Das Gedicht sollte auf keinen Fall zerredet werden; es bietet gute Gelegenheit, um mit Kindern zu ‚philosophieren'. Ausgangspunkt könnten entweder die Fragestellungen des „Schnurps" sein oder aber eine Bildmeditation zu Naturbildern oder Fotos (Familienbilder, bei denen Personen dazukommen, nicht mehr da sind, Bilder vom Kreislauf der Natur, ...).

(4) *Zufall* von Martin Auer

Zufall

Wenn statt mir jemand anderer
auf die Welt gekommen wär'.
Vielleicht meine Schwester
oder mein Bruder
oder irgendein fremdes blödes Luder,
wie wär' die Welt dann
ohne mich?
Und wo wär' denn dann ich?
Und würd' mich irgendwer vermissen?
Es tät ja keiner von mir wissen.
Statt mir wär' hier ein ganz anderes Kind,
würde bei meinen Eltern leben
und hätte mein ganzes Spielzeug im Spind.
Ja, sie hätten ihm sogar
meinen Namen gegeben!

Martin Auer

Martin Auers Gedicht *Zufall* variiert das Thema ‚Wer bin ich?', worüber der Schnurps bei Michael Ende grübelt. Das lyrische Ich veranlasst den Leser oder die Leserin dazu, über seine bzw. ihre eigene Stellung in der Welt nachzudenken. Sie könnten sich bewusst werden, dass sie diese oder ähnliche Gedanken ebenfalls schon einmal gehabt haben, als zum Beispiel ein Geschwisterchen auf die Welt gekommen ist und die Menschen um einen herum alle Aufmerksamkeit auf dieses Kind konzentriert haben.

Gleichzeitig regt das Gedicht zum Nachdenken an. Was macht eine Person aus? Dem lyrischen Ich wird klar, dass man das, was man nicht kennt, auch nicht vermissen kann. Man muss seine Stellung in der Welt behaupten, damit andere von einem Notiz nehmen. Außerdem erzählt dieses Gedicht von der Angst, ersetzt zu werden. Jeder Mensch kennt dieses Gefühl und kann es nachvollziehen. Man fühlt sich nutzlos und alleine. Und dann stellt man sich die Fragen, die sich auch das lyrische Ich in diesem Gedicht stellt. Die sollten aber sozusagen nicht das ‚letzte Wort' sein. Es darf nicht übersehen werden, dass das Gedicht nur ein Gedankenspiel wiedergibt.

Die unterrichtliche Arbeit mit dem Gedicht kann sich im Wesentlichen auf das Gespräch und auf Vortragsversuche konzentrieren. Während der Aussprache über den Inhalt werden die Kinder vermutlich Beispiele aus ihrer eigenen Erfahrungs- und Erlebniswelt bringen. Beim Vorlesen bzw. Vortragen sollte besonders darauf geachtet werden, dass zeilenübergreifend gelesen und (besonders nach den Fragen) Pausen gesetzt werden. Der unregelmäßige Rhythmus ist dabei eine Hilfe.

Eine Herausforderung an die Vorstellungskraft wäre es, der Ich-Perspektive eine Du-Perspektive gegenüberzustellen. Dazu wäre ‚nur' erforderlich, die Pronomen zu verändern:

> *Wenn statt dir jemand anderer*
> *auf die Welt gekommen wär'.*
> *Vielleicht deine Schwester*
> *oder dein Bruder*
> *oder irgendein fremdes blödes Luder,*
> *wie wär' die Welt dann*
> *ohne dich?*
> ...

Es dürfte sich ein interessanter Austausch darüber ergeben, ob und wie intensiv durch diese Veränderung des Gedichtes eine andere Wirkung ausgelöst wird.

(5) *Gestern* von Frantz Wittkamp

> *Gestern*
>
> Gestern hab ich mir vorgestellt,
> ich wär der einzige Mensch auf der Welt.
> Ganz einsam war ich und weinte schon,
> da klingelte leider das Telefon.
>
> Frantz Wittkamp

Auch in dem Vierzeiler von Frantz Wittkamp betreibt das lyrische Ich ein Gedankenspiel. Das Gedicht macht in aller Kürze die Diskrepanz zwischen Sein und Schein deutlich. Ein lyrisches Ich gerät über den Gedanken, alleine auf der Welt zu sein, in melancholische Stimmung, die jedoch durch die ironische vierte Zeile wieder aufgehoben wird.

Für den Unterricht bietet es sich an, den Schülern zunächst nur die ersten drei Verse vorzulesen (bis „da ...") und sie antizipierend vermuten zu lassen, was weiter passieren könnte. Nach dem Vergleich mit dem Original schreiben die Kinder eigene Vierzeiler, auch mit wechselnden Anfangszeilen, zum Beispiel:

> *Gestern hab ich mir vorgestellt,*
> *ich wär der lustigste Mensch auf der Welt*
> ...

> *Gestern hab ich mir vorgestellt,*
> *ich wär der traurigste Mensch auf der Welt*
> ...

(6) *Was, wenn?* von Brigitte Schär

Das lyrische Ich dieses Gedichtes – ein Kind – stellt Fragen an seine Zukunft, die es – verständlicherweise – nicht beantworten kann. Es sind schwierige, fast philosophische Fragen, die bei der Beschäftigung mit dem Text im Unterricht keineswegs detailliert ‚besprochen' werden müssen. Es genügt die ‚summarische' Wahrnehmung, die in der Frage der letzten Strophe angesprochen wird: dass der junge Mensch nicht Kind bleiben wird und sich stetig verändert.

Was, wenn?

Wenn ich einmal nicht mehr
in dieser Stadt wohne,
wo wird es dann sein?
In was für Wohnungen
von was für Leuten
werde ich dann wohl
von meinem Fenster aus sehen?
Was für Menschen werden mich
auf der Straße begrüßen
und mich fragen
wie es mir geht?

Wenn ich einmal nicht mehr
zur Schule gehe,
wohin gehe ich dann jeden Tag?
Werde ich eine Arbeit haben,
die ich gerne tue oder
fürchte ich mich vor jedem Tag?

Wenn ich meine Eltern einmal
nicht mehr so brauche wie jetzt,
weil auch ich erwachsen geworden bin,
was brauche ich dann?

Wenn einmal alles nicht mehr
so ist, wie es jetzt ist,
wer bin ich dann?

Brigitte Schär

Nach dem (Vor-)Lesen und der Aussprache über das Gedicht bietet sich als produktive Aufgabe an, dass jedes Kind sich eine oder zwei weitere Wenn-Fragen ausdenkt und so das Gedicht gewissermaßen „fortschreibt".

Eine alternative Aufgabe wäre: Weil sich die Frage „Wer bin ich dann?" nicht beantworten lässt, könnte man vielleicht eine andere, beantwortbare stellen: Wer möchte ich sein?

(7) *Heut will ich einmal traurig sein* von Martin Auer

In dem Gedicht von Martin Auer wird eine Situation aus dem Kinderalltag aufgegriffen: Ein Kind ist traurig, gibt seiner Traurigkeit Ausdruck und will, dass seine Umwelt diese Gefühle respektiert und es in Ruhe lässt.

Das Gedicht wird aus der Ich-Perspektive in sechs Strophen erzählt. In der ersten Strophe wird durch die vierfache Wiederholung von „heute" zu Beginn jeder Verszeile auf die Besonderheit der Situation aufmerksam gemacht: *Heut will ich traurig sein.* Gleichzeitig wird die Botschaft an die Mitmenschen formuliert: *Heut bleib ich bloß mit mir allein.* Diese Botschaft wird in den folgenden Strophen variiert und durch den Satz: *Wer mich tröstet, ist gemein* noch pointiert, so dass die Botschaft: *Heut will ich traurig sein* – und alles soll dazu passen, sogar das Wetter – deutlich wird.

Heut will ich einmal traurig sein

Heut will ich einmal traurig sein.
Heut hab ich keine Lust zu lachen.
Heut bleib ich bloß mit mir allein,
heut will ich keine Witze machen.

Und wer mich tröstet, ist gemein,
der kann gleich wieder gehen.
Ich will heut einfach traurig sein,
das wird man doch verstehen.

Ich will nur mit dem Hut am Kopf
in einer finstern Ecke hocken,
will drehn an meinem Hosenknopf,
will schmollen, mürrisch sein
und bocken.

Und wer mich tröstet, ist gemein,
der kann gleich wieder gehen.
Ich will heut einfach traurig sein,
das wird man doch verstehen.

Will nicht an roten Rosen riechen,
will keinem lieben Freund begegnen.
Ich will mich nur in mich verkriechen,
und draußen soll es regnen.

Und wer mich tröstet, ist gemein,
der kann gleich wieder gehen.
Ich will heut einfach traurig sein,
das wird man doch verstehen.

Martin Auer

Nach dem mehrmaligen Vorlesen des Gedichtes schließt sich zunächst ein Kreisgespräch an: Geht es dir auch manchmal so? Wieso will sich das Kind nicht trösten lassen? Wie würdest du reagieren, wenn du so einem Kind begegnest?

Wichtig ist, dass beide Perspektiven angesprochen werden: die des Kindes, das traurig sein will und die des Kindes oder Erwachsenen, der eigentlich trösten will.

Im Anschluss an dieses Gespräch bieten sich mehrere Möglichkeiten an:

– Szenisches Lesen
  Das Gedicht wird so gelesen, dass Körperhaltung und Gesichtsausdruck zu der Aussage des Textes passen. Verschiedene Kinder lesen – evtl. kann auch gefilmt werden – und vergleichen ihre Darstellungen.

– Interaktionsspiele

Partnerpantomine: Ein Partner signalisiert seinem Nachbarn durch Mimik und Körperhaltung seine Stimmung. Der Nachbar muss versuchen, entsprechend zu reagieren: trösten, weggehen, aufmuntern ...

Gemeinsames Stimmungsbild malen: Ein DIN-A3-Blatt wird in der Mitte gefaltet, zwei Kinder sitzen sich gegenüber. Eines beginnt mit Wasserfarben, Kreiden, Stiften u.ä. auf seiner Blatthälfte durch Farben, seine Stimmung auszudrücken. Der andere Partner beginnt diese Stimmung auf seiner Seite mit entsprechenden Farben, Formen aufzugreifen und versucht behutsam, sie weiterzuentwickeln und zu verändern. Das erste Kind greift auf seiner Seite wieder den optischen Impuls auf und antwortet ‚malerisch'. In der Mitte begegnen sich die beiden.

– Produktives Verändern des Gedichtes
Das Wort „traurig" in der Überschrift wird ersetzt, z.B. durch „albern, frech, wütend ..." Die Kinder gestalten ein bis zwei Strophen zu ihrer neuen Überschrift.

(8) *Mit dir* von Friedl Hofbauer

Mit dir

Mit dir würde ich
Über das Wasser gehen
Wenn du mir die Hand gibst
Und sagst: Komm!
Mit dir würde ich
Über das Wasser gehen
Nach Amerika oder Indien
Zu Fuß
Über das Wasser, und ich glaube
Wir sind schon unterwegs –

Friedl Hofbauer

Dieses kleine Gedicht von Friedl Hofbauer soll zumindest andeuten, dass die egozentrische Sicht des Kindes einer Ergänzung und eines Korrektivs um seine sozialen Beziehungen bedarf. Aber auch in einer Freundschaftsbeziehung bleibt die Persönlichkeit des Einzelnen in ihrer Eigenständigkeit bewahrt.

Das Gedicht macht die Kraft einer Freundschaft deutlich: Mit und durch den anderen kann man Taten vollbringen, die sonst nicht möglich wären. Durch die zweifache Wiederholung „Mit dir" wird der soziale Aspekt des Menschen deutlich.

Nach dem Lesen und dem Gespräch über das Gedicht können die Kinder eigene Freundschaftsgedichte schreiben. Dabei hilft es, den Gedichtanfang zu übernehmen:

Mit dir würde ich ...

Noch mehr Ich-Gedichte

Ich

Heute haben mich meine Eltern
neu eingekleidet.
Neues Hemd.
Neuer Pulli.
Neue Jacke.
Neue Hose.
Neue Schuhe.

Meine Mutter
und die Verkäuferinnen
haben immer gesagt,
alles passe gut zusammen –
und zu mir.

Aber,
wenn ich die neuen Sachen trage,
ist mir ganz komisch.
Ich weiß gar nicht mehr,
ob ich noch ich bin.

Manfred Mai

Einmal

Einmal
Verwandle ich mich in ein Tier,
das hüpft wie ein Frosch,
schleicht wie eine Schnecke
und rennt wie ein Reh.
Ich habe die Augen von einem Uhu
Und kann den Kopf
Drehen wie ein Falke.
Ich grabe mich wie eine Raupe tief
In die Erde
Und lasse mich an einem Faden
Vom Wind durch das Land tragen.
Ich werde Räder schlagen
Wie ein Pfau,
gurren wie eine Taube
und krächzen wie ein Rabe.
Und einmal kommt der Jäger,
und der trifft mich nicht.

Christina Zurbrügg

Ich

Ich bin kein Buckel
ich buckle nicht
ich bin kein Büffel
ich bin keine Pauke
kein Diener
kein Schalter
kein Zweck und kein
Schneck
Menschenskind! Was bist Du
denn dann?
Ich bin, womit deine Frage
begann

Walther Petri

In die Wolken gucken

Im Himmel schwimmen
flockige Länder,
bauschige Kontinente.
Ihre Grenzen verfließen,
lösen sich auf, ballen sich neu
zu noch nie gesehenen
Inseln und Staaten. –
Und ich ihr Entdecker,
ganz allein.

Hans Manz

Alles wäre ohnehin
ganz anders, als es ist,
wäre ich nicht, wie ich bin,
und du nicht, wie du bist.

Frantz Wittkamp

1.2 Gedichte vom Träumen (3. – 4. Klasse)

(1) *Ich hatte einen Traum* von Martin Auer

Martin Auers kleines Gedicht könnte den Auftakt der Sequenz bilden, es bietet einen lockeren, ungezwungenen Einstieg in die Thematik.

Ich hatte einen Traum.

Ich hatte einen Traum,
einen wunderbaren Traum
von einem wunderschönen Baum.
Drauf saß ein kleines Tier,
ein weißes, weiches Tier,
das träumte
von mir
…

Martin Auer

Das kleine originelle Gedicht präsentiert sein Thema in der Form eines sich schließenden Kreises: Das lyrische Ich träumt einen wunderschönen Traum von einem kleinen weißen, weichen Tier, das auf einem wunderschönen Baum sitzt und von ihm träumt. Was es aber träumt, bleibt offen. Das kann der jeweilige Leser bzw. die Leserin für sich selbst fortschreiben.

Zur Texterschließung wird ein Augenmerk auf den Dreh- und Wendepunkt in den letzten zwei Zeilen gelegt. Die Anforderung für die Schüler und Schülerinnen besteht darin, die doppelte Traumsituation und ihre Verknüpfung zu erkennen und das offene Ende individuell für sich füllen: Was träumt das Tier von mir?

Ihre Antwort schreiben die Schüler auf, oder sie zeichnen und malen sie. Die Erwartung richtet sich darauf, dass sie ihre eigenen Träume auf möglichst phantasievolle Art und Weise oder mit bildkünstlerischen Mitteln zum Ausdruck bringen. Der Austausch über die Ergebnisse führt ihnen die Unterschiedlichkeit der Träume vor Augen.

(2) *Lena – wohin fliegst du?* Von Sophie Brandes

Es ist ein typisches Kennzeichen von Träumen, dass sie von Dingen und Ereignissen handeln, die eigentlich unmöglich und in der Wachrealität unwahrscheinlich sind.

In ihrem Gedicht *Lena – wohin fliegst du?* entwickelt Sophie Brandes sehr bildhaft die Möglichkeit, im Traum Raum und Zeit zu überwinden und Dinge zu tun, die einem gerade in den Sinn kommen, unabhängig von ihrer realistischen Durchführbarkeit.

Lena – wohin fliegst du?

Lena steigt im Traum
auf den höchsten Baum
frühstückt bei Frau Meise
fliegt danach ganz leise
an den blauen Nil
stemmt ein Krokodil
baut ein Schloss im Sand
reist per Elefant
heimwärts durch die Nacht
bis der Tag erwacht.

Sophie Brandes

Auch im Unterricht sollte die Ebene des Phantastischen ins Zentrum der Arbeit am Gedicht rücken. Möglich wäre es, mit einer Phantasiereise zu beginnen, nach der die Kinder sich einige ‚ihrer Träume' auf ein Blatt notieren. Nach der Begegnung mit dem Gedicht von Sophie Brandes könnten die Kinder versuchen, aus den Notizen Verszeilen zu entwickeln, wobei sie sich an der Struktur des Gedichtes von Sophie Brandes orientieren sollen. Diese Verszeilen übertragen sie auf ein DIN-A4-Blatt und gestalten sie zeichnerisch. Die so entstandenen Seiten werden – beispielsweise – an der Pinnwand aufgehängt.

Eine andere Möglichkeit ist es, die Kinder im Anschluss an die Phantasiereise ein Bilderbüchlein mit oder ohne Text zu Lenas einzelnen Träumen gestalten zu lassen. Durch dieses Verfahren kann besonders gut über die Bildlichkeit in dem Gedicht reflektiert werden.

(3) *Ich träume vor mich hin ...* von Alfred Zacharias

Das Gedicht *Ich träume vor mich hin ...* von Alfred Zacharias greift eine nur allzu bekannte Situation auf: Man fängt an, vor sich hinzuträumen und sich alles Mögliche und Unmögliche vorzustellen. Das Ende des Gedichtes beinhaltet geradezu eine Aufforderung zum Weitermachen.

Ich träume vor mich hin ...

Ich bin ein seltsames Gesicht,
das sieht dich an.
Ich bin ein weißes Kaninchen,
spiel mit mir.
Ich bin ein runder Stein im tiefen See.
[...]
Ich bin ein frierender Schmetterling
Nach dem Regen.

Ich bin ein rotes Zirkuspferd
Mit einem roten Federbusch.
Ich bin am Meer die
Letzte kleine Welle am Strand.
[…]
Ich bin ein Regen, jawohl Regen,
ich finde das herrlich.
Ich bin ungeheuer gescheit,
ich kann jedes Buch
in jeder Sprache lesen.
Ich bin …
Ich bin
Ich bin
Ich bin
Ich bin
Ich bin

Alfred Zacharias

Der träumerische Inhalt sollte auch methodisch aufgegriffen werden. Als Einstieg spielt man den Kindern träumerische Meditationsmusik vor, lässt sie die Augen schließen und erst eine Weile vor sich hinträumen, um dann mit leiser Stimme bei reduzierter Musiklautstärke, das Gedicht vorzulesen, nach dem letzten „Ich bin" läuft die Musik weiter und die Kinder träumen noch ein wenig vor sich hin.

Nun schreibt jedes Kind auf ein quer liegendes DIN-A4-Blatt einen Zweizeiler und gestaltet etwas passend dazu.

Ich bin.....
....

Die Traumbilder werden dann als langes Wandfliesband aneinandergehängt und vorgelesen.

(4) *So im Schatten liegen möchte ich* von Erwin Moser

Das dreistrophige, bildhafte Gedicht Erwin Mosers ruft eine Sommerstimmung auf: Das lyrische Ich sucht den kühlenden Schatten und begibt sich auf eine Gedankenreise.

„Seine Wirkung erhält das Gedicht vor allem durch den Zeilenumbruch mitten in einem Satz, der einen zu Lesepausen und zum Innehalten herausfordert. Wie in der Musik schaffen die sich wiederholenden Zeilen, die dem Gedicht ja auch seinen Titel geben, einen Rhythmus und eine Struktur, die sich besonders beim lauten klanggestaltenden Lesen offenbaren.

Das, was das lyrische Ich beobachtet, sind dann auch Dinge, die einem nicht sofort ins Auge springen, sondern sich nur dem verweilenden Beobachter erschließen. Daher bietet sich bei dem Gedicht ein sinnlich kreativer Zugang an. Zunächst sollten die Kinder selbst an einem Sommertag im Schatten liegen und sich die Natur aus verschiedenen Perspektiven anschauen: Den Himmel, die Erde, ...

Neben dem Sehen, könnte man die Kinder auch zum bewussten Hören oder Fühlen anleiten. Die Erfahrungen könnten die Kinder auf kleinen Karten schriftlich festhalten und vielleicht gemeinsam eine ‚Sommerwand' gestalten." (Gien 2003, S. 21 f.)

Bevor den Kindern das ganze Gedicht von Erwin Moser vorgelesen wird, ergänzen sie antizipierend eine Strophe mit ‚passenden' Ausdrücken, um so ein Gefühl für die bildliche Sprache Erwin Mosers zu bekommen. Als Beispiel ist hier die dritte bzw. letzte Strophe gewählt. In den Klammern finden sich drei Wörter bzw. Ausdrücke zur Auswahl. Die Kinder wählen sich jeweils eines bzw. einen davon aus (das Original ist hier unterstrichen).

So im (Bett – Garten – <u>Schatten</u>) liegen möchte ich
und (sehen – <u>spüren</u> – bemerken),
wie mir (<u>die Sonne</u> – eine Ameise – ein Maikäfer)
an (dem Baum – <u>den Beinen</u> – dem Gänseblümchen) hochklettert.
Zusehen,
wie sich (<u>die Katze</u> – ein Kind – mein Freund)
(den Tag vertreibt – <u>gründlich wäscht</u> – freut)
und versuchen,
ob ich (vielleicht – voll Freude – <u>aus ihrer Sicht</u>)
(den Frühling – <u>die Welt</u> – die Vögel am Himmel) betrachten kann.

Die beiden ersten Strophen des Gedichtes lauten:

So im Schatten liegen möchte ich
und den Vögeln zusehen,
wie sie mit dem Wind ihre
Pfeilspiele treiben.
In die weißen Wolken schaun
Und sie bei ihren Verwandlungskünsten ertappen.

So im Schatten liegen möcht ich
und eine Raupe bei ihrem

Mittagessen betrachten
und ihre Borsten zählen.
Die zitternden Grashalme ansehn
und beobachten,
wie sie ihre Samen fallen lassen.

Eine Schülerarbeit als Beispiel einer Lösung:

Schülerarbeit: Hannah (10 J.)

„Nach dem vergleichenden Austausch über die Ergebnisse liest die Lehrkraft nochmals das ganze Gedicht Erwin Mosers vor. Die Erfahrungen des lyrischen Ichs im Original werden nun mit denen der Kinder verglichen.

Um das Gestaltungsprinzip des Zeilenumbruchs zu verstehen (s. auch S. 115 ff.), versuchen die Kinder, die Sätze, die sie zu ihren eigenen Naturerfahrungen geschrieben haben, nun auch ‚umzubrechen'. Das geht am besten mit einem Partner, dann kann man sich gegenseitig die Ergebnisse vorlesen.

Zur Strukturierung der eigenen Eindrücke könnte auch die Titelzeile Erwin Mosers *So im Schatten liegen möchte ich* vorgegeben werden. Zur Veranschaulichung eine Schülerarbeit:

So im Schatten liegen möchte ich,
nur das Rauschen der Sommerlinde im Ohr.
Ein Eichhörnchen hüpft eilig
durch das dunkle Geäst und putzt sein
bräunliches Fell.
Ich möchte spüren, wie die herabfallenden
Blätter
meine
Haut
berühren. Julian (8 Jahre)

Im fächerübergreifenden Unterricht könnte man Kunstbilder und Musikstücke zusammenstellen, die auch solche Momentaufnahmen von Sommertagen sind, wie sie das Gedicht wiedergibt.“ (Gien 2003, S. 22)

(5) *Aus Glas* von Josef Guggenmos

Aus Glas

Manchmal denke ich mir □ . [irgendwas]
Und zum Spaß
Denke ich mir jetzt, ich bin aus □ . [Glas]

Alle Leute, die da auf der Straße □ , [gehen]
Bleiben stehen,
Um einander durch mich □ . [anzusehen]

Und die vielen andern Kinder □ : [schrein]
Ei wie fein!
Ich, ich, ich will auch durchsichtig □ ! [sein]

Doch ein Lümmel stößt mich in den □ . [Rücken]
Ich fall hin …
Klirr, da liege ich in tausend □ . [Stücken]

Ach, ich bleibe lieber, wie ich bin.

Josef Guggenmos

Dieses Gedicht ist ein Spiel mit dem Reim und zugleich ein Gedankenspiel mit unverkennbar lehrhafter Tendenz. Der dreifache Reim der ersten drei Strophen bringt die Andersartigkeit zum Ausdruck, nach der sich das lyrische Ich „zum Spaß“ sehnt, um der Wirklichkeit enthoben zu sein. Die im Strophenbild isolierte Schlusszeile „Ach, ich bleibe lieber, wie ich bin!“ spricht die Rückkehr in die Wirklichkeit und das zufriedene Sich-Bescheiden aus, nachdem in der vierten Strophe das Zerbrechen des Wunschtraumes, aus Glas zu sein, gestaltet worden ist. Dieses Zerbrechen des Wunschgebildes („Ich fall hin …“) fällt aus dem Reimschema heraus, so dass das formale Reimspiel und der inhaltliche Vorgang des Zerbrechens eins werden.

Indem aber die isolierte Schlusszeile die Zustimmung zur Wirklichkeit ausspricht und klanglich mit der reimlosen Zeile „Ich fall hin …“ gebunden ist, wird gewissermaßen dieses Fallen und Zerbrechen ins Positive verwandelt: Das Wunschmärchen vom gläsernen Ich, das einmal ganz anders sein wollte, bewundert und von vielen beneidet, Mittelpunkt der Welt, bis schließlich ein „Lümmel“ das gläserne Gebilde in den Rücken stößt und in tausend Stücke schlägt, dieses Wunschmärchen dient dem Ich zu seiner Selbsterkenntnis.

Und worin besteht diese? Ist sie so gemeint: Wünsche zu hegen, ist töricht? Sie sind zwar schön und verlockend, aber ohne Realität. Die Fragilität des Glases ist Symbol für das notwendige Zerbrechen der Wünsche.

Werden bei der Erstbegegnung mit dem Gedicht Reimwörter weggelassen, kann dies die Schüler und Schülerinnen in dem Bestreben unterstützen, die hier gegebene spezifische Funktion des Reims zu entdecken: Er bewirkt die humorvolle Stimmung und unterstreicht das Gedankenspiel. Dass die Zeile „Ich falle hin …“ aus dem Reim fällt, sollte bewusst gemacht werden; ebenso die Aufhebung dieses Fallens durch die klangliche Bindung an den letzten Satz „Ich bleibe lieber, wie ich bin.“

*

⌧ Querverweis

Zum Vergleich mit *So im Schatten liegen möchte ich* von Erwin Moser bietet sich das Gedicht *Im Gras* von Arno Holz an (s. S. 182 ff.). Vergleichsaspekte könnten sein: Wer spricht? Was kann man sehen? Was kann man riechen? Was kann man fühlen oder spüren?

Ebenfalls zum Vergleich eignet sich das Gedicht *Auf dem Rücken im Gras* von Josef Guggenmos. Hier wird kein Tagtraum geschildert, das lyrische Ich assoziiert vielmehr, indem es in den Himmel schaut, allerlei ‚Wolkenbilder'.

Auf dem Rücken im Gras

Ich liege und schau
auf das Land Blau
mir genau gegenüber.

Ein schneeweißes Pferd
zieht über mir
lautlos vorüber.

Wolkenpferd, Wolkenbär
Sehe ich wandern,
Wolkenschaf, Wolkenwal,
eins hinterm andern.

Nun aber naht sogar
ein Wolkenrübezahl.

Josef Guggenmos

2 Wetter

Von der Natur in der Literatur legt insbesondere die große Tradition der Naturlyrik Zeugnis ab, die von Walther von der Vogelweide bis in unsere Gegenwart reicht. Die Lyrik lebe geradezu vom Naturbild und bedürfe seiner auch noch in Zeiten, da das unmittelbare Verhältnis des Menschen zur Natur geschwunden ist, schreibt der Literaturwissenschaftler Walter Killy in seinem Standardwerk *Wandlungen des lyrischen Bildes* (zuletzt 1998). Wenden sich Dichter der Natur zu, so haben sie aber selten die Natur als Ganzes im Sinn, meistens sind es Teilbereiche oder Einzelphänomene, in denen sie ihren Erfahrungen, Einsichten, Gefühlen und Stimmungen Sprache und Gestalt geben. Was für die Erwachsenenlyrik unstrittig ist, gilt mutatis mutandis auch für die Kinderlyrik. Zumindest in ihrer jüngeren Geschichte ist sie in hohem Maße Naturlyrik.

Aus der Fülle an Themen und Motiven wählen wir vier aus, die als Naturphänomene miteinander verbunden sind und sich unter das Oberthema ‚Wetter' zusammenfassen lassen: Regen und Gewitter sowie Wasser und Wind. Sie stehen exemplarisch für Möglichkeiten, die Welt bzw. die Natur auf dichterische Weise zu begreifen.

2.1 Regen und Gewitter (3. – 6 Klasse)

Naturwissenschaftlich gesehen ist der Regen Niederschlag in flüssiger Form, der als Land- oder Sprühregen, als Wolkenbruch o.Ä. vorkommt. Die Dichter interessieren diese Beschaffenheiten aber eher am Rande, sie schauen auf die Wirkungen des Regens für Mensch und Natur und auf die Gefühle und Empfindungen, die sie, zumal bei Kindern, auslösen. So handeln ihre Gedichte beispielsweise von der lebenspendenden Kraft des Regens, wenn er die Erde ‚befruchtet', aber auch von seiner bedrohlichen Seite, wenn er Überflutungen oder Hochwasser bewirkt. Die ausgewählten Gedichte sollen diese Perspektiven zumindest andeuten, Gedichtbände und Anthologien bieten weitere Texte.

Als Wettererscheinung hängt der Regen eng mit dem Gewitter zusammen, das sich durch einen kurz aufleuchtenden Blitz und krachenden oder rollenden Donner äußert und mit starken, meist schauerartigen Niederschlägen einhergeht. Das Gewitter steht dem Regen an Beliebtheit in der (Kinder-)Lyrik nicht nach. Zahlreiche Gedichte thematisieren dieses Naturphänomen auf eine teils beschreibend-erzählende, teils lyrische Weise, die dem ganzheitlichen Wahrnehmen und Erkennen der Kinder sehr entgegenkommt.

Unsere Textauswahl ist ab der dritten Klasse einsetzbar. Die Kinder sollen nicht nur entdecken, wie unterschiedlich die inhaltlichen Akzente von den Dichtern gesetzt werden. Die Gedichte sind auch so gewählt, dass an ihnen beispielhaft verschiedene formale Gestaltungsmöglichkeiten in den Blick kommen. Bei ihnen vor allem ist ein Vergleich naheliegend.

(1) *Sommerregen* von Georg Bydlinski

Zum Einstieg erzählen die Kinder von Gedanken und Erlebnissen, die sich ihnen mit dem Regen verbinden. – Vergleichbares tut auch das lyrische Ich in Georg Bydlinskis Gedicht *Sommerregen*.

Sommerregen

Die Bäume sind nass vom Kopf bis zum Zeh.
Ich wandere barfuß durch die Allee.
Die Wiese ist sumpfig, der Weg ist ein Bach,
es trommeln die Tropfen aufs Gartenhausdach.

Ich wandere barfuß. Das Gras kitzelt so.
Was ich hier mache? Naß sein und froh!

Georg Bydlinski

Georg Bydlinskis heiteres Regengedicht gibt eine fröhliche Stimmung bei einem Sommerregen wieder. Dabei stehen das Spüren und das Hören des Regens im Mittelpunkt. Das Gedicht gipfelt in der Aussage, dass das lyrische Ich das Spüren der Umgebung bei Regen als sehr angenehm empfindet. Durch das Barfuß-Wandern, das zweifach erwähnt wird, wird das Gefühl der Freude besonders intensiviert.

Die Kinder sprechen darüber, ob sie das im Gedicht beschriebene Gefühl nachvollziehen können. Vielleicht haben sie sich schon einmal ähnlich verhalten wie das lyrische Ich im Gedicht?

(2) *Der Regen* von Volker Braun

Auch Volker Brauns Gedicht *Regen* spricht von einer angenehmen Stimmung, die der Regen auslöst.

Der Regen

Die Wolke und die Wiese
Sind sich ganz nah gekommen
Als ich sie sehen wollt
Sind sie davongeschwommen.

Und nur ein Rauschen blieb
Rauscht eine lange Stunde
Da war die Luft gebadet
Und lag leicht im Munde.

Volker Braun

Das lyrische Ich beschreibt eine auch Kindern unschwer nachvollziehbare Situation: Vermutlich an einem heißen, schwülen Sommertag ist eine (Regen-)Wolke aufgezogen und hängt nun tief über einer Wiese. Volker Braun findet für diese Naturerscheinung das poetische Bild, beide seien sich „ganz nah gekommen". Und als das lyrische Ich sie (an)sehen wollte, sind sie „davongeschwommen" – im starken Regen offenbar, der ihr Bild ‚verwischte' und der „eine lange Stunde" herabrauschte. Aber es ist kein schlimmer, zerstörender, sondern ein guter, erfrischender Sommerregen! Die zuvor trockene oder schwül-schwere Luft ist nun gleichsam „gebadet" und „liegt leicht im Mund", d.h. sie ist wieder frisch und lässt sich leicht einatmen.

Die Schüler sollten bei der Arbeit mit diesem Gedicht dem poetischen Bild auf die Spur kommen und entdecken, wie ein Autor seine Naturbeobachtungen in lyrischer Sprache gestaltet.

Sprechversuche können in Gruppen vorbereitet und dann von ausgewählten Sprechern vorgetragen werden. Da Satzzeichen im Text fehlen, sollte mit Betonungs- und Pausenzeichen (s. S. 123 f.) gearbeitet werden.

(3) *Regen* von Josef Guggenmos

So unterschiedlich der Regen in der Natur vorkommt, so verschieden sind auch die Betrachtungsweisen, die die Dichter einnehmen. Josef Guggenmos schaut auf einen Dauerregen und lässt sein lyrisches Ich den Blick auf die Betroffenen in „Feld und Wald" richten.

Regen

Es regnet ohne Unterlass.
Bald
ist in Feld und Wald
jedermann nass.
Dem Hasen regnet's auf sein Fell.
Dem Förster auf den grünen Hut.
Dem Bussard auf sein Federkleid.
Dem Wildschwein auf die Borsten –
das freilich tut mir gar nicht leid.

Hat es zu regnen aufgehört,
rinnt es noch lange von den Zweigen,
tropf,
tropf.
Selbst der Uhu im Baum,
der es trocken hat,
schüttelt den Kopf.

Josef Guggenmos

Beim aufmerksamen – lauten – Lesen des Gedichtes werden die Kinder als besonders auffälliges Merkmal seinen unregelmäßigen Rhythmus entdecken, zumal in der zweiten Strophe, in der das Phänomen des Nachtropfens lautmalend nachgeahmt wird. Es wird ihnen einsichtig, dass das Gedicht auch seine Wirkung vor allem aus dem Rhythmus bezieht.

Zum Inhalt ist zu fragen, wie die Auswirkungen des Regens auf „jedermann“ in diesem Gedicht dargestellt werden. Warum tut es dem lyrischen Ich „gar nicht leid“, dass alle, Tiere und Menschen, nass werden? Warum schüttelt der Uhu auf seinem trockenen Platz im Baum seinen Kopf?

(4) *Regenlied* von Sarah Kirch

Regenlied

Regen fällt vom Himmel,
grün wird jedes Gras,
Regen fällt vom Himmel,
macht den Kindern Spaß.

Regen ist ein Besen,
fegt die Luft ganz rein,
springt auf unsre Nasen
und wäscht jeden Stein.

Sonne möchte schimmern,
’s wird was Schönes draus:
Regenbogen flimmern
Über unserm Haus.

Sarah Kirsch

Das Gedicht arbeitet mit Bildern, die von den Kindern aus eigener Erfahrung leicht nachvollzogen werden können. Es spricht in schlichten Worten von der lebensstärkenden (grünendes Gras) und erfrischenden (reine Luft) Wirkung des Regens und von dem Regenbogen als Zeichen seines ‚Zusammenspiels’ mit der Sonne. Mit dem zweimal vorkommenden Fürwort „unser“ spricht das lyrische Ich die Kinder unmittelbar an und bezieht sie ein in das „Spaß“ machende Erlebnis.

Das Gedicht ist leicht zu sprechen: Es weist keine Zeilensprünge auf und hält den Kreuzreim in der schlichten Weise a-b-a-b durch. Es sollte daher vor allem über das Sprechen erschlossen werden. Das Grundwort ‚Lied’ im Kompositum „Regenlied“ der Überschrift könnte dazu motivieren, dem Text eine bekannte Melodie zu unterlegen und ihn danach zu singen. Selbstverständlich können die Kinder auch eine eigene Melodie erfinden.

(5) *Ein Lied um Regen* von Matthias Claudius

Ein Lied um Regen

Regen, komm herab!
Unsre Saaten stehn und trauern,
und die Blumen welken.

Regen, komm herab!
Unsre Bäume stehn und trauern,
und das Laub verdorrt.

Und das Vieh im Felde schmachtet
und brüllt auf zum Himmel.
Und der Wurm im Grase schmachtet,
schmachtet und will sterben.

Laß doch nicht die Blumen welken,
nicht das Laub verdorren!
Oh, laß doch den Wurm nicht sterben!

Regen, komm herab!

Matthias Claudius

Das Gedicht führt zurück in eine Zeit, die noch überwiegend bäuerlich geprägt war. Eine Missernte, deren Ursache fehlender Regen war, konnte schlimme Folgen für die Ernährung der Bevölkerung haben. Heutigen Schülern und Schülerinnen, denen im Zeichen der Globalisierung Versorgungsprobleme bei Nahrungsmitteln fremd sind, kann das Gedicht ein Anstoß sein, dies nicht selbstverständlich zu nehmen.

Matthias Claudius spricht die landwirtschaftlichen Probleme in den trauernden Saaten nur indirekt an, sein sorgender Blick gilt der Natur insgesamt, die mit verdorrenden Bäumen, welkenden Blumen, schmachtendem Großvieh und kleinem Wurm aufgerufen wird. Der Vers „Regen, komm herab!“, mit dem das Gedicht beginnt, wird noch zweimal wiederholt und steht am Ende als nachdrücklicher Appell da. – Im angesprochenen ‚Du' wird deutlich, woher Rettung erwartet wird. Die Bezeichnung des Gedichtes als „Lied“ assoziiert in diesem Zusammenhang die Bedeutung von ‚Kirchenlied', in dem die gläubigen Menschen ihre Bitten an Gott richten.

Das Gespräch über das Gedicht kann nicht dem Ziel dienen, die Haltung des frommen Dichters Matthias Claudius zu übernehmen. Wohl aber kann den Kindern vermittelt werden, dass unsere heutige, in der Regel naturwissenschaftliche Sicht auf das Phänomen des ausbleibenden Regens nicht die einzig mögliche Umgangsform damit ist. Ob eine davon die richtige ist, muss dabei gar nicht entschieden werden.

(6) *Regen* von Hans Georg Lenzen

Das Gedicht *Regen* von Hans Georg Lenzen setzt nochmals einen neuen Akzent. Es beschreibt nicht das Naturphänomen Regen, sondern die Gefühle, die ein heftiger Regen in der Nacht bei einem Kind auslöst.

Die Welt drinnen und draußen während des Regens ist sehr anschaulich beschrieben. Das Kind, das hier als lyrisches Ich zu denken ist, stellt sich die Dunkelheit und Nässe draußen vor und setzt dagegen die kuschelige Geborgenheit in seinem Bett mit warmem Kissen und schützendem Teddybär.

Aus: Lesespuren 2, LH, S. 90

Als Zugangsweise schlagen wir vor, das Gedicht zunächst unvollständig zu präsentieren, beispielsweise wie auf dem Arbeitsblatt dokumentiert. Während sie die Lücken im Text füllen, können die Kinder die Gedanken des lyrischen „Ich" mitvollziehen. Dieses lädt sie ein, sich vorzustellen, sie seien es selbst, die mitten in der Nacht bei Regen aufwachen und das schöne, wohltuende Gefühl der Geborgenheit erfahren.

Eine Variante der Aufgabenstellung, die noch stärker auf eine inhaltliche Mitgestaltung zielt, setzt bei diesen Überlegungen ein. Hier werden [die nachfolgend in eckige Klammern] gesetzten größeren Teile des Textes ausgespart. Die Kinder überlegen, was sie hören und fühlen und was draußen passiert und schreiben ihre Gedanken in die leer gelassenen Zeilen des Gedichtes.

Regen

Ich bin schon manchmal aufgewacht,
wenn's regnet mitten in der Nacht;
dann lieg ich da und höre.
[Der Regen trommelt auf das Dach

und rauscht und plätschert wie ein Bach
durch unsere Regenröhre.

Und heult der Wind um unser Haus –]
Das macht mir überhaupt nichts aus,
das Kissen hält mich warm.
[Die Welt ist draußen schwarz und kalt,]
ich lieg in meinem Bett und halt
den Teddybär im Arm.

Hans Georg Lenzen

In der Phase der Bearbeitung eignet sich das Gedicht gut für eine musikalische Umsetzung. Für die methodische Vorgehensweise können die folgenden Arbeitsaufträge (Gien 1999, S. 34) Orientierungshilfe sein:

- Das Gedicht kannst du dir schon beim Vorlesen mit Musik vorstellen. In dem Gedicht wird erzählt, was drinnen und draußen beim Regen passiert.
- Bildet zwei Gruppen!

  Die erste Gruppe überlegt, mit welchen Instrumenten man das Geborgensein, wenn man im warmen Bett liegt, darstellen kann. Wie ‚klingt' es, wenn man aufwacht und sich wieder ins Bett kuschelt?

  Die zweite Gruppe überlegt, wie sich wohl der Regen anhört, wenn er auf verschiedene Untergründe prasselt, schwach ist und dann viel stärker wird.
- Bestimmte Wörter verraten dir etwas über den Klang des Regens: trommelt, rauscht und plätschert.

  Wie kann man das Heulen des Windes dazu nachmachen?
- Überlegt euch, an welchen Stellen die Gruppen nacheinander, an welchen sie zusammen spielen! Probiert mehrere Möglichkeiten aus!
- Wenn euch eine Möglichkeit besonders gut gefällt, könnt ihr eine Tonaufnahme davon machen.

*

In dem folgenden didaktischen Arrangement ist Georg Bydlinskis Gedicht *Sommerregen* (s. S. 240) in das Gedicht *Regen* von Hans Georg Lenzen ‚hineingeschrieben' bzw. mit ihm verflochten. (Bydlinskis Text ist hier zum leichteren Erkennen unterstrichen.)

Ich bin schon einmal aufgewacht,
wenn's regnet mitten in der Nacht;
<u>Die Bäume sind nass vom Kopf bis zum Zeh.</u>

Ich wandere barfuß durch die Allee.
dann lieg ich da und höre:
Der Regen trommelt auf das Dach
und rauscht und plätschert wie ein Bach
durch unsere Regenröhre.
Die Wiese ist sumpfig, der Weg ist ein Bach,
es trommeln die Tropfen aufs Gartenhausdach.
Und heult der Wind um unser Haus –
das macht mir überhaupt nichts aus,
das Kissen hält mich warm.
Ich wandere barfuß. Das Gras kitzelt so.
Was ich hier mache? Naß sein und froh!
Die Welt ist draußen schwarz und kalt,
ich lieg in meinem Bett und halt
den Teddybär im Arm.

Die Aufgabe für die Kinder besteht darin, die beiden Gedichte zu entflechten. Das kann in Partner- oder Gruppenarbeit geschehen, ist aber auch als Einzelarbeit denkbar.

Zuerst werden die beiden unterschiedlichen Gedichte farblich markiert. Dabei orientieren sich die Schüler sowohl am Inhalt wie am Rhythmus und Reim. Am Ende wird die passende Überschrift gesucht.

Nun werden die beiden Gedichte auf ein Schmuckblatt übertragen.

*

⌦ Querverweise

- *Regen* von Paul Maar (Text s. S. 71)

  Die Schüler beschreiben, wie das Bildgedicht gestaltet ist, und sprechen über den Text. Welche Beobachtungen lassen sich machen, z.B. zu Rhythmus und Reim?
  Anschließend schreiben die Schüler das Bildgedicht wie ein ‚normales' Gedicht in Versen auf und besprechen die Ergebnisse. Woran kann man merken, dass ein neuer Vers beginnt?
  Beide Versionen – Bildgedicht und Gedicht in Versform – werden miteinander verglichen. Welche Version gefällt besser? Welche ist wirkungsvoller?

- Siehe auch das Beispiel *Regen* im Abschnitt „Freies Schreiben von Gedichten", S. 187 f.

(7) *Das Gewitter von* Josef Guggenmos

Das Gewitter

Hinter dem Schlossberg kroch es herauf:
Wolken – Wolken!
Wie graue Mäuse,
ein ganzes Gewusel.
Zuhauf jagten die Wolken gegen die Stadt.
Und wurden groß
und glichen Riesen
und Elefanten
und dicken, finsteren Ungeheuern,
wie sie noch niemand gesehen hat.
Gleich geht es los!
sagten im Kaufhaus Dronten
drei Tanten
und rannten heim, so schnell sie konnten.
Da fuhr ein Blitz
mit helllichtem Schein,
zickzack,
blitzschnell
in einen Alleebaum hinein.
Und ein Donner schmetterte hinterdrein,
als würden dreißig Drachen
auf Kommando lachen,
um die Welt zu erschrecken.
Alle Katzen in der Stadt
verkrochen sich in die allerhintersten Stubenecken.
Doch jetzt ging ein Platzregen nieder!
Die Stadt war überall
nur noch ein einziger Wasserfall.
Wildbäche waren die Gassen.
Plötzlich war alles vorüber.
Die Sonne kam wieder
und blickte vergnügt
auf die Dächer, die nassen.

Josef Guggenmos

Der Form nach ist der Text von Josef Guggenmos ein Erzählgedicht. Eingangs entwickelt der Dichter das Heranziehen der Wolken, die, immer größer und bedrohlicher werdend, gegen die Stadt zujagen. Das bedeutet Bedrohung und Gefahr für die Stadt. Die Wolken werden mit Riesen, Elefanten und finsteren Ungeheuern vergleichbar, sie lassen nichts Gutes ahnen. So etwas hat „noch niemand" gesehen.

Die Menschen, repräsentiert durch „drei Tanten“, streben eiligst nach Hause, und kaum angekommen, bricht auch schon das Gewitter mit aller Macht los. Der Blitz schlägt in einen Alleebaum ein, mit unheimlichem Donner, als würden „dreißig Drachen auf Kommando lachen“. Ein derart heftiger Platzregen folgt, dass die Straßen überschwemmt werden und das Wasser sie zu „Wildbächen“ verwandelt.

So schnell das Gewitter heranzog, so „plötzlich“ ist es auch wieder vorbei. Die Sonne scheint wieder, die Welt ist wie verwandelt, die Atmosphäre durch diesen dramatischen Schlag gereinigt.

Dem dramatischen Inhalt entsprechend ist die Sprache des Gedichtes drängend, die Verse werden häufig nach wenigen Worten schon zerrissen, der Endreim spannt sich oft über viele Zeilen. Auf dem eigentlichen Höhepunkt des Gedichtes verkürzen sich die Verse zu einem einzigen Wort: „zackzack / blitzschnell“. Die Schnelligkeit, die Härte, der elementare Ausbruch des Gewitters werden so überaus anschaulich.

(8) *Gewitter* von Erwin Moser

Während Josef Guggenmos Bilder und Metaphern – „Wolken! Wie graue Mäuse!; „Riesen und Elephanten“; „dreißig Drachen“ … – wirkungsvoll einsetzt, arbeitet Erwin Moser in seinem Gewitter-Gedicht ganz besonders mit Lauten und Wörtern als Gestaltungsmittel.

Gewitter

Der Himmel ist blau
Der Himmel wird grau
Wind fegt herbei
Vogelgeschrei
Wolken fast schwarz
Lauf, weiße Katz!
Blitz durch die Stille
Donnergebrülle
Zwei Tropfen im Staub
Dann Prasseln auf Laub
Regenwand
Verschwommenes Land
Blitze tollen
Donner rollen
Es plitschert und platscht
Es trommelt und klatscht
Es rauscht und klopft
Es braust und tropft
Eine Stunde lang
Herrlich bang
Dann Donner schon fern
Kaum noch zu hör'n
Regen ganz fein
Luft frisch und rein
Himmel noch grau
Himmel bald blau!

Erwin Moser

Thematisch sind die Gedichte von Josef Guggenmos und Erwin Moser sehr ähnlich. Beide stellen das dramatische Geschehen eines Gewitters dar, beide gestalten sie das Heranbrausen, das Losbrechen und das Abklingen dieses Naturereignisses.

(9) *Gewitter* von Josef Lichius

Anders als Guggenmos und Moser konzentriert sich Josef Lichius nur auf den Höhepunkt eines Gewitters. Bedeutsamer aber noch ist die typographische Anordnung der Verse und einzelnen Wörter, durch die er Blitz und Donner ‚bildlich' darstellt. Beim Sprechen des Gedichtes lässt sich zudem entdecken, dass der Autor Blitz, Donner und Regen gleichzeitig lautmalend hörbar macht. Er bewirkt dadurch ein anschauliches Vorstellungsbild.

Gewitter

k
z c
i a
c z k
k z c
i a
c z k
k z c
i a
c z
k

schreibt der Blitz
an den Himmel

weiß auf schwarzes
Fell

und jetzt
rumpelt der Donner

r u m p e l t –
und der Regen
schießt dazwischen
wie aus tausend
Feuerwehrspritzen

sch – sch – sch

k
z c
i a
c z
k

tromm
tromm

Joseph Lichius

- *Gewitter*-Gedichte im Vergleich

Die Gedichte von Guggenmos, Moser und Lichius werden von der Lehrkraft nacheinander vorgelesen, nach jedem Gedicht bleibt den Kindern hinreichend Zeit, ihre spontanen Beobachtungen zu äußern und auszutauschen. Dann sollen sie, alle drei miteinander vergleichend, sagen, welches Gedicht ihren am besten gefällt und dieses Urteil möglichst auch begründen.

Je nach ihrer Wahl setzen sich die Kinder dann zu Gruppen zusammen und bereiten einen gut gestalteten Vortrag ‚ihres' Gedichtes vor. Sie sollen vor allem erproben, ob jeweils nur ein Sprecher vorträgt oder ob sie mit verteilten Rollen sprechen wollen, im Chor oder Einzelsprecher und Chor im Wechsel. In dem Gedicht von Lichius eignen sich z.B. die lautmalenden Blitz- und Donner-Wörter gut zum Chorsprechen, während der übrige Text von einem Einzelnen gesprochen werden könnte. Bei Guggenmos bieten sich Möglichkeiten zu mehreren Sprechwechseln, wenn man das Gedicht in fünf Teile gliedert: (1) Gewitter zieht auf, (2) die Tanten, (3) Blitz und Donner, (4) Platzregen, (5) Sonne. Erwin Mosers Gewitter-Gedicht, das seine Aussagen syntaktisch meist unverbunden aneinanderreiht, kann von zwei Chören versweise im Wechsel gesprochen werden.

Die typographische Gestaltung von Joseph Lichius' Gedicht kann als Impuls genommen werden, auch die anderen beiden Gedichte mit Mitteln der Schrift (einschl. ideografischer Elemente) zu gestalten. Einige grundlegende Möglichkeiten des Verfahrens sind oben im Kapitel „schreibend-zeichnendes Gestalten (S. 147 ff.) dargestellt. Sicher wird es einzelnen Schülern noch schwer fallen, ein ganzes Gedicht zu verschriften. Es lassen sich aber Gruppen bilden, so dass fünf bis sechs Schüler, die sich mit den einzelnen Abschnitten des jeweiligen Textes befassen, gemeinsam eine Schreibgestaltung schaffen. Die einzelnen Abschnitte werden zum Schluss zusammengeklebt (z.B. auf einer Tapete), so dass ein großes Bildgedicht entsteht.

Man könnte mit den Gewitter-Gedichten auch ein Leporello oder ein Büchlein herstellen.

Abb. aus: Lesespuren 3, LH, S. 50

*

⌧ Querverweis

Siehe auch die Anregung im Abschnitt „Schreiben zu Bildern", S. 153 ff.

2.2 Wasser und Wind (4. – 6. Klasse)

Ohne **Wasser** kein Leben. Dieser kurze Satz drückt eine universelle Wahrheit aus: Ohne Wasser wäre das Leben auf unserem Planeten weder entstanden, noch könnte es weiterexistieren.

> Von allen Wundern der Natur scheint das Wasser der wunderbarste Stoff zu sein, Voraussetzung allen Lebens, aber auch dessen gewaltigste Bedrohung mit zerstörerischen Kräften. In der ökologischen Krisensituation wächst die Gefahr des Wassermangels. Kein Leben ohne Wasser. (Karst/Venter 1994, S. 83)

Daher ist es kein Wunder, dass diese lebensentscheidende Flüssigkeit dem Menschen als Element des Ursprungs galt und zum ‚Wasser des Lebens' wurde. In Mythen und Religionen, in der metaphorischen und symbolischen Darstellung und Deutung des Lebens, in der kulturellen Entfaltung insgesamt ist das Wasser von zentraler Bedeutung.

In der Literatur ist das Wasser ein schier unerschöpfliches Thema. Wasser, den Urstoff des Lebens, auch Urstoff der Poesie zu nennen, ist „nicht nur eine metaphorische Parallelität, das ist auch eine reale Analogie. Wasser ist nicht nur bio- und ökologisch, es ist auch kulturell, auch literarisch ein ‚absolutes Phänomen'" (Karst 1991, S. 134).

Eine große Fülle poetischer Bilder vom Wasser in der Literatur ist auch dann vorhanden, wenn sie auf das Gedicht eingegrenzt wird – was das Kindergedicht ausdrücklich einschließt. Nur zwei Aspekte greifen wir hier exemplarisch auf: zum einen die Lebendigkeit, die dem Wasser als flüssigem, fortstrebendem Element eigen ist, als Bach beispielsweise oder als Fluss. Zum anderen das Phänomen des Hochwassers als zumindest ein Beleg dafür, dass Wasser auch bedrohlich werden kann.

Ähnlich wie das Wasser begegnet uns auch der **Wind** in ganz unterschiedlichen Erscheinungsformen und in verschiedenen Wirkungsweisen. Redewendungen wie ‚Wind und Wetter' beispielsweise weisen auf Zusammenhänge in der Natur; wird von der Windstärke gesprochen, reicht die Bandbreite vom leisen Säuseln bis zum heulenden Sturm, und auch die Wärme- oder Kältegrade, die heißen oder warmen, kühlenden oder kalten Winde, sind relevante Merkmale – allesamt drückt sich in solchem die Ambivalenz von positiven wie negativen Erfahrungen mit dem Naturphänomen ‚Wind' aus.

Nicht anders als das Wasser ist auch der Wind entweder unmittelbar Gegenstand poetischer Betrachtungen oder er fungiert als Metapher bzw. Symbol, um Gefühle und Empfindungen auszudrücken.

Gedichte, die vom Wasser oder vom Wind handeln, sind für Schüler und Schülerinnen unteren Klassen besonders reizvoll, weil sie an konkrete Erfahrungsmöglichkeiten rückgebunden sind bzw. dort verankert werden können und weil sie vor allem auch verschiedene Sinneserfahrungen und Gefühle aufgreifen.

(1) Ein ,Wasser'-Rondel schreiben

Zum Einstieg werden die Schüler und Schülerinnen aufgefordert, nach Wasser-Bildern (z.B. in Zeitschriften, Kunstbänden oder im Internet) zu suchen. Sie befestigen sie an der Pinnwand und beschreiben sie.

Ein Beispiel darunter könnte das fantastische Bild von Ludek Pesek sein. Es zeigt inmitten einer öden, tristen Mondlandschaft einen alten Krug mit einem Sprung. Daraus fließt Wasser. Auf dem größten Teil des Bildes sieht man nur trockenen, unfruchtbaren Boden mit kleinen Kratern und Steinchen. Aus dem Wasserkrug aber rinnt Wasser auf den Boden, und schon sprießt zuerst ein eher karger Bewuchs, weiter unten wachsen gelbe Blumen. Ohne Wasser keine Leben – Wasser als Lebensspender – überall wo es Wasser gibt, kann Leben entstehen. Das sind die Kernaussagen, auf die die Kinder beim Betrachten des Bildes schnell kommen werden.

Illustration aus: Lesespuren 4, S. 117

Bilder wie das abgebildete von Ludek Pesek können als Gesprächsanlass einen guten Einstieg in das Thema ,Wasser' bieten. Es wird still betrachtet. Dabei kann im Hintergrund leise eine Meditationsmusik laufen. Die Schüler äußern ihre Gedanken.

Das Bild kann auch die Grundlage für eine Bildmeditation sein, nach der die Kinder auf Zettel schreiben, was Wasser für sie bedeutet, oder welche Gedanken ihnen über die Bedeutung des Wassers einfallen. Die Zettel werden an die Tafel geheftet, vorgelesen und thematisch gruppiert. So könnte beim Einstieg zum Thema Wasser zum einen das Vorwissen aktiviert werden, zum anderen auch eine Wörtersammlung entstehen für Schreibversuche zum Bild.

Als Möglichkeit zum Schreiben von Gedichten kann die Form eines Rondels gewählt werden, wie sie im Kapitel „Artistische Formen" (s. S. 77 f.) beschrieben wurde. Ein Arbeitsblatt wie das folgende kann Hilfestellung geben.

Ein Wasser-Rondel schreiben

1 Schreibe einen schönen Satz zum Wasser und beginne damit dein Rondel. Schreibe diesen Satz auch in Zeile 4 und 7.

2 Lies die erste Zeile noch einmal durch. Was fällt dir dazu noch ein? Schreibe einen Einfall in die Zeile 2. Schreibe diesen Satz auch in Zeile 8 des Gedichtes.

3 Jetzt ergänze mit vielen Gedanken und Einfällen noch die leeren Zeilen 3, 5 und 6. Die Symbole am Zeilenanfang helfen dir.

¡ 1 ______________________________

▸ 2 ______________________________

◇ 3 ______________________________

¡ 4 ______________________________

● 5 ______________________________

○ 6 ______________________________

¡ 7 ______________________________

▸ 8 ______________________________

Auf dem Arbeitsblatt tragen die Kinder die erste Zeile zum Thema Wasser ein und arbeiten dann einzeln oder zusammen mit einem Partner ihren Gedichttext entsprechend der Anleitung aus. Die Symbole am Zeilenanfang erleichtern das Schreiben. – Ein Schülerbeispiel:

Wasser

Wasser ist kostbar.
Wir brauchen es zum Leben.
Ohne Wasser keine Rosen, keine Blumen, keine Bäume
Wasser ist kostbar.
Wir vergessen das manchmal.
Ohne Wasser wäre die Erde trocken und leer.
Wasser ist kostbar.
Wir brauchen es zum Leben.

(2) *Wasser, wohin gehst du?* von Federico Garcia Lorca

Wasser, wohin gehst du?

Lachend trägt mich der Fluss
Zu den Ufern des Meeres.
Meer, wohin gehst du?
Den Fluss hinauf
Suche ich eine Quelle zum Ausruhn.

Federico Garcia Lorca

Die Überschrift des Gedichts von Frederico Garcia Lorca *Wasser, wohin gehst du?* ist gleichzeitig eine Frage, die das lyrische Ich an das – personifizierte – Wasser stellt. Dieses beantwortet sie – beispielhaft – mit der Aussage, es werde von einem Fluss lachend zum Meer getragen. Also stellt das lyrische Ich die gleiche Frage dem Meer: „Meer, wohin gehst du?" Das Meer antwortet: Den Fluss hinauf, um eine Quelle zum Ausruhen zu finden. Diese Aussage entspricht zwar nicht der naturwissenschaftlichen Erkenntnis vom Kreislauf des Wassers; im poetischen Bild wird aber gleichwohl die gleiche Erkenntnis ausgedrückt: Das Wasser „geht" von der Quelle zum Meer und vom Meer zur Quelle.

Im Rollenlesen wird der Dialog zwischen lyrischem Ich und dem Fluss und dem Meer anschaulich. Im szenisch gestützten Spiel erklären sich zudem die Personifikationen.

(3) *Das Wasser* von James Krüss

Das Wasser

Vom Himmel fällt der Regen
und macht die Erde nass,
die Steine auf den Wegen,
die Blumen und das Gras.

Die Sonne macht die Runde
in altgewohntem Lauf
und saugt mit ihrem Munde
das Wasser wieder auf.

Das Wasser steigt zum Himmel
und wallt dort hin und her.
Da gibt es ein Gewimmel
von Wolken grau und schwer.

Die Wolken werden nasser
und brechen auseinand',
und wieder fällt das Wasser
als Regen auf das Land.

Der Regen fällt ins Freie,
und wieder saugt das Licht,
die Wolke wächst aufs Neue,
bis dass sie wieder bricht.

So geht des Wassers Weise:
Es fällt, es steigt, es sinkt
in ewig gleichem Kreise,
und alles, alles trinkt.

James Krüss

Das Gedicht *Das Wasser* von James Krüss fordert zum Vergleich mit dem Text von Lorca auf, was zu lohnenden Ergebnissen führen kann. Denn Krüss hält sich, anders als Lorca, an naturwissenschaftliche Gegebenheiten.

Das Gedicht beschreibt in poetischer Form – in sechs vierzeiligen, kreuzgereimten Strophen – den Kreislauf des Wassers als einen fortdauernden und lebenswichtigen Vorgang in der Natur. Es sollte aber weniger unter naturkundlichen Gesichtspunkten bearbeitet werden, vielmehr sollte deutlich werden, dass James Krüss den Kreislauf des Wassers als Sinnbild des ewigen Fließens von der Quelle zum Meer deutet. Besondere Beachtung verdient der letzte Vers, der im Bild des Trinkens die lebensspendende Kraft des Wassers für „alles“ betont; Beispiele hierfür sind von den Kindern unschwer zu finden.

Anzustreben ist ein kreativ gestaltender Umgang mit dem Gedicht. So könnte eine mögliche Arbeitsform sein, das Gedicht zu sprechen: Nacheinander spricht jeweils ein anderes Kind eine Strophe. Die sechste und letzte Strophe wird dann von allen gemeinsam im Chor gesprochen.

Man kann auch eine akustische Begleitung mit Gegenständen erarbeiten, die von den Schülern und Schülerinnen als geeignete Klang- und Geräuscherzeuger ausprobiert und gefunden wurden.

Will man die Beschäftigung mit dem Gedicht nicht mit einem Lehrervortrag beginnen, kann man auf einem Arbeitsblatt seine Strophen verwürfelt präsentieren. Diese müssen dann von den Schülern zuerst in eine plausible Reihenfolge gebracht werden, bevor über den Inhalt des Gedichtes gesprochen wird. Am besten schneiden die Schüler die Strophen aus und erarbeiten dann mit einem Partner eine Lösung.

Wie auf dem Arbeitsblatt angedeutet, kann die Aussage des Gedichtes auch in einer Bilderfolge dargestellt werden.

Aus: Lesespuren 4, LH, S. 103

(4) *Ein Dank für das Wasser* von Joseph Bruchac

Ein Dank für das Wasser

Der Tropfen Wasser
hängt zitternd am Hahn
der Pulsschlag des Brunnens
schwingt in ihm nach

Ich trinke niemals Wasser
sagte mir Harold Elm
nicht einmal aus dem Küchenbecken
ohne ein Dankgebet zu sagen

Der Wassertropfen
zittert
er spiegelt die Welt

Joseph Bruchac

Am Anfang des Gedichtes steht eine konkrete Beobachtung des lyrischen Ich, die auch von den Kindern nachvollzogen werden kann: der zitternd am Wasserhahn oder am Brunnenrohr hängende Wassertropfen. Diese Beobachtung löst beim lyrischen Ich weiterführende Gedanken aus. Es zitiert mit „Harold Elm" einen Menschen, der, obwohl namentlich identifiziert, exemplarisch für jedermann stehen kann. Harold Elm sagt dem lyrischen Ich, dass er niemals Wasser trinke, ohne ein Dankgebet zu sprechen. Er drückt somit seine Hochachtung vor dem köstlichen und lebensspendenden Nass aus.

Der Wassertropfen spiegelt die Welt, heißt es am Ende des Gedichts. Sicherlich werden die Kinder darauf kommen, dass der Wassertropfen nicht nur die Welt spiegelt, sondern sie auch am Leben erhält. Er steht als pars pro toto metaphorisch für das Wasser insgesamt.

(5) *Hochwasser* von Rolf Bongs

Zumindest an einem Beispiel soll auch die Bedrohung durch das Wasser und dessen zerstörerische Gewalt thematisiert werden, die durch seine Überfülle verursacht wird. Das Urbild davon ist die große Flut, von der in biblischen und anderen Menschheitsmythen erzählt wird. Aber nicht nur in ferner Vergangenheit, auch aktuell gibt es ständig Überflutungen und Hochwasser – in vielen Gegenden der Welt ebenso wie hier bei uns in unmittelbarer Nähe. Die Schüler und Schülerinnen erfahren von diesen oftmals katastrophalen Ereignissen aus den Medien, möglicherweise wissen sie davon aber auch aus eigenem Erleben. Das Geschehen, von dem Ralf Bongs im Gedicht *Hochwasser* berichtet, ist ihnen insofern zugänglich.

Hochwasser

Der Strom,
der so lange karg
im schmalen Graben
dahinfloss,
schwillt jäh
von dem schmelzenden Winter
in den Gebirgen.
Er steigt in die Ebene,
über Nacht,
heimlich, lautlos.
Die Maulwürfe ertrinken,
die Mäuse, die Engerlinge.
Der Mensch sitzt hinter Dämmen und Deichen.
Er fürchtet sich.
Die Pappel wird dunkel
von all der aufgetrunkenen Kühle,
von all der fließenden Kraft.
Für einen langen grünen Sommer.

Ralf Bongs

Die reimlose Form des Gedichtes und sein unregelmäßiger Rhythmus prädestinieren es dafür, den Zugang über eine arrangierte Prosaform zu wählen.

> Der Strom, der so lange karg im schmalen Graben dahinfloss, schwillt jäh von dem schmelzenden Winter in den Gebirgen. Er steigt in die Ebene, über Nacht, heimlich, lautlos. Die Maulwürfe ertrinken, die Mäuse, die Engerlinge. […]

Die Aufgabe, eine angemessene (die ursprüngliche?) Form des Gedichtes wiederherzustellen, ist hier zwar recht anspruchsvoll, doch auch sehr reizvoll. Das Suchen nach einer einleuchtenden Form ist dafür aber Anstoß, sich gründlich mit dem Text und seiner Deutung zu befassen.

*

⌦ Querverweis

Goethe hat die Bedrohlichkeit eines stillen, unbewegten Meeres im Gedicht *Meeres-Stille* gestaltet (s. S. 125): Gestern noch war die See sturmgepeitscht und gefährlich, heute ist sie flach und friedlich.

(6) *Die Geschichte vom fliegenden Robert* von Heinrich Hoffmann

Die Geschichte vom fliegenden Robert

Wenn der Regen niederbraust,
wenn der Sturm das Feld durchsaust,
bleiben Mädchen oder Buben
hübsch daheim in ihren Stuben.
Robert dachte: Nein!
Das muss draußen herrlich sein!
Und im Felde patschet er
mit dem Regenschirm umher.

Hui, wie pfeift der Sturm und keucht,
dass der Baum sich niederbeugt!
Seht! Den Schirm erfasst der Wind
und der Robert fliegt geschwind
durch die Luft so hoch, so weit.
Niemand hört ihn, wenn er schreit.
An die Wolken stößt er schon
und der Hut fliegt auch davon.

Schirm und Robert fliegen dort
Durch die Wolken immerfort.
Und der Hut fliegt weit voran,
stößt zuletzt am Himmel an …
Wo der Wind sie hingetragen,
ja, das weiß kein Mensch zu sagen.

Heinrich Hoffmann

Als Naturphänomen ist der Wind in diesem Gedicht nicht das Thema. Und doch spielt er darin eine zentrale Rolle; denn ohne den Wind wäre das erzählte Geschehen nicht plausibel. Er hat hier also gewissermaßen die Funktion eines narrativen Mediums.

Der Form nach ist der Text ein Erzählgedicht, er wurde ursprünglich als Beispielgeschichte geschrieben: Wer sich wie dieser Junge den geltenden Konventionen bzw. Normen nicht unterwirft (bei Regen bleibt man „hübsch daheim" im Haus und in der ‚Stube'), wird bestraft werden. Zunächst freilich erscheint die Strafe wie eine Belohnung, denn wer möchte nicht fliegen können wie ein Vogel, frei von allen Beschränkungen? Robert wird es bald jedoch angst und bange auf seiner Luftreise, denn „Niemand hört ihn, wenn er schreit". Schließlich ist Robert völlig der Willkür des Windes preisgegeben, der ihn, samt Hut und Schirm, in unbekannte weite Fernen hinwegträgt.

Der unangepasste, auf Abenteuer erpichte Junge wird in doppelter Weise bestraft. Einmal schlägt seine Freude, im Regen herumzupatschen, in Angst um, als er vom Wind hoch und höher getragen wird. Die härtere Strafe aber liegt wohl in der Trennung von den Eltern, im Herausgerissenwerden aus der vertrauten Umwelt. Am Beispiel dieser Abschreckungsgeschichte aus früherer Zeit kann den Kindern durchaus deutlich werden, wie sich die Auffassung von Erziehung gewandelt hat. Niemand käme heute wohl auf die Idee, einem Kind mit spurlosem Verschwinden zu drohen.

Nach dem Vorlesen durch die Lehrkraft sprechen die Schüler und Schülerinnen darüber, wie sie Roberts Verhalten und sein daraus resultierendes Schicksal wahrnehmen und beurteilen. Sie überlegen auch, welche Absicht der Verfasser mit seinem Text verfolgt haben könnte.

Die Lehrkraft informiert die Kinder über den Verfasser und die Entstehungszeit des Gedichtes: Der Text ist dem *Struwwelpeter* (erschienen 1845 im Loewes Verlag Ferdinand Carl, Frankfurt a.M.) des Frankfurter (Nerven-)Arztes Dr. Heinrich Hoffmann (geb. 1809 in Frankfurt a.M., gest. 1894 in Frankfurt a.M.) entnommen. Hoffmann hat das Buch, das weltberühmt werden sollte, nicht nur geschrieben, sondern auch selbst illustriert. Fünfzig Jahre nach seinem Erscheinen hatte es schon die 177. Auflage erreicht.

❖ Weiterführende Anregungen:

- Die Geschichte aus der Sicht von Robert erzählen. Wie weit könnte sie gehen, gibt es ein Ende?
- Was könnte Robert auf seiner Luftreise alles passieren?
- Hat er denn noch eine Chance zurückzukehren?
- Wer könnte ihm helfen?
- Wen und was könnte er auf seiner Reise durch die Luft treffen?

Das Gedicht eignet sich auch als motivierende Illustrationsaufgabe. Jede Strophe lässt sich in ein oder zwei Bildern darstellen, dabei arbeiten die Schüler und Schülerinnen zweckmäßigerweise in arbeitsteiligen Gruppen. Sie könnten auch zeichnen und malen, wie die Geschichte weiter gehen könnte.

Ein Vergleich mit den Originalillustrationen von Heinrich Hoffmann ist naheliegend.

Illustration aus: *Struwwelpeter* von Heinrich Hoffmann

(7) *Drachenlied* von Bertolt Brecht

Das Gedicht gehört zu Brechts Sammlung *Neue Kinderlieder* von 1950, die nach seiner Rückkehr aus dem Exil in der DDR entstanden sind. Der Ton der Gedichte ist leicht, ihre Bilder sind direkt (Knopf 1984, S. 175). *Drachenlied* verbildlicht auf einfache Weise die dialektische Maxime, wonach die Natur nur der besiegen kann, der ihre Gesetze anerkennt. Der Drache, der kleine „Ahne / unsrer großen Äroplane“ (Flugzeuge), steigt nur, wie es in der zweiten Strophe heißt, „wenn er gehalten wird, wenn also die notwendigen Spannungen und Kräfte da sind, die gegeneinander wirken und dennoch gemeinsam für den Auftrieb sorgen. Der Drache ist den Winden ausgeliefert, dennoch aber zwingt er sie, ihre

Kraft an ihn weiterzugeben“ (ebd.). So nutzt das Kind, indem es den Drachen zum Fliegen auffordert, die Naturgewalten aus, indem es sich ihnen anpasst. „Die Herrschaft über die Dinge verdankt sich der genauen Kenntnis ihrer Funktionen, ihrer Anwendung durch ‚Unterwerfung'.“ (Ebd.)

Drachenlied

Fliege, fliege, kleiner Drache
Steig mit Eifer in die Lüfte
Schwing dich, kleine blaue Sache
Über unsre Häusergrüfte.

Wenn wir an der Schnur dich halten
Wirst du in den Lüften bleiben
Knecht der sieben Windsgewalten
Zwingst du sie, dich hochzutreiben.

Wir selbst liegen dir zu Füßen!
Fliege, fliege, kleiner Ahne
Unsrer großen Äroplane
Blick dich um, sie zu begrüßen.

Bertolt Brecht

Bertolt Brecht meint das historisch in der Aufbauphase der DDR geschriebene *Drachenlied* durchaus auch politisch: Das Kind soll in spielerischem Handeln des Drachensteigens die Einsicht gewinnen, dass aus einer Knechtschaft (wie in der Diktatur des ‚Dritten Reiches') Herrschaft (der neuen sozialistischen Gesellschaft) werden kann. Diese historisch-politische Dimension muss aber nicht herausgearbeitet werden, wenn das Gedicht heute behandelt wird. Das Gedicht thematisiert dann auf den ersten Blick das bei Kindern beliebte Spiel, bei kräftigem (Herbst-)Wind (selbst gebaute) Drachen fliegen zu lassen. Bei genauerem Hinsehen aber handelt es vom Wechselspiel zwischen Mensch und Natur. Im Bild des Drachen, der „Knecht der sieben Windsgewalten“ ist und diese zugleich zwingt, ihn hochzutreiben, wird die widersprüchliche Macht des Menschen über die Natur dargestellt, der er unterworfen ist und die er zugleich beherrscht.

Beim Sprechen des Gedichtes werden die Schüler und Schülerinnen entdecken, dass es in den ersten beiden Strophen einen ganz regelmäßigen, alternierenden Rhythmus hat, der durch ein trochäisches Metrum (mit vier Versfüßen) bestimmt ist. Umso mehr dürfte ihnen auffallen, dass die dadurch bewirkte gleichmäßige Bewegung in der ersten Zeile der dritten Strophe allerdings gebrochen wird. Dass der Autor diese Abweichung bewusst vorgenommen hat, darf vorausgesetzt werden. Er gibt damit das inhaltliche Signal, dass die Aussage dieser Zeile zentrale Bedeutung hat.

(8) *wind* von Eugen Gomringer

Zu Eugen Gomringers Konstellation *wind* (s. auch S. 62) gibt Doris Schmieder (in: Schmieder/Rückert 1977, S. 80 ff.) eine ausführliche Darstellung. Ihre Grundgedanken sind:

```
      w     w
    d    i
  n    n    n
i    d    i    d
w              w
```

Eugen Gomringer

Was auf den ersten Blick wie ein heilloses Buchstabendurcheinander aussieht, erweist sich beim genauen Betrachten als ein kalkuliertes Gebilde. Es besteht aus 13 Buchstaben, die aber Wiederholungen der vier Buchstaben w, i, n und d sind. Viermal kann das Wort *wind* diagonal, fünfmal über Eck und zweimal in Kreisform gelesen werden.

Gomringers Konstellation mag darauf hindeuten, dass der Wind die Buchstaben durcheinandergewirbelt hat. Auch die Kinder werden das herausfinden, wenn sie erst einmal entdeckt haben, dass sich aus den einzeln im Raum verstreuten Buchstaben das Wort *wind* bilden lässt. Wenn sie die Konstellation zum ersten Mal betrachten, werden sie diese zuerst als ein Worträtsel empfinden, das es zu lösen gilt. Mit dieser Motivation beginnt dann auch der Unterricht. Das angestrebte Ergebnis hat Doris Schmieder mit ihrer Klasse in der folgenden Niederschrift (in: Schmieder/Rückert 1977, S. 83 f.) zusammengefasst:

Durch gemeinsame Buchstaben kreuzt sich *wind* in verschiedenen Richtungen bzw. auf verschiedene Weisen: diagonal, quadratisch und über Eck.

An den vier äußeren Enden des Wort-Bildes befinden sich die vier *w*. Von hier aus wehen die Winde in das Innere. Dort scheinen sie die Buchstaben wie Blätter durcheinander zu wirbeln. Sogar zwei Wirbelwinde scheinen in der Konstellation verborgen zu sein.

```
Wirbelwind        w              Wirbelwind          n
links oben:    d     i           rechts unten:    i     d
                  n                                  w
```

Wir können *wind* nicht nur lesen, sondern auch hören durch die Klänge der Buchstaben.
Er weht: *w w*
Er pfeift lauter und heller: *d i*
i d i d
Er heult dumpf: *n n n*
Schließlich bläst er schwächer: *w*
Dann legt er sich [...], verstummt für eine Weile, um noch ein letztes Mal zu blasen: *w*.

Wenn wir das rätselhafte Gebilde auf den Kopf stellen, erscheint ein Hahn. Ist es vielleicht ein Wetterhahn, der sich nach den verschiedenen Windrichtungen dreht?

Doris Schmieders Bericht über den Umgang ihrer Klasse mit Eugen Gomringers Konstellation *wind* gibt nachvollziehbare Impulse für eigene Entdeckungen. Solche Konstellationen sind zudem immer auch Anregungen zu analoger Eigenproduktion. Ein entsprechender Auftrag wäre, einmal selbst zu probieren, ein Wort-Bild zu gestalten, z.B. mit den Wörtern *oft*, *und so weiter, Ordnung/Unordnung* (s. dazu die Konstellation von Timm Ulrichs, S. 62) und *stets.*

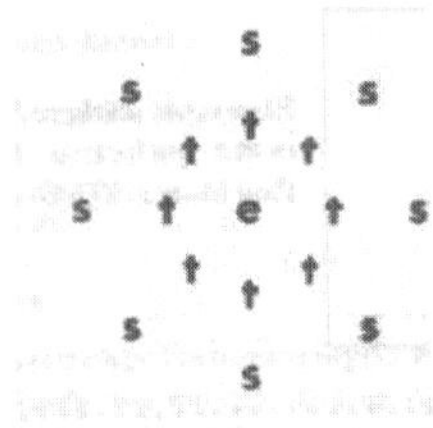

Timm Ulrichs

(9) *Vor einem bösen Gewitter* von Reiner Kunze

Vor einem bösen Gewitter

Der Wind hat sich die Hand verbrannt
am Kupferdach.
Hört, wie er aufheult
und ums Haus eilt.

Der Wind hat sich die Hand verbrannt
beim Rütteln am Dach.
Hört ihr ihn rasen?!
Er bläst seine Blasen.

Reiner Kunze

Naturwissenschaftlich gesehen beschreibt das Gedicht das Phänomen, dass ein Gewitter sich durch heftigen Wind ankündigt. Als poetische Aussage wäre das freilich trivial. Reiner Kunze hingegen personifiziert den Wind und entwickelt die Vorstellung, er habe sich am – von der Sonne aufgeheizten – Kupferdach des Hauses die Hand verbrannt, als er an ihm rütteln wollte, und nun rase er vor Wut und blase seinen Brandblasen Kühlung zu.

Der lyrische Sprecher wendet sich mit seinem Vorstellungsbild direkt an die Leser und bezieht sie mit ein. In szenisch gestütztem Lesen lässt sich das Bild konkretisieren. Ein Sprecher steht zwei Gruppen gegenüber: Die eine stellt seine Adressaten dar, die andere spielt den rasenden, blasenden Wind, während er das Gedicht vorträgt.

*

⌦ Querverweis

Siehe auch die Wind-Gedichte von Josef Guggenmos, S. 327.

3 Stadt und Land

Die Stadt ist schon seit längerer Zeit Gegenstand der Dichtung, insbesondere hat die Lyrik dieses Motiv oft aufgegriffen, seit die Städte zu Lebenszentren geworden sind – mit Licht- und Schattenseiten. Spezifische Land-Gedichte finden sich dagegen eher selten, die Thematik ist meist in die umfassendere Perspektive der Natur-Gedichte integriert. Dessen ungeachtet ist es aber reizvoll, einige Land-Gedichte neben Stadt-Gedichte zu stellen und den Schülern und Schülerinnen zumindest einige exemplarische Beispiele zur Entdeckung zugänglich zu machen. Die Leitfrage ist dabei: Unter welche thematischen Perspektive und auf welche Weise haben Schriftsteller und Schriftstellerinnen ihre Sicht der Stadt und des Lebens in ihr oder ihre Eindrücke vom Land im Gedicht ausgedrückt – heute und in der Vergangenheit?

Die Einheit beginnt mit zwei Gedichten, in denen die Dichter Theodor Storm und Josef Reding, deren Lebenszeit rund ein Jahrhundert voneinander trennt, die Beziehung zu ihrer Heimatstadt darstellen. Wenn beide bekunden, dass sie ihre Heimatstadt lieben, in wie unterschiedlichen Gegenden sie auch liegen und wie reizlos oder unschön sie auch sein mag, scheint das vordergründig banal und könnte auch von jedem anderen so gesagt sein. Besondere Beachtung verdienen hingegen ihre Gedichte durch die Art und Weise, wie sie ihr Anliegen sprachlich zum Ausdruck bringen: in kunstvoll gestalteter Sprache der eine, durch ungewöhnliche Vergleiche der andere.

Georg Brittings Gedicht *Sommersonntag in der Stadt* gibt einen punktuellen Eindruck von der zu Beginn des vorigen Jahrhunderts besonders intensiv empfundenen Spannung zwischen der Beengtheit urbaner Lebensverhältnisse einerseits und der Erfahrung ‚freier' Natur auf dem Land andererseits. Daneben wirft die österreichische Dichterin Vera Ferra-Mikura mit ihrem Gedicht *Regenschirme* einen eher spielerischen Blick auf das Leben und Treiben in der (modernen) Stadt in einer speziellen Situation.

Von hier aus lässt sich ein Bogen schlagen zu den beiden Land-Gedichten mit Sprachspiel-Charakter, zu Ernst Jandls konkretem Lautgedicht *Auf dem Land* und Paul Maars Wortverdrehungen im Gedicht *Land auf dem Sonntag*. Verbünden sich in dem ersten Gedicht unterschiedlichste Tiere zu einem vielstimmigen Chor, gelingt in dem anderen eine witzige Parodie auf einen ‚Sonntag auf dem Land'.

Das abschließende Gedicht von Martin Auer weitet den Blick vom Land *Über die Erde* respektive auf die Natur und ruft seine (jungen) Leser und Leserinnen auf, mit allen Sinnen zu erfahren, dass sie ein Teil von ihr sind.

Die vorgeschlagenen Gedichte von Theodor Storm und Georg Britting sind vorwiegend für die **Klassenstufen fünf und sechs** geeignet, die anderen lassen sich **auch** schon **früher** erarbeiten.

(1) *Die Stadt* von Theodor Storm

Die Stadt

Am grauen Strand, am grauen Meer
Und seitab liegt die Stadt;
Der Nebel drückt die Dächer schwer,
Und durch die Stille braust das Meer
Eintönig um die Stadt.

Es rauscht kein Wald, es schlägt im Mai
Kein Vogel ohn' Unterlass;
Die Wandergans mit hartem Schrei
Nur fliegt in Herbstesnacht vorbei,
Am Strande weht das Gras.

Doch hängt mein ganzes Herz an dir,
Du graue Stadt am Meer;
Der Jugend Zauber für und für
Ruht lächelnd doch auf dir, auf dir,
Du graue Stadt am Meer.

Theodor Storm

Der Schriftsteller Theodor Storm verbrachte viele Jahre seines Lebens an der Nordsee, er wurde dort auch geboren und wuchs dort auf. 1851 widmete er seiner Heimatstadt Husum das Gedicht *Die Stadt*.

Die ersten beiden Strophen beschreiben vorhandene (Strand, Meer, Nebel, Stille …) oder fehlende (Wald, Vogel) Dinge bzw. Erscheinungen, die den Charakter dieser Stadt prägen. Das gleich in der ersten Zeile zweimal vorkommende Adjektiv „grau“ und besonders das an den Zeilenbeginn gesetzte „Eintönig“ am Ende der ersten Strophe bringen die Stimmung auf den Punkt: Es herrscht der Eindruck von Traurigkeit.

In der dritten Strophe aber ändert sich diese melancholische Grundstimmung. Mit einem aufbegehrenden „Doch“ einsetzend, spricht das lyrische Ich hier von seiner engen Bindung an diese „graue Stadt am Meer“ und der tiefen Zuneigung zu ihr. Dem in der Realität „schwer“ auf ihre Dächer drückenden Nebel wird nun in der Phantasie die Erinnerung an den hier erlebten Jugendzauber entgegengestellt. Die Rückschau stimmt heiter und evoziert das Gefühl von Heimat.

Obwohl sich Theodor Storm auf die konkrete Stadt Husum bezieht, benennt er sein Gedicht nicht nach ihr. Er drückt vielmehr bereits im Titel aus, dass es in ihm auch um etwas Verallgemeinerungsfähiges geht: um das Verhältnis eines Menschen zu seiner Heimatstadt.

Dieses auf die eigene Situation übertragbare Verhältnis eines Menschen, hier eines im 19. Jahrhundert lebenden Dichters, zu ‚seiner' Stadt macht das Gedicht auch heute noch lesenswert. In der Anschlusskommunikation an Lehrervortrag und eigenes Lesen tragen die Schüler zusammen, was in den ersten beiden Strophen zu sehen und (nicht) zu hören ist. Sie entdecken dadurch, wie die besondere Stimmung in der „grauen Stadt" und ihrer Umgebung beschrieben wird. Durch das in der dritten Strophe aus subjektiver Sicht gezeichnete kontrastive Bild der Stadt wird ihnen dann auch verstehbar, dass im Verhältnis zur Heimat nicht allein reale Fakten maßgebend sind.

Nach dem Muster von Theodor Storm werden die Schüler und Schülerinnen auch zu Eigenproduktionen angeregt, in denen sie die Beziehung zu ihrem Heimatort bzw. ihrer Heimatstadt beschreiben.

(2) *Meine Stadt* von Josef Reding

Meine Stadt

Meine Stadt ist oft
schmutzig;
aber mein kleiner Bruder
ist es auch,
und ich mag ihn.
Meine Stadt ist oft
laut;
aber meine große Schwester
ist es auch,
und ich mag sie.
Meine Stadt ist dunkel
wie die Stimme meines Vaters
und hell
wie die Augen meiner Mutter.
Meine Stadt und ich:
wir sind Freunde,
die sich kennen.

Josef Reding

Josef Reding zeichnet ein Bild der Stadt aus der Sicht eines kleinen Jungen, er tut dies auf eine ebenso wirklichkeitsnahe wie liebevolle Weise. Die antithetische Struktur des Textes entspricht seiner Aussage. Einerseits nimmt der lyrische Sprecher durchaus negative Erscheinungen der Stadt wahr, andererseits hat er dennoch ein freundschaftliches Verhältnis zu ihr gewonnen.

Ob der Autor Castrop-Rauxel meint, wo er geboren ist, oder die Stadt Dortmund, in der er lebt, ist unerheblich. Denn das Ich des Gedichtes ist nicht sein individuelles Ich, und folglich kann jede Stadt gemeint sein. Das lyrische Ich spricht von ‚seiner' Stadt wie von seiner Familie, und darum entstammen auch die sprachlichen Bilder aus diesem Umfeld. Die Dunkelheit der Stadt wird mit der dunklen Stimme des Vaters, ihre Helligkeit mit den hellen Augen der Mutter verglichen. Als Höhepunkt wird die Stadt zum Schluss als Freund personifiziert – als Ausdruck einer sehr engen Beziehung.

Aufgrund der Form des Gedichtes mit seinen unregelmäßigen Versen und seinem freien Rhythmus bietet sich methodisch das Verfahren an, es zunächst als fortlaufenden Prosatext zu präsentieren. Beim Umbrechen der Verse wäre dann zu erproben, welche Wörter durch Alleinstellung in ihrer Bedeutung besonders herausgehoben werden könnten. Hiermit verbindet sich zugleich die Erörterung der Aussage des Gedichtes.

Seine Struktur mit ihren ‚Zwar-aber'-Formulierungen lädt auch zu parallelen Eigenproduktionen ein. Der erste und die beiden letzten Verse bleiben hierbei als ‚Rahmen' gleich, neue Adjektive evozieren neue Vergleiche.

Der zitierte Text ist im Original nur die erste Hälfte des Gedichtes. In der zweiten Hälfte denkt der Autor (lyrische Sprecher) darüber nach, welche Straßen, Plätze und Häuser der Stadt er wohl einem Fremden zeigen würde. Doch wohl kaum die unansehnlichen und schmutzigen! Josef Redings Fortführung kann Vorbild für Eigenproduktionen sein.

(3) *Regenschirme* von Vera Ferra-Mikura

Regenschirme

Wenn die ersten Tropfen fallen,
lustig auf das Pflaster knallen,
blühen sie wie Blumen auf.
Bunt gestreifte, bunt gefleckte,
bunt getupfte, bunt gescheckte
nehmen fröhlich ihren Lauf.

Seit die ersten Tropfen fielen,
schweben sie auf dünnen Stielen,
leuchtend, schimmernd, rund und glatt.
Bunt gestreifte, bunt gefleckte,
bunt getupfte, bunt gescheckte
Schirme blühen in der Stadt.

Vera Ferra-Mikura

Auf den ersten Blick ist das ein Gedicht über den Regen bzw. genauer über die Schirme, die vor ihm schützen sollen – so besagt es auch die Überschrift. Aber was eigentlich ist an einem Regenschirm poetisch, dass er ein Gedicht rechtfertigt, ist er doch nichts anderes als ein schlichter Gebrauchgegenstand?

Die Dichterin gibt der Frage eine überzeugende Antwort. Sie denkt sich lauter „bunt gestreifte, bunt gefleckte, / bunt getupfte, bunt gescheckte" Schirme und entwirft das Vorstellungsbild, dass diese wie Blumen aufblühen, wenn sie (bei Regen) aufgespannt werden, und die Stadt verschönern. So wird aus dem Gedicht über Regenschirme auch ein Gedicht über die Stadt: Macht sie der Regen üblicherweise grau und unansehnlich, geben die Schirme ihr fröhliche Buntheit.

Da das Gedicht mit seinen sprachlichen Bildern kaum Verständnisschwierigkeiten bietet, kann sich seine Bearbeitung vorzugsweise auf den Vortrag konzentrieren. Die Aufmerksamkeit gilt bei der Vorbereitung besonders Metrum und Reimen. Denn die Paarreime verführen zum Leiern, und umso wichtiger sind die Kreuzreime und das Enjambement im vorletzten Vers, weil sie dieses zu vermeiden helfen.

Es böte sich auch an, den Schülern und Schülerinnen nach dem ersten Vortrag der Lehrkraft eine lückenhafte Textfassung zu geben, in der die Vergleiche ausgespart sind:

Wenn die ersten Tropfen fallen,
lustig auf das Pflaster knallen,
[…] sie wie [….] auf.
Bunt gestreifte, bunt gefleckte,
bunt getupfte, bunt gescheckte
nehmen fröhlich ihren Lauf.

Seit die ersten Tropfen fielen,
schweben sie auf dünnen […],
leuchtend, schimmernd, rund und glatt.
Bunt gestreifte, bunt gefleckte,
bunt getupfte, bunt gescheckte
Schirme […] in der Stadt.

Die Schüler tragen aus der Erinnerung die fehlenden Wörter ein. Damit wird ihre Aufmerksamkeit stärker auf das Bildliche gerichtet, als würde man nur über den fertigen (Original-)Text sprechen. (Menzel)

Schließlich könnten die Schüler auch das in dem Gedicht gestaltete lyrische Bild malen: „Bunt gestreifte, bunt gefleckte, bunt getupfte, bunt gescheckte“ Regenschirme wie Blumen (in der Stadt).

Schülerarbeit: Hannah (11 Jahre)

(4) *Sommersonntag in der Stadt* von Georg Britting

Anders als Theodor Storm und Josef Reding, die in ihren Gedichten von ‚ihrer‘ Stadt handeln und eine emotionale Beziehung zu ihr erkennen lassen, betrachtet Georg Britting (1891–1964) die Stadt ‚an sich‘ und mehr noch ihre Bewohner mit spürbarer Distanz. Sein kritischer Blick gilt der Zerteilung von urbaner Kultur und Natur. In seiner Wahrnehmung sind die Menschen seiner Zeit geradezu auf der Flucht aus der Stadt, weil sie ihnen unnatürlich erscheint; Assoziationen lassen an ein graues Häusermeer, laute Straßen und drückende Luft u.Ä.m. denken. Zumindest sonntags, wenn sie nicht durch ihre Lebensumstände (Wohnen, Arbeiten usw.) an die Stadt gebunden sind, zieht es sie hinaus ins Freie, aufs Land, in die Natur.

Sommersonntag in der Stadt

Leer sind die Straßen im Sonntagswind.
Die Menschen hat es ins Freie getrieben.
Nur die weißen Wolken sind
Treu über der Stadt geblieben.

Die Häuser stehen wie unbewohnt,
Alles sucht draußen das Glück:
Einen Weg durch den Wald, einen Fußpfad durchs Korn,
Eine Stunde im Dorf, einen Rittersporn,
In der kühlschwarzen Schlucht einen silbernen Born,
Von der Welt ein glänzendes Stück.

Und kommen die Schatzsucher abends zurück,
Bestaubt und vom Sehen satt,
hängt zwischen den Dächern der goldene Mond
Unbeachtet in der Stadt.

Georg Britting

Der Dichter missbilligt dieses Verhalten. Denn seiner Meinung nach übersehen die Menschen Zeichen der Natur wie „die weißen Wolken“, die auch in der Stadt vorhanden sind. Für ihn ist die Stadt selbst Teil der Natur, die die Menschen draußen suchen. Wolken und (Sonntags-)Wind wehen über der Stadt, während die Menschen in „Korn“, „Rittersporn“ und dem „silbernen Born“ einer Quelle „von der Welt ein glänzendes Stück“ zu finden hoffen.

Besonders augenfällig wird die Kritik des Dichters am Verhalten der Stadtbewohner in der dritten Strophe. Die heimkehrenden Glücks- bzw. „Schatzsucher“, vom partiellen Naturerleben ermüdet, sind nicht mehr in der Lage, im „goldene(n) Mond“ jenes große, einheitliche Zeichen der Natur zu sehen, das zwischen den Dächern ihrer Stadt hindurchscheint.

In der Anschlusskommunikation nach Lehrervortrag und eigenem Nachlesen sollte auch die Frage nach der Aktualität des im Gedicht Gesagten eine Rolle spielen. Haben die Schüler bzw. Schülerinnen beim Sonntagsspaziergang möglicherweise schon ähnliche Erfahrungen gemacht bzw. können sie sich vergleichbare Situationen zumindest vorstellen?

Eine anspruchsvolle, aber lohnende Produktionsaufgabe wäre, die Perspektive zu wechseln und eine Reflexion über einen Sommersonntag auf dem Land zu verfassen – vielleicht sogar in Form eines Gedichtes.

(5) *Auf dem Land* von Ernst Jandl

auf dem land

rininininininininDER
brüllüllüllüllüllüllüllüllEN

schweineineineineineineineinE
grunununununununununZEN

hunununununununununDE
bellellellellellellellellEN

katatatatatatatatZEN
miauiauiauiauiauiauiauiauEN

katatatatatatatatER
schnurrurrurrurrurrurrurrurrEN

gänänänänänänänänSE
schnattattattattattattattattERN

ziegiegiegiegiegiegiegiegEN
meckeckeckeckeckeckeckeckERN

bienienienienienienienienEN
summummummummummummummummEN

grillillillillillillillillEN
zirirririririririrPEN

fröschöschöschöschöschöschöschöschE
quakakakakakakakakEN

hummummummummummummummummELN
brummummummummummummummummEN

vögögögögögögögögEL
zwitschitschitschitschitschitschitschitschERN

Ernst Jandl

Ernst Jandl selbst hat das Gedicht *auf dem land* einen „Zwitter aus Wort- und Lautgedicht" genannt (Jandl 1970/1974, S. 49). Trotz bedeutungsfreier Lautfolgen wie „ininin… atatat… igigig…" ist *auf dem land* kein reines Lautgedicht, weil diese Lautfolgen durch ihre Einbindung noch einen Rest der Bedeutungsfunktion der Wörter haben, aus denen sie stammen. (Ebd., S. 50) Die Lautnachahmung geschieht auf spezifische Weise: Es werden keine lautmalenden ‚Geräuschwörter' verwendet, sondern die erste Silbe der durchgängig zweisilbigen Wörter wird verachtfacht, der Wortausgang durch Großschreibung hervorgehoben.

Mit Mitteln der Lautmalerei, der Rhythmisierung und der Wiederholung vermittelt das Gedicht trotz der einfachen Aufzählung und des Fehlens jeglicher Attribute den Eindruck eines vielfältigen und lebhaften Geschehens ‚auf dem Land'.

Zur Rezeption des Gedichtes sagt Ernst Jandl selbst: Es „wird erst durch lautes Lesen wirksam. Länge und Intensität der Laute sind durch die Schreibung fixiert. Spannung entsteht durch das Aufeinanderfolgen kurzer und langgezogener Laute." (Jandl 1999, S. 8)

Dieser Vorgabe folgend erschließen die Kinder die lautmalerische und rhythmische Intensität des Gedichtes, indem sie seine Lautmalereien durch Sprechgestaltung darstellen.

- Einzelne Kinder wählen ein Tier aus und sprechen es den anderen vor. Dann sprechen alle gleichzeitig, so dass es klingt, als ob das Klassenzimmer ein Bauernhof wäre.
- Wenn die Kinder das Gedicht mit verteilten Rollen sprechen, können sie ein ganzes Lautgemälde entwickeln. Sie stellen sich beispielsweise im Klassensaal an verschiedenen Plätzen in kleinen Gruppen auf und sprechen das Gedicht mit verschiedenen Einsätzen, etwa nach Art des Kanonsingens.
- Weitere Tiere werden in den Text integriert: Tauben gurren, Hühner gackern, Hähne krähen …
- Den Text spielen: Erst reden alle Tiere nacheinander, dann reden immer zwei miteinander, dann einige durcheinander und zum Schluss brüllen, summen, quaken alle zugleich. Jedes Tier macht sein Geräusch genau achtmal und gleich schnell.
- Jandls Originalversion des Textes auf einem Tonträger kann zur Unterstützung der eigenen Leseversuche herangezogen werden.
- Die Kinder könnten auch versuchen, Jandls Prinzip weiter zu führen und beispielsweise das Lautgemälde eines Gewitters entstehen zu lassen: Blitze zittern, Donner grollen, Winde heulen, Regen prasselt usw.

❖ Medien

Ernst Jandl liest *him hanflang war das wort*. Sprechgedichte. 1 CD. Der Audio Verlag 2008.

Ernst Jandl: *Eile mit Feile*. Audio-CD. Der Hörverlag 2003.

Ernst Jandl/Monika Maslowska: *auf dem land*. Mit Jandl-Aufnahme auf CD. Mixtvision Verlag 2012 (CD mit Bilderbuch).

Original-Lesungen finden sich auch im Internet.

(6) *Land auf dem Sonntag* von Paul Maar

Land auf dem Sonntag

Im Scheinensonn
taubt eine Gurr.
Im Schattenhaus
katzt eine Schnurr.

Es hummelt ein Brumm
wie ein Wagenlast.
Sanft schweint ein Grunz
vor der Wirtschaftsgast.

Im Weiherdorf
froscht tief der Tauch.
Oben am Dachhaus
schlotet der Rauch.

Ein Pinkel, der hundet
auf Blumenmohn.
Der Schimpf vatert laut
im Zimmerwohn.

Illustration von Verena Ballhaus

Ein Fahrersonntag
wagent den Wende.
Das dauert zu lange,
drum gedichtet das Ende.

Paul Maar

Beim Vortrag des Gedichts werden die Schüler und Schülerinnen vermutlich zuerst stutzen. Aus dem Stutzen heraus aber erwächst, wie Hans Manz (s. S. 67) im Blick auf vergleichbare Texte gesagt hat, das Raten, das Suchen nach Hintersinn und Machart.

Bei der Analyse der ‚Regeln', nach denen dieses Gedicht gebaut ist, werden die Schüler herausfinden, dass Paul Maar bei den Komposita Grund- und Bestimmungswort vertauscht (z.B. „Scheinen-sonn" statt ‚Sonnen-schein') oder durch den Austausch der Anfangsbuchstaben Subjekt und Prädikat eines Satzes umdreht (z.B. „taubt eine Gurr" statt ‚gurrt eine Taube'). Natürlich können die Schüler die korrekten Wort- und Satzbildungen auch aufschreiben und Paul Maars Text gegenüberstellen.

Beim Vortrag der beiden Varianten ist dann zu erörtern, welche Version als wirkungsvoller empfunden wird: die sprachlich korrekte oder die im Sprachspiel veränderte.

Über der Freude und dem Genuss am witzigen Sprachspiel sollte aber der inhaltliche Aspekt nicht ganz übersehen werden, dass Paul Maar in dem Gedicht einen ‚Sonntag auf dem Land' beschreibt – oder eigentlich: parodiert.
(7) *Über die Erde* von Martin Auer

Über die Erde

Über die Erde
sollst du barfuß gehen.
Zieh die Schuhe aus,
Schuhe machen dich blind.
Du kannst doch den Weg
mit deinen Zehen sehen.
Auch das Wasser
und den Wind.

Sollst mit deinen Sohlen
die Steine berühren,
mit ganz nackter Haut.
Dann wirst du bald spüren,
daß dir die Erde vertraut.

Spür das nasse Gras
unter deinen Füßen
und den trockenen Staub.
Laß dir vom Moos
die Sohle streicheln und küssen
und fühl
das Knistern im Laub.

Steig hinein,
steig hinein in den Bach
und lauf aufwärts
dem Wasser entgegen.
Halte dein Gesicht
unter den Wasserfall.
Und dann sollst du dich
in die Sonne legen.

Leg deine Wange an die Erde,
riech ihren Duft und spür,
wie aufsteigt aus ihr
eine ganz große Ruh'.
Und dann ist die Erde
ganz nah bei dir,
und du weißt:
Du bist ein Teil von allem
und gehörst dazu.

Martin Auer

Der österreichische Autor Martin Auer entwickelt in dem Gedicht den Grundgedanken, dass der Mensch Teil der Erde ist. Zumal dem Stadtmenschen ist dieses Bewusstsein weithin verlorengegangen, möglicherweise aber auch dem Landmenschen. Diesem (tatsächlichen oder drohenden) Verlust setzt Martin Auer in fünf ungleich langen Strophen den Appell entgegen, die Verbindung zur Natur (wieder) zu gewinnen – das heißt, wirklich hinauszugehen und die Natur mit allen Sinnen (neu) zu entdecken. Als Belohnung, so seine Zusage, wird der Mensch eine „ganz große Ruhe" finden.

Am schönsten wäre, wenn die Kinder nach dem Kennenlernen des Gedichtes wirklich in die Natur hinausgingen und die Aufforderungen des lyrischen Sprechers nachvollzögen. Wenn dazu keine Gelegenheit ist, können sie freilich auch nachspielen, was im Gedicht gesagt wird.

4 Kalenderblätter

Frühling, Sommer, Herbst und Winter. – „Das alles wurde bedichtet“, heißt es in Karl Krolows Gedicht *Jahreszeiten*. Zahlreiche Sammlungen mit Jahreszeiten-Gedichten bestätigen die Behauptung dieses Verses. An deutschen Jahreszeiten-Gedichten herrscht kein Mangel, in der Vergangenheit waren sie zuweilen geradezu mit Lyrik identisch, und dies galt auch für die Kinderlyrik.

Die Dichter nehmen jahreszeitliche Veränderungen wahr und geben ihnen sprachlich Ausdruck. Mit ihren Gedichten kann ein poetischer Gang durch das Jahr unsere Augen öffnen für die Wahrnehmung der Natur. Selten aber begnügt sich ein Gedicht damit, bloße Zustandsbeschreibungen aus der Natur zu bezeugen. Es spricht vielmehr oft auch von den Befindlichkeiten der Autoren und Autorinnen, die jahreszeitlich bedingt oder zumindest von dorther motiviert sind.

So ist die Jahreszeiten-Lyrik ein generelles Angebot, im Spiegel der Naturerfahrung den eigenen Erfahrungshorizont zu erweitern. Speziell jungen Lesern und Leserinnen bietet sie die Möglichkeit, den Jahresverlauf in der Natur bewusst(er) mitzuvollziehen und die besondere Bedeutung der Jahreszeiten für sich selbst zu erleben.

Unsere Vorschläge zum Thema Jahreszeiten beziehen sich zunächst auf Gedichte, die den Verlauf der Jahreszeiten als Ganzheit betrachten. In der zweiten Teil-Einheit richten wir unseren Blick dann, als Beispiel für eine bestimmte Jahreszeit, exemplarisch auf Frühlingsgedichte.

Frühling ist eine Erfahrung, die sich in jedem Jahr aufs Neue wiederholt. Sobald die Sonne die Kälte des Winters vertreibt, leben Mensch und Natur auf. Der Wechsel in den Abläufen der Natur, wie ihn vor allem der Frühling mit sich bringt, beeindruckt die Menschen seit alters her besonders und stellt „den Dichtern ein schier unerschöpfliches Repertoire an Bildern für produktive Verarbeitung zur Verfügung“ (Menzel 2000, S. 13).

> Frühlingsgedichte und Frühlingslieder sind es dann ihrerseits, die von Kindheit an unser elementares Bedürfnis nach Bildern, Rhythmen und Klängen befriedigen und die Erfahrungen, die wir mit der Jahreszeit selbst machen, verstärken, differenzieren – und natürlich auch mit Fragen ausstatten. Dabei ist es allerdings nicht der Frühling selbst, dessen Erscheinungen in Bilder und Klänge übersetzt werden, sondern es sind auch die Lebensverhältnisse und Ereignisse in einer historischen Epoche, die Erfahrungen und Anschauungen von Welt [...], welche die Bilder vom Frühling einfärben und ihnen den Rahmen geben. (Ebd.)

In den ausgewählten Gedichten können die Schüler und Schülerinnen entdecken, wie vielfältig Dichter ihr eigenes Erleben des Frühlings gestaltet haben. Zugleich bieten die Gedichte ihnen sprachliche Anregungen, sich ihre Empfindungen bewusst zu machen oder ihre Gefühle auszudrücken.

4.1 Die vier Jahreszeiten

(1) *Es war eine Mutter* aus dem Volksgut (1. – 2. Klasse)

Es war eine Mutter

Es war eine Mutter,
die hatte vier Kinder,
den Frühling, den Sommer,
den Herbst und den Winter.

Der Frühling bringt Blumen,
der Sommer bringt Klee,
der Herbst, der bringt Trauben
der Winter bringt Schnee.

Volksgut

Dieses aus dem Volksgut tradierte Jahreszeiten-Gedicht eignet sich bereits für die erste Klasse. Es personifiziert in der ersten Strophe die Jahreszeiten als „Kinder" einer – nicht näher bezeichneten – „Mutter", was wohl heißen soll, dass alle zusammen, einer Familie vergleichbar, eine Einheit bilden. Im Fokus stehen aber die vier Jahreszeiten-‚Kinder'. Diese werden in der zweiten Strophe dann jeweils mit einem für sie typischen Merkmal charakterisiert.

Hieran kann, nach der Textbegegnung, im Gespräch angeknüpft werden. Die Schüler und Schülerinnen werden schnell erkennen, dass es sich bei den genannten Merkmalen nur um Beispiele handelt, und sehen sich aufgefordert, diese um weitere aus ihrem Erfahrungsbereich zu ergänzen. In Ersatzproben könnten sie herausfinden, ob ihre Vorschläge ähnlich gut klingen wie die des Originals. Zum Beispiel:

Der Frühling bringt <u>Blüten</u>,
Der Sommer bringt <u>Korn</u>
...

Von den Merkmalen der Jahreszeiten, die im Gedicht vorkommen oder die sie selbst gefunden haben, malen die Kinder großflächige, bunte Bilder und hängen sie im Klassensaal auf. Bei etwas älteren Schülern könnte auch ein Jahreszeiten-Simultanbild angeregt werden.

Simultan-Bild (Gruppenrbeit)

Motivierend ist ein Vortrag mit verteilten Rollen. Ein Schüler bzw. eine Schülerin spricht die erste Strophe, dann übernehmen vier Schüler die Rolle je einer Jahreszeit. Schön wäre, wenn sie die ‚Merkmale', die sie zuvor gemalt haben, beim Vortrag auch zeigten.

(2) *Die vier Jahreszeiten* von Mascha Kaléko (2. – 4. Klasse)

Die vier Jahreszeiten
(Zum Aufsagen für vier Kinder)

Der Frühling
Mit duftenden Veilchen komm ich gezogen,
auf holzbraunen Käfern komm ich gebrummt,
mit singenden Schwalben komm ich geflogen,
Jedermann fragt sich, wie das geschah:
Auf einmal bin ich da.

Der Sommer
Ich bin der Sommer. In erbsgrünen Hosen,
kirschrotem Wams zieh ich lustig einher.
Geb ich den Finger, blühen die Rosen.
Heb ich die Hand, rauscht die Welle im Meer.
Spiel ich die Flöte, tanzt der Delphin,
duftet's nach Wiesengrund und nach Jasmin.

Der Herbst
Ich bin, das lässt sich nicht bestreiten,
die herbste aller Jahreszeiten.
Rauhe Winde, scharf wie Säbel,
welke Wälder, graue Nebel.
die Vögel klagen leise, leise
Und gehen auf die Winterreise.
Dann lischt die Sommersonne aus.
Holt eure Gummischuhe raus!

Der Winter
Die Pelzkappe voll mit schneeigen Tupfen,
behäng ich die Bäume mit hellem Kristall.
Ich bringe die Weihnacht und bringe den Schnupfen,
Silvester und Halsweh und Karneval.
Ich komme mit Schlitten aus Nord und Nord-Ost.
– Gestatten Sie: Winter. Mit Vornamen: Frost.

Mascha Kaléko

In dem Gedicht von Mascha Kaléko stellen sich die vier Jahreszeiten mit ihren typischen Eigenschaften vor. Kaléko benutzt die Ich-Perspektive zur Personifizierung von Frühling, Sommer, Herbst und Winter. Jede Jahreszeit beschreibt dabei ihre Eigenheiten. Dabei werden in fast jeder Strophe die Sinne angesprochen: sehen – riechen – hören.

Bevor die Schüler und Schülerinnen mit das Gedicht kennenlernen, werden sie selbst kreativ schreibend tätig und verfassen eigene Gedichte zu den Jahreszeiten. Zuerst suchen sie dazu in arbeitsteiliger Gruppenarbeit Ausdrücke, die sie mit Frühling, Sommer, Herbst oder Winter verbinden. Diese Bezeichnungen notieren sie auf Wortkarten und heften sie an die Tafel. In einem Unterrichtsgespräch werden diese Begriffe in Spalten mit den Titeln „riechen", „fühlen", „schmecken" und „Erlebnis/Ereignis" geordnet und gegebenenfalls ergänzt. Mit Hilfe dieser Wörtersammlung schreiben die Schüler und Schülerinnen nun alleine, zu zweit oder in Gruppen zu einer oder auch zu allen Jahreszeiten ein Gedicht. Dabei sollen sie zu einer Jahreszeit jede der verschiedenen Spalten berücksichtigen, d.h. es sollen Begriffe zum Riechen, Fühlen, Schmecken vorkommen, sowie ein Erlebnis. Es eignen sich freie Gedichte, die sich nicht reimen müssen.

Nach dem Vortragen der eigenen Gedichte und einem Austausch darüber liest die Lehrkraft den Text *Die vier Jahreszeiten* von Mascha Kaléko vor. Im Anschlussgespräch werden die Aussagen paraphrasierend nachvollzogen, die die einzelnen Jahreszeiten über sich selbst machen. Die Schüler und Schülerinnen haben dazu den Text (z.B. auf einem Arbeitsblatt oder dem Whiteboard) vor sich und können dort auch die Charakterisierungen farblich markieren.

Die Frage, welche Jahreszeit die überzeugendsten Argumente für sich vorträgt, impliziert die Aufforderung, den Text noch einmal genau anzuschauen und die sprachlichen Bilder zu erkennen. Was will beispielsweise die Metapher sagen, dass der Sommer „erbsgrüne Hosen" trägt? Und welche Assoziationen werden wohl freigesetzt, wenn der personifizierte Winter erklärt, er behänge die Bäume „mit hellem Kristall"?

Um den Bezug zum eigenen Empfinden herzustellen, können die Schüler und Schülerinnen sich darüber austauschen, welche Jahreszeit sie am liebsten mögen. Dabei sollte aber Wert darauf gelegt werden, dass sie auch plausible Begründungen ihrer Bewertung liefern.

Naheliegend ist, dass die der Überschrift beigegebene Aufforderung ausgeführt wird: Vier Kinder sagen das Gedicht auf, jedes Kind übernimmt die Rolle einer Jahreszeit. Im Sprechen wird die Personifizierung als tragendes Formmerkmal des Gedichtes geradezu augenfällig.

Zur musikalischen Ausgestaltung wird der Gedichtvortrag unterlegt mit den Klängen verschiedener Orff-Instrumente. Aus einer zur Verfügung gestellten Auswahl wählen die Kinder Instrumente aus, die klanglich zu den Jahreszeiten bzw. zu den entsprechenden Strophen passen. In Gruppen erproben die Kinder, an welchen Stellen des Gedichts sich der Instrumentaleinsatz eignet. Am Ende wird der musikalisch begleitete Gedichtvortrag aufgenommen.

Als Abrundung oder auch in Verbindung mit dem Kunstunterricht können die Strophen des Gedichts mit den Bildern von Guiseppe Arcimboldo (1527–1593) verglichen werden. Als Beispiel ist der Frühling abgebildet, auch er wurde (wie die drei anderen Jahreszeiten) vom Künstler personifiziert und ist an seiner Kopfbedeckung unzweideutig zu erkennen.

Guiseppe Arcimboldo: Der Frühling

Für eine szenische Aufführung des Gedichtes könnten die Kinder aus Naturmaterialien einen ähnlichen Kopfschmuck herstellen, wie er auf den Bildern Arcimboldos zu sehen ist.

(3) *Die Blätter an meinem Kalender* von Peter Hacks (3. – 6. Klasse)

Die Blätter an meinem Kalender

Die Blätter an meinem Kalender,
Die sind im Frühling klein
Und kriegen goldene Ränder
Vom Märzensonnenschein.

Im Sommer sind sie grüner,
Im Sommer sind sie fest,
Die brauen Haselhühner
Erbaun sich drin ihr Nest.

Im Herbst ist Wolkenwetter,
Und Sonnenschein wird knapp,
Da falln die Kalenderblätter,
Bums, ab.

Im Winter, wenn die Zeiten hart,
Hat es sich auskalendert.
Ich sitze vor der Wand und wart,
Daß sich das Wetter ändert.

Peter Hacks

Die Überschrift dieses Gedichtes, das zum verbreiteten ‚Lesebuchklassiker' avancierte, lässt spontan an einem Abreißkalender denken. Aber schon die erste Strophe macht deutlich, dass hier vor allem die zweite Bedeutung des Wortes ‚Blatt' gemeint ist: das Blatt bzw. die Blätter in der Natur. An ihren Veränderungen im Jahresverlauf werden die Jahreszeiten erfahrbar, zumindest solange sie im Herbst nicht abgefallen sind. Über drei Strophen hin beschreibt das lyrische Ich die Veränderungen im Frühling, Sommer und Herbst, mit der Halbzeile „Bums, ab" ist dann aber der innere Zusammenhang von Natur, Blättern und Kalender zu Ende. Zutreffend heißt es in der vierten Strophe vom Winter, dort habe es sich „auskalendert". Wo keine Blätter mehr da sind, d.h. die Natur im Winterschlaf ist, hilft nur das Hoffen auf die ‚Kalenderblätter' des Frühlings. Dem lyrischen Ich ist das ganz klar. Und so sagt es in den letzten beiden Versen von sich: „Ich sitze vor der Wand und wart, / Daß sich das Wetter ändert."

Im Unterricht könnte die Textpräsentation zunächst in Prosaform erfolgen (um die Aufgabe nicht zu leicht zu machen, ist auf die Großschreibung am Zeilenanfang verzichtet):

> Die Blätter an meinem Kalender, die sind im Frühling klein und kriegen goldene Ränder vom Märzensonnenschein. Im Sommer sind sie grüner, im Sommer sind sie fest, die brauen Haselhühner erbaun sich drin ihr Nest. [...]

Die Schüler schreiben den Text (von einer interaktiven oder traditionellen Tafel) ab und bringen ihn in Gedichtform. Die Ergebnisse werden vorgelesen, verglichen und begründet. Je nach Vorkenntnissen kann auch die Reimform herausgefunden (und mit Buchstaben versehen) werden.

Nach einem Gespräch über den Inhalt und Hinweisen auf Sprachschöpfungen wie „Märzensonnenschein" oder „auskalendern" kann sich die weitere Arbeit am Gedicht auf das gestaltende Lesen konzentrieren.

(4) *Der grüne Baum* von Eugen Gomringer (4. – 6. Klasse)

der grüne Baum
der silberne Baum
der gelbe Baum
der rote Baum
der schwarze Baum
der weiße Baum
der zarte Baum

Eugen Gomringer

Eugen Gomringer stellt mit wenigen Worten seine Beobachtung eines Baumes im Jahreslauf vor. Es sind keine realistischen Beschreibungen; die Adjektive, die jeweils dem Nomen ‚Baum' zugeordnet sind, sind Metaphern, die für Empfindungen und Befindlichkeiten stehen. Gebaut in der Art einer Konstellation der Konkreten Poesie (s. S. 58 ff.), werden die Aussagen (Adjektive) über einen Baum aneinandergereiht.

Die Kinder sollten herausfinden, wann ein Baum welches Erscheinungsbild hat. Dabei werden beispielsweise folgende Interpretationen von den Kindern genannt:

- grün: der Baum im Sommer mit Blättern
- silbern: mit Raureif bedeckt
- gelb und rot: im Herbst
- schwarz: der Baum im Winter oder ein toter, abgestorbener Baum
- weiß: im Winter mit Schnee bedeckt
- zart: ein junger Baum oder der knospende Baum im Frühling.

Schülerarbeit (4. Klasse)

In Sprechversuchen wird erprobt, wie die Wandlungen/Veränderungen des Baumes auszudrücken sind. Das kann schon dadurch erkennbar gemacht werden, dass jede Verszeile (Aussage) von einem anderen Kind gesprochen wird. Eine Alternative wäre, dass mehrere Kinder (2 bis 4) die Zeilen jeweils im Chor sprechen.

Eine Gestaltungsaufgabe könnte sein, dass die Kinder sich einen der Bäume aussuchen und ihn malen. Als Alternative könnten sie auch in Gemeinschaftsarbeit einen Jahreszeitenbaum für das Klassenzimmer malen. Dafür wird das Blatt in verschiedene Segmente eingeteilt, die jeweils eine Jahreszeit darstellen.

(5) *Das Blumenjahr* von Friedl Hofbauer (3. – 4. Klasse)

Das Blumenjahr

Noch im Eis,
grün und weiß,
schlank im Röckchen.
Blauer Himmel,
gelbe Primel,
wart ein Weilchen,
bald gibt's Veilchen.
Dann im Mai
Maiglöckchen
drin im Wald
und – wie heißt er? –
Waldmeister.

Und was kommt dann?

Löwenzahn,
Margerite, Akelei,
Glockenblumen,
Thymian.
Steinnelken sind dabei,
und im Korn
Rittersporn.
Kornblume.
Klatschmohn,
schwer zu pflücken,
und der Schnitt,
nimmt sie mit,
und am Zaun nicken
Zaunwicken.

Tief im Wald
feine Damen:
die Zyklamen.
Bunte Wälder,
Stoppelfelder,
Hagebutten statt der Rosen,
Herbstzeitlosen.

Leere Zweige.
Nebel fällt
auf die Welt,
und der Frost
nimmt die Geige.
Sieh,
da blühn die leeren Zweige
auf vom Reif
ganz weiß.
Nur das Gras
friert noch arm.

Doch der Himmel,
dick von Schnee,
macht der kalten Erde warm,
keinem Strauch und keinem Halm
tut mehr eine Wurzel weh.
Da im Schnee
rührt sich was,
dort im Moose.
Wer ist das?
Die Schneerose!

Friedl Hofbauer

Friedl Hofbauer beschreibt den Jahreskreis mit Blumen und Naturbeobachtungen. In vier Abschnitten zählt sie Blumen auf, die zu den jeweiligen Jahreszeiten blühen. Sie beginnt mit dem Frühling, in dem sich die ersten Blumen aus dem Eis wagen, und fährt mit der Blütenpracht im Sommer fort, in dem eine Blume neben der anderen blüht. Im Gedicht wird das durch die Aneinanderreihung der unterschiedlichsten Sommerblumennamen verdeutlicht. Damit wird die Üppigkeit der Blütenpracht zum Ausdruck gebracht. Anschließend beschreibt sie den Herbst: Es blühen immer weniger Blumen, dafür wird die Landschaft von Stoppelfeldern und bunt gefärbten Wäldern beherrscht. Sogar im Winter mit seiner kargen Vegetation wird am Ende des Gedichts im Schnee eine Schneerose entdeckt.

Im Unterricht wird das Gedicht den Schülern und Schülerinnen von der Lehrkraft vorgetragen und dann von ihnen selbst erlesen. Die Kinder werden schnell merken, dass in dem Gedicht der Jahreslauf beschrieben wird. Sie sollen herausfinden, in welchen Textabschnitten welche Jahreszeit beschrieben wird.

Man kann nicht davon ausgehen, dass die Kinder alle erwähnten Blumen kennen. Möglich ist es, die Blumen in einem Naturführer nachzuschlagen oder Blumenbilder aufzuhängen. Da eine originale Begegnung mit allen Blüten nicht möglich ist, weil zu keiner Jahreszeit alle zur Verfügung stehen, bringen die Kinder Blumen mit, die zu der Zeit, in der das Gedicht gelesen wir, wachsen.

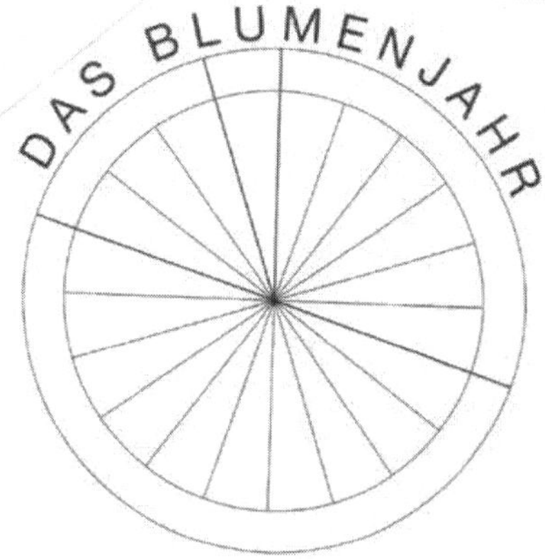

An der Tafel werden die Blumennamen in vier Spalten zu Frühling, Sommer, Herbst und Winter gesammelt. Dabei wird ganz klar erkennbar, in welcher Jahreszeit die meisten Blumen blühen.

Die Grafik stellt das Blumenjahr bildlich dar. In die einzelnen Segmente schreiben die Kinder die Blumennamen aus dem Gedicht. In den äußeren Kreis werden die Jahreszeiten eingetragen. Die Segmente könnten auch farblich unterlegt werden, so dass die bunte Vielfalt der Blumen wenigstens angedeutet wird.

*

❖ Projektideen

- Jahreszeiten-Lyrik eignet sich gut als Gegenstand von Gedicht-Projekten. Möglichkeiten sind etwa:

– Eine Gedichte-Feier/-Nacht zum Thema ‚Jahreszeiten' veranstalten. Die Kinder tragen Gedichte vor (und/oder singen gemeinsam Lieder).

– Selbst Jahrszeitengedichte schreiben und zu einem Buch (Klassenanthologie) zusammenstellen.

– Ein Leporello mit Gedichten herstellen.

– Einen Gedichte-Baum gestalten.

- Immer wieder anregend erweist sich der Vorschlag, einen Kalender mit Gedichten (und Bildern) für jeden Monat selbst zu basteln und zu gestalten.

So hat Hannah beispielsweise für den April Heinrich Seidels gleichnamiges Gedicht *April* ausgewählt.

Schülerarbeit (5. Klasse)

4.2 Frühling

(1) *Frühlingsglaube von* Ludwig Uhland (4. – 6. Klasse)

Ludwig Uhland (1787–1862) gibt in *Frühlingsglaube* ein charakteristisches Beispiel dafür, wie ein Frühlingsgedicht unsere Sichtweise auf Mensch und Natur erweitern, möglicherweise sogar unsere Erlebnismöglichkeiten bereichern kann. Am Anfang steht die Naturbetrachtung. Sie wird in der zweiten Strophe in Beziehung zum Menschen gesetzt und auf ihre Relevanz für menschliches Dasein analysiert und erörtert. Die Erwartung richtet sich auf menschliche Erneuerung.

Frühlingsglaube

Die linden Lüfte sind erwacht,
sie säuseln und weben Tag und Nacht,
Sie schaffen an allen Enden.
O frischer Duft, o neuer Klang!
Nun, armes Herze, sei nicht bang!
Nun muß sich alles, alles wenden.

Die Welt wird schöner mit jedem Tag,
Man weiß nicht, was noch werden mag,
Das Blühen will nicht enden.
Es blüht das fernste, tiefste Tal:
Nun, armes Herze, vergiß der Qual!
Nun muß sich alles, alles wenden.

Ludwig Uhland

Wie in diesem Frühlingsgedicht exemplarisch sichtbar wird, wirken in der Naturpoesie Anschauung und Reflexion ineinander – oder anders gesagt: „das lyrische Ich projiziert seine Empfindungen in die Natur hinein." (Menzel 2000, S. 15) Es gibt kaum ein Frühlingsgedicht, „das nicht mehr und anderes wäre als ein Frühlingsgedicht" (ebd.).

Zur Einstimmung bietet sich idealerweise ein Erleben des Frühlings in der freien Natur auf einer Blumenwiese an. Die Kinder bekommen Beobachtungsaufträge zur veränderten Natur und zum aufblühenden Frühling. Mit Hilfe von Bildern kann diese Phase auch im Klassenzimmer stattfinden, die originale Begegnung ist allerdings vorzuziehen.

Eine andere Möglichkeit: Die Schüler singen ein Frühlingslied, z.B. *Es tönen die Lieder, der Frühling kehrt wieder* oder Lieder von Hofmann von Fallersleben (s. S. 22).

Nach der Textbegegnung und der Besprechung des Inhalts, finden die Schüler in Gruppenarbeit Teilüberschriften zu den Strophen des Gedichts. Daran schließt sich als Interpretation eine visuelle Gestaltung an. Die Kinder zeichnen Bilder zu den zwei Strophen des Gedichts.

❖ Weiterführende Anregungen:

- Collage: Aus Bildern von Frühlingsblumen, knospenden Bäumen, Frühlingslandschaften usw. wird eine Collage in Gemeinschaftsarbeit erstellt.
- Ein Frühlingsspaziergang, in dem die Kinder bewusst mit allen Sinnen den Frühling erleben.
- Bildmeditation zu Frühlingsbildern. Dabei eignet sich als Musik das Stück *Der Frühling* aus *Die vier Jahreszeiten* von Vivaldi.

(2) *Er ist's* von Eduard Mörike (4. – 6. Klasse)

Der Frühling ist immer auch konkret: „Ja, du bist's!", jubelt Eduard Mörike (1804–1875) im Gedicht *Er ist's*, spürbar benommen von den Reizen, die ihm Auge, Nase, Ohr und Ahnung stimulieren.

Dieses Frühlingsgedicht, das Eduard Mörike im Jahr 1829 schrieb, gehört zu den bekanntesten Gedichten deutscher Sprache überhaupt. Darin beschreibt er die Vorboten einer langsam wieder erwachenden Natur im Frühling. Die Überschrift erweckt eine hohe Erwartung, die im Gedicht selbst dann sprachlich kunstvoll eingelöst wird.

Er ist's

Frühling lässt sein blaues Band
Wieder flattern durch die Lüfte;
Süße, wohlbekannte Düfte
Streifen ahnungsvoll das Land.
Veilchen träumen schon,
Wollen balde kommen.
– Horch, von fern ein leiser Harfenton!
Frühling, ja du bist's!
Dich hab ich vernommen.

Eduard Mörike

Der Frühling ist personifiziert, in den ersten sechs Zeilen wird er vom lyrischen Ich mit seinen Anzeichen gekennzeichnet. „Blaues Band und „Veilchen" verweisen auf die Farbe des zartblauen Frühlingshimmels. Freudig werden diese ersten Omen des Frühlings erkannt. Das Veilchen weckt im Zusammenspiel mit dem Sinneseindruck der „süßen ... Düfte" die Hoffnung auf künftige Blütenpracht.

In der siebten Zeile wechselt der Rhythmus und das lyrische Ich ruft seinen Ansprechpartner auf, einem von fern her klingenden Harfenton zu lauschen. Dieser ist ihm die Personifikation des Frühlings. Und so kann es in den beiden letzten

Versen die Behauptung der Überschrift bekräftigen: „Frühling, ja du bist's! / Dich hab ich vernommen."

Auch Kinder kennen die Vorboten des Frühlings, von denen Mörikes Gedicht handelt, sie entsprechen ihrer Erfahrungswelt. Dadurch können sie das im Gedicht beschriebene Miniaturbild nachempfinden und ihre eigenen Gefühle und Gedanken zum Frühling einbringen.

Mithilfe von Augen (das blaue Band, das durch die Lüfte flattert), Nase (süße, wohlbekannte Düfte) und Ohren (ein leiser Harfenton), also mit den Sinnen, bekommen die Schüler einen Zugang zum Frühling.

Im Unterricht bietet es sich an, ein Bild einer Blütenknospe oder eines anderen Frühlingsboten als Einstieg zu benutzen. Die Schüler und Schülerinnen assoziieren, evtl. zuerst einmal jeder für sich, zu leiser Musik, Begriffe zum Thema ‚Frühling', wobei auf bewusstes Sehen, Hören, Riechen und Fühlen hingewiesen werden kann. Im Anschluss daran beschreiben die Kinder ihre inneren Bilder. – Ein alternativer Einstieg wäre das Erstellen eines Mindmap in Gruppenarbeit. Dabei tauschen sich die Kinder bereits über das Thema und über ihre Assoziationen aus.

Die Lehrkraft trägt das Gedicht vor, die Schüler können sich spontan dazu äußern und lesen dann das Gedicht still. Nach eventuell nötigen Wortklärungen (ahnungsvoll, Harfenton) und einigen sachlichen Informationen über Autor und Erscheinungsjahr, werden die Schüler aufgefordert aufzuschreiben, woran der Dichter beim Herannahen des Frühlings denkt. Beim Sammeln der Ergebnisse an der Tafel erkennen sie, dass er verschiedene Sinne gebraucht. Diese werden mit Karten, auf denen ein Auge, ein Ohr, eine Nase und ein Mund zu sehen ist, symbolisiert. Ergänzt wird das Tafelbild mit eigenen Frühlingserfahrungen der Schüler.

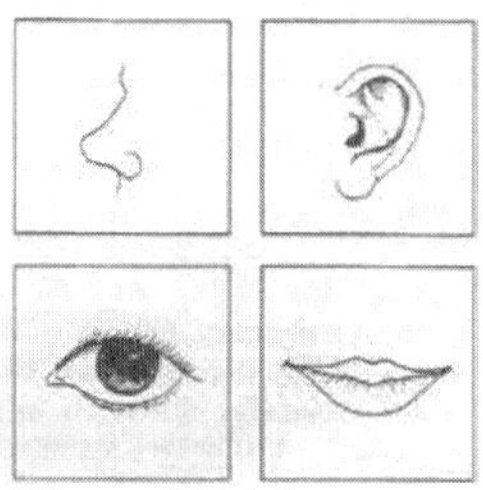

Sinnes-Kärtchen

Nach nochmaligem Lesen werden die Kinder zur Gemütsstimmung des Dichters befragt und erkennen, dass er große Freude empfindet.

Das Gedicht wird nun mehrmals laut gelesen, wobei auf Satzzeichen und Pausen hingewiesen wird. Der Vortrag wird in Partnerarbeit geübt und das Ergebnis später vor der Klasse präsentiert. Tonaufnahmen ergänzen diese sprechgestaltende Arbeit.

(3) *Der Frühling kommt bald* von Christian Morgenstern (2. – 4. Klasse)

Früher litten die Menschen meist sehr unter dem Winter, ungeduldig warteten sie daher auf die wärmere Zeit des Frühlings. „Wie möcht' ich doch so gerne / ein Blümchen wieder sehn!", heißt es in der ersten Strophe *von* Christian Adolf Overbecks Gedicht *Frizchen an den May* (s. S. 21), und die weiteren sprechen von der Sehnsucht der Kinder, aus ihrer engen, dunklen und ungemütlichen Stube wieder hinaus in die Natur gehen zu können. Diese Aufbruchstimmung ist in der Dichtung oft dargestellt worden, am bekanntesten dürfte die Szene aus Goethes *Faust I* sein, die unter dem Titel *Osterspaziergang* auch als eigenständiges Gedicht tradiert wird (s. S. 300 f.).

Oft feierten die Menschen auch das Ende des Winters mit einem Frühlingsfest. Wenn der Schnee schmolz, trieben sie in vielen Städten einen als Winter verkleideten Menschen aus der Stadt. Dazu sangen sie Spottlieder, tanzten und sprachen Zaubersprüche gegen den Winter (z.B. *Tra, ri, ro*, s. S. 21). Sie machten viel Lärm dazu, um den Winter zu vertreiben. Bei Christian Morgenstern klingt dieser Brauch an.

Der Frühling kommt bald

Herr Winter,
geh' hinter,
der Frühling kommt bald
Das Eis ist geschwommen,
die Blümlein sind kommen,
und grün wird der Wald.

Herr Winter,
geh' hinter,
dein Reich ist vorbei.
Die Vögelein alle
mit jubelndem Schalle
verkünden den Mai.

Christian Morgenstern

Das Gedicht besticht durch seinen rhythmischen Schwung und seinen unpathetischen Ton. Die Vorfreude auf den Frühling wird einem Sprecher in den Mund gelegt, der den Winter direkt als Person anredet. Eine derartige Personifizierung des Winters ist den Kindern vielleicht durch den in vielen Gegenden üblichen Brauch des ‚Winteraustreibens' bekannt; andernfalls kann die Lehrkraft von diesem Brauch erzählen.

Jede der beiden Strophen hat zwei Teile: das Ansprechen des Winters und die Beschreibung der Situation. Der zweiteilige Aufbau kann im Unterricht dadurch veranschaulicht werden, dass jeder Teil von einem anderen Kind gesprochen wird. Diese Sprechversuche können verschiedenartig variiert werden, beispielsweise durch das Erproben unterschiedlicher ‚Klangfarben' (laut, flüsternd ...) oder so, dass ein Kind die Anrede an den Winter spricht und ein Chor (die ganze Klasse) die Situationsbeschreibung.

Das Gedicht motiviert auch zum **Vertonen und Singen**. Die Kinder werden beispielsweise aufgefordert, dem Text eine Melodie, die sie kennen, zu unterlegen. Oder sie werden zu ‚Komponisten' und erproben selbst eine geeignete Melodie.

Nachdem alle Gruppen ihre Melodie vorgetragen haben, kann die Klasse sich auf eine Melodie einigen, diese gemeinsam einstudieren und sich dazu einen einfachen Tanz oder Reigen ausdenken.

(4) *Erste Sonne* von Rolf Bongs (4. – 6. Klasse)

Der Übergang vom Winter zum Frühling ist auch für Kinder oft ein wichtiges Erlebnis: Man sieht wieder Vögel, die lange nicht da waren, die Pflanzen bekommen wieder Leben und auch die Menschen leben neu auf, wenn nach dem langen Winter die Sonne wieder scheint und ihre lebensspendende Kraft entwickelt.

Das Gedicht von Rolf Bongs (1907–1981) setzt diesen Aspekt der Frühlingserfahrung ins (sprachliche) Bild. Sein Thema ist der langsam sich ankündigende Frühling.

Erste Sonne

In den dürren Zweigen
der nackten Bäume
sitzen Krähen.
Bei ihnen Stare.
Fernab schwarzweiße Elstern.
Sie schelten.
Ab und an fliegt ein Vogel weg.
Er wird von allen verfolgt.
Sie kehren zurück.
Sie schelten.
Das Jahr steigt langsam.
Von Morgen zu Morgen.
Im Baum sitzt der Frühling.
Er wartet.
Er lacht leise.

Ralf Bongs

Der Autor fängt bildlich eine Landschaft ein, die mit kahlen Bäumen noch winterlich wirkt, auf denen sich aber mit den zusammensitzenden Wintervögeln (Krähen) und Sommervögeln (Staren) bereits das wiedererwachende Leben regt. Das alles ist noch nicht sicher – „Ab und an fliegt ein Vogel weg.“ (V 7) –, mehr spielerisch. Aber der Frühling setzt sich durch. Er wird in den letzten drei Versen personalisiert: Er freut sich und lacht den ersten Sonnenstrahlen entgegen, die in der Überschrift als Thema des Gedichtes aufgerufen sind.

Um zu dem Gedicht einen Zugang zu bekommen, eignet sich ein vorausgestaltendes Textumgangsverfahren. Der Text wird mit Lücken präsentiert, einige Wolken verdecken – bildlich gesprochen – noch die erste Frühlingssonne und so verschwinden verschiedene Wörter.

Dies soll die Schüler motivieren, passende selbstgewählte Wörter einzusetzen, bevor sie das Original kennenlernen und über das in ihm beschriebene landschaftliche Stimmungsbild sprechen.

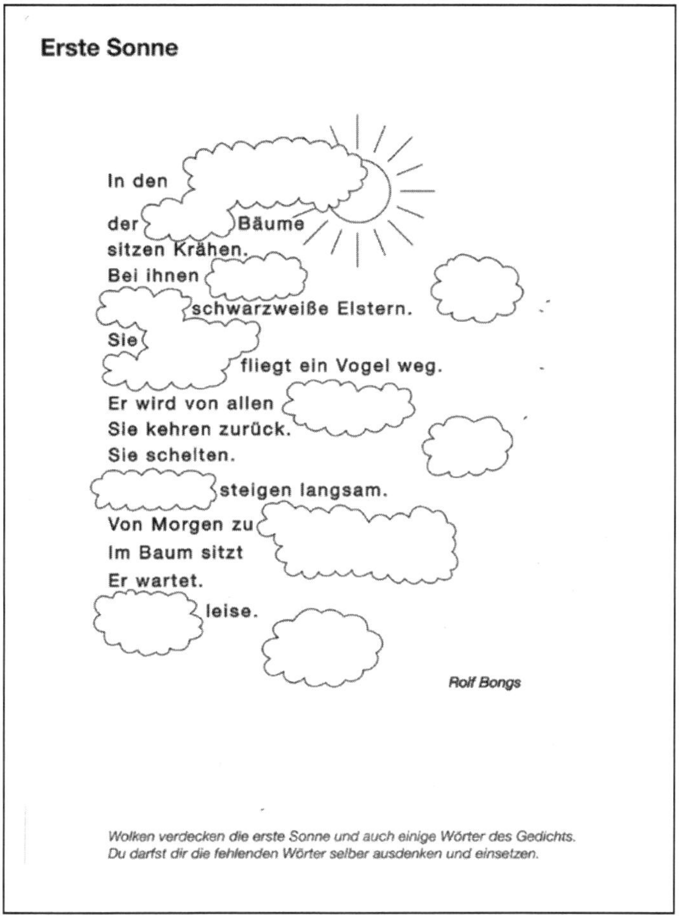

Aus: Lesespuren, LH 3, S. 96

Im Anschluss an die kreative Arbeit werden die Gedichte vorgelesen und miteinander verglichen. Schließlich wird den Kindern auch das Original von Rolf Bongs vorgestellt. Die Kindergedichte werden auf einem Schmuckblatt gestaltet und rund um das vergrößerte Originalgedicht im Klassenzimmer aufgehängt.

(5) *Der Frühling* von Mascha Kaléko (2. – 4. Klasse)

In diesem einstrophigen Gedicht schildert Mascha Kaléko (1912–1975) die Ankunft des Frühlings – genauer: Sie personalisiert den Frühling und lässt ihn seine eigene Ankunft beschreiben. In sehr eingängigen, aber auch ungewöhnlichen sprachlichen Bildern drückt die Dichterin aus, wie der Frühling sichtbar wird: mit duftenden Veilchen, holzbraunen Käfern, singenden Schwalben und goldenen Bienen. Sie lädt die Leser und Leserinnen zum Schauen, Riechen und Hören ein. Zuerst geht der Blick auf den Boden zu den „duftenden Veilchen“, dann ein Stück höher zu den „holzbraunen Käfern“ und schließlich in den Himmel zu den „singenden Schwalben“ und „goldenen Bienen“.

Die Ankunft des Frühlings muss wohl sehr überraschend gewesen sein. Bei dem personifizierten lyrischen Frühlings-Ich löst die Frage der Leute, wie sie geschehen sei, jedenfalls Verwunderung aus. Seine Antwort ist daher so knapp wie verblüffend: „Auf einmal / bin ich / da!“ Und eigentlich könnte sie weitergeführt werden mit dem Aufruf: Fragt nicht, freut euch einfach darüber!

Eine Möglichkeit des Zugangs könnte sein, dass das Originalgedicht (entsprechend der Methode, ein Gedicht aus Textalternativen zu erstellen, s. S. 111 ff.) an manchen Stellen um alternative Formulierungsangebote ergänzt wird.

Der Frühling

Mit *duftenden Blüten* komm ich gezogen
duftenden Veilchen
bunten Blumen

auf holzbraunen Käfern komm ich *gelaufen,*
gebrummt,
gekrabbelt,

mit *schwarzen Schwalben* komm ich geflogen
zwitschernden Vögeln
singenden Schwalben

auf *goldenen Bienen* komm ich gesummt.
wilden Bienen
goldenen Faltern

Jedermann fragt sich
wie das geschah:

Jetzt
Auf einmal
Plötzlich

bin ich

da!
hier!
bei euch!

Die Kinder wählen – aus den kursiv gesetzten Angeboten – jeweils eine Formulierung aus, die ihnen gut gefällt (die Originalversion ist hier unterstrichen). Die so entstandenen eigenen Gedichte werden dann mit dem Original von Mascha Kaléko verglichen.

Beim Gespräch über das Gedicht gilt die Aufmerksamkeit auch der ungewöhnlichen Form: Auf die ersten vier Zeilen im Kreuzreim folgt eine Zäsur, die Verszeilen werden grafisch ausgelöst. Beim Sprechen des Gedichtes können die Kinder ausprobieren, wie gerade diese letzten Zeilen zu lesen sind, welche Wörter betont und hervorgehoben werden können.

(6) *Mai* von Elisabeth Borchers (4. – 6. Klasse)

Dieses Gedicht entstammt einem „der erstaunlichsten Kinderbücher der Nachkriegszeit“ (Stark 2014, S. 5), das in Anthologien und Lesebüchern bis heute fortwirkt: *Und oben schwimmt die Sonne davon* (1965), mit Texten von Elisabeth Borchers und Illustrationen von Dietlind Blech. „Erzählt wird die Geschichte der Monate; jede Monatsepisode wird mit demselben Satz begonnen: ‚Es kommt eine Zeit‘, und daran schließt sich die jeweilige, zeitgebundene Erzählung in Gedichtform an.“ (Stark, ebd.)

Mai

Es kommt eine Zeit,
da machen die Vögel Hochzeit.

Nachtigall und Lerche,
Zaunkönig und Sperling
Rotkehlchen und Amsel.

Ein Lied fliegt zum andern.
Die Bäume tragen weite Kleider.
Der Wind läutet die Blumen.
Die Bienen haben goldene Schuhe.

Die Katze,
die graue, die schwarze, die weiße,
sie darf es nicht tun,
sie darf die Hochzeit
nicht stören.

Elisabeth Borchers

Bildhaft und eindringlich schreibt die Autorin vom Frühlingsmonat Mai, der oft auch als der ‚Wonnemonat‘ bezeichnet wird. Die ersten beiden Verse kündigen das zentrale Geschehen der kommenden Zeit an: „da machen die Vögel Hochzeit“.

Die zweite und dritte Strophe konkretisieren – in situativen Momentaufnahmen – die Ankündigung. Die dritte Strophe benennt eine mögliche Gefahr: Katzen sind Räuber, sie sind die natürlichen Feinde der Vögel. Aber das Ereignis „Hochzeit“ ist, so die Aussage der vierten Strophe, von solcher Wirkung, dass die Katze es nicht stören darf.

Die vier Strophen haben unterschiedlich viele und verschieden lange Zeilen. Es gibt auch keine Reime, was für seine Modernität spricht. Die lyrische Qualität erhält das Gedicht durch den Rhythmus, die Knappheit der Aussagen und die sprachlichen Bilder. Im eigenen Lesen und Sprechen werden die Schüler auf die besondere Form des Gedichtes aufmerksam.

In weiterer Bearbeitung interpretieren die Schüler das Gedicht durch Schriftgestaltung. Das kann in Einzelarbeit erfolgen, die Aufgabenstellung reizt aber auch zu einem gemeinsamen Versuch in der Gruppe.

Eine andere Anregung ist, dass sich die Schüler eine Strophe aussuchen, sie auf die Mitte eines Blattes schreiben und dieses (orientiert an den Sprachbildern) bildnerisch ausgestalten. Werden diese Blätter anschließend ausgestellt, kann durch Verschieben auch erprobt werden, ob die Reihenfolge der Strophen (d.h. der innere Aufbau des Gedichtes) festgelegt ist oder auch anders sein kann, ohne dadurch den Sinn zu verändern.

Zu diesem, wie zu den Monatsgedichten von Elisabeth Borchers insgesamt, lassen sich hervorragend Parallelgedichte schreiben. Die Schüler und Schülerinnen beginnen ihre eigenen Gedichte mit der gleichen Anfangszeile und schreiben dann ihre persönlichen Gedanken zu der Jahreszeit auf.

*

⌦ Querverweis

Siehe auch die Frühlingsgedichte *Der erste Mai* von Friedrich von Hagedorn (S. 78) und *Die Tulpe* von Josef Guggenmos (S. 323 f.).

V Blickpunkt: Autoren

Die Zugänge zu Literatur im Allgemeinen wie zu Gedichten im Besonderen werden, wie wir es bisher auch getan haben, primär über Inhalte und Themen, Gattungen und Formen gesucht, doch sprechen gute Gründe dafür, den Blick auch auf die Autoren zu richten und die darin liegenden Möglichkeiten nicht zu vernachlässigen, bei Schülern und Schülerinnen Interesse für Gedichte zu wecken und mit ihnen vertraut zu werden.

Die elementare Frage ist hier: Wer hat das Gedicht geschrieben? Nun zeigt die Erfahrung, dass insbesondere jüngere Kinder, wenn sie sich von einem Gedicht angesprochen fühlen oder sich gar von ihm fesseln lassen, – nicht anders als bei der Lektüre eines Buches – der Name des Autors oder der Autorin meist wenig kümmert. Dem sollte die Schule aber nicht nachgeben, sondern konsequent gegensteuern und das einzelne Gedicht immer als das Werk eines individuellen Autors bzw. einer Autorin bewusst halten. Er bzw. sie ist es, die dem Leser ihr Gedicht ‚vorlegen', damit dieser im Prozess des Lesens, Einfühlens und Deutens darin neue Welten für sich entdecken kann.

Allein den Namen eines Autors oder einer Autorin zu kennen, besagt für die Schüler aber noch wenig. So heißen denn auch die weiterführenden Fragen: Wann und wo hat der Dichter oder die Dichterin gelebt? Welche literarischen Werke hat er bzw. sie geschrieben? Es wäre aber wohl eine überzogene Erwartung, dass die Schüler und Schülerinnen zu jedem Autor und jeder Autorin biographisch-werkgeschichtliche Informationen einholen, zumal in den unteren Klassen auch die altersbedingten Verstehensgrenzen berücksichtigt werden müssen. Ab und an sollte man die – älteren – Schüler aber doch auffordern, in (bereitgestellten) Literaturlexika und/oder im Internet zu forschen und auch die Personen ‚hinter' dem – einzelnen – Gedicht zu erkunden.

Zumindest an ausgesuchten Beispielen sind darüber hinaus umfangreichere Autorenporträts zu erarbeiten. Wir haben dafür exemplarisch Johann Wolfgang von Goethe und Josef Guggenmos gewählt. Mit Goethe wird ein Autor in den Fokus genommen, der als größter Dichter deutscher Sprache im kulturellen Gedächtnis weiterlebt, und von dessen Gedichten viele auch heute noch für Kinder interessant sind. Bei der Bearbeitung können die Schüler erfahren, wie erstaunlich aktuell Literatur der Vergangenheit sein kann. Mit Josef Guggenmos wiederum kommt ein Dichter in den Blick, der als einer der besten, wenn nicht als der beste Kinderlyriker der Gegenwart gilt. Seine Gedichte stehen stellvertretend für eine Poesie, die – wie er selbst sagt – der „Welt des Kindes zugeordnet" ist (Guggenmos 1967/1998, S. 113).

Selbstverständlich kann nicht das gesamte Leben und Werk von Johann Wolfgang von Goethe und Josef Guggenmos erarbeitet werden. Intendiert ist die vertiefte Begegnung mit den (Werk-)Biographien beider Dichter und einer exemplarischen Auswahl ihrer Gedichte.

1 Johann Wolfgang von Goethe

Johann Wolfgang von Goethe lebt im kulturellen Gedächtnis der Deutschen als ihr größter Dichter fort. Allerdings gibt es durchaus Anzeichen, dass damit nicht zwangsläufig auch die Kenntnis seiner Werke einhergeht. Wenn daran gelegen ist, dass dieses Desiderat nicht noch weiter zunimmt, müssen entsprechende Voraussetzungen dafür geschaffen werden. Für die Schule heißt das, der Begegnung mit Texten Goethes überhaupt Platz einzuräumen und diesen dann auch nicht lediglich auf die oberen Klassen der Sekundarstufe oder gar nur auf die Oberstufe zu beschränken.

Nun ist es gewiss ein sehr hoher Anspruch, Goethes Gedanken- und Erfahrungswelt in die Grundschule und die ersten Klassen der Mittelstufe hinein ‚übersetzen' zu wollen (vgl. Haas 1999). Goethe hat – zumindest indirekt – dagegen selbst Argumente geliefert. In einem Gespräch mit seinem Vertrauten und Helfer Johann Peter Eckermann (29. März 1830) urteilte er, er habe nichts speziell für Kinder und Jugendliche geschrieben, womit er die Schlussfolgerung evozierte, seine Werke seien darum auch nicht für Kinder geeignet. Noch bei Peter Härtling ist diese Auffassung virulent, wenn er im Vorwort zu seiner Werkauswahl für junge Leser und Leserinnen *Ich bin so guter Dinge* (1998) von dem als „problematisch empfundenen Unterfangen" schreibt, „Goethe für Kinder zu präsentieren" (Seng/Zöhrer 2004, S. 45).

Peter Härtling hat vor allem ein Problem mit der ‚Kindgemäßheit' der Werke Goethes, zweifelsohne ist ihm aber bekannt, dass unter Goethes Lesern und Leserinnen von Anfang an auch Kinder und Jugendliche waren. Eine ganze Reihe seiner Dichtungen, bevorzugt die Schelmengeschichte *Reineke Fuchs* oder die Ballade *Der Zauberlehrling*, wurden bald nach ihrem Erscheinen zur beliebten Kinder- und Jugendlektüre, ebenso fanden auch Gedichte Goethes, das *Heidenröslein* zum Beispiel oder *Gefunden* und *Die wandelnde Glocke*, Aufnahme in Anthologien für junge Leser und Leserinnen.

Seither sind Kindern noch eine ganze Reihe weiterer Texte zur Rezeption erschlossen worden. Auf deren Grundlage machen wir in diesem Kapitel – nach einführenden biographischen Hinweisen – Textangebote zur Lyrik (im engeren Sinne) und zu Balladen – bevorzugt für die Klassen 3 bis 6. Wir verbinden diese mit Vorschlägen zu projektorientierten Arbeitsformen, um anzuregen, das Thema mit offenen Verfahren und Arbeiten in der Gruppe zu erschließen. Auch entdeckendes Lernen kann integriert werden, indem die Kinder selbstständig – hier nicht zuletzt über das Medium Internet – nach weiteren Texten und Informationen zum Leben und Werk Goethes ‚forschen'.

In den Umgang mit Goethe sollten begleitend auch die Angebote der Kinder- (und Jugend-)literatur, einschließlich der Bilderbücher, einbezogen werden, die den Autor mit seinen Werken jungen Lesern und Leserinnen näher bringen wollen. Eine Auswahl davon wird vorgeschlagen.

1.1 Biographisches

Die nachfolgende, für Kinder verfasste **Kurzbiographie** teilt steckbriefartig einige wichtige Daten aus Goethes Leben mit, soweit sie dem Erfahrungshorizont der Schüler und Schülerinnen zugänglich sind. Auf sie kann bei den Einzelvorhaben zurückgegriffen werden.

Johann Wolfgang von Goethe ist der berühmteste deutsche Dichter. Er hat Gedichte, Romane und Theaterstücke geschrieben, außerdem Schriften zu naturwissenschaftlichen Problemen verfasst.

Geboren wurde Johann Wolfgang von Goethe 1749 in Frankfurt am Main. Bis 1776 hat er dort gelebt, danach 56 Jahre in Weimar. 1832 ist er in Weimar gestorben.

Seine Eltern waren Johann Kaspar Goethe (1710–1782) und Katharina Elisabeth Goethe, geb. Textor (1731–1808). Er hatte vier Geschwister. Drei starben bereits als Kinder, seine Schwester Cornelia, die er sehr gern hatte, wurde nur 26 Jahre alt.

Goethe hat nur ab und zu eine Schule besucht, er wurde von Privatlehrern unterrichtet. Danach hat er in Leipzig und Straßburg Jura studiert. Er sollte Rechtsanwalt werden.

Von Beruf war er also eigentlich Jurist. Später war er im Herzogtum Sachsen-Weimar-Eisenach Minister für Finanzen, Theater und Bildungswesen.

Verheiratet war Goethe mit Christiane Vulpius. Sie hatten fünf Kinder, aber nur der 1789 geborene August blieb am Leben. Goethes Enkel Walter, Wolfgang und Alma stammten aus der Ehe Augusts mit Ottilie von Pogwisch.

Als Goethe seinen ersten Roman veröffentlichte, war er gerade 25 Jahre alt. Der Roman hieß *Die Leiden des jungen Werthers* und wurde vor allem von jungen Leuten mit Begeisterung gelesen. Goethes bekannteste Theaterstücke sind *Götz von Berlichingen* und *Faust*. Sie werden noch heute im Theater aufgeführt. Auch viele Gedichte und Balladen Goethes lesen die Menschen immer wieder gern.

Mehrere Freunde Goethes waren ebenfalls Dichter, zum Beispiel Johann Gottfried Herder (1744–1803) und Christoph Martin Wieland (1733–1813) Besonders eng befreundet war er mit Friedrich von Schiller (1759–1805).

Für die Schüler und Schülerinnen ist besonders aufschlussreich, dass auch der ‚große Dichter' Goethe ein Privatleben hatte – eigentlich eine Selbstverständlichkeit, die aber bei der Beschäftigung mit seinen Werken meist ausgeblendet bleibt.

Hierzu kann – neben Goethe-Büchern, wie sie für die Bücherkiste (s. S. 296) zusammengestellt sind – die Comic-Biographie *Goethe – Zum Sehen geboren*, die zum 250. Geburtstag Goethes erstmals publiziert wurde, einen anregenden Impuls geben. Wir zitieren, um einen Eindruck zu vermitteln, zwei Bildstreifen:

Der im linken Bild des unteren Bildstreifens gezeigte Streich bezieht sich auf eine Episode im ersten Band von Goethes Lebenserinnerungen *Dichtung und Wahrheit.* Es ist eine vom Alter verklärte Erinnerung an einen amüsanten Kindheitsstreich. Das Motiv für das dargestellte Verhalten betrifft wohl nicht nur Kinder; auch der Erwachsene lässt sich nur zu gern von Schmeichlern in ähnlicher Weise beeinflussen.

Die Meinigen erzählten gern allerlei Eulenspiegeleien

Mich gewannen drei gegenüber wohnende Brüder von Ochsenstein, hinterlassene Söhne des verstorbenen Schultheißen, gar lieb, und beschäftigten und neckten mit mir auf mancherlei Weise.

Die Meinigen erzählten gern allerlei Eulenspiegeleien, zu denen mich jene sonst ernste und einsame Männer angereizt. Ich führe nur einen von diesen Streichen an. Es war eben Topfmarkt gewesen, und man hatte nicht allein die Küche für die nächste Zeit mit solchen Waren versorgt, sondern auch uns Kindern dergleichen Geschirr im Kleinen zu spielender Beschäftigung eingekauft. An einem schönen Nachmittag, da alles ruhig im Haus war, trieb ich im Geräms mit meinen Schüsseln und Töpfen mein Wesen, und da weiter nichts dabei herauskommen wollte, warf ich ein Geschirr auf die Straße und freute mich, dass es so lustig zerbrach. Die von Ochsenstein, welche sahen, wie ich mich daran ergetzte, dass ich so gar fröhlich in die Händchen patschte, riefen: Noch mehr! Ich säumte nicht, sogleich einen Topf, und auf immer fortwährendes Rufen: Noch mehr! nach und nach sämtliche Schüsselchen, Tiegelchen, Kännchen gegen das Pflaster zu schleudern. Meine Nachbarn fuhren fort, ihren Beifall zu bezeigen, und ich war höchlich froh, ihnen Vergnügen zu machen. Mein Vorrat aber war aufgezehrt, und sie riefen immer: Noch mehr! Ich eilte daher stracks in die Küche und holte die irdenen Teller, welche nun freilich im Zerbrechen noch ein lustigeres Schauspiel gaben; und so lief ich hin und wider, brachte einen Teller nach dem andern, wie ich sie auf dem Topfbrett der Reihe nach erreichen konnte, und weil sich jene gar nicht zufrieden gaben, so stürzte ich alles, was ich vom Geschirr erschleppen konnte, in gleiches Verderben. Nur später erschien jemand zu hindern und zu wehren. Das Unglück war geschehen, und man hatte für so viel zerbrochene Töpferware wenigstens eine lustige Geschichte, an der sich besonders die schalkischen Urheber bis an ihr Lebensende ergetzten.

Johann Wolfgang von Goethe

Die Lehrkraft sollte diesen Kinderstreich und, wenn die Kinder dies wünschen, noch weitere Details aus Goethes Leben erzählen, die in Literaturlexika oder in Biographien leicht zugänglich sind, beispielsweise in *Goethe. Sein Leben für Kinder erzählt von Gertrud Fussenegger* (auch als CD, von der Autorin selbst gelesen).

- **Projektidee: Wer war Goethe?**

In projektorientiertem Arbeiten können die Schüler und Schülerinnen Informationen über das Leben und Werk Goethes auch selbst beschaffen. Der Auftrag dazu kann lauten:

➢ Sucht in Büchern oder auch in Lexika und im Internet nach Informationen über Goethes Leben und seine Dichtungen. Sicher findet ihr auch Bilder, die ihn in verschiedenen Lebensaltern zeigen, oder Bilder von seinen Eltern, seiner Schwester oder seinen Freunden. Das Ergebnis eurer Forschungen und Entdeckungen könnt ihr auf Plakaten oder auf einer großen Wandzeitung präsentieren. Wenn ihr noch Bücher hinzustellt, habt ihr eine kleine Goethe-Ausstellung, die ihr anderen Klassen eurer Schule und euren Eltern zeigen könnt.

- **Projekt-Idee: Goethe-Bücher- (und Medien-)kiste**

Es gibt unzählige Bücher von und über Goethe. Deshalb ist es nicht schwer, eine Bücherkiste zusammenzustellen. Möglicherweise haben Kinder einige davon zu Hause, die sie mitbringen können. Auch Büchereien helfen in der Regel gern. – Einige Vorschläge für die Goethe-Bücherkiste (s. auch die Titelvorschläge in den weiteren Abschnitten dieses Kapitels):

Bedürftig, Friedemann (Text)/Kirsch, Christoph (Zeichnungen): Goethe. Zum Sehen geboren. Egmont Ehapa Verlag. Comic Collektion, Stuttgart / Goethe Institut e.V., München 1999.

Braun, Peter: Johann Wolfgang von Goethe. Biographie und Werkauszüge. 2 CD. Dortmund: Igel-Genius 2013 (Reihe: Dichterköpfe).

Ill. aus: Lesespuren 4, S. 201

„Faust" nach Johann Wolfgang von Goethe. Neu erzählt von Barbara Kindermann. Mit Bildern von Klaus Ensikat. Berlin: Kindermann 2002 (Reihe: Weltliteratur für Kinder).

Fussenegger, Gertrud: Goethe. Sein Leben für Kinder erzählt. München: Langen Müller 1999. Überarb. Neuaufl.: München: Langen Müller 2006. – Hörbuch: München: Langen Müller Audio Books o. J. [2006].

Giese, Armin/Franke, Peter: Da läuft die Maus! Goethe für Kinder und andere Zauberlehrlinge. Hamburg: Jumbo (CD) o.J.

Härtling, Peter (Hrsg.): Ich bin so guter Dinge. Goethe für Kinder. Frankfurt a.M.: Insel 1998.

Matten-Gohdes, Dagmar (Hrsg.): Goethe ist gut. Ein Goethe-Lesebuch für Kinder. Weinheim: Beltz und Gelberg 1982 ff.

Venske, Andreas: Goethe und des Pudels Kern. Würzburg: Arena 2007 (Arena Bibliothek des Wissens).

1.2 Der Lyriker

James Krüss schreibt im Nachwort seiner Anthologie *So viele Tage das Jahr hat* zur Lyrik Goethes:

> Aus [Goethes] Gedichten könnte man mühelos mehrere Bändchen für Kinder zusammenstellen. Goethe ist in seiner Lyrik schlicht, anmutig, ehrlich und ohne jede Pose. Man kann Kindern unbedenklich jedes seiner Gedichte empfehlen, dessen Sujet der kindlichen Vorstellungswelt angemessen ist. (Krüss 1959/1999, S. 260)

Sehr zahlreich sind die Texte Goethes freilich nicht, die Krüss für seine eigene Sammlung auswählt. Abgesehen von fünf Balladen sind das – in der Reihenfolge ihres Vorkommens – lediglich die Gedichte *Schneider-Courage*, *Das Meislein, Zigeunerlied* und *Gefunden*. Im DDR-Pendant *Ans Fenster kommt und seht* von 1964, in dem Krüss' Auswahl der Dichter und ihrer Gedichte ansonsten in weiten Teilen übernommen wurde, ist im Falle Goethes nur *Gefunden* identisch, außerdem kommen noch *Liebe Kindlein, kauft ein!, Wanderers Nachtlied* und *Die Frösche* vor.

Unter den hier repräsentierten Gedichten sind drei, die auch in späteren Anthologien immer wieder vorkommen, weil sie offenbar als besonders geeignet für Kinder erscheinen: an erster Stelle *Gefunden*, dann *Das Meislein* (vielfach unter dem Titel: *Es fing ein Knab ein Vögelein*) und *Die Frösche*. Darüber hinaus ergibt die Analyse neuerer Anthologien – von denen fünf in ihren Titeln den Anspruch erheben, die ‚schönsten Kindergedichte' [aus vier Jahrhunderten] zu versammeln (s. Bibliographie) – in der Auswahl der Texte keine große Übereinstimmung; selbst wenn Lesebücher in die Analyse einbezogen werden, ändert sich dieses Bild nicht (vgl. Payrhuber 2014). Die nebenstehende Auflistung gibt einen annähernden Überblick über die vorkommende Auswahl, die insgesamt etwa 25 verschiedene Gedichte umfasst. Sie kann in der Unterrichtspraxis als Orientierung dafür dienen, welche Goethe-Gedichte „für Kinder leicht aufnehmbar sind und keine zu Ablehnungsgefühlen aufreizende Barriere darstellen" (Haas 1999, S. 27).

Als Kinderlektüre geeignete Goethe-Gedichte
Gefunden
Das Meislein [Es fing ein Knab ein Vögelein]
Die Frösche
Meeresstille
Glückliche Fahrt
Gleich und gleich
Lied des Bettlers
Wanderers Nachtlied [Ein Gleiches]
König und Floh
Die wandelnde Glocke
Ich wollt, ich wär' ein Fisch
Ich bin so guter Dinge
Das Veilchen
Zugabe
Eigentum

1.2.1 Gedichte

Zu drei der berühmtesten Gedichte Goethes geben wir hier einige interpretatorische und didaktisch-methodische Hinweise. Wir verstehen diese als Angebot für einen ersten Zugang zu Goethe-Gedichten, falls nur ein einzelner Text Unterrichtsgegenstand sein soll. Selbstverständlich können die Gedichte aber auch miteinander in ein Unterrichtsvorhaben einbezogen werden.

- *Gefunden*

Gefunden

Ich ging im Walde
So für mich hin,
Und nichts zu suchen,
Das war mein Sinn.

Im Schatten sah ich
Ein Blümchen stehn,
Wie Sterne leuchtend,
Wie Äuglein schön.

Ich wollt es brechen,
Da sagt es fein:
„Soll ich zum Welken
gebrochen sein?"

Ich grub's mit allen
Den Würzlein aus,
Zum Garten trug ich's
Am hübschen Haus.

Und pflanzt es wieder
Am stillen Ort;
Nun zweigt es immer
Und blüht so fort.

Johann Wolfgang von Goethe

Ort, Zeit und Anlass des Gedichtes sind (was selten ist) genau bekannt: Goethe schrieb es auf einer Reise von Weimar nach Ilmenau unter dem Datum des 26. August 1813 und schickte es am 28. August (seinem Geburtstag) an seine Frau Christiane. Vermutlich wollte er damit an die Wiederkehr ihrer ersten Begegnung 25 Jahre zuvor erinnern, bei der sie sich ‚gefunden', also kennen- und liebengelernt haben. Damals brachte die 23jährige Christiane Vulpius dem Geheimen Rat Goethe ein Bittschreiben ihres Bruders August, ihn bei seiner schriftstellerischen Tätigkeit zu unterstützen.

Die Lehrkraft kann den Kindern von diesem biographischen Hintergrund erzählen, der den ‚großen Dichter' von einer ‚normalen' menschlichen Seite zeigt. Die Kinder werden es verstehend nachvollziehen können, dass der junge Goethe sich in das junge hübsche Mädchen Christiane sofort verliebte.

Dass in dem Gedicht mit dem Blümchen, das „wie Sterne leuchtend" und „wie Äuglein schön" ist, in gleichnishaft verschlüsselter Form auf dieses (allgemein: ein) Mädchen hingewiesen wird, muss hingegen nicht Ziel der Erarbeitung sein. „Auch wörtlich genommen, im uneigentlichen Sinne, ergibt ein solches Gedicht einen verständlichen Sinn“ (J. Wiegand.). Bildhaft-anschaulich wirbt es dann für ein einfühlsames Verhältnis gegenüber der Natur: Er möge Pflanzen und Blumen nicht aus Gedankenlosigkeit oder einer plötzlichen Laune heraus pflücken, sondern sie behutsam behandeln und pflegen.

Das lyrische Ich des Gedichtes wird zu einer solchen Haltung gegenüber der Blume geführt. Als er sie in ihrer frischen Schönheit betrachtet und pflücken will, spricht sie zu ihm und appelliert an seinen pflegerischen Sinn: Nur wenn er sie nicht aus Eigensinn ausreißt, sondern sich der Mühe des Umpflanzens unterzieht, wird sie ihm ihre Schönheit bleibend schenken.

Nach der Begegnung mit dem Gedicht durch den Vortrag der Lehrkraft sprechen die Kinder über ihre ersten Eindrücke. Eventuell müssen auch einige Wörter (z.B. „brechen“ oder „welken“) und Aussagen (z.B. „... nichts zu suchen ...“ oder „... am stillen Ort ...“) geklärt werden. Ein szenisch gestützter Vortrag oder auch eine angedeutete szenische Umsetzung helfen, den emotionalen Gehalt des Gedichtes zu erschließen. Die bildhafte Sprache des Gedichtes regt außerdem zur bildkünstlerischen Gestaltung an. In selbst gemalten Bildern und im Austausch untereinander bringen die Kinder dabei ihr eigenes Textverständnis zum Ausdruck (vgl. Cordes 2009).

Naheliegend ist auch ein gemeinsames Betrachten (sofern vorhanden mittels Dokumenten-Kamera und Beamer) des Bilderbuchs *Gefunden* der Künstlerin Verena Ballhaus.

Illustration aus dem Bilderbuch *Gefunden* (2003) von Verena Ballhaus

Verena Ballhaus hat das Gedicht in diesem Bilderbuch meisterlich illustriert. Mit geometrisch-abstrakten Formen und Papiercollagen gelang ihr eine eigenwillige Interpretation. „Sie verschränkt Layout, Typographie und Illustration. Ein alles verknüpfender, feiner roter Faden führt durch alle Buchseiten hindurch. Er verläuft mal glatt, mal gekräuselt, zeichnet die Umrisse winziger Gegenstände nach, die diskret ihren Beitrag zur Deutung der Verse liefern.“ (Korff-Schmising)

- *Lied des Bettlers*

Das *Lied des Bettlers* steht in der Szene *Vor dem Tor* in Goethes Hauptwerk *Faust I*. Es ist Ostern. Die Bewohner einer Stadt machen bei schönem Wetter ihren Spaziergang ins Freie vor die Stadt hinaus. Auch Faust macht sich in Begleitung seines Schülers Wagner auf den Weg.

Illustration aus dem Bilderbuch *Osterspaziergang* (2012) von Klaus Ensikat

An manchen Stellen sind Buden aufgeschlagen, es wird getanzt und es herrscht eine richtige Feststimmung. Johann Wolfgang von Goethe versucht seinen Lesern diese vor Augen zu stellen. Auch Bettler kommen hinzu, und einen von ihnen lässt der Dichter ein Lied singen. Darin bittet dieser die „guten Herren" und „schönen", „wohlgeputzt(en)" und „backenrot(en)" Frauen ihn anzuschauen, damit sie seine – vermutlich zerlumpte – Kleidung sehen und seine Not durch eine großzügige Gabe mildern. Er appelliert an das Mitgefühl der Spaziergänger: „Nur der ist froh, der geben mag." An einem Tag wie Ostern, an dem alle – wie es an späterer Stelle heißt – die „Auferstehung des Herrn" feiern, weil sie selber wie die Natur auch aus der Kälte und Düsternis des Winters „auferstanden" sind, soll auch er an der Freude Anteil haben. Ostern soll auch für ihn ein Tag reichlicher Ernte (Geldspenden) sein.

Die Kinder können die geschilderte Situation und den Appell des Bettlers unschwer nachvollziehen. Eine sprachliche Hürde werden allenfalls die Begriffe „wohlgeputzt" und „Erntetag" sein, die sich aber aus dem Kontext erschließen.

Methodisch wird eine produktionsorientierte Annäherung gewählt. Die Schüler und Schülerinnen erhalten dazu den Text in folgender Fassung:

Lied des Bettlers

Ihr guten Herren, ihr schönen Frauen,
So wohlgeputzt und .... [backenrot]
Belieb' es euch, mich .... [anzuschauen]
Und seht und mildert meine Not!
Lasst hier mich nicht vergebens .... [leiern]!
Nur der ist froh, der geben mag.
Ein Tag, den alle Menschen feiern,
Er sei für mich ein .... [Erntetag].

Johann Wolfgang von Goethe

Als Motivation, sich mit dem Text zu befassen, kann der Impuls dienen: So könnte das Gedicht zunächst vor dem Dichter gelegen haben. Es ist ihm nicht zu allen Versen gleich ein Reimwort eingefallen (vgl. Haas 1999, S. 28).

Die Schüler suchen – jeder für sich oder zusammen mit einem Partner – nach Wörtern, die ihrem Gefühl nach passen könnten. Will man sie nicht ganz frei arbeiten lassen, kann man ihnen – zumindest für einige Reimwörter – einige Vorschläge zu Auswahl geben. Wenn Lösungen gefunden und eventuell vorliegende verschiedene Möglichkeiten erörtert sind, trägt die Lehrkraft das Original vor. Der fertige Text wird von jedem Schüler und jeder Schülerin auf ein Blatt geschrieben und illustriert.

Das Gedicht eignet sich, wie eine vierte Klasse[1] ausprobiert hat, gut zum **Spielen**. Die Kinder bringen entsprechende Kleidung mit (vgl. „wohlgeputzt“) und proben die Szene ein paar Mal. Dazu wird den Spielern aufgetragen, wer den Bettler darstellen möchte, sollte sich den Text so durchlesen (evtl. auch auswendig lernen), dass er ihn während des Spiels möglichst gestisch ausdrucksvoll betont sprechen könne. Die Klasse bildet das Publikum des Spiels.

- *Wanderers Nachtlied / Ein Gleiches*

Der korrekte Titel dieses Gedichtes müsste *Ein Gleiches* heißen. Er bezieht sich auf das eigentliche Gedicht *Wanderers Nachtlied* und meint dem Sinne nach: noch ein Wanderers Nachtlied. In der Rezeption wird *Ein Gleiches* oft aber auch mit demselben Titel *Wanderers Nachtlied* zitiert. Das Gedicht gilt wegen seines unauflösbaren Zusammenstimmens von Laut und Bedeutung „als eines der reinsten Beispiele lyrischen Stils” (Emil Staiger). Es kann als Exempel einer vollkommenen Entsprechung von Mensch und Natur gelesen und erfahren werden. Dieser

[1] Erprobung: Frau Barbara Kapesser (Mainz)

Gleich-klang wird am Ende des Gedichtes zum Ein-klang, so dass das Gegenübersein von Mensch und Stimmung nahezu völlig aufgehoben ist: „Die Sprache geht in der Abendstimmung auf, der Abend in der Sprache." (Staiger).

Wanderers Nachtlied

Über allen Gipfeln
Ist Ruh.
In allen Wipfeln
Spürest du
Kaum einen Hauch.
Die Vöglein schweigen im Walde.
Warte nur, balde
Ruhest du auch.

Johann Wolfgang von Goethe

Auch bei diesem Gedicht sind Ort und Zeitpunkt der Entstehung bekannt: Goethe schrieb es am Abend des 6. September 1880 an die Bretterwand einer Berghütte auf dem Kickelhahn bei Ilmenau in Thüringen. Von hier aus lässt sich gut die Situation und die Stimmung des lyrischen Ich (des Verfassers) vermitteln: der Blick auf die Gipfel der Berge und auf die Wipfel der Bäume; das Schweigen der Vögel und der (bald) ruhende Mensch. Die Bewegung der Ruhe führt von außen nach innen, von der Natur zum Menschen. In mehrfachem, erprobendem Sprechen können die Kinder zumindest ansatzweise die Klangeinheit dieses Gedichtes zu entdecken bzw. zu erspüren.

Da die Kinder es in der Regel lieben, sich selbst in Tonaufnahmen zu hören, sollte man auch diese, mittels moderner Handys oder Kameras leicht anwendbare Möglichkeit nutzen. Die Aufnahme kann evtl. noch klanglich durch Glockenspiel, Metallophon o.ä. unterlegt werden.

*

Über allen Bänken ist Ruh.
In allen Reihen
Spürest du
Kaum einen Hauch.
Die Schüler schweigen im Schlafe.
Warte nur, Pauker, balde
Pennest du auch.

Kaum ein anderes Gedicht ist so oft von der Literaturwissenschaft beredet und betrachtet worden, über einhundertmal wurde es vertont und in zahlreiche Sprachen übersetzt, kaum ein anderes Gedicht ist aber auch so oft parodiert worden.

Die Lehrkraft sollte den Kindern erklären, dass solche Parodien nur zu Texten entstehen, die sehr bekannt sind, denn der ‚Spielwitz' dabei kann ja nur wirken, wenn beim Rezipienten sofort die Verbindung zum Original hergestellt wird. Eine Parodie zerstört also ein Gedicht keineswegs, sondern verstärkt es eher noch in seiner Wirkung.

⌧ **Querverweise**

auf weitere Gedichte Goethes:

Gedichte sind gemalte Fensterscheiben, s. S. 3

Heidenröslein, s. S. 34 f.

Meeresstille und *Glückliche Fahrt,* s. S.125 u. 126

Hexeneinmaleins, s. S. 129

Die Frösche, s. S. 219

1.2.2 Projekt-Ideen

- „Goethe war gut! Mensch, der konnte reimen!"

➢ So oder so ähnlich hat ein Schlagersänger vor einigen Jahren gedichtet. Wäre das nicht ein Motto für ein Klassenfest oder einen Elternabend? Dabei tragt ihr Gedichte vor, die ihr kennengelernt habt. Dazu präsentiert ihr eure Plakate oder eure Wandzeitung, die ihr zu Goethes Leben und Werk erarbeitet habt, ihr zeigt eure Buchausstellung oder ihr stellt euer Goethe-Gedichtbuch vor.

Denkbar wäre auch ein Goethe-Abend oder eine Goethe-Matinee mit Gedicht- und Liedervortrag und szenischem Spiel.

- Ein Goethe-Gedichtbuch machen

➢ In Lesebüchern und Gedichtsammlungen, in eurer Bücherkiste (s.o.) oder auch im Internet findet ihr Gedichte von Goethe. Sucht euch einige aus und stellt sie zu einem Goethe-Gedichtbuch zusammen. Ihr könnt sie kopieren, von Hand abschreiben oder mit dem Computer in verschiedenen Schriften gestalten.

Wie alle Gedichte stecken auch die Gedichte Goethes voller Bilder. Sucht euch eine Zeile oder eine Strophe eines Gedichtes aus, zu der ihr ein Bild malen möchtet. Auch mit Bildern aus der Kunst oder mit Fotos könnt ihr euer Gedichtbuch schmücken.

1.3 Der Balladendichter

Zu den Gedichten Goethes, die sich als Lektüre für Kinder anbieten, gehören von Beginn der Rezeption an eine ganze Reihe seiner Balladen. Sie sind ein derart vielseitiger und reichhaltiger Teil seines lyrischen Werkes, dass viel Interessantes zu entdecken ist. Welche Texte in Frage kommen könnten, haben wir oben (s. S. 36) dargestellt.

Unterrichtliches Ziel ist es nicht, einen literaturhistorischen Überblick über das Balladenschaffen Goethes zu geben, auch wenn dieser auf die als Kinderlektüre geeigneten Balladen beschränkt wäre. Angemessen ist vielmehr ein exemplarisches Vorgehen, bei dem eine Ballade im Mittelpunkt steht und von dieser aus dann – möglicherweise – Verbindungen zu weiteren Balladen Goethes hergestellt werden. Die Behandlung wird auch unter einer bestimmten didaktisch-methodischen Perspektive stehen. So schlagen wir hier für *Erlkönig* eine sprecherische Gestaltung und eine Umsetzung in einen Comic vor und regen für den *Zauberlehrling* ein projektorientiertes Vorgehen an.

Erweiternd kann das Balladenschaffen Goethes unter der biographischen Perspektive der Freundschaft Goethes mit Schiller betrachtet werden. Wie in den Biographien – bevorzugt bei Gertrud Fussenegger – nachzulesen (oder per CD zu hören) ist, verhielt sich Goethe Schiller gegenüber zunächst eher ablehnend, als sie sich persönlich kennenlernten. Ihre Beziehung änderte sich grundlegend seit einer Begegnung am 20. Juli 1794 in Jena. Die beiden Dichter kamen in ein intensives Gespräch über Fragen von Kunst und Kunsttheorie und stellten eine unerwartete Übereinstimmung fest. Damit war der Grundstein gelegt für eine dauerhafte Freundschaft und für gemeinsame literarische Projekte. Ein Zeugnis ihrer Dichterfreundschaft und literarischen Zusammenarbeit ist das sogenannte ‚Balladenjahr', das die Jahre 1797/98 umfasst. „Der Begriff ‚Balladenjahr' geht auf eine Formulierung Schillers in einem Brief an Goethe zurück (22.9.1797). Goethe hält sich in dieser Zeit häufig in Jena auf. Diese Jahre werden als die Jahre des intensivsten Austauschs und einer beglückenden Beziehung gesehen. Die Briefe beider Dichter sprechen von gegenseitiger Bewunderung und Zuneigung." (Richter 2013, S. 41)

Eine empfehlenswerte Möglichkeit, die Schüler und Schülerinnen zu motivieren, über die im Unterricht behandelten hinaus weitere Goethe-Balladen für sich zu entdecken, ist die Zusammenstellung eines **Balladenbuch**es. Hierfür wählen die Schüler aus einem zur Verfügung gestellten Text- bzw. Materialangebot einige Balladen aus, die ihnen besonders gefallen, und gestalten sie im Layout und mit Illustrationen. In der Regel wird man mit Kopien arbeiten. Die Idee, die Texte handschriftlich (oder mit dem Computer) zu schreiben, ließe sich wohl auch begründen. Angesichts des Umfangs der meisten Balladen könnte dies aber auch abschreckend wirken. Denkbar ist freilich auch, selbst geschriebene Textteile (z.B. einzelne Strophen) mit Kopien des gedruckten Textes zu kombinieren. Die Art der illustrativen Gestaltung (Zeichnung, Collage o.ä.) sollte freigestellt bleiben.

1.3.1 *Erlkönig*

Goethes Ballade *Erlkönig* ist 1782 zuerst im Zusammenhang mit dem Singspiel *Die Fischerin* entstanden, was aber für ihre Wirkungsgeschichte weiter keine Rolle spielte. Die Anregung für seinen Text erhielt er von Herders Übersetzung der dänischen Volksballade *Erlkönigs* (d.i. der Elfenkönig) *Töchter*.

„Zwei Prinzipien stehen sich in der Ballade gegenüber: Vernunft und Gefühl, Beherrschung und Ausgesetztsein der Natur, Naturerklärung und Naturmythos – und dies verteilt auf die Rollen des realistischen Vaters und des sensiblen Kindes." (Menzel 2002, S. 42) Das Kind sieht, hört und empfindet den Erlkönig als ein mit den schemenhaften Erlen identisches und den irrationalen Mächten nahestehendes Naturwesen, das ihn mit beängstigenden Verlockungen bedroht. Der Vater ist für die Ängste des Kindes unempfänglich und sucht nach rationalen Erklärungen. Der „Schweif", die Schleppe des Erlkönigs ist für ihn nichts als ein „Nebelstreif" (V 7/8), seine verführerische Stimme ist das Säuseln des Windes (V 16), und er sieht „genau" (V 23), dass Erlkönigs Töchter nur graue Weiden sind. Der Knabe aber ist taub gegenüber den rationalen Erklärungsversuchen des Vaters.

Das Ganze ist verpackt in die Geschichte eines Ritts durch den nächtlichen Wald, eines Heimritts vielleicht von dem Besuch bei einem entfernten Nachbarn. Dass der Knabe im Fieber phantasiere, wie in manchen Interpretationen vermutet wird, ist durch den Text nicht zu belegen. „Die Bilder und Stimmen der Natur erscheinen dem Kinde als magische Wirklichkeit, als etwas Gespenstisches, Erotisches, und dies ist ihm nicht anders Realität als Erlen und Nebel und Windgeräusche dem Vater." (Menzel, ebd.) Am Ende gibt die Ballade nicht dem Vater, sondern dem Kinde recht. Seine Phantasie, Erregung und Angst siegen über Ratio und Beherrschung des Vaters. Die Ängste des Kindes waren keine Einbildungen, für die der Vater sie genommen hat, sondern die Reaktion auf lebensbedrohende und zugleich verlockende Mächte, die sich – so die Deutung der Ballade – einem bloß rationalen Zugriff entziehen. So ist Goethes *Erlkönig* das typische Beispiel einer ‚naturmagischen' Ballade, in der ein Mensch durch der Eingriff der Natur verführt wird und zu Tode kommt.

Zum methodischen Umgang mit der Ballade liegen mehrere Vorschläge vor (vgl. u.a. Menzel 2002; Gien 2012; Janning 2012). Wir skizzieren im Folgenden die Möglichkeit einer Sprechgestaltung, verweisen auf verschiedene professionelle Sprechfassungen und Vertonungen und geben durch die Dokumentation zweier Schülerarbeiten einen Impuls zur Umsetzung der Ballade in eine Bildgeschichte (Comic).

Empfehlenswert ist darüber hinaus der Einsatz des von Sabine Wilharm gestalteten Bilderbuchs aus der Reihe *Poesie für Kinder* des Kindermann Verlags (2013). Die Präsentation der Ballade in Text und Bild ist hier in eine Rahmen-Bildgeschichte eingebunden, die das Geschehen aktualisiert, indem sie einen Vater mit Sohn auf eine in Weimar endende nächtliche Zugfahrt schickt, während der der Sohn eine Comic-Adaption des *Erlkönigs* liest und dadurch mancherlei Assoziationen ausgesetzt ist.

Erlkönig. Illustration von Sabine Wilharm

Wird eine Sprechgestaltung der Ballade erarbeitet, muss man sich zuerst vergegenwärtigen, welche Figuren bzw. Personen hier sprechen und welche unterschiedlichen Sprechweisen von den Vortragenden verwirklicht werden müssen. In einem ersten Schritt wird dazu die Textvorlage in Sprecherrollen strukturiert. Das Ergebnis könn- in der folgenden Weise notiert werden:

Erlkönig

E Wer reitet so spät durch Nacht und Wind?
Es ist der Vater mit seinem Kind;
Er hat den Knaben wohl in dem Arm,
Er faßt ihn sicher, er hält ihn warm.

V **Mein Sohn, was birgst du so bang dein Gesicht? –**
S Siehst, Vater, du den Erlkönig nicht?
Den Erlenkönig mit Kron' und Schweif? –
V **Mein Sohn, es ist ein Nebelstreif. –**

Ek *„Du liebes Kind, komm, geh mit mir!*
Gar schöne Spiele spiel' ich mit dir;
Manch' bunte Blumen sind an dem Strand,
Meine Mutter hat manch gülden Gewand.“ –

S Mein Vater, mein Vater, und hörest du nicht,
Was Erlenkönig mir leise verspricht? –
V **Sei ruhig, bleibe ruhig, mein Kind;**
In dürren Blättern säuselt der Wind. –

Ek *„Willst, feiner Knabe, du mit mir gehn?*
Meine Töchter sollen dich warten schön;
Meine Töchter führen den nächtlichen Reihn
Und wiegen und tanzen und singen dich ein.“ –

S Mein Vater, mein Vater, und siehst du nicht dort,
Erlkönigs Töchter am düstern Ort? –
V **Mein Sohn, mein Sohn, ich seh es genau,**
Es scheinen die alten Weiden so grau. –

Ek *„Ich liebe dich, mich reizt deine schöne Gestalt;*
Und bist du nicht willig, so brauch' ich Gewalt." –
S Mein Vater, mein Vater, jetzt faßt er mich an!
Erlkönig hat mir ein Leids getan! –

E Dem Vater grausets, er reitet geschwind,
Er hält in den Armen das ächzende Kind
Erreicht den Hof mit Mühe und Not;
In seinen Armen das Kind war tot.

Johann Wolfgang von Goethe

Anhand der Markierungen der einzelnen Strophen ist folgende Struktur erkennbar:

Die erste und letzte Strophe stellen kurze Berichte des Erzählers dar, in die sechs Dialogstrophen eingeschlossen sind. Die Dialoge haben allerdings eine Besonderheit: Erlkönig und der Vater gehören unterschiedlichen Sphären an, sind füreinander nicht vorhanden. Beide reden nur auf den Knaben ein; der Knabe wiederum wendet sich ausschließlich an seinen Vater, der allein ihn schützen könnte.

> Die Feststellung in den letzten beiden Zeilen der 1. Strophe wird in der 2. Strophe durch die Form dargestellt: Die Rede des Vaters umfasst (beschützend) die des Sohnes. Die 3. Strophe gehört ganz dem Erlkönig. In der 4. Strophe hören wir in den ersten beiden Zeilen den Sohn, der Vater antwortet in zwei Zeilen. Die beschützende Umarmung ist formal aufgelöst. Die 5. und 6. Strophe sind formal mit der 3. und 4. Strophe identisch.
>
> Die 7. Strophe eröffnet der Erlkönig in zwei Zeilen, seine Sprechweise verändert sich, das Locken schlägt um in Gewalt. Der Sohn ist dem Vater entrissen. Er spricht seinen Vater zwar noch an, ist aber schon ganz in der Sphäre der magischen Kraft des Erlkönigs und erhält vom Vater keine Antwort mehr. (Janning 2012, S. 145)

Die dialogische Struktur der Ballade legt das Sprechen mit verteilten Rollen nahe. Auf der Grundlage der erarbeiteten Einrichtung der Ballade lässt sich mittels erprobender Sprechversuche vergegenwärtigen, welcher Sprechhaltung es für die Gestaltung der einzelnen Personen bedarf.

> Die Stimme des Vaters muss anfangs beruhigen; am Ende schaudert auch ihn. [...]
>
> In kindlich-zarter, höherer Stimmlage spricht der Knabe von Strophe 2 bis 7 zunehmend ängstlich; in höchster Angst zeigt er sich in der vorletzten Zeile der 7. Strophe: „Mein Vater, mein Vater, jetzt fasst er mich an!" [...]
>
> Erlkönig [...] könnte stimmlich ein gefährlich lockender Sing-Sang entsprechen, der sich auch in Zeile 2 der 7. Strophe als Grundstimme/(-stimmung) durchhalten sollte, wo Erlkönig – sich seiner Magic ebenso fraglos wie lustvoll bewusst –, indem er von Gewalt spricht, zugleich Gewalt wirkt. (Janning 2012, S. 146)

Goethes *Erlkönig* gehört zu den Balladen, die sehr früh und sehr oft von professionellen Sprechern auf Tonträger aufgenommen wurden. Da bietet es sich an, zwei oder drei dieser Aufnahmen miteinander zu vergleichen und zu entdecken, wie vielfältig die Ballade sprechgestaltend interpretiert wird. Die Versionen „unterscheiden sich durch ihre Inszenierung, das Sprechtempo und die Sprechweise, die Unterlegung mit Geräuschen und Musik und die ‚akustische Präsenz' des Sprechers. Besonders diese Ballade mit ihren dialogischen Sprecheranteilen lässt so eine ganz unterschiedliche Rezeption der literarischen Figuren zu.“ (Gien 2012, S. 162) So spricht beispielsweise in einer Version der Vater extrem unbeteiligt, so als ob er die Phantasien des Kindes gar nicht erst nehmen würde, in einer anderen reagiert der Vater beinahe panisch. Auch der Erlkönig wird verschiedenartig gesprochen, mal kräftig lockend, mal mit extrem verführerischer Stimme, so dass deutlich wird, dass hier der Aspekt der Verführung eines jungen Knaben im Mittelpunkt steht. (Vgl. ebd.)

Einen ganz eigenen Charakter hat die Rap-Version der *Erlkönig*-Ballade, die von der Gruppe der Jungen Dichter und Denker produziert wurde. Das Ziel der Gruppe, ‚alte' Gedichte in rhythmischem Sprechgesang (Rap) neu zu interpretieren, ist ein attraktives Angebot für die Schüler und Schülerinnen. Besonders spannend wäre es, wenn diese die – auf You Tube zugängliche – Produktion der Jungen Dichter und Denker nicht nur anhören und anschauen würden, sondern – in Gruppen – auch eigene Interpretationen entwickelten.

Entweder im Kontrast zum Sprechgesang der Jungen Dichter und Denker oder auch für sich genommen könnte man die Schüler auch mit einer ‚klassischen' Vertonung der Ballade bekannt machen. Sehr eindrucksvoll ist beispielsweise die – ebenfalls auf You Tube zugängliche – von Jessie Norman gesungene Vertonung von Franz Schubert (1797–1828). Der Künstlerin gelingt es, unterstrichen auch von ihrer Gestik und Mimik, meisterhaft, allen vier Figuren der Ballade stimmlich einen eigenen Ausdruck zu geben.

❖ Medien

Der König in Thule. Gedichte und Balladen von Johann Wolfgang von Goethe. Zusammengestellt und gelesen von Gert Westphal. 1 CD. Hamburg: Litraton 1995 [Beispiel einer älteren Sprechfassung].

Ein Märchen aus uralten Zeiten . Die schönsten Sagen und Balladen. 1 CD. Hamburg: Goya Nice 2010 [Beispiel einer neueren Sprechfassung].

Johann Wolfgang von Goethe. Biographie und Werkauszüge. Bearbeitet von Peter Braun. CD 2. Dortmund: Igel-Genius 2013 [Beispiel einer neueren Sprechfassung].

Junge Dichter und Denker: Der Erlkönig. Clip von JDD-Musik. You Tube.

Jessie Norman: A Portrait-Erlkönig [Schubert-Vertonung]. You Tube.

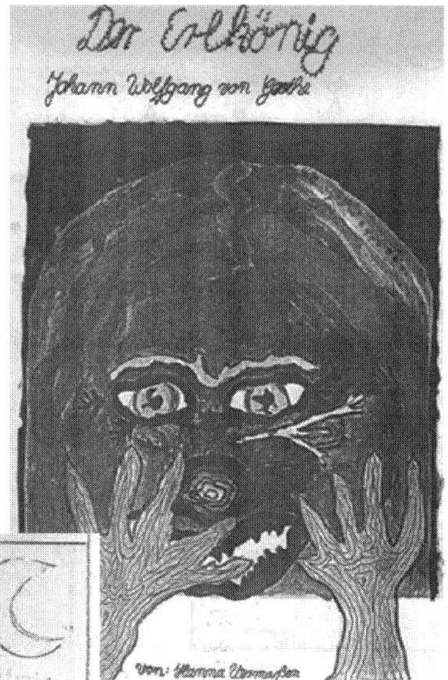

Schülerarbeiten zum Erlkönig (6. Klasse)

1.3.2 *Der Zauberlehrling*

Die Ballade *Der Zauberlehrling* schrieb Goethe, angeregt durch die Gespräche mit Friedrich Schiller, im sogenannten Balladenjahr 1797. Schiller veröffentlichte die Ballade zusammen mit anderen ein Jahr später in seinem *Musenalmanach auf das Jahr 1798*.

Den Stoff zu der Ballade entnahm Goethe einer antiken Quelle, dem *Lügenfreund* des griechischen Dichters Lucian von Samosata (125–190 n. Chr.) in der Übersetzung von Christoph Martin Wieland (1733–1813). Dort erzählt der Schüler Eukrates:

> Endlich fand ich doch einmal Gelegenheit, mich in einem dunklen Winkel verborgen zu halten und die Zauberformel, die er dazu gebrauchte, aufzuschnappen, indem sie nur aus drei Silben bestand. Er ging darauf, ohne mich gewahr zu werden, auf den Marktplatz, nachdem er dem Stößel (Anm.: Mörserkeule) befohlen hatte, was zu tun sei. Den folgenden Tag, da er geschäftehalber ausgegangen war, nehm' ich den Stößel, kleide ihn an, spreche die besagten drei Silben und befehle ihm, Wasser zu holen. Sogleich bringt er mir einen großen Krug voll. Gut, sprach ich, ich brauche kein Wasser mehr, werde wieder zum Stößel! Aber er kehrte sich nicht an meine Reden, sondern fuhr fort, Wasser zu tragen, und trug so lange, daß endlich das ganze Haus damit angefüllt war. Mir fing an bange zu werden. Pankrates, wenn er zurückkäme, möchte es übelnehmen – wie es dann auch geschah –, und weil ich mir nicht anders zu helfen wußte, nahm ich eine Axt und hieb den Stößel mitten entzwei. Aber da hatte ich es übel getroffen; denn nun packte jede Hälfte einen Krug an und holte Wasser, so daß ich für einen Wasserträger nun ihrer zwei hatte. Inmittelst kommt mein Pankrates zurück, und wie er sieht, was passiert war, gibt er ihnen ihre vorige Gestalt wieder; er selbst aber machte sich heimlich aus dem Staube, und ich habe ihn nie wieder gesehen.[2]

Ein intertextueller Hintergrund findet sich auch in dem in vielen Sagen und Märchen (z.B. *Der süße Brei*) wiederkehrenden Akt des vergessenen Zauberspruches und seiner verheerenden Folgen (vgl. Richter 2013, S. 57). Deutlich ist auch der Bezug zu einer jüdischen Legende, die davon erzählt, „wie sich die Frau von Rabbi Löw bei der Vorbereitung des Frühlingsfestes Pessach vom untätigen Herumsitzen des Golems gestört fühlte und ihn deshalb beauftragte, Wasser zu holen und damit den Wasserbottich im Flur zu füllen“, während sie zum Kaufmann ging (ebd.). Der Golem richtete eine Überschwemmung an, aber erst der heimkehrende Rabbi Löw gebot seinem Treiben Einhalt. Seine Frau erinnert er daran, dass der Golem nur zu ‚gottgefälligen Diensten' angestellt werden dürfe (ebd.).

[2] L. Brügger, Der Zauberlehrling und seine griechische Quelle. In: Goethe – Jahrbuch der Goethegesellschaft 13 (1951), S. 243–258.

Goethe hat den Stoff seiner Quellen lyrisch geformt, dramatisch zugespitzt und ersichtlich mit einer lehrhaften Absicht versehen. Die sieben Strophen der Ballade geben das Geschehen ganz aus der Sicht des Zauberlehrlings wieder, der sich anmaßt, es dem Meister gleich zu tun. Dieser, am Schluss zu Hilfe gerufen, bringt mit knappen Worten (s. die letzten sechs Verszeilen in Anführungszeichen) den Zauber zum Stehen. Von seiner Rede hebt sich umso drastischer die prahlerische Geschwätzigkeit und der am Ende panische Wortschwall des Schülers ab.

Allein die Redeanteile sind schon ein Ausdruck für die übereifrige, hilflos hastende Aktivität des dilettantischen Lehrlings auf der einen und für die karge überlegene Maßnahme des wissenden Meisters auf der anderen Seite. Anders als z.B. in der antiken Quelle zeigt sich der Meister beherrscht, ohne Vorwurf für den Schüler, dennoch mit dem Fingerzeig, dass die Geister nur ihm zu Diensten sein können. Nur der, der die Mächte kennt, kann sich ihrer bedienen, der Halbwissende aber wird von ihnen beherrscht.

Der Meister, vom Lehrling eben noch verächtlich „alter Hexenmeister“ genannt, wird am Ende in echter Anerkennung als „Herr und Meister“ tituliert, die Zaubermächte sind nicht mehr „alter Besen“ (V 15), „Ausgeburt der Hölle“ (V 57), „verruchter Besen“ (V 61), „Stock“ (V 63) und „Kobold“ (V 73), sondern schlicht „Geister“ (V 91). Verzweifelte Bescheidenheit („Herr, die Not ist groß! / Die ich rief, die Geister, / werd’ ich nun nicht los“, V 90–92) hat die voreilige und überhebliche Vermessenheit („und mit Geistesstärke / tu’ ich Wunder auch“, V 7/ 8) abgelöst.

Der Protagonist in Goethes *Zauberlehrling* verkörpert insofern einen noch unreifen Menschen, der durch Selbstüberschätzung ein bedrohliches Chaos anrichtet, bis der Meister als Sinnbild der gereiften, disziplinierten Persönlichkeit die Ordnung wiederherstellt.

Interpreten bezeichnen die Form der Ballade als Monolog (Ich-Darstellung). Dieser habe es Goethe ermöglicht, das Geschehen als subjektives Erleben wiederzugeben. Es werde weniger das Geschehen selbst als seine Auswirkungen, die Reaktionen, Ängste und Hoffnungen festgehalten. Der lyrische Sprecher (Zauberlehrling) führt auch kein stummes Selbstgespräch (innerer Monolog), sondern wendet sich, soweit er nicht mit dem Besen spricht oder nach dem Meister ruft, an ein fiktives Gegenüber (das Publikum?).

Die Ballade hat zwei dramatische Wendepunkte: Die Katastrophe bahnt sich an, weil der Schüler die Entzauberungsformel vergessen hat (V 40); der zu Hilfe gerufene Meister bringt das Drama zu einem guten Ende (V 86). Der unverzeihliche Fehler des Schülers besteht darin, dass er sich den ersten Zauberspruch zwar einmal vorspricht (V 9 ff.), bevor er ihn anwendet (V 23 ff.), den viel wichtigeren zweiten aber außer acht lässt. Die Lehre der Ballade spricht der Schüler in klassisch-vorbildlicher Selbsterkenntnis selber aus; sie ist zum geflügelten Wort geworden: „Die ich rief, die Geister, / werd ich nun nicht los.“ (V 91 f.).

Der Zauberlehrling

Hat der alte Hexenmeister
sich doch einmal wegbegeben!
Und nun sollen seine Geister
auch nach meinem Willen leben.
Seine Wort und Werke
merkt ich und den Brauch,
und mit Geistesstärke
tu ich Wunder auch.
Walle! walle
manche Strecke,
dass, zum Zwecke,
Wasser fließe
und mit reichem, vollem Schwalle
zu dem Bade sich ergieße.

Und nun komm, du alter Besen!
Nimm die schlechten Lumpenhüllen;
bist schon lange Knecht gewesen;
nun erfülle meinen Willen!
Auf zwei Beinen stehe,
oben sei ein Kopf,
eile nun und gehe
mit dem Wassertopf!
Walle! walle
manche Strecke,
dass, zum Zwecke,
Wasser fließe
und mit reichem, vollem Schwalle
zu dem Bade sich ergieße.

Seht, er läuft zum Ufer nieder;
wahrlich! ist schon an dem Flusse,
und mit Blitzesschnelle wieder
ist er hier mit raschem Gusse.
Schon zum zweitenmale!
Wie das Becken schwillt!
Wie sich jede Schale
voll mit Wasser füllt!
Stehe! stehe!
Denn wir haben
deiner Gaben
vollgemessen! –
Ach, ich merk es! Wehe! wehe!
Hab ich doch das Wort vergessen!

Ach das Wort, worauf am Ende
er das wird, was er gewesen.
Ach, er läuft und bringt behände!
Wärst du doch der alte Besen!
Immer neue Güsse
bringt er schnell herein,
Ach! und hundert Flüsse
stürzen auf mich ein.
Nein, nicht länger
kann ich's lassen;
will ihn fassen.
Das ist Tücke!
Ach! nun wird mir immer bänger!
Welche Miene! welche Blicke!

Oh, du Ausgeburt der Hölle!
Soll das ganze Haus ersaufen?
Seh ich über jede Schwelle
doch schon Wasserströme laufen.
Ein verruchter Besen,
der nicht hören will!
Stock, der du gewesen,
steh doch wieder still!
Willst's am Ende
gar nicht lassen?
Will dich fassen,
will dich halten,
und das alte Holz behände
mit dem scharfen Beile spalten.

Seht, da kommt er schleppend wieder!
Wie ich mich nur auf dich werfe,
gleich, o Kobold, liegst du nieder:
krachend trifft die glatte Schärfe.
Wahrlich! brav getroffen!
Seht, er ist entzwei!
Und nun kann ich hoffen,
und ich atme frei!
Wehe! wehe!
Beide Teile
stehn in Eile
schon als Knechte
völlig fertig in die Höhe!
Helft mir, ach! ihr hohen Mächte!

Und sie laufen! Nass und nässer
Wird's im Saal und auf den Stufen.
Welch entsetzliches Gewässer!
Herr und Meister! hör mich rufen! –
Ach da kommt der Meister!
Herr, die Not ist groß!
Die ich rief, die Geister,
werd ich nun nicht los.

„In die Ecke,
Besen! Besen!
Seid's gewesen.
Denn als Geister
ruft euch nur, zu seinem Zwecke,
erst hervor der alte Meister."

Johann Wolfgang von Goethe

Eine Möglichkeit des **Einstiegs** in die Bearbeitung der Ballade besteht darin, dass die Lehrkraft in Vorbereitung auf ihren Vortrag des Textes von der Freundschaft zwischen Goethe und Schiller erzählt. Die beiden Dichter „gaben sich Anregungen zu spannenden Stoffen, teilten einander auch mit, wo man diese interessanten Geschichten zum Beispiel in der Literatur der Antike finden kann" (Richter 2013, S. 107). So war es auch beim *Zauberlehrling* (s. die Hinweise S. 309). Als Goethe die Ballade im Jahr 1797 dichtete, war sein Gedankenaustausch mit Schiller besonders intensiv.

Als methodische Alternative überzeugt auch der Vorschlag von Karin Richter (2013), den Einstieg über die Bildwelten des von Sabine Wilharm gestalteten Bilderbuchs (2006) zu wählen.

> Die Klasse wird (je nach Größe) in bis zu sechs Gruppen eingeteilt. Jede Gruppe erhält vier Illustrationen von Sabine Wilharm, die in der Gruppe gemeinsam betrachtet und besprochen werden. Danach wählt sich jedes Kind zwei oder drei Bilder aus, zu denen es (ohne Vorgaben) eine eigene Zauberlehrlingsgeschichte schreibt und dieser einen Titel gibt. [...] Nach dem Vorlesen einiger Schülertexte und ihrer Vorstellung an einer Wandzeitung erfolgt der Übergang zur Ballade. (Richter 2013, S. 110 f.)

Illustration von Sabine Wilharm: Der Zauberlehrling verlässt die ‚Zaubermühle'

In dem anschließenden Unterrichtsgespräch wird der **Singgehalt** der Ballade erschlossen. Der Hauptakzent liegt dabei auf der Grenzüberschreitung des Lehrlings, es sollte aber auch die autoritäre Geste des Lehrmeisters besprochen werden. Überlegungen, die ‚Lehre' der Ballade auf andere Situationen zu übertragen, lassen die überraschende Aktualität der Thematik entdecken.

Für die **Bearbeitung** der Ballade bieten sich mehrere methodische Möglichkeiten (zur Auswahl) an. Einige (vgl. Payrhuber 1999, S. 159 ff.) werden – stichwortartig – aufgelistet.

- Emotionale Erschließung und Auslegung

  Die Gefühls-Stationen, die der Zauberlehrling durchläuft:

  a) Sicherheit, Machtgefühl, Stärke, Überheblichkeit.

  b) Erschrecken, Fassungslosigkeit, Angst.

  c) Mut der Verzweiflung, Hoffnung.

  d) Völlige Hilflosigkeit.

  e) Für sich, anerkennend: Die Souveränität des Meisters.

  Deutlichmachen der Gefühle: Färben des Textes, farbiges Unterstreichen einzelner Wörter oder Passagen.

  Versuch, diese Gefühle durch Mimik, Gestik, Körpersprache auszudrücken:

  - Eine kleine Gruppe liest den Text, eine andere Gruppe verhält sich dazu entsprechend mimisch-gestisch.
  - Standbild bauen: Einer steht ‚neutral'; ein oder zwei ‚Bildhauer' verändern seine Körperhaltung zu einem bestimmten Gefühl hin.

- Gestalteter Vortrag

  Ein Kind liest den Lehrling, ein anderes den Meister, eine Gruppe spricht jeweils den Zauberspruch. Hierfür ist insbesondere zu klären, in welcher Stimmung der Zauberlehrling ist: übermütig, aufgeregt, hektisch …? Wie ändert sich die Stimmung im Laufe der Handlung? Beim Sprechen sind Mimik und Gestik mit zu berücksichtigen, um das Geltungsbedürfnis, die Kindlichkeit und die Angst des Lehrlings wie die kontrastierende ruhige Überlegenheit des Meisters herauszuarbeiten (evtl. Besen, Hut, Schal als Requisiten einsetzen).

- Szenisch gestützter Vortrag

  Zur Unterstützung des Vortrags werden Kostüme verwendet damit sich den Kindern der Gegensatz zwischen beiden Figuren einprägt, wobei selbstverständlich vorher mit der Klasse überlegt werden muss, welche Ausstaffierung dem Wesen des Zauberlehrlings und dem des Meisters am besten entspräche. Bunte, phantasievolle Kleidung wäre für den Jungen geeignet, ein schlichter Mantel für den Meister.

- Pantomime

  Man braucht dazu zwei Sprecher, den Lehrling und den Meister, erst einen, dann zwei Besenspieler und mehrere Kinder, die dem Vortrag des Lehrlings gemäß die Bewegung des Wassers nachahmen. Eine solche Aufführung fördert das Gefühl für Metrum und Rhythmus.

- Rollenlesen

  Situation 1: Jemand spielt einen Erwachsenen (Vater, Mutter, Großmutter), der seinem Kind (Enkel) etwas vorliest, was er ‚früher' in der Schule gelernt hat. Das zuhörende Kind reagiert mit Fragen oder Gefühlsäußerungen (z.B. Unmut, Unverständnis).

  Situation 2: Schüler haben die Ballade zu lesen aufbekommen. Ergebnis: Einer liest betont leiernd, ein anderer überakzentuiert und ‚abgekocht', ein dritter schludrig, indem er Silben und Wörter unterschlägt.

- Rollenspiel

  Spielsituation 1: Der Zauberer und sein Lehrling sitzen nach dem Schrecken dieses Tages gemeinsam beim Abendessen. Welche ‚Predigt' wird der Meister seinem Lehrling halten? Was wird der Lehrling zu seiner Verteidigung anführen?

  Spielsituation 2: Der Zauberlehrling erzählt seinem Freund, der bei einem anderen Meister lernt, von dem Missgeschick, das in letzter Sekunde gerade noch einmal gut ausging. Sie diskutieren über die Tat.

  Spielsituation 3: Der Zauberer/Der Lehrling wird von einem Reporter interviewt; jeder stellt das Ereignis aus seiner Sicht dar.

- Lesen und Betrachten der Bilderbuch-Parodie *Wie der Zauberlehrling die Spagetti erfand* von Wolfram Hänel und Wolfgang Slawski (2000).

Projekt-Ideen

- Ein Schattentheater einüben und aufführen

  Siehe dazu das Modell von Dietrich Grünewald (1993, S. 279 ff.). Vgl. auch das übertragbare Modell von Karin Richter zu Schillers *Die Bürgschaft* (Richter 2013, S. 82 ff.)

- Ein Hörspiel produzieren

  Dazu wird der Text in Handlungsabschnitte gegliedert. Der erste Abschnitt wird gemeinsam dialogisiert, die weiteren in arbeitsteiliger Gruppenarbeit. Nach der Koordinierung der Ergebnisse wird die Aufnahme vorbereitet (Sprech- und Geräuschproben, Musikeinlagen); schließlich erfolgt die Aufnahme. (Vgl. Payrhuber 1999, S. 161 ff.).

- *Der Zauberlehrling* im Papiertheater

Die Bühne besteht in diesem Theater aus einem Karton. Seine Größe kann man selbst wählen, ein Schuhkarton eignet sich genauso wie eine Obstkiste. Die Öffnung des Kartons zeigt nach oben, die Bühnenöffnung wird aus der vorderen Querseite geschnitten.

Wie im richtigen Theater kann die Bühnenöffnung ausgeschmückt sein. Dazu beklebt man die Fassade des Papiertheaters mit Bildern, die zum *Zauberlehrling* passen. Für den Vorhang und die Kulissen wird Zeichenkarton bemalt. Fenster kann man mit Transparentpapier bekleben und von hinten (zum Beispiel mit einer Taschenlampe) beleuchten. An der oberen Kante des Vorhangs oder der Kulissen wird eine dünne Holzleiste befestigt. Ihre Enden müssen ein paar Zentimeter überstehen, damit sie auf den Kartonwänden aufliegen kann.

Die Figuren sollten die Schüler und Schülerinnen selbst entwerfen und aus Pappe ausschneiden. Als einfachstes Mittel zum Führen der Figuren eignen sich Holzstäbchen, Blumendraht oder Pappstreifen.

Bei der Aufführung sprechen die Schüler den Text abwechselnd allein und im Chor (wie oben vorgeschlagen). Der Vortrag muss selbstverständlich gut geübt sein, damit er für die Zuschauer spannend wird. Das Einüben einer Aufführung kann im Rotationsverfahren geschehen, so dass jeder Schüler, jede Schülerin einmal mit Vorlesen, Spielen etc. beschäftigt ist.

Die Schüler können auch noch neue Szenen erfinden, die nicht in Goethes Ballade stehen. Diese sollten sie sich aber genau aufschreiben, wie in einem Rollenbuch für das richtige Theater.

Untermalende Musik steigert die Aufführung in der Wirkung. Geräusche (Wasserrauschen o.ä.) sollten vorher aufgenommen und an der entsprechenden Stelle eingespielt werden.

Illustration aus: Lesespuren 4, S. 205

2 Josef Guggenmos

Der Verleger und exzellente Kenner des Kindergedichtes, Hans-Joachim Gelberg, bezeichnet Josef Guggenmos als den „universale(n) Kinderdichter unserer Zeit“ (Gelberg 2005, S. 18). Der „Glücksfall für die Kinderpoesie“ (ebd.) beginne mit einer Nonsensfrage: Was denkt die Maus am Donnerstag? Es ist der Titel des Gedichtbandes, mit dem Josef Guggenmos 1967 der Durchbruch zum großen und anhaltendem Erfolg gelang.

Geboren wurde Josef Guggenmos am 2. Juli 1922 in Irsee, einem kleinen Ort im schwäbischen Allgäu in der Nähe von Bad Wörishofen, in einem Haus, das schon der Urgroßvater erworben hatte, und das er selbst von 1959 an mit seiner Familie bewohnte – bis zu seinem Tod im Jahr 2003. Im Jahr 1939, als der Zweite Weltkrieg begann, machte Josef Guggenmos sein Abitur und wurde danach zwangsläufig Soldat. Nach der Rückkehr aus dem Krieg studierte er Germanistik, Kunstgeschichte, Archäologie und Indologie. 1950 folgte ein längerer Finnland-Aufenthalt. Anschließend arbeitete Guggenmos als Lektor und Übersetzer für Verlage, ehe er in den 1950er Jahren selber zu schreiben begann. Seine erste Kinderbuchveröffentlichung erschien 1956 und hieß *Lustige Verse für kleine Leute*. Viele seiner Gedichte wurden in Zeitschriften oder Anthologien veröffentlicht, bevor Hans-Joachim Gelberg die Sammlung mit dem sprichwörtlich gewordenen Titel *Was denkt die Maus am Donnerstag?* in seinem Verlag Beltz u. Gelberg herausbrachte.

Heute gilt Josef Guggenmos als einer der bedeutendsten Kinderlyriker der deutschen Literatur. Seine Texte stehen in einer Tradition, die sich ebenso in den Gedichten von Matthias Claudius findet wie später in den Sprachspielen von Christian Morgenstern und Joachim Ringelnatz und in der Kinderlyrik von Bertolt Brecht und Erich Kästner. Josef Guggenmos sind einige der schönsten Kindergedichte deutscher Sprache zu verdanken, seine Verse sind in vielen Anthologien und Lesebüchern vertreten. Mehr als achtzig Bücher sind von ihm erschienen, die mit zahlreichen Literaturpreisen ausgezeichnet wurden. Für sein Gesamtwerk erhielt er unter anderem den Großen Preis der Deutschen Akademie für Kinder- und Jugendliteratur Volkach e.V. (1992), den Sonderpreis Lyrik zum Deutschen Jugendliteraturpreis (1993) und den Österreichischen Staatspreis für Kinderlyrik (1997).

Die Vorschläge in diesem Kapitel zeigen exemplarisch einige Möglichkeiten auf, anhand derer die Schüler und Schülerinnen zumindest Facetten des kinderlyrischen Werkes von Josef Guggenmos für sich entdecken können. Methodisch wählen wir, nach einem spielerischen Zugang zu seinem Gesamtwerk, das Lernen in Stationen und haben dafür vier Aspekte ausgewählt. Zu ihnen skizzieren wir jeweils (auf Arbeitsblättern) diverse Aufträge, aus denen die Schüler und Schülerinnen auswählen (z.B. auch als Buffett-Angebot für ein Guggenmos-Portfolio), und geben zu deren didaktischer Einordnung einige erläuternde Hinweise.

2.1 Einen Autor entdecken

Josef Guggenmos

Die Schüler und Schülerinnen entdecken den Autor Josef Guggenmos mit Hilfe eines Namenspiels, das formal in der Art eines Akrostichons aufgebaut ist (AB 1). Zu suchen ist nach Buch- oder Gedichttiteln, die mit einem der Buchstaben in Josef Guggenmos' Namen anfangen. Dadurch werden die Schüler auf spielerische Weise motiviert, eigene Entdeckungen zu machen, in Büchern zu schmökern und Gedichte von Josef Guggenmos kennenzulernen. Dies wird noch erweitert, indem sie Buchtitel und Gedichte einander zuordnen (AB 2). Die Lehrkraft wird – je nach Erfordernis und Interesse der Schüler – wichtige Ereignisse der Biographie von Josef Guggenmos mitteilen.

***

- **Arbeitsblatt 1**

J **osef Guggenmos**
O
S onne, Mond und Luftballon
E
F ichtenzopfenzupfer

G ugummer geht über den See
U
G orilla ärgere dich nicht
G
E
N ächtliches Vergnügen
M
O Verzeihung, sagte die Ameise
S

- Ergänze das Namenspiel.
- Suche im Internet, in Lesebüchern und Gedichtsammlungen Titel von Büchern oder Gedichten von Josef Guggenmos, die mit einem Buchstaben seines Namens anfangen.
- Benutze für die Titel von Büchern und Gedichten unterschiedliche Farben.

Rätsel

Schaut man genau,
dann ist viel los –
dann ist das Kleine
schön und groß.

Dort kniet ein Mann
und schaut ins Moor.
Was sucht er da?
Wie heißt er bloß?
[Josef Guggenmos]

- **Arbeitsblatt 2**

Z
Die Ziege hat Zahnweh!
Die Ziege hat Zorn!
O Himmel,
was ist da zu machen?
Der Zahnarzt
lief mit der Zange.
Er zog der Ziege den zackigen Zahn.
Jetzt kann sie wieder lachen.

Gelogen

„So schnell kriegt mich hier keiner mehr hoch!"
sprach ein müder Wanderer mit Schnaufen.
So sagte er. Und setzte sich
auf einen Ameisenhaufen.

Annett

Ich kannte eine Annett,
die sprang von Dreimeterbrett.
Die hat sich alles getraut.
Der hat es vor garnichts gegraut.
Außer vor Pudding mit Haut.

Was denkt die Maus am Donnerstag?

Was denkt die Maus am Donnerstag,
am Donnerstag,
am Donnerstag?

Dasselbe wie an jedem Tag,
an jedem Tag,
an jedem Tag.

Was denkt die Maus an jedem Tag,
am Dienstag, Mittwoch, Donnerstag
und jeden Tag
und jeden Tag.

O hätte ich ein Wurstebrot
mit ganz viel Wurst
und wenig Brot!
O fände ich zu meinem Glück,
ein riesengroßes Schinkenstück!
Das gäbe Saft,
das gäbe Kraft!
Da wär ich bald nicht mehr mäuschenklein,
da würd' ich bald groß wie ein Ochse sein.

Doch wäre ich erst so groß wie ein Stier,
dann würde ein tapferer Held aus mir.
Das wäre herrlich,
das wäre recht –
und der Katze,
der Katze ginge es schlecht.

➢ Auf dieser Seite sind vier Gedichtbände von Josef Guggenmos abgebildet und vier Gedichte daraus abgedruckt. Welches Gedicht steht wohl in welchem Buch? Wie kannst du das herausfinden?

2.2 Guggenmos-Gedichte kennenlernen – in vier Stationen

Station 1: Mäuse und Katzen

Arbeitsblatt 1

Nächtliches Vergnügen

Leise
trippeln aus der Mauer die Mäuse,
in der Nacht,
die mausgrauen,
um in die Werkstatt zu … □ [schauen]:
Ei wie nett,
der Meister ist fort und längst zu … □ [Bett]!

Aber neben der Hobelbank liegen
die Hobelspäne,
die sich zu langen papierenen Schlangen … □ [biegen].
Da drin kann man … □ [wuseln],
und wenn das so raschelt,
und wenn das so rauschelt,
sich lustig … □ [gruseln].

Da spielen die Mäuse Verstecken und Fangen.
Sie bauen sich Gänge in den Berg,
und viel zu schnell ist die Nacht vergangen.

Doch steckt dann der Meister den Schlüssel ins … □ [Loch],
wo sind dann die mausgrauen Mäuslein … □ [noch]?

Tief in der Mauer im Mäusenest
Wispern sie: „War das heut ein … □ [Fest]!“

Josef Guggenmos

- In einigen Versen des Gedichtes fehlen am Ende die Reimwörter.
Welche Reimwörter könnten passen?
Schreibe das Gedicht auf ein Blatt und setze dabei die fehlenden Reimwörter ein.
- Lies nun das fertige Gedicht laut. Achte besonders auf die lautmalenden Wörter.
- Stelle das Spiel der Mäuse mit verschiedener Lautstärke und Betonung und mit unterschiedlichem Lesetempo anschaulich dar.
- Begleite den Gedichtvortrag auch mit Musik und Geräuschen:
Xylophon – Pauke – Trommel – Filzschlegel – Holzschlegel;
Gläser mit Erbsen oder Murmeln – Plastikbeutel – Seidenpapier – Zeitungspapier.

- **Arbeitsblatt 2**

Kater, Maus und Fußballspiel

Hinterm Haus
Sitzt seit Stunden der Kater.
Was tut er, und was tat er?
Was tat er, was tut er immer noch?
Er flüstert in ein Mauseloch:

„Komm heraus!
Komm heraus, du kleine Maus.
Komm heraus, du süße kleine.
Ja, du weißt schon, wie ichs meine.
Mut, mein Mäuslein, Mut!
Ich meine es ja nur gut.
(Ich meine es ja nur gut mit mir.)
Schnell, schnell, schnell, du liebes Tier!"

Da –

Alles aus!

Jungen
kommen gesprungen.
Knall!

Ein Ball!
Alles schreit.
Der Kater bringt sich in Sicherheit.

Das Mäuslein, verkrochen in seine tiefste Kammer,
legt das Gesicht in seine kleinen Hände
(um sie zittern die Wände)
Und denkt voll Jammer:

Es hätte so schön sein können dort oben,
wo die jetzt toben.

Josef Guggenmos

- Trage das Gedicht mit einem Partner/einer Partnerin wirkungsvoll vor. Eine(r) spricht die Rolle des Erzählers bzw. Beobachters, der/die andere den Text des Katers.
- Ordnet den einzelnen Versen oder Versgruppen mögliche Sprechweisen zu und schreibt diese an den Rand. Zum Beispiel: flüsternd, schmeichelnd, beschwörend, erschrocken
- Setzt in der Gruppe den Inhalt des Gedichtes in eine kleine Spielszene um.

Viele Texte von Josef Guggenmos sind von seinem Interesse an der Natur geprägt. Es gibt kaum ein Tier – von der Ameise über den Elefanten, Maus und Mücke bis hin zu den Vogelarten –, das darin nicht vorkommt. Mehrfach hat er die spannungsvolle Beziehung von Katze und Maus dargestellt. Wie in den beiden ausgewählten Beispielen hat Josef Guggenmos die Tiere, über ihre biologischen Merkmale hinaus, meist auch mit menschlichen Eigenschaften ausgestattet. Das bewirkt beim Leser einen starken emotionalen Bezug.

Der Form nach sind *Nächtliches Vergnügen* und *Kater, Maus und Fußballspiel* Erzählgedichte. Der beide Male nicht in das Geschehen involvierte Erzähler erweist sich jeweils als engagierter Erzähler. Das nächtliche Vergnügen der Mäuse in der Werkstatt (vermutlich eines Tischlers) kann man sich unschwer vorstellen, und ebenso das lange Warten des Katers, das seiner biologischen Art entspricht. Aber auch das menschlichem Verhalten abgeschaute Locken des Katers mit ironischen Versprechungen, die das Gegenteil von dem meinen, was sie aussagen, ist nachvollziehbar.

An dem mit „Da“ markierten Handlungshöhepunkt löst sich die Spannung, aber anders als von Kater und Maus gedacht. Das Mäuslein stellt sich in seiner Naivität und Gutgläubigkeit als bedauernswertes Geschöpf heraus, das nur durch Zufall den verlogenen Reden seines Todfeindes entging.

Das balladenhafte Geschehen ist in beiden Gedichten dramatisch geschickt aufgebaut. Das äußere Erscheinungsbild unterstützt jeweils noch diesen Eindruck. Strophenlänge und Versfüllung weisen große Unterschiede auf. Desgleichen ist der formale Aufbau stark rhythmisch bewegt und trägt so zur Steigerung der dramatischen Wirkung bei.

Die freien Rhythmen sind sie für die Lyrik von Josef Guggenmos besonders charakteristisch, und darum sind seine Gedichte auch attraktive Gegenstände einer Sprechgestaltung, wie sie auf den Arbeitsblättern vorgeschlagen sind.

Für die Erarbeitung der Sprechweisen schlagen Hans Lösener und Ulrike Siebauer (2009) als Alternative zu den Notizen am Rand der Texte vor, Kärtchen einzusetzen, auf denen Adjektive notiert sind, die die Sprechweisen charakterisieren. Zum Beispiel:

schmeichelnd erstaunt beschwörend spöttisch

bittend erfreut bestimmt ruhig übertrieben

Werden die Texte auch der Klasse präsentiert, sollten mehrere Kinder sie vortragen. Für die Zuhörer ist es von Vorteil, dass sie die ihnen unbekannten Gedichte mehrmals (und eventuell auch in verschiedenen Versionen) hören, ehe sie in ein Gespräch darüber und über den Vortrag eintreten. Dabei bieten „die unterschiedlichen Vortragsweisen immer wieder einen Einstieg in die Diskussion über die Texte“ (Lösener/Siebauer 2009, S. 25).

Station 2: Jahreszeiten

- **Arbeitsblatt 1**

Die Tulpe von Josef Guggenmos

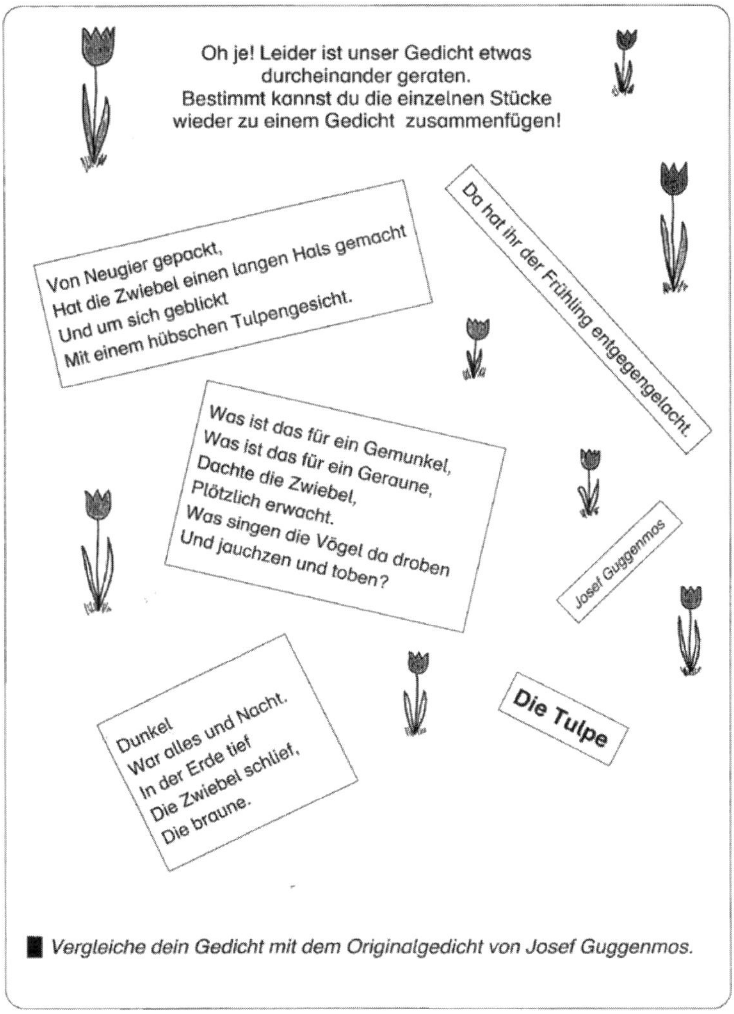
Oh je! Leider ist unser Gedicht etwas durcheinander geraten.
Bestimmt kannst du die einzelnen Stücke wieder zu einem Gedicht zusammenfügen!

Von Neugier gepackt,
Hat die Zwiebel einen langen Hals gemacht
Und um sich geblickt
Mit einem hübschen Tulpengesicht.

Da hat ihr der Frühling entgegengelacht.

Was ist das für ein Gemunkel,
Was ist das für ein Geraune,
Dachte die Zwiebel,
Plötzlich erwacht.
Was singen die Vögel da droben
Und jauchzen und toben?

Josef Guggenmos

Dunkel
War alles und Nacht.
In der Erde tief
Die Zwiebel schlief,
Die braune.

Die Tulpe

■ *Vergleiche dein Gedicht mit dem Originalgedicht von Josef Guggenmos.*

Aus: Lesespuren, LH 2, S. 85

In wenigen Versen wird in dem Gedicht das Hervorsprießen, Wachsen und Blühen der Frühlingsblume aus der Zwiebel im Dunkel der Erde nachgezeichnet. Am Anfang der geschickt gewählten Zeilengliederung steht nur das Adjektiv „Dunkel“. Es erzielt durch seine Hervorhebung eine besondere atmosphärische Wirkung. Dem Dunkel des Erdinneren gegenübergestellt ist in der Schlusszeile der gleichsam licht-erfüllte lange Endvers: „Da hat ihr der Frühling entgegengelacht.“ Dazwischen ist das Geschehen (das Sich-Öffnen des Blütenkelches) in z.T. rhetorische Fragen gekleidet.

Charakteristisch für das Gedicht ist, dass Josef Guggenmos die Tulpe anthropomorphisiert. Entsprechend verhält sich die Tulpe(nzwiebel) wie ein Mensch: Sie schläft, erwacht, denkt, fühlt, stellt Fragen und blickt zuletzt mit einem fröhlichen Gesicht um sich.

Die Kinder schneiden die verwürfelten Verse und Vers-Blöcke auf dem Arbeitsblatt aus und geben ihnen eine Ordnung. Sie schreiben das fertige Gedicht auf ein Blatt, das sie mit einer gezeichneten Tulpe schmücken.

Die Tulpe

Dunkel
War alles und Nacht.
In der Erde tief
Die Zwiebel schlief,
Die braune.

Was ist das für ein Gemunkel,
Was ist das für ein Geraune,
Dachte die Zwiebel,
Plötzlich erwacht.
Was singen die Vögel da droben
Und jauchzen und toben?

Von Neugier gepackt,
Hat die Zwiebel einen langen Hals gemacht
Und um sich geblickt
Mit einem hübschen Tulpengesicht.

Da hat ihr der Frühling entgegengelacht.

Josef Guggenmos

Nach der Erläuterung ihrer Vorgehensweise, die sich mit dem Gedankenaustausch verbindet, erproben die Schüler einen angemessenen Vortrag des Gedichts. Es ist wichtig, dass sie bei dessen Gestaltung auf die lautmalerischen Mittel achten und sie sprechend wirkungsvoll zum Ausdruck bringen.

Die Anthropomorphisierung der Tulpe in diesem Gedicht lädt darüber hinaus zum Spielen ein. Naheliegend ist eine pantomimische Darstellung, die den Gedichtvortrag begleitet.

- **Arbeitsblatt 2**

Ich male mir den Winter

Ich male ein Bild,
ein schönes Bild,
ich male mir den Winter.
Weiß ist das Land,
schwarz ist der Baum,
grau ist der Himmel dahinter.

Sonst ist da nichts,
da ist nirgends was,
da ist weit und breit nichts zu sehen.
Nur auf dem Baum,
auf dem schwarzen Baum
hocken zwei schwarze Krähen.

Aber die Krähen,
was tun die zwei,
was tun die zwei auf den Zweigen?
Sie sitzen dort
und fliegen nicht fort.
Sie frieren nur und schweigen.

Wer mein Bild besieht,
wie's da Winter ist,
wird den Winter durch
und durch spüren.
Der zieht einen dicken Pullover an
vor lauter Zittern und Frieren.

Josef Guggenmos

Das „Ich" in diesem Gedicht ist nicht der Autor Josef Guggenmos. Wenn in einem Gedicht ein Ich vorkommt, das etwas erzählt oder beschreibt, nennt man es das ‚lyrische Ich'.

- Welches Bild malt das lyrische Ich in diesem Gedicht?
- Welche Farben kommen auf dem Bild vor? Ordne ihnen die entsprechenden Dinge zu. Zum Beispiel: weiß – Land
  schwarz – Baum
  grau – Himmel.
- Was passiert mit dem, der das Bild des lyrischen Ich „besieht"?
- Schreibe das Gedicht auf ein Blatt und male ein Bild um das Gedicht herum.
- Wie könnte ein Gedicht *Ich male mir den Frühling* (*den Sommer, den Herbst*) lauten?

Das lyrische Ich in Guggenmos' Gedicht beschreibt die Entstehung eines Winterbildes. Es fängt eine winterliche Landschaft bildlich ein und malt das weiße, verschneite Land mit grauem Himmel, darin einen schwarzen Baum, auf dem zwei Krähen sitzen. Alles wirkt wie eingefroren. Auch die Krähen, die das einzig Lebendige sind, was weit und breit zu sehen ist, tun nichts, sitzen nur frierend und schweigend „dort" auf dem schwarzen Baum. Zweimal wiederholt das lyrische Ich fast mit denselben Worten den Inhalt seines Bildes und verleiht ihm dadurch Nachdruck. In der letzten Strophe wechselt es die Perspektive und beschreibt die Folgen, die die winterliche Stimmung auf dem Bild bei einem Betrachter auslöst. Offensichtlich trifft diese derart dessen innere Vorstellung, dass er den Winter geradezu körperlich spürt und zum Schutz vor der Kälte nach einem „dicken Pullover" greift.

Das Gedicht fordert geradezu dazu heraus, dass die Schüler und Schülerinnen dieses Winterbild, eventuell in Verbindung mit dem Kunstunterricht, nachempfinden. Dabei wird vor Arbeitsbeginn genau reflektiert, wie Josef Guggenmos bzw. das lyrische Ich sich das Bild vorstellt. Man arbeitet heraus, was man über die Winterstimmung auf dem Bild erfährt: weißes Land, schwarzer Baum, grauer Himmel, zwei frierende, schwarze Krähen. Außerdem wird besprochen, wie das Bild auf den Betrachter wirken soll. Die Kinder erkennen, dass nur wenig Farbe zum Einsatz kommen kann. Am besten wirken Wasserfarben mit viel Deckweiß als Hintergrund, der Baum und die Krähen werden mit Wachsmalkreiden gezeichnet.

Die Schüler schreiben das Gedicht auf ein Blatt und malen das Bild um den Text herum. Gestaltungsalternativen wären, den kopierten Text auf die fertigen Bilder zu kleben oder die Schüler den Text mit der Hand auf das gemalte Bild übertragen zu lassen.

Als weiterführender Auftrag wird auf dem Arbeitsblatt eine Schreibanregung gegeben: Wie könnte das Gedicht *Ich male mir den Frühling* (*den Sommer, den Herbst*) lauten? Dabei kommt es nicht darauf an, dass sich die Verse reimen. Auch dazu können Bilder im Kunstunterricht angefertigt werden, die die gleiche Landschaft zeigen, wie sie im Gedicht beschrieben wird.

*

⌦ Querverweis

Als Zusatz- bzw. Vergleichstext bietet sich das Gedicht *Erste Sonne* von Rolf Bongs an (s. S. 286 f.). Darin wird eine ähnliche landschaftliche Stimmung wie im Gedicht von Josef Guggenmos beschrieben. Allerdings steht dabei nicht der Winter, sondern das Erwachen des Frühlings im Vordergrund.

Station 3: Wind

- **Arbeitsblatt 1**

Der Wind geht um das Haus

Der Wind sucht da und dort herum.
Er dreht einen leeren Zementsack um.

Er zaust die Amsel auf der Hecke.
Er jagt ein paar Blätter um die Ecke.

Aber jetzt hat er etwas Bessres entdeckt:
Ein Windrad, vorm Haus in den Rasen gesteckt.

Josef Guggenmos

Der Wind

In allem Frieden
schlief abgeschieden
hinter einer Hecke
der Wind.
Da hat ihn die Spitzmaus,
wie Spitzmäuse sind,
ins Ohr gezwickt.

Der Wind erschrickt,
springt auf die Hecke,
fuchsteufelswild,
brüllt,
packt einen Raben
beim Kragen,
rast querfeldein
ins Dorf hinein,
schüttelt einen Birnbaum beim Schopf,
reißt den Leuten den Hut vom Kopf,
schlägt die Wetterfahne herum,
wirft eine Holzhütte um,
wirbelt den Staub in die Höhe:
Wehe,
der Wind ist los!

Aber wo ist die Spitzmaus?
In ihrem Kellerhaus
dreht sie die Daumen im Schoß,
zufrieden und faul,
und grinst
mit ihrem frechen Maul.

Josef Guggenmos

Gegen den Wind

Wer gegen den Wind
Durch die Gegend geht,
dass der Sturm allen Ärger
aus ihm weht,

kehrt aus dem Gezerr
und Gebrüll und Gebraus
leichter und froher
nach Haus.

Josef Guggenmos

- Lies die Gedichte laut. Welches gefällt dir besonders gut? Warum?
- Male den Wind, wie er (im ersten Gedicht) um das Haus geht.
- Das Gedicht *Der Wind* erzählt eine witzige Geschichte. Zeichne dazu eine Bilderfolge (Comic).
- Bereite eines der Gedichte für einen Vortrag vor.
- Könnt ihr die Gedichte auch spielen?

Das Arbeitsblatt ist so konzipiert, dass es zum Vergleich von drei themengleichen Gedichten motiviert, die in diesem Falle von demselben Autor stammen. Schon mit dieser ersten Beobachtung entdecken die Schüler, dass ein Autor ganz unterschiedliche Perspektiven auf dasselbe Thema einnehmen kann. (Von Guggenmos stammen beispielsweise noch die Wind-Gedichte *Wer war's, Geschichte vom Wind, Das Windrad* oder *Ich schenke dir den Wind.*)

Bevor die Kinder sich mit einem einzelnen Gedicht befassen, sollten sie alle drei zur Kenntnis nehmen und spontan entscheiden, welches ihnen besonders gut gefällt. Erfahrungsgemäß wird *Gegen den Wind* aufgrund seiner kontemplativen Sicht seltener favorisiert, die geschilderte Situation können die Schüler aber durchaus nachvollziehen. Unmittelbarer fühlen sie sich freilich meist von den erzählenden Gedichten *Der Wind geht um das Haus* und besonders von *Der Wind* angesprochen.

Das Gedicht *Der Wind geht um das Haus* besteht aus drei zweizeiligen Strophen, die im Paarreim aufeinander folgen und schlägt einen volkstümlichen Ton an. Der Wind ist personalisiert, die Wortwahl einfach und kindgerecht, der einfache Sprechrhythmus erleichtert den Zugang. Daher eignet es sich besonders zum gestaltenden Lesen oder zum Untermalen mit Körperinstrumenten.

Im Bereich des kreativen Schreibens bietet es sich an, die Kinder selbst zwei Zeilen zu den Aktivitäten des Windes verfassen zu lassen. Lässt man die Schüler zu dem Gedicht zeichnen oder malen, wie auf dem Arbeitsblatt vorgeschlagen, wird sich zeigen, ob der personalisierte Wind metaphorisch oder wörtlich aufgefasst wird. Ein Gespräch im Anschluss an das bildnerische Gestalten wäre hierbei aufschlussreich.

Der Wind ist das Beispiel eines humorvollen Erzählgedichts. Der personalisierte Wind und die Spitzmaus zeigen, mit welch geringem Aufwand man Unheil stiften kann. Der „hinter einer Hecke“ schlafende Wind lässt sich von der frechen Spitzmaus aus der Ruhe bringen (V 1–7). Er erschrickt und wütet umher (V 8–20). In jedem Vers steigert sich die Kraft des Windes, bis zum Ausruf des Erzählers: „Wehe / Der Wind ist los!“ Die Naturgewalt des Windes wird besonders durch die gewählten Verben verdeutlicht: Er brüllt, packt, reißt, rast, schüttelt, wirbelt, wirft um. Die Kraft und die Geschwindigkeit des Windes werden zudem durch den Rhythmus und den Klang der z.T. sehr kurzen Verszeilen betont.

Die letzten Verse kehren zur Ursache, der Spitzmaus, zurück. Die Unheilstifterin kommt ungeschoren davon, „zufrieden und faul“ sieht sie dem aufregenden Geschehen zu und „mit ihrem frechen Maul“ lacht sie sogar noch über den Schaden, den sie angerichtet hat.

Die auf dem Arbeitsblatt vorgeschlagene Umsetzung des Erzählgedichtes in eine Bilderfolge (Comic) erfordert eine sorgfältige Analyse seines Aufbaus: Da ergibt sich zunächst eine Dreiteilung des Geschehens: Der schlafende Wind wird von der Spitzmaus gezwickt (V 1–7), er erschrickt und tobt „fuchsteufelswild“

umher (V 8–20), die Urheberin der Ereignisse aber sitzt geschützt in ihrem Versteck und sieht breit grinsend und schadenfroh zu (V 23–28). Die Bilderfolge sollte also zumindest aus drei Einzelbildern bestehen. Insbesondere das Wüten des Windes lässt sich aber noch auf weiteren Bildern ausdifferenzieren, unschwer umsetzbare inhaltliche Vorgaben machen beispielsweise die Verse 16 bis 19:

> […]
> schüttelt einen Birnbaum beim Schopf,
> reißt den Leuten den Hut vom Kopf,
> schlägt die Wetterfahne herum,
> wirft eine Holzhütte um,
> […]

Die Gedichte *Der Wind geht um das Haus* und *Der Wind* lassen sich aufgrund der Personalisierung ihres Sujets auch gut spielen. Im ersten Falle bietet sich eine Pantomime an: Während ein Kind den Text liest, spielt ein anderes dazu. Wenige Requisiten reichen aus, die Aktivitäten des Windes zu veranschaulichen.

Im zweiten Falle wird der „Wind“ von einer kleinen „Spitzmaus“ ins Ohr gezwickt und bekommt daraufhin einen Tobsuchtsanfall. Der Spieler darf dazu durch den Klassenraum rennen und alles vom Tisch fegen, den Mitschülern und Mitschülerinnen ihre Mützen abziehen, sie beim Kragen packen und schütteln. Ein Chor ruft: „Wehe, der Wind ist los!“ Die Spitzmaus aber sitzt in ihrer Ecke und dreht breit grinsend die Daumen.

*

⌦ Querverweise

Zur Thematik „Natur“, die die Phänomene „Wind“, „Regen“ und „Gewitter“ einschließt, passen auch die Guggenmos-Gedichte *Regen* (s. S. 241) und *Gewitter* (s. S. 247). Sie könnten hier in die Station 3 einbezogen werden, es könnte mit ihnen auch eine eigene Station gebildet werden.

Zum Vergleich können zudem die Wind-Gedichte aus der thematischen Einheit „Regen und Wind“ (s. S. 258 ff.) herangezogen werden.

Station 4: Sprachspiele

- **Arbeitsblatt 1**

Es gingen drei Kinder durch den Wald

Es gingen drei Kinder durch den Wald
Die Kinder waren jung, der Wald war alt.

Da haben die drei unter Fichten versteckt,
ein steinernes uraltes Haus entdeckt.

Sie klopften an. Kein Mensch rief herein.
Da fassten sie Mut und traten doch ein.

Sie blickten sich in der Stube um.
Da sahen sie stehen, verstaubt und stumm:

Eine uralte Uhr, eine uralte Bank,
einen uralten Tisch, einen uralten Schrank.

Der Schrank war wie der Himmel blau
Und hatte Schubladen, zwölf genau.

In der ersten lag ein gläserner Ball,
in der zweiten ein Posthorn aus gelbem Metall.

In der dritten ein Männlein aus Elfenbein,
in der vierten ein Ring mit grünem Stein.

In der fünften lag ein vertrockneter Strauß,
aus der sechsten sprang eine silbrige Maus.

In der siebten lag ein zerbrochener Krug,
in der achten ein Bild: braune Adler im Flug.

In der neunten lag ein Gewicht aus Blei,
die zehnte war voll von allerlei.

In der elften lag ein Seidentuch,
in der zwölften ruhte ein uraltes Buch.

Auf dem Buch stand geschrieben: Nimm und lies!
Sie schlugen das Buch auf, da lasen sie dies:

Es gingen drei Kinder durch den Wald
Die Kinder waren jung, der Wald war alt.

Da haben die drei …

Josef Guggenmos

- ➢ Überlegt: Was für eine Geschichte wird in diesem Gedicht erzählt?
- ➢ Suche dir eine Strophe aus und male dazu ein Bild. Schreibe den Text der Strophe dazu.
- ➢ Hängt die fertigen Bilder in eurem Klassenraum auf oder bindet sie zu einem Bilderbuch zusammen.

- **Arbeitsblatt 2**

Sieben kecke Schnirkelschnecken

Sieben kecke Schnirkelschnecken,
saßen einst auf einem Stecken,
machten dort auf ihrem Sitze
kecke Schnirkelschneckenwitze.
Lachten alle so:
„Ho, ho, ho, ho, ho!“

Doch vor lauter Ho-ho-Lachen,
Schnirkelschneckenwitze machen,
fielen sie von ihrem Stecken:
alle sieben Schnirkelschnecken.
Liegen alle da.
Ha, ha, ha, ha, ha!

Josef Guggenmos

Wenn Riesen niesen

Sieben Riesen,
die mit bloßen Füßen
über nasse Wiesen liefen,
niesten mit ihren Riesennasen so laut,
dass von diesem Riesenniesen
sieben Wieselkinder,
die in tiefen Zimmern schliefen,
aufwachten und ‚Gsundheit’ riefen.

Josef Guggenmos

- Josef Guggenmos spielt in diesen beiden Gedichten mit der Sprache. Wie macht er das? Achte im ersten Gedicht besonders darauf, was mit den Schnecken passiert. Beim zweiten Gedicht achte auf die Vokale.
- Was entdeckst du, wenn du die Gedichte laut liest?
- Welche Geschichten werden in den Gedichten erzählt?
- Schreibe eines der Gedichte auf ein Blatt und gestalte den Text mit verschiedenen Schriftgrößen und Farben.

Sprachspiele haben im Werk von Josef Guggenmos einen wichtigen Platz. Er habe „das Spiel mit der Sprache für das Kindergedicht verfeinert“, urteilt Hans-Joachim Gelberg (1997, S. 19). Er sei ein Spracherfinder eigener Sorte (ebd.). Die Gedichte der Station 4 sollen wenigstens exemplarisch einen Einblick in diesen Bereich seines lyrischen Schaffens geben.

Es gingen drei Kinder durch den Wald ist ein typisches Kettengedicht, das gewissermaßen eine ‚unendliche Geschichte' erzählt. Von Günter Karl illustriert, erschien das Gedicht 1982 auch als Bilderbuch. Die Aufgabe auf dem Arbeitsblatt ist von dieser bildnerischen Umsetzung inspiriert. Das Zusammenbinden der Schülerarbeiten zu einem ‚Bilderbuch' kann mittels einer einfachen Fadenbindung erfolgen.

Man könnte die zwölf Gegenstände auch basteln oder durch reale Gegenstände belegen lassen. Während der Text vorgetragen wird, werden die Gegenstände gezeigt und mit musikalischen Motiven untermalt:
z.B. 7. Strophe: gebasteltes Posthorn – kurzer Trompetenstoß
9. Strophe: Trockenstrauß – Rassel
12. Strophe: Seidentuch – Glissando Glockenspiel
dickes Buch – Schaben auf der Handtrommel.

Josef Guggenmos hat die Form des Kettengedichtes noch mehrmals variiert, zum Beispiel in *Mäusekrimi* und in *Ein Hase, der gerne Bücher las.* Diesem fügt er noch die Anweisung bei „Um die Wette zu lesen“:

Ein Hase, der gerne Bücher las

Ein Hase, der gerne Bücher las,
fand ein dickes Buch im Gras,
er setzte sich ins Gras und las
das dicke Buch, im Buch stand das:

Ein Hase, der gerne Bücher las,
fand ein dickes Buch im Gras,
er setzte sich ins Gras und las
das dicke Buch, im Buch stand das:

Ein Hase, der gerne Bücher las,
fand …

In den beiden Gedichte *Sieben kecke Schnirkelschnecken* und *Wenn Riesen niesen* spielt Josef Guggenmos mit dem Klang bzw. mit Klangkompositionen unserer Sprache: in *Sieben kecke Schnirkelschnecken* mit dem Vokalwechsel i – e (z.B. síeben kécke Schnírkelschnécken), in *Wenn Riesen niesen* durch eine Häufung des langen ie.

Die Gedichte erinnern zwar an Nonsens-Poesie, erzählen beide aber eine kleine Geschichte – sogar mit ‚Moral'.

⌦ Querverweis

Um ein reizvolles Sprachspiel handelt es sich auch bei *Die Nadel sagt zum Luftballon*, s. S. 142. Siehe auch *Wick*, S. 54.

Ausklang

Come sta? Sto bene

Es war einmal ein Mann,
der hörte am allerbesten.
Den fragten wir: „Wie geht's auf der Welt?
Was gibt es Neues im Westen?"

Er legte sein Ohr auf die Erde:
„In Frankreich traben drei Pferde.
Es springen auch vier Fohlen,
die hüpfen im Osten, in Polen.
In Dänemark, im Norden oben,
höre ich spielende Kinder toben.
Im Süden, in Italien, da
fragt einer den andern: ‚Come sta?'
‚Sto bene', spricht der andre jetzt.
‚Wie geht's?' – ‚Mir geht's gut.'
heißt das übersetzt."

Möge es allen bene gehn,
die mit uns auf dieser Erde stehn.

Josef Guggenmos

Bibliographie

1 Primärliteratur

1.1 Werkausgaben

Anger-Schmidt, Gerda: Sei nicht sauer, meine Süße! Wortspiele, Nonsens, Geschichten. Rätselreime. Wien: Dachs 1997.

Anger-Schmidt, Gerda: Alles in Butter, liebe Mutter! Wortspiele, Nonsens, Geschichten. Rätselreime. Wien: Dachs 1998.

Anger-Schmidt, Gerda: Neun nackte Nilpferddamen. Aller Unsinn macht Spaß. St. Pölten, Wien, Linz: Niederösterreichisches Pressehaus 2003.

Auer, Martin: Lieblich klingt der Gartenschlauch. Ein Buch zum Lesen, Singen, Zaubern, Blödeln, Spielen. Ill. von Jutta Bücker und Musik von Klaus Trabitisch. Stuttgart, Wien, Bern: Thienemann 1999.

Borchers, Elisabeth: Und oben schwimmt die Sonne davon. Ill. von Dietlind Blech. München: Ellermann 1965 ff.

Brender, Irmela: War einmal ein Lama in Alabama. Allerhand Reime und Geschichten in Gedichten. Ill. von Verena Ballhaus. Hamburg: Oetinger 2001.

Bydlinski, Georg: Ein Gürteltier mit Hosenträgern. Gedichte und Lieder für Kinder und ihre Erwachsenen. Ill. von Carola Holland. Wien: Dachs 2005.

Brecht, Bertolt: Gesammelte Werke. Gedichte 1–3: Bde. 9, 10, 11. Zum Theater: Bd. 16. Zur Literatur und Kunst 2: Bd. 19. Werkausgabe edition suhrkamp. Frankfurt a.M.: Suhrkamp 1967.

Brecht, Bertolt: Ein Kinderbuch. Ausgewählt und zusammengestellt von Rosemarie Hill und Herta Ramthun. Ill. von Elizabeth Shaw. Berlin (Ost): Kinderbuch Verlag 1965. Nachdrucke: Berlin: Eulenspiegel-Verlag – Das Neue Berlin o.J.; Berlin: Aufbau 2006.

Busta, Christine: Die Sternenmühle. Gedichte für Kinder und ihre Freunde mit Bildern von Johannes Grüger. Salzburg u.a.: Otto Müller 1959.

Creech, Sharon: Der beste Hund der Welt. Ill. von Rotraut Susanne Berner. Frankfurt a.M.: Fischer Schatzinsel 2003.

Dehmel, Paula und Richard: Fitzebutze. Allerhand Schnickschnack für Kinder von Paula und Richard Dehmel. Mit Bildern von Ernst Kreidolf. Berlin, Leipzig: Insel 1900.

Fühmann, Franz: Die Richtung der Märchen. Gedichte. Berlin (Ost): Aufbau 1962.

Gomringer, Ernst: worte sind schatten. Die konstellationen 1951–1968. Hrsg. u. eingeleitet von Helmut Heißenbüttel. Reinbek: Rowohlt 1969.

Gomringer, Eugen: konstellationen, ideogramme, stundenbuch. Mit einführungen von helmut heißenbüttel und wilhelm gössmann und einer bibliographie von dieter kessler. Stuttgart: Reclam 1977.

Guggenmos, Josef: Immerwährender Kinderkalender. Gedichte und Geschichten für Kinder. Ill. v. Romulus Candea. Wien: Österreichischer Bundesverlag 1958.

Guggenmos, Josef: Was denkt die Maus am Donnerstag. 123 Gedichte für Kinder mit 56 Grafiken von Günter Stiller. Recklinghausen: Bitter 1967. Neuausgabe: Ill. von Rotraut Susanne Berner. Weinheim: Beltz u. Gelberg 1998.

Guggenmos, Josef: Sonne, Mond und Luftballon. Ill. von Mario Grasso. Weinheim: Beltz u. Gelberg 1984. Taschenbuchausgabe: Ill. von Kerstin Meyer. Weinheim: Beltz u. Gelberg 1991 (Gulliver 118).

Guggenmos, Josef: Es las ein Bär ein Buch im Bett. Zungenbrecher von A – Z. Ill. von Bernhard Oberdieck. Recklinghausen: Bitter 1978.

Guggenmos, Josef: Groß ist die Welt. Die schönsten Gedichte von J. G. Ausgewählt v. Hans-Joachim Gelberg. Bilder von Sabine Friedrichson. Weinheim: Beltz u. Gelberg 2006.

Guggenmos, Josef: Katzen kann man alles sagen. Neue Gedichte. Weinheim, Basel: Beltz u. Gelberg 1997.

Guggenmos, Josef: Oh, Verzeihung sagte die Ameise. Mit Bildern von Nikolaus Heidelbach. Weinheim: Beltz u. Gelberg 1990. Taschenbuchausgabe: Weinheim: Beltz u. Gelberg 2002 (Gulliver 1076).

Gugggenmos, Josef: Rundes Schweigen. Ausgewählte Haiku 1982–2002. Hamburg: Hamburger Haiku Verlag [2005].

Hacks, Peter: Der Flohmarkt. Gedichte für Kinder. Erstausgabe: Ill. von Heidrun Hegewald. Berlin (Ost): Der Kinderbuchverlag 1965. Lizenzausgabe [für die Bundesrepublik Deutschland]: Ill. von Werner Maurer. Zürich, Köln: Benziger 1973. Neuausgabe: Ill. von Klaus Ensikat. Berlin: Eulenspiegel Verlag 2001.

Halbey, Hans Adolf: Pampelmusensalat. Weinheim: Beltz u. Gelberg 1965.

Hey, Wilhelm: Funfzig Fabeln für Kinder. In Bildern, gezeichnet von Otto Speckter. Hamburg: Friedrich Perthes 1833.

Hey, Wilhelm: Noch funfzig Fabeln für Kinder. In Bildern, gezeichnet von Otto Speckter. Hamburg: Friedrich Perthes 1837.

Hofbauer, Friedl: Weißt du, dass alles sprechen kann. Wippschaukelgedichte. Ill. von Susanne Riha. Wien: Dachs 1999.

Hohler, Franz: Es war einmal ein Igel. Kinderverse. Mit Illustrationen von Kathrin Schärer. München: Hanser 2011.

Holz, Arno: Phantasus. Faksimiledruck der Erstfassung. Hrsg. von Gerhard Schulz. Stuttgart: Reclam 1968 (RUB; 8549/50).

Jandl, Ernst: Laut und Luise. Mit einem Nachwort von Helmut Heißenbüttel. Olten, Freiburg i. Br.: Walter 1966. Stuttgart: Reclam 1976 (RUB; 9823).

Jandl, Ernst: sprechblasen. gedichte. Mit einem Nachwort des Autors: Autobiographische Ansätze. Neuwied, Berlin: Luchterhand 1968. Stuttgart: Reclam 1979 (RUB; 9940).

Jandl, Ernst: der künstliche baum. Darmstadt, Neuwied: Luchterhand 1970 (Sammlung Luchterhand; 9).

Jandl, Ernst/Spohn, Jürgen: falamaleikum. Gedichte und Bilder. Darmstadt, Neuwied 1983.

Jandl, Ernst: Ottos mops hopst. Gedichte. Mit 11 Zeichnungen von Bernd Hennig. Ravensburg: Otto Maier 1988 (Ravensburger TB; 1673. RTB Gedichte; 2).

Jandl, Ernst: Ottos Mops hopst. Mit Farbradierungen von Erhard Dietl. München: cbj 2008.

Jatzek, Gerald: Rabauken-Reime. Ill. von Andrea Steffen. St. Pölten, Salzburg: Nilpferd in Residenz 2011.

Kaléko, Mascha: Der Papagei, die Mamagei und andere komische Tiere. Ill. von Verena Ballhaus. Köln: Boie 2009.

Kaléko, Mascha: Wie's auf dem Mond zugeht. Ill. von Verena Ballhaus. Köln: Boie 2010.

Kästner, Erich: Das verhexte Telefon. Ill. von Walter Trier. Berlin-Grunewald: Williams u. Co. 1931. Erw. Neuausgabe: Zürich: Atrium 2000.

Kruse, Max: Ein Klecks ging mal spazieren. Kindergedichte. Mit 12 Illustrationen von Gertraud Funke. München: Verlag St. Michaelsbund 2003.

Krüss, James: Der wohltemperierte Leierkasten. 12 mal 12 Gedichte für Kinder, erwachsene und andere Leute. Mit einem Nachwort von Erich Kästner. Gütersloh: Mohn 1961.

Krüss, James: James' Tierleben. Eine kleine Zoologie zur Unterhaltung und Belehrung und zum Lesen und Vorlesen für die ganze Familie in 99 gereimten Lektionen. Ill. von Erika Meier-Albert. München: Annette Betz 1965. Erw., teilw. veränd. Neuausgabe: Stuttgart: Boje 1986. Neue u. erw. Ausgabe: Ill. von Sabine Wilharm. Hamburg: Carlsen 2003.

Krüss, James: Polulangrische Lieder. Ahrensburg: Damokles 1968.

Krüss, James: Mein Urgroßvater und ich. Hamburg: Oetinger 1959. Sonderausgabe für die Süddeutsche Zeitung Junge Bibliothek. München 2005.

Krüss, James/Kerkletz, Gustav: Ergebener Diener! sprach der Fuchs. Fabeln. Ill. von Hermann Altenburger. München: Deutscher Taschenbuch Verlag 1975.

Krüss, James: Der Zauberer Korinthe und andere Gedichte. Zeichnungen von Rolf Rettich. Hamburg: Oetinger 1982 (Sonne, Mond und Sterne).

Krüss, James: Die Schiffbrüchigen oder Die Fabelinsel. Berlin (DDR): Der Kinderbuchverlag 1984. Lizenzausgabe: München: Georg Lentz 1984.

Kunze, Reiner: Wohin der Schlaf sich schlafen legt. Gedichte für Kinder – für die Größeren die einen, die andern für die Kleinen. Ill. von Karel Franta. Frankfurt a.M.: Fischer 1991. Taschenbuchausgabe: Frankfurt a.M.: Fischer Taschenbuchverlag 1994.

Kunze, Reiner: Was macht die Biene auf dem Meer? Gedichte für Kinder. Mit Bildern von Horst Sauerbruch. Frankfurt a.M.: Fischer Schatzinsel 2011.

Maar, Paul: Onkel Florians fliegender Flohmarkt. Ein Spiel-Vorlese-Lese-Reim-Geschichten-Anschau-Weitermach-Buch. Hamburg: Oetinger 1977.

Maar, Paul: Kreuz und Rüben. Kraut und quer. Das große Paul Maar-Buch. Ill. von Verena Ballhaus. Hamburg: Oetinger 2004.

Maar, Paul: JAguar und NEINguar. Ill. von Ute Krause. Hamburg: Oetinger 2007.

Mai, Manfred: Ein Nashorn saß auf einem Baum. Ill. von Stefanie Harjes. Köln: Boje 2012.

Manz, Hans: Worte kann man drehen. Sprachbuch für Kinder. Weinheim: Beltz u. Gelberg 1974.

Manz, Hans: Kopfstehen macht stark. Neues Sprachbuch für Kinder. Weinheim: Beltz u. Gelberg 1978. Taschenbuchausgabe unter dem Titel: Über die Kunst zwischen den Zeilen zu lesen. Weinheim: Beltz u. Gelberg 1986 (Gulliver; 5).

Manz, Hans: Lieber heute als morgen. Sprechen, hören, träumen, hoffen ... Texte für Kinder. Weinheim: Beltz u. Gelberg 1988.

Manz, Hans: Die Welt der Wörter. Sprachbuch für Kinder und Neugierige. Im Anhang Beiträge über Hans Manz und seine Texte. [Gesamtausgabe der ‚Sprachbücher' „Worte kann man drehen", „Kopfstehen macht stark", „Lieber heute als morgen".] Weinheim: Beltz u. Gelberg 1991.

Meckel, Christoph: Pferdefuß. Ravensburg: Ravensburger Buchverlag 1988 (RTB Gedichte; 3).

Morgenstern, Christian: Kindergedichte. Ill. von Christa Uzner u. Peter Sternaux. Wien, München: Annette Betz im Carl Ueberreuter Verlag 1999.

Morgenstern, Christian: Gedichte in einem Band. Frankfurt a.M.: Insel 2003.

Morgenstern, Christian: Kindergedichte und Galgenlieder. Ausgewählt u. ill. von Lisbeth Zwerger. Zürich: NordSüd 2014.

Mucke, Dieter: Freche Vögel. Ill. von G. Ruth Mossner. Berlin (Ost): Der Kinderbuchverlag 1977.

Preuß, Gunter: Fang mich doch! Gedichte für Kinder. Mit Bildern von Egbert Herfurth. Halle: Projekte Verlag 2006.

Rathenow, Lutz: Sterne jonglieren. Gedichte. Ravensburg: Ravensburger Buchverlag 1989 (RTB Gedichte; 4).

Reding, Josef: Gutentagtexte. Recklinghausen: Bitter 1988.

Reding, Josef: Tiere sprechen dich an. Recklinghausen: Bitter 1993.

Richter, Jutta: Der Sommer schmeckt wie Himbeereis. Gedichte und Reime für Große und Kleine. Ill. von Jürgen Groß. München: C. Bertelsmann 1990.

Richter, Jutta: Am Himmel hängt ein Lachen. Gedichte für neugierige Kinder. Ill. von der Autorin. Köln: Boje 2009.

Ringelnatz, Joachim: Die Kuh hat einen Sonnenstich. Gedichte. Ill. von Sybille Hein. Hamburg: C. Dressler 2005 (Dressler Klassiker).

Ringelnatz, Joachim: Kinder-Verwirrbuch. 1931. Neuausgabe: Ill. von Norman Junge. Berlin: Aufbau 2008.

Ringelnatz, Joachim: In Hamburg lebten zwei Ameisen und weitere Gedichte. Ill. von Christine Sormann. Oldenburg: Lappan 2012.

Schubiger, Jürg: Der Wind hat Geburtstag. Ill. von Wiebke Oeser. Wuppertal: Peter Hammer 2010.

Spohn, Jürgen: drunter & drüber. Verse zum Vorsagen, Nachsagen und Weitersagen. Ill. vom Autor. München: Bertelsmann 1980. Taschenbuchausgabe: München: Omnibus 1997.

Wagenknecht, Christian: Variationen über ein Thema von Gomringer. In: Arnold, Konkrete Poesie I, text u. kritik, H. 25, München 1978, S. 14–16.

1.2 Bilderbücher

Brecht Bertolt (Text)/Kirchberg, Ursula (Ill.): Onkel Ede hat einen Schnurrbart. Zwölf Kinderlieder von Bertolt Brecht. Frankfurt a.M.: Insel 1971. Neuauflage: Frankfurt a.M.: Insel 2006.

Busch, Wilhelm (Text)/Ensikat, Klaus (Ill.): Es sitzt ein Vogel auf dem Leim. Gedichte. Berlin: Kindermann 2007 (Poesie für Kinder; Sonderband).

Claudius, Matthias (Text)/Küstenmacher, Werner Tiki (Ill.): Der Mond ist aufgegangen [Abendlied]. München: Claudius Verlag 1994.

Claudius, Matthias (Text)/Gleich, Jacky (Ill.): Der Mond ist aufgegangen [Abendlied]. Frankfurt a.M.: Hansisches Druck- und Verlagshaus 2007.

Droste-Hülshoff, Annette von (Text)/Michl, Reinhard (Ill.): Der Knabe im Moor. Berlin: Kindermann 2010 (Poesie für Kinder).

Ende, Michael (Text)/Robert, Henrike (Ill.): Die Ballade vom Seiltänzer Felix Fliegenbeil. Berlin: Kindermann 2011 (Poesie für Kinder).

Fontane, Theodor (Text)/Agthe, Arend (Ill.): Herr von Ribbeck auf Ribbeck im Havelland. München: Ellermann 1980.

Fontane, Theodor (Text)/Streiter, Bernd (Ill.): Herr von Ribbeck auf Ribbeck im Havelland. Berlin: Aufbau 2002. Neuausgabe: Berlin, Wien: Betz 2012.

Fontane, Theodor (Text)/Hogrogian, Nonny (Ill.): Herr von Ribbeck auf Ribbeck im Havelland. Zürich: Atlantis 2005. Auch: Weinheim: Beltz u. Gelberg 2008.

Fühmann, Franz (Text)/Andres, Kristina (Ill.): Lob des Ungehorsams. Rostock: Hinstorff 2013.

Goethe, Johann Wolfgang von (Text)/Erlbruch, Wolf (Ill.): Das Hexeneinmaleins. München: Hanser 1998.

Goethe, Johann Wolfgang von (Text)/Ballhaus, Verena (Ill.): Gefunden. Zürich: Bajazzo 2003.

Goethe, Johann Wolfgang von (Text)/Schliehe, Karin (Ill.): Der Zauberlehrling. München: ars edition 2004.

Goethe, Johann Wolfgang von (Text)/Schüssow, Peter (Ill.): Meeres Stille und glückliche Fahrt. München: Hanser 2004.

Goethe, Johann Wolfgang von (Text)/Wilharm, Sabine (Ill.): Der Zauberlehrling. Berlin: Kindermann 2006 (Poesie für Kinder).

Goethe, Johann Wolfgang von (Text)/Thiele, Jens (Ill.): Erlkönig. Weitra: Verlag publication PN°1 Bibliothek der Provinz 2007.

Goethe, Johann Wolfgang von (Text)/Ensikat, Klaus (Ill.): Der Osterspaziergang. Berlin: Kindermann 2012 (Poesie für Kinder).

Goethe, Johann Wolfgang von (Text)/Wilharm, Sabine (Ill.): Der Erlkönig. Berlin: Kindermann 2013 (Poesie für Kinder).

[Goethe, Johann Wolfgang von:] Der Zauberlehrling. Konzert von Paul Dukas zur Ballade von Johann Wolfgang von Goethe. Mit Audio-CD. Bearbeitet von Marko Simsa und Doris Eisenburger. Berlin: Annette Betz im Ueberreuter Verlag 2015.

Guggenmos, Josef: Es gingen drei Kinder durch den Wald. Ill. von Günter Karl. Weinheim: Beltz u. Gelberg 1982. Taschenbuchausgabe: Weinheim: Beltz u. Gelberg 1989 (Gulliver; 62).

Hänel, Wolfram (Text)/Slawski, Wolfgang (Ill.): Wie der Zauberlehrling die Pommes frites erfand. Gossau u.a. Nord-Süd-Verlag 2000 (Edition Jürgen Lassig).

Jandl, Ernst (Text)/Junge, Norman (Ill.): fünfter sein. Weinheim: Beltz u. Gelberg 1997.

Jandl, Ernst (Text)/Junge, Norman (Ill.): ottos mops. Weinheim: Beltz u. Gelberg 2001.

Jandl, Ernst: Auf dem Land. Illustrationen, Typographie und Layout von Monika Maslowska. München: Mixtvision 2012.

Krüss, James (Text)/Gleich, Jacky (Ill.): Es war einmal ein Mann. Hamburg: Carlsen 2002.

Krüss, James (Text)/Junge, Alexandra (Ill.): Wenn die Möpse Schnäpse trinken. Berlin: Aufbau 2007.

Krüss, James (Text)/Berner, Rotraut Susanne (Ill.): Der Zauberer Korinthe. Köln: Boje 2008.

Morgenstern, Christian (Text)/Bauer, Jutta (Ill.): Schnigula, schnalgula. Frankfurt a.M.: Fischer Schatzinsel 1996.

Morgenstern, Christian (Text)/Junge, Norman (Ill.): Der Schnupfen. Berlin: Aufbau 2000.

Morgenstern, Christian (Text)/Junge, Norman (Ill.): Das große Lalula. Berlin: Aufbau 2004.

Morgenstern, Christian (Text)/Schüssow, Peter (Ill.): Die Mausefalle. München: Hanser 2006.

Rilke, Rainer Maria (Text)/Isabel Pin (Ill.): Das Karussell. Berlin: Kindermann 2008 (Poesie für Kinder).

Ringelnatz, Joachim (Text)/Dietl, Erhard (Ill.): Der Nasenkönig. Sauerländer im Patmos-Verlag 2005.

Schiller, Friedrich (Text)/Jacky Gleich (Ill.): Der Handschuh. Berlin: Kindermann 2005 (Poesie für Kinder).

Schiller, Friedrich (Text)/Brosinski, Jenny (Ill.): Die Bürgschaft. Berlin: Kindermann 2009 (Poesie für Kinder).

Schiller, Friedrich (Text)/Glasauer, Willi (Ill.): Der Taucher. Berlin: Kindermann 2009 (Poesie für Kinder).

Siménon, Jean-Pierre/Tallec, Olivier: Gedicht für einen Goldfisch. Aus dem Französischen nachgedichtet von Franz Hohler. Hildesheim: Gerstenberg 2009.

1.3 Anthologien

ABC und Tintenklecks. Gedichte für Kinder. Hrsg. v. Ursula Remmers u. Ursula Warmbold. Ill. von Andreas Röckener. Stuttgart: Reclam 2003 (RUB; 18498).

Allerlei Getier. Gedichte für Kinder. Hrsg. v. Ursula Remmers u. Ursula Warmbold. Ill. von Andreas Röckener. Stuttgart: Reclam 2003 (RUB; 18283).

Allerleihrauh. Viele schöne Kinderreime, versammelt von Hans Magnus Enzensberger. Frankfurt a.M.: Suhrkamp 1961. Taschenbuchausgabe: Frankfurt a.M.: insel taschenbuch 1974.

Ans Fenster kommt und seht… Gedichte für Kinder. Hrsg. v. Edith George u. Regina Hänsel. Ill. v. Eberhard Binder-Staßfurt. Berlin (Ost): Der Kinderbuchverlag o.J. [1964]. Neuausgabe: Berlin: Der Kinderbuchverlag 2007.

Das große deutsche Balladenbuch. Hrsg. v. Beate Pinkerneil. Königstein/Ts.: Athenäum 1978.

Das große deutsche Gedichtbuch. Von 1500 bis zur Gegenwart. Neu hrsg. und aktualisiert von Karl Otto Conrady. München und Zürich: Artemis und Winkler 1991.

Das große Lalula und andere Gedichte und Geschichten für Kinder. Hrsg. von Elisabeth Borchers. München: Ellermann 1971. Taschenbuchausgabe: Frankfurt a.M.: Insel 1974.

Das Kanapee ist unser Kahn. Gedichte für Kinder. Hrsg. von Ursula Remmer und Ursula Warmbold. Ill. von Andreas Röckener. Stuttgart: Reclam 2006.

Das literarische Kaleidoskop. Ausgesucht und aufgezeichnet von Regina Kehn. Frankfurt a.M.: Fischer KJB 2013.

Das Windrad. Kindergedichte aus zwei Jahrzehnten. Zusammengetragen und geordnet von Helmut Preißler. Ill. von Gertrud Zucker. Berlin (Ost): Der Kinderbuchverlag 1967.

Der Kinder Wunderhorn. Gesammelt von Achim von Arnim u. Clemens Brentano. Mit Bildern von Rolf Rettich. Wien, München: Annette Betz 1991.

Der neue Wünschelbaum. Gedichte für Kinder und ihre Erwachsenen. Ausgewählt von Georg Bydlinski. Ill. von Birgit Antoni. Wien: Dachs 1999.

Der Rabe auf dem Meilenstein. Balladen und Erzählgedichte. Hrsg. von Sybil Gräfin Schönfeldt. Ill. von Willi Glasauer. München: Tulipan 2015.

Der Wünschelbaum. 151 Gedichte für Familie, Schule und Kindergarten. Ausgewählt von Georg Bydlinski. Wien: Herder 1984.

Des Knaben Wunderhorn. Alte Deutsche Lieder. Gesammelt v. Achim von Arnim und Clemens Brentano. 3 Bde. 1806/1808. Kritische Ausgabe, hrsg. und kommentiert von Heinz Rölleke. Stuttgart: Reclam 1987.

Deutsche Balladen. Gedichte, die dramatische Geschichten erzählen. Hrsg. von Wulf Segebrecht. München: Hanser 2012.

Deutsche Gedichte von den Anfängen bis zur Gegenwart. Echtermeyer/von Wiese, Benno (Hrsg.). Düsseldorf: Bagel 1965 u.ö.

Die schönsten Kindergedichte. Ausgewählt von Max Kruse. Mit Illustrationen von Katja Wehner. Berlin: Aufbau 2003.

Die Stadt der Kinder. Gedichte für Kinder in 13 Bezirken. Hrsg. von Hans-Joachim Gelberg. Mit vielen Bildern von Janosch. Recklinghausen: Georg Bitter 1969. Taschenbuchausgabe: München: Deutscher Taschenbuch Verlag 1972/1987. Neu: Beltz u. Gelberg 1999.

Die vier Jahreszeiten. Gedichte. Hrsg. von Eckart Kleßmann. Stuttgart: Reclam 1991/2000.

Die Wundertüte. Alte und neue Gedichte für Kinder. Hrsg. von Heinz-Jürgen und Ursula Kliewer. Stuttgart: Reclam 1989. Überarb. u. erg. Neuausgabe 2005.

Dunkel war's, der Mond schien helle. Verse, Reime und Gedichte. Gesammelt von Edmund Jacoby. Mit Bildern von Rotraut Susanne Berner. Hildesheim: Gerstenberg 1999.

Ein Rübenschwein fliegt um die Welt. Gedichte für große und kleine Kinder. Hrsg. v. Thomas Freitag. Ill. v. Barbara Korthues. Esslinger Verlag 2009.

Es hüpft in meinem Kopf herum. Gedichte für Kinder. Geschrieben und gesammelt von Manfred Mai. Mit Ill. von Almut Kunert. München: Deutscher Taschenbuch Verlag (Reihe Hanser) 2007.

Es las ein Bär ein Buch im Bett. Gedichte für Kinder. Hrsg. von Ursula Remmers und Ursula Warmbold. Mit Ill. von Andreas Röckener. Stuttgart: Reclam 2009.

Es war ein König in Thule. Gedichte erzählen. Hrsg. von Edith George. Ill. von Hannelore Teutsch. Berlin (Ost): Der Kinderbuchverlag 1989.

Es war ein König in Thule. Das Hausbuch der Sagen und Balladen. Mit Bildern von Renate Seelig. Hildesheim: Gerstenberg 2004.

Fabeln. Für die Sekundarstufe herausgegeben von Therese Poser. Stuttgart: Reclam 1985. Neuausgabe 2004 (Arbeitstexte für den Unterricht).

Fünfzig Kindergedichte. Ausgew. v. Heinz-Jürgen Kliewer. Stuttgart: Reclam 2000 (RUB; 18071). Geringfügig geänderte Neuausgabe u. d. T.: „Steig ein, kleine Maus“. Stuttgart: Reclam 2015 (RUB; 19282).

Gedichte auf Bilder. Anthologie und Galerie. Hrsg. von Gisbert Kranz. München: Deutscher Taschenbuch Verlag 1975.

Gedichte für Kinder. Zum Lesen und Vorlesen. Ausgewählt v. Günter Stolzenberger. Frankfurt a.M., Leipzig: Insel 2004.

Gedichte fürs Gedächtnis. Zum Inwendig-Lernen und Auswendig-Sagen. Ausgew. u. kommentiert v. Ulla Hahn, mit einem Nachwort v. Klaus von Dohnanyi. Stuttgart: Deutsche Verlags Anstalt 1999.

Großer Ozean. Gedichte für alle. Hrsg. v. Hans-Joachim Gelberg. Weinheim, Basel: Beltz u. Gelberg 2000.

„Hör zu, es ist kein Tier so klein, das nicht von dir ein Bruder könnte sein.“ Gedichte und Bilder von 62 Illustratoren. Hrsg. von Armin Abmeier. Mit einem Vorwort von Michael Krüger. Hamburg: Carlsen 2006.

Ich liebe dich wie Apfelmus. Die schönsten Gedichte für Kleine und Große. Hrsg. von Amelie Fried. Ill. v. Sybille Hein. München: cbj 2006 [auch mit beigelegter CD].

Ich und du und große Leute. Gedichte für Kinder. Hrsg. von Ursula Remmers u. Ursula Warmbold. Stuttgart: Reclam 2004 (RUB; 18294).

Im Pfirsich wohnt der Pfirsichkern. Gedichte für Kinder. Hrsg. von Wolf Harranth. Ill. v. Christine Sormann. Wien: Gabriel 1994.

In wenigen Worten die ganze Welt. Gedichte für Kinder und Erwachsene. Hrsg. von Christine Knödler. Stuttgart: Thienemann 2009.

Ins Land der Fantasie. Gedichte für Kinder. Hrsg. von Ursula Remmers u. Ursula Warmbold. Ill. von Andreas Röckener. Stuttgart: Reclam 2003 (RUB; 18284).

Kinderlied und Kinderreim. Hrsg. von Heinrich Pleticha. Sonderausgabe für Flechsig-Buchvertrieb. Würzburg: Stürz 2000.

Kommt, Kinder, wischt die Augen aus, es gibt hier was zu sehen. Die schönsten deutschen Kindergedichte. Gesammelt von Herbert Heckmann und Michael Krüger. München: Hanser 1974.

konkrete poesie. deutschsprachige autoren. Anthologie. Hrsg. von eugen gomringer. Stuttgart: Reclam 1972. Neuauflage 1991(RUB; 9350).

Krachen und Heulen und berstende Nacht. Balladen. Hrsg. von Katharina Diestelmeier. Ill. von Katja Gehrmann. Nachwort von Peter Härtling. Hamburg: Cecilie Dressler 2006 (Dressler Klassiker).

Mädchen, pfeif auf den Prinzen. Märchengedichte von Günter Grass bis Sarah Kirsch. Hrsg. von Wolfgang Mieder. Köln: Diederichs 1983.

Marabu und Känguruh. Die schönsten Tiergedichte. Ill. von Reinhard Michl. Hildesheim: Gerstenberg 2006.

Meine Feste, deine Feste, Kleine Feste. Gedichte für Kinder. Hrsg. v. Ursula Remmers u. Ursula Warmbold. Ill. von Andreas Röckener. Stuttgart: Reclam 2013 (RUB; 18998).

Morgenstund und Mitternacht. Gedichte für alle Tageszeiten. Hrsg. von Evelyne Polt-Heinzl u. Christine Schmidjell. Stuttgart: Reclam 1999.

Neue deutsche Erzählgedichte. Gesammelt v. Heinz Piontek. Stuttgart: Deutsche Verlagsanstalt 1964; Taschenbuchausgaben: München: Deutscher Taschenbuch Verlag 1968. Frankfurt a.M. [u.a.]: Ullstein 1983.

Poetische Sprachspiele. Vom Mittelalter bis zur Gegenwart. Hrsg. v. Klaus Peter Dencker. Stuttgart: Relam 2003 (RUB; 18238).

Rätsel, Reim und Regenbogen. Gedichte für Kinder. Hrsg. v. Ursula Remmers u. Ursula Warmbold. Ill. von Andreas Röckener. Stuttgart: Reclam 2004 (RUB; 18499).

Reclams großes Buch der deutschen Gedichte. Vom Mittelalter bis ins 21. Jahrhundert. Ausgewählt u. kommentiert von Heinrich Detering. Stuttgart: Reclam 2007.

Schmurgelstein so herzbetrunken. Verse und Gedichte für Nonsense-Freunde von 9–99. Versammelt, gemischt und hrsg. v. Hans Adolf Halbey. Mit vielen farbigen Illustrationen v. Rotraut Susanne Berner. München: Hanser 1988. Taschenbuchausgabe: München: Deutscher Taschenbuch Verlag (Reihe Hanser) 1988.

Schnick Schnack Schabernack. Das Hausbuch der Reime und Lieder für die Allerkleinsten. Gesammelt von Renate Raecke u. Monika Blume. Bilder v. Gerda Raidt. Hildesheim: Gerstenberg 2008.

Schöne alte Kindergedichte von Luther bis Morgenstern. Hrsg. v. Heinrich Pleticha. Darmstadt: Wiss. Buchgesellschaft. Sonderausgabe für Flechsig-Buchvertrieb. Würzburg: Stürz 2000.

Seifenblasen zu verkaufen. Das große Nonsens-Buch mit Versen aus aller Welt. Für jung und alt gesammelt und gebündelt von James Krüss. Ill. von Eberhard und Elfriede Binder-Staßfurt. München: Bertelsmann Jugendbuchverlag 1972.

Sieben kecke Schnirkelschnecken. Hrsg. von Sibylle Sailer. Ill. von Sabine Büchner. Würzburg: Arena 2010.

Siehst du den Mond? Gedichte aus der deutschen Literatur. Hrsg. von Dietrich Bode. Stuttgart: Reclam 2002/2010.

Sonnenschein und Sternenschimmer. Himmlische Geschichten, Lieder und Gedichte. Gesammelt von Christine Knödler. Mit Bildern von Linda Wolfsgruber. Hildesheim: Gerstenberg 2010.

So viele Tage wie das Jahr hat. 365 Gedichte für Kinder und Kenner. Gesammelt u. hrsg. von James Krüss. München: Bertelsmann 1959. Neuausgabe 1989 (7. Aufl. 1999).

Sprachbastelbuch. Von Hans Domenego u.a. Wien: Jugend und Volk 1975. Neuausgabe: Wien: G und G 2005.

Sprachspiele. Für die Sekundarstufe hrsg. von Rainer Welle. Stuttgart: Reclam 1991 (RUB; 9533).

Text als Figur. Visuelle Poesie von der Antike bis zur Moderne. Hrsg. von Jeremy Adler u. Ulrich Ernst. Weinheim: VCH 1987 (Ausstellungskataloge der Herzog August Bibliothek Wolfenbüttel; 56).

Text-Bilder. Visuelle Poesie international. Von der Antike bis zur Gegenwart. Hrsg. von Klaus Peter Dencker. Köln: DuMont 1972.

Überall und neben dir. Gedichte für Kinder in sieben Abteilungen. Hrsg. v. Hans-Joachim Gelberg. Weinheim, Basel: Beltz u. Gelberg 1986 (auch: Gulliver TB 50). Neuausgabe: Überall und neben dir. Gedichte für Kinder und Erwachsene [in neuer Ausstattung, zum 80. Geburtstag von H.-J. Gelberg]. Hrsg. v. Hans-Joachim Gelberg. Weinheim, Basel: Beltz u. Gelberg 2010.

Über die Freundschaft. Die schönsten Geschichten und Gedichte. Hrsg. von Heinz Janisch. Ill. von Silke Leffler. Wien, München: Annette Betz 2008.

Visuelle Poesie. Hrsg. von Eugen Gomringer. Stuttgart: Reclam 1996 (RUB; 9351).

Von der Erde bis zum Mond. Gedichte für Kinder. Hrsg. v. Ursula Remmers u. Ursula Warmbold. Ill. von Andreas Röckener. Stuttgart: Reclam 2004 (RUB; 18295).

Weil Lachen fröhlich macht. Das Gedichte-Schnupperbuch. Hrsg. v. Wilfried Wittstruck. Köln: Boje 2011.

Wenn der Biber Fieber kriegt. Komische Tiergedichte. Hrsg. v. Dieter Hildebrandt. Wien: Sanssouci im Carl Hanser Verlag 2002. Lizenzausgabe: Wiesbaden: Marix 2004.

Wenn die weißen Riesenhasen abends übern Rasen rasen. Kindergedichte aus vier Jahrhunderten. Zusammengestellt von Ursula Zakis. Zürich: Sanssouci 1998. Lizenzausgabe: Wiesbaden: Marix 2004.

Wo kommen die Worte her. Neue Gedichte für Kinder und Erwachsene. Hrsg. von Hans-Joachim Gelberg. Weinheim, Basel: Beltz u. Gelberg 2011.

Zauberwort. Die schönsten Gedichte für Kinder aus vier Jahrhunderten. Hrsg. von Rita Harenski. Ill. von Christine Brand. Würzburg: Arena 2004.

2 Sekundärliteratur

Adler, Jeremy/Ernst, Ulrich: Text als Figur. Visuelle Poesie von der Antike bis zur Moderne. Weinheim: VCH 1987 (Ausstellungskataloge der Herzog August Bibliothek Wolfenbüttel; 56).

Anders, Petra: Poetry Slam. Unterricht, Workshops, Texte und Medien. Baltmannsweiler: Schneider 2011 (Deutschdidaktik aktuell; 34).

Anders, Petra: Lyrische Texte im Deutschunterricht. Grundlagen, Methoden, multimediale Praxisvorschläge. Seelze: Kallmeyer in Verbindung mit Klett 2013.

Ayren, Armin: Pädagogische Maßnahme. [Zu: Friedrich Wilhelm Güll: Will sehen, was ich weiß, vom Büblein auf dem Eis.] Frankfurt a.M.: Insel 1985 (Frankfurter Anthologie; 9), S. 77–81.

Ballis, Anja/Burkhard, Mirjam: Kinderliteratur im Medienzeitalter. Grundlagen und Persepektiven für den Unterricht in der Grundschule. Berlin: Erich Schmidt 2014.

Bauer, Johann: Friedrich Schiller: Der Handschuh. In: Lernziele , Kurse, Analysen zu schwarz auf weiß Sekundarstufe 9. Hannover: Schroedel 1979, S. 237–240.

Baurmann, Jürgen/Menzel, Wolfgang: Vorlesen – Vortragen. Basisartikel. In: Praxis Deutsch 33 (2006), H. 199, S. 6–11.

Baurmann, Jürgen/Spinner, Kaspar H.: Wasser – als Thema des Deutschunterrichts. In: Praxis Deutsch 1995 , H. 130, S. 16–24.

Beinlich, Alexander: Das Gedicht in der heutigen Unterrichtspraxis. In: Beinlich, Alexander (Hrsg.): Handbuch des Deutschunterrichts im ersten bis zehnten Schuljahr. Zweiter Band: Das Lesen und die literarische Erziehung. 4. Aufl. Emsdetten: Lechte 1966, S. 1133–1192a.

Bertels, Susanne: „Kindsein ist süß?“ – Kindheit und Kindergedicht seit 1970. In: Franz/Gärtner, Kinderlyrik zwischen Tradition und Moderne. 1996, S. 55–73.

Brandtner, Andreas: Von Spiel und Regel. Spuren der Machart in Ernst Jandls *ottos mops*. In: Kaukoreit, Volker/Pfoser, Christina (Hrsg.): Interpretationen. Gedichte von Ernst Jandl. Stuttgart: Reclam 2002, S. 73–89.

Brecht, Bertolt: Vom genussvollen Aneignen der Künste. In: werkausgabe edition suhrkamp 1967/16, S. 774.

Brecht, Bertolt: Über das Zerpflücken von Gedichten. In: werkausgabe edition suhrkamp 1967/19, S. 392 f.

Brecht, Bertolt: Wie man Gedichte lesen muß. In: werkausgabe edition suhrkamp 1967/19, S. 509.

Brög, Hans u.a.: Konkrete Kunst – Konkrete Poesie. Programmatik – Theorie – Didaktik – Kritik. Kastellaun: Aloys Henn 1977.

Cichlinski, Gerd: Goethe für Kinder. Unterrichtsideen für Kinder ab 9 Jahren. Donauwörth: Auer 2003.

Cordes, Andrea: „Vielleicht hat Goethe das erlebt!“ Bildnerische Interpretationen zu Goethes Gedicht *Gefunden*. [Unterrichtspraxis 3./4. Schuljahr]. In: Praxis Deutsch 36 (2009), H. 213, S. 17–22.

Dithmar, Reinhard: Die Fabel. Geschichte, Struktur, Didaktik. Paderborn: Schöningh 1974. 7. völlig neu bearb. Aufl. 1988.

Döhl, Reinhard: Konkrete Literatur. In: Durzak, Manfred (Hrsg.): Die deutsche Literatur der Gegenwart. Aspekte und Tendenzen. Stuttgart: Reclam 1971, S. 263–290.

Döhl, Reinhard: Zur Rezeption des Apfels. Texte und Kommentare (Württ. Kunstverein, 7.4.1971), Beispiel 13. www.reinhard-doehl.de/doehlapfel_rez.html (recherchiert am 11.3.2015).

Domin, Hilde: Interpretation. In: Domin, Hilde (Hrsg.): Doppelinterpretationen. Frankfurt a.M.: Fischer 1969.

Drach, Erich: Sprecherziehung. Die Pflege des gesprochenen Wortes in der Schule. 13. Aufl. Frankfurt a.M.: Diesterweg 1969 (Erstaufl. 1922).

Ernst, Ulrich: Bildgedicht. In: Lamping, Dieter (Hrsg.): Handbuch der literarischen Gattungen. Stuttgart: Kröner 1999[a], S. 46–55.

Ernst, Ulrich: Figurengedicht. In: Lamping, Dieter (Hrsg.): Handbuch der literarischen Gattungen. Stuttgart: Kröner 1999 [b], S. 270–280.

Es war einmal ein Rabe. Kinder illustrieren Brecht. Augsburg: Wißner 2014.

Ewers, Hans-Heino: Kinderlyrik im bürgerlichen Zeitalter. Ein Rückblick auf die Ära des Kindergedichts. In: Julit 19 (1993), H. 2, S. 32–46.

Ewers, Hans-Heino: Kinderlyrik als Naturlyrik. Vom romantischen Kindergedicht zur westdeutschen Kinderlyrik der Nachkriegsjahre (mit Anmerkungen zum kinderlyrischen Werk von James Krüss und Josef Guggenmos). In: Nassen, Naturkind, Landkind, Stadtkind. 1995, S. 177–197. Neufassung u. d. T.: James Krüss und Josef Guggenmos als Naturlyriker. Ein Beitrag zur Geschichte der Kinderlyrik im späten 20. Jahrhundert. In: Ewers, Hans-Heino: Literaturanspruch und Unterhaltungsabsicht. Frankfurt a.M.: Lang 2013, S. 317–339.

Ewers, Hans-Heino: Auf der Suche nach dem „neuen Kindergedicht". Ein Gang durch die Geschichte der Kinderlyrik. In: Franz/Payrhuber, „Und dann und wann ein weißer Elefant…". 2012, S. 1–23.

Franz, Kurt: Kinderlyrik. Struktur, Rezeption, Didaktik. München: Fink 1979.

Franz, Kurt: Kindergedichte – zum Nachdenken. Schülerarbeitsheft (für das 3.–4. Schj.). In: Praxis Deutsch. Sonderheft 1981, S. 27–38. Hinweise für Lehrer, S. 25–26.

Franz, Kurt: Moralgedicht und Sprachscherz. Kinderlyrik im historischen Prozeß. In: Franz/Gärtner, Kinderlyrik zwischen Tradition und Moderne. 1996, S. 5–29.

Franz, Kurt: Kinderlyrik. In: Franz/Lange/Payrhuber, Kinder- und Jugendliteratur. Ein Lexikon, 8. Erg.-Lfg. 1999, S. 1–42.

Franz, Kurt: Kinderlyrik. In: Lange, Günter (Hrsg.): Taschenbuch der Kinder- und Jugendliteratur. Bd. 1. Baltmannsweiler: Schneider 2000[a], S. 201–227.

Franz, Kurt: Maja, Rap und Guggenmos. Kinderlyrik an der Schwelle zum neuen Jahrtausend. In: Franz, Kurt/Lange, Günter/Payrhuber, Franz-Josef (Hrsg.): Kinder- und Jugendliteratur zur Jahrtausendwende. Baltmannsweiler: Schneider 2000[b], S. 22–43 (Schriftenreihe der Deutschen Akademie für Kinder- und Jugendliteratur Volkach e.V.; 26).

Franz, Kurt: Neuere Tendenzen in der Kinderlyrik. In: Beiträge Jugendliteratur und Medien (Neue Folge) 57 (2005), H. 1, S. 3–13.

Franz, Kurt: Warum man Gedichte auswendig lernen soll. Begründungen für eine Verinnerlichung von Poesie. In: Franz/Hochholzer, Lyrik im Deutschunterricht. 2006, S. 130–149.

Franz, Kurt: Kinderlyrik. In: Lange, Günter (Hrsg.): Kinder- und Jugendliteratur der Gegenwart. Ein Handbuch. Baltmannsweiler: Schneider 2011. 2. Aufl. 2012[a], S. 193–216.

Franz, Kurt: „Wer sagt, dass Mädchen dümmer sind …“ Generierung und Differenzierung von Geschlechterrollen in der Kinderlyrik. In: Franz/Payrhuber, „Und dann und wann ein weißer Elefant …“. 2012[b], S. 24–62.

Franz, Kurt/Gärtner, Hans (Hrsg.): Kinderlyrik zwischen Tradition und Moderne. Baltmannsweiler: Schneider 1996 (Schriftenreihe der Deutschen Akademie für Kinder- und Jugendliteratur Volkach e.V.; 17).

Franz, Kurt/Hochholzer, Rupert (Hrsg.): Lyrik im Deutschunterricht. Grundlagen – Methoden – Beispiele. Baltmannsweiler: Schneider 2006.

Franz, Kurt/Payrhuber, Franz-Josef (Hrsg.): „Und dann und wann ein weißer Elefant …“. Alles Lyrik – historisch, didaktisch, medial. Baltmannsweiler: Schneider 2012 (Schriftenreihe der Deutschen Akademie für Kinder- und Jugendliteratur Volkach e.V.; 40).

Franz, Kurt/Payrhuber, Franz-Josef: Ballade. In: Franz/Lange/Payrhuber, Kinder- und Jugendliteratur. Ein Lexikon. 53. Erg.-Lfg. 2014, S. 1–48.

Franz, Kurt/Lange, Günter/Payrhuber, Franz-Josef (Hrsg.): Kinder- und Jugendliteratur. Ein Lexikon. Meitingen: Corian 1995 ff. [Loseblatt-Sammlung].

Funk, Doris: Visuelle Poesie für Kinder? In: Lypp, Maria (Hrsg.): Literatur für Kinder. Göttingen: Vandenhoek u. Ruprecht 1977 (Zeitschrift für Literaturwissenschaft und Linguistik; Beih. 7), S. 46–93.

Gelberg, Hans-Joachim: Das neue Kindergedicht. Erwachsenen zugedacht. In: Die Stadt der Kinder. 1969/1972, S. 218–226.

Gelberg, Hans-Joachim: Auf der Suche nach neuen Gedichten für Kinder. In: Julit 19 (1993), H. 2, 47–59.

Gelberg, Hans-Joachim: „Oh, Verzeihung, sagte die Ameise“. In: Der Bunte Hund 1997, Nr. 46, S. 16–19.

Gelberg, Hans-Joachim: Klopfzeichen der Kinderpoesie. Nachwort über den Umgang mit Gedichten. In: Großer Ozean. 2000, S. 238–245.

Gelberg, Hans-Joachim: Das Salz der Verse. Eignen sich „große“ Dichter auch für kleine Leser. Der Weg zum offenen Kindergedicht. In: Julit 2003, H. 1, S. 30–34.

Gelberg, Hans-Joachim: Das große A liegt auf dem Tisch. Lyrik für Erwachsene – Lyrik für Kinder. In: Beiträge Jugendliteratur und Medien 2005, H. 1, S. 14–19.

Gelberg, Hans-Joachim: Schlüsselworte. In: Wo kommen die Worte her. 2011, S. 6–7.

Gien, Gabriele: Bilder und Wörter der Nacht. Visuelle Gestaltung und bildliche Wahrnehmung als Grundlage der Produktion von Gedichten. In: Die Grundschulzeitschrift 1999, H. 128, S. 20–22. Gedichte [Material], S. 23–42.

Gien, Gabriele: Lyrik im Café. Zum Umgang mit lyrischen Texten an außerschulischen Lernorten. In: Köppert, Christine/Metzger, Klaus (Hrsg.): Entfaltung innerer Kräfte. Velber: Friedrich 2001[a], S. 163–174.

Gien, Gabriele: Spaß mit Gedichten. / Ein ganzes Jahr in Geschichten und Gedichten. In: Payrhuber, Lesespuren. Lehrerhandbuch 2. 2001[b], S. 27–36.

Gien, Gabriele: Kreativer Umgang mit Gedichten. Zur Rezeption und Produktion lyrischer Texte in einem ganzheitlichen Unterricht. In: Franz, Kurt/Payrhuber, Franz-Josef (Hrsg.): Lesen heute. Baltmannsweiler: Schneider 2002 (Schriftenreihe der Akademie für Kinder- und Jugendliteratur Volkach e.V.; 28), S. 136 – 149.

Gien, Gabriele: Gedichte sind gemalte Fensterscheiben – Gedichtewerkstatt. / Manche Tage möchte man festhalten. In: Payrhuber, Lesespuren. Lehrerhandbuch 3. 2003, S. 35–41.

Gien, Gabriele: Gedichte unterwegs – Gedichtewerkstatt. / Es kommt eine Zeit. In: Payrhuber, Lesespuren. Lehrerhandbuch 4. 2004, S. 31–42.

Gien, Gabriele: Lyrische Texte und ihre Didaktik. In: Lange, Günter/Weinhold, Swantje (Hrsg.): Grundlagen der Deutschdidaktik. Baltmannsweiler: Schneider 2005, S. 273–296.

Gien, Gabriele: Gedicht und Bild – Bild und Gedicht. Schülerinnen und Schüler entdecken die Korrespondenz zwischen Bildern und Sprache. In: Grundschule 2007, H. 10, S. 40–44.

Gien, Gabriele: Lyrik und Medien. In: Franz/Payrhuber, „Und dann und wann ein weißer Elefant …“. 2012, S. 148–163.

Gomringer, Eugen: vom vers zur konstellation. 1954. In: Gomringer, worte sind schatten. 1969, S. 277–282. Auch in: Gomringer, konkrete poesie. 1972/1991, S. 155–160.

Gomringer, Eugen: konkrete dichtung. 1956. In: Gomringer, worte sind schatten. 1969, S. 285–287. Auch in: Gomringer, konkrete poesie. 1972/1991, S. 161–162.

Gomringer, Eugen: das gedicht als gebrauchsgegenstand. 1960. In: Gomringer, worte sind schatten. 1969, S. 291–293. Auch in: Gomringer, konkrete poesie. 1972/1991, S. 155–160.

Gomringer, Eugen: definitionen zur konkreten poesie. In: Gomringer, konkrete poesie. 1972/1991, S. 165–166.

Gomringer, Eugen: [konstellation und ideogramm] o.J. In: Kopfermann, Theoretische Positionen zur Konkreten Poesie. 1974, S. 93.

Gomringer, Eugen: Interview mit dem Autor. In: Schmieder/Rückert: Kreativer Umgang mit konkreter Poesie, 1977, S. 100–109.

Grünewald, Dietrich: Lyrik und Illustration. In: Leserunde 7, Lehrerhandbuch. 1987, S. 135–137.

Grünewald, Dietrich: Ästhetische Prozesse. Fragmentarische Anmerkungen zur Grenzüberschreitung. Von Sprache und Bildung in einem prozeßorientierten Unterricht. [zum „Zauberlehrling“]. In: Hofen, Nikolaus (Hrsg.): Und immer ist es die Sprache. Baltmannsweiler: Schneider 1993, S. 279–293.

Grünewald, Dietrich: Das kreative Spiel – Lyrik und Illustration. In: Franz/Payrhuber, „Und dann und wann ein weißer Elefant ...". 2012, S. 119–138.

Guggenmos, Josef: Das Schreiben von Kindergedichten als schöne Kunst betrachtet. In: Was denkt die Maus am Donnerstag? (1967) 1998, S. 111–114.

Haas, Gerhard: Handlungs- und produktionsorientierter Literaturunterricht. Theorie und Praxis eines „anderen" Literaturunterrichts für die Primar- und Sekundarstufe. Seelze: Kallmeyer 1997.

Haas, Gerhard: Goethe und das Reim-Lexikon. Aktiver Umgang mit Goethe-Gedichten in der Grundschule [Primarstufe / 4. Schuljahr]. In: Praxis Deutsch 26 (1999), H. 156, S. 26–31.

Hahn, Ulla: Vorwort. In: Gedichte fürs Gedächtnis. 1999, S. 19–31.

Hartung, Harald: Experimentelle Literatur und konkrete Poesie. Göttingen: Vandenhoeck u. Ruprecht 1975.

Heißenbüttel, Helmut: Nachwort. In: Jandl, Laut und Luise, 1966/76, S. 156–159.

Heißenbüttel, Helmut: Über Literatur. Freiburg: Olten 1966.

Helmer, Debora: „In jedem ächten Manne ist ein Kind versteckt: das will spielen." Christian Morgensterns Kinderlyrik. In: Wangerin, Wolfgang (Hrsg.): Der rote Wunderschirm. Kinderbücher von der Frühaufklärung bis zum Nationalsozialismus. Göttingen: Wallstein 2011, S. 119–122.

Helmers, Hermann: Lyrischer Humor. Strukturanalyse und Didaktik der komischen Versdichtung. Stuttgart: Klett 1971.

Höffe, Wolfgang: Sprechgestaltende Interpretation von Dichtung in der Schule. Beispiele aus Grund- und Hauptschule. Ratingen: Henn 1967.

Holzapfel, Otto: Nachwort. In: Das große deutsche Volksballadenbuch. Zürich: Artemis u. Winkler 2000, S. 453–461.

Hötzer, Ulrich: Matsuo Bashô: Drei Haikus. In: Bauer, Johann (Hrsg.): Handbuch zu schwarz auf weiß 5. u. 6. Schuljahr. Hannover: Schroedel 1968, S. 27–28.

Jahn, Leonore: Lyrik erleben – methodische Umsetzungen vom ersten bis zum sechsten Schuljahr. In: Franz/Payrhuber, „Und dann und wann ein weißer Elefant ...". 2012, S. 107–118.

Jandl, Ernst: Voraussetzungen, Beispiele und Ziele einer poetischen Arbeitsweise. 1970. In: Kopfermann, Theoretische Positionen zur Konkreten Poesie. 1974, S. 41–58.

Jandl, Ernst: Autor in Gesellschaft. Aufsätze und Reden. Hrsg. von Klaus Siblewski. München: Luchterhand Literaturverlag 1999.

Janning, Jürgen: Verstehen durch Sprechen: Erfahrungen bei der sprechgestaltenden Interpretation von Gedichten. In: Franz/Payrhuber, „Und dann und wann ein weißer Elefant ...". 2012, S. 139–147.

Jansen, Hans: Ladislaus und Komkarlinchen. Eine proletarische Anekdote. In: Westdeutsche Allgemeine Zeitung Nr. 213, 13.9.2003.

Kammler, Clemens: Lyrik verstehen – Lyrik unterrichten. Basisartikel. In: Praxis Deutsch 36 (2009), H. 213, S. 4–11.

Karst, Theodor: „[...] und strömt und ruht." – Vom Wasser in der Literatur. In: Scholl, Norbert (Hrsg.): Das alles ist Wasser. Weinheim: Deutscher Studienverlag 1991, S. 128–162.

Karst, Theodor/Venter, Joachim: Natur und Literatur. Fächerverbindender Unterricht in der Grundschule. Baltmannsweiler: Schneider 1994.

Karst, Theodor: Deutscher Dichter aus Frankreich. Adelbert von Chamisso ist vor 150 Jahren gestorben. In: Reutlinger General-Anzeiger, 21.8.2013.

Kaiser, Herbert: Die Pädagogisierung der Fabel am Ende des 18. und zu Beginn des 19. Jahrhunderts. In: Hasubek, Peter (Hrsg.): Die Fabel. Berlin: Erich Schmidt 1982, S. 163–179.

Kayser, Wolfgang: Kleine deutsche Versschule. Bern, München: Francke 1946, 8. Aufl. 1961.

Kliewer, Heinz-Jürgen: Die Siebziger Jahre. Kinderlyrik. In: Wild, Reiner (Hrsg.): Geschichte der Deutschen Kinder- und Jugendliteratur. Stuttgart: Metzler 1990, S. 348–351.

Kliewer, Heinz-Jürgen: Was denkt die Maus? Gesammelte Aufsätze zur Kinderlyrik. Frankfurt a.M.: Lang 1999 (Kinder- und Jugendkultur, -literatur und -medien; 5).

Kliewer, Heinz Jürgen u. Ursula: Gedichte im Unterricht. Grundschule und Orientierungsstufe. Baltmannsweiler: Schneider 2002.

Kliewer, Heinz-Jürgen: Zur Neuauflage der Wundertüte [Nachwort]. In: Kliewer, Die Wundertüte. 2005, S. 315–340.

[Kliewer, Heinz-Jürgen (Bearbeiter] www.kinderlyrik.com

Knopf, Jan: Bertolt Brechts *Buckower Elegien*. Frankfurt a.M.: Suhrkamp 1978.

Knopf, Jan: Brecht-Handbuch. Lyrik, Prosa, Schriften. Stuttgart: Weimar: Metzler 1984.

Kopfermann, Thomas (Hrsg.): Theoretische Positionen zur Konkreten Poesie. Texte und Bibliographie. Tübingen: Niemayer 1974.

Kopfermann, Thomas: Einführung. In: Kopfermann, Theoretische Positionen zur Konkreten Poesie. 1974, S. IX–LI.

Korte, Hermann: Geschichte der deutschen Lyrik seit 1945. Stuttgart: Metzler 1989 (Sammlung Metzler; 250). 2. völlig neu bearb. Aufl. unter d. Titel: Deutschsprachige Lyrik seit 1945. Stuttgart: Metzler 2004.

Korte, Hermann: Lyrik des 20. Jahrhunderts (1900–1945). München: Oldenbourg 2000[b].

Korte, Hermann: Lyrik von 1945 bis zur Gegenwart. München: Oldenbourg 1996, 2. korr. Aufl. 2000[a].

Köster, Hermann Leopold: Geschichte der deutschen Jugendliteratur. 1904. Unveränderter Nachdruck der 4. Aufl. 1927. München u.a.: Saur 1972.

Krabiehl, Klaus-Dieter: Josef von Eichendorff „Mondnacht". In: Krabiehl, Klaus-Dieter: Tradition und Bewegung. Stuttgart-Kohlhammer 1973, S. 44 ff.

Kreiner, Martina: Ausgesprochen gedichtet! Im Lyrik-Hörklub Gedichte hören und sprechen. In: Grundschule 2007, H. 10, S. 48–53.

Kreiner, Martina: Mediale Lyrik. Gedicht, Comic und Computer – wie passt das? In: Fördermagazin Grundschule 2015, H. 1, S. 23–27.

Kruse, Max: Ein paar persönliche Worte. In: Die schönsten Kindergedichte. 2003, S. 275–279.

Krüss, James: Gedichte für Kinder und Kindergedichte. Nur für Erwachsene. In: Krüss, So viele Tage … 1999, S. 254–275.

Kügler, Hans: Literatur und Kommunikation. Poetische und pragmatische Lektüre. 2. völlig neu bearb. u. erw. Aufl. Stuttgart: Klett 1975.

Kunze: Der erhellende Begriff. In: Kunze, Reiner: Das weiße Gedicht. Essays. Frankfurt a.M.: Fischer 1989, S. 168–174.

Küpper, Thomas: … leuchtet's wieder weit und breit. Zur Popularität der *Ribbeck*-Ballade. In: Fontane-Blätter 1999, H. 67, S. 106–121.

Lang, Paul: Die Balladik. Geschichte der Ballade. Ästhetik der Ballade. Die Ballade im Deutschunterricht. Basel: Helbing und Lichtenhahn 1942.

Lange, Günter: Paul Maar. In: Franz/Lange/Payrhuber, Kinder- und Jugendliteratur. Ein Lexikon. 45. Erg.-Lfg. 2012, S. 1–48.

Langheinrich, Claus: Konkrete Poesie, Visuelle Texte. Beispiele für die Grund- und Hauptschule. München: Ehrenwirth 1979.

Leserunde. Lese- und Arbeitsbuch für die Grundschule. Hrsg. von Oswald Beck, Theodor Karst u. Franz-Josef Payrhuber. 2. Schuljahr. Freiburg: Herder 1980.

Lesespuren. Lesebuch für die Grundschule. 3 Bände, 2.–4. Schuljahr. Hrsg. von Erhard Müller und Franz-Josef Payrhuber. Regensburg: Wolf 2001 ff. Troisdorf: Wolf im Bildungsverlag Eins 2006.

Lesespuren. Lehrerhandbuch. 3 Bände, 2.–4. Schuljahr. Hrsg. von Franz-Josef Payrhuber. Regensburg: Wolf 2001 ff.

Lesespuren. Lesebuch für die Grundschule 2. Schuljahr. Ausgabe SW. Hrsg. von Erhard Müller und Franz-Josef Payrhuber. Troisdorf: Dürr und Kessler im Bildungsverlag Eins 2004.

Lesespuren 2. Ausgabe SW. Lehrerhandbuch. Hrsg. von Franz-Josef Payrhuber. Troisdorf: Dürr und Kessler im Bildungsverlag Eins 2004.

Lösener, Annegret: Gedichte sprechen. Ein didaktisches Konzept für alle Schulstufen. Baltmannsweiler: Schneider 2007 (Deutschdidaktik aktuell; 28).

Lösener, Hans/Siebauer, Ulrike: Sprechgestaltungen in Gedichten entdecken. Eine Unterrichtsanregung zum hörenden Lesen von Gedichten. [Unterrichtspraxis 5./6. Schuljahr]. In: Praxis Deutsch 36 (2009), H. 213, S. 23–25.

Lösener, Hans/Siebauer, Ulrike: hochform@lyrik. Konzepte und Ideen für einen erfahrungsorientierten Lyrikunterricht. Regensburg: edition vulpes 2011.

Lovenberg, Felicitas von: Scherz und Terz direkt ins Herz. In: FAZ Nr. 30, 5.2.2011, S. 32.

Lypp, Maria: Über Hans Manz. In: Manz, Die Welt der Wörter. 1991, S. 371–373.

Lypp, Maria: Zum Begriff des Einfachen in der Kinderliteratur (1995). In: Lypp, Maria: Vom Kasper zum König. Studien zur Kinderliteratur. Frankfurt a. M.: Lang 2000 (Kinder- und Jugendkultur, -literatur und -medien; 8), S. 75–77.

Mai, Manfred: Liebe Leserinnen und Leser [Vorwort]. In: Es hüpft in meinem Kopf herum. 2007, S. 9–12.

Maier, Karl Ernst: Jugendliteratur. Formen, Inhalte pädagogische Bedeutung. Klinkhardt: Bad Heilbrunn 10. überarb. u. erw. Aufl. 1993.

Marsch, Edgar: Brecht-Kommentar zum lyrischen Werk. München: Winkler 1974.

Mecklenburg, Norbert: Balladen der Klassik. In: Müller-Seidel, Walter (Hrsg.): Balladenforschung. Königstein/Ts.: Verlagsgruppe Athenäum u.a. 1980, S. 187–203.

Menzel, Wolfgang: Gedichte-Werkstatt. In: Menzel, Wolfgang (Hrsg.): Treffpunkte 5/6. Materialien, Anregungen, Informationen. Hannover: Schroedel 1989, S. 32–43.

Menzel, Wolfgang: Vom sprachlichen Handeln zum Text (Unterrichtsanregungen für alle Schuljahre). In: Praxis Deutsch 21 (1994), H. 123, S. 63–68.

Menzel, Wolfgang: Frühling [Basisartikel]. In: Praxis Deutsch 27 (2000), H. 159, S. 12–16.

Menzel, Wolfgang: Der Erlkönig – verschieden vertont (10.–13. Schuljahr). In: Praxis Deutsch 29 (2002), H. 169, S. 41–45.

Mieder, Wolfgang: Vorwort. In: Mädchen, pfeif auf den Prinzen. 1983, S. 6–10.

Motté, Magda: Moderne Kinderlyrik. Begriff – Geschichte – literarische Kommunikation – Bestandsaufnahme. Frankfurt a.M. u.a.: Lang 1983.

Motté, Magda: Kinderlyrik. In: Internationales Institut für Jugendliteratur und Leseforschung (Hrsg.): Einführung in die Kinder- und Jugendliteratur der Gegenwart. Wien: Jugend und Volk 1992, S. 25–40.

Müller-Seidel, Walter: Die deutsche Ballade. Umrisse ihrer Geschichte. In: Hirschenauer, Rupert/Weber, Albrecht: Wege zum Gedicht. Bd. 2: Interpretation von Balladen. München, Zürich: Schnell u. Steiner 1963, S. 17–83.

Nassen, Ulrich (Hrsg.): Naturkind, Landkind, Stadtkind. Literarische Bilderwelten kindlicher Umwelt. München: Fink 1995.

Nentwig, Paul: Dichtung im Unterricht. Grundlegung und Methode. Braunschweig: Westermann 1962, 4. Aufl. 1969.

Payrhuber, Franz-Josef : Gedichte im Unterricht – einmal anders. Anregungen aus der Praxis für das 5. – 10. Schuljahr. München: Oldenbourg 1993, 4. Aufl. 1999.

Payrhuber, Franz-Josef : „... der Phantasie zur Belebung." Vom Umgang mit Gedichten in der Grundschule. In: Volkacher Bote 1997. Nr. 60, S. 8–10.

Payrhuber, Franz-Josef: Bertolt Brecht. In: Franz/Lange/Payrhuber, Kinder- und Jugendliteratur. Ein Lexikon, 6. Erg.-Lfg. 1998, S. 1–21.

Payrhuber, Franz-Josef: „Heut haben wir ein Gedicht durchgenommen ..." Anmerkungen zum Gedichtunterricht in der Grundschule. In: Blattmann, Ekkehard/Frederking, Volker (Hrsg.): Deutschunterricht konkret. Bd. 1: Literatur und Medien. Baltmannsweiler: Schneider 2000, S. 17–42.

Payrhuber, Franz-Josef: „… und durch Interpretation die Freude am Text mehren" (Reiner Kunze). Zur (Kinder-)Lyrik und Poetik von Bertolt Brecht, Peter Hacks und Reiner Kunze. In: Franz/Payrhuber, „Und dann und wann ein weißer Elefant …". 2012, S. 63–86.

Payrhuber, Franz-Josef [zusammen mit Kurt Franz]: Ballade. In: Franz/Lange/Payrhuber, Kinder- und Jugendliteratur. Ein Lexikon. 53. Erg.-Lfg. 2014, S. 1–48.

Pielow, Winfried: Das Gedicht im Unterricht. Wirkungen, Chancen, Zugänge. Baltmannsweiler: Burgbücherei Schneider 1965. 5. erw. Aufl. 1985.

Pinkerneil, Beate: Vorwort. In: Das große deutsche Balladenbuch, 1978, S. VII–XIII.

Politzer, Heinz: Sozusagen ein Doppelgänger. [Zu: Aus des Knaben Wunderhorn: Das bucklichte Männlein]. Frankfurt a.M.: Insel 1979 (Frankfurter Anthologie; 4), S. 49–51.

Rabus, Silke: Von Schriftbildern und Bilderschriften. In: Tausendundein Buch 2006, H. 1, S. 14–16.

Reger, Harald: Kinderlyrik in der Grundschule. Literaturwissenschaftliche Grundlegung – Schülerorientierte Didaktik. Baltmannsweiler: Schneider 1990, 4. Aufl. 2000.

Reichgeld, Manfred: Gedichte in der Grundschule. München: Oldenbourg 1993 (Praxis Bibliothek).

Rentel, Susanne: Walle, Wille, Werke, Worte, Wunder. Goethes Zauberlehrling als Lied – Entstehung und Erarbeitungswege. In: Grundschule 2001, H. 7–8, S. 65–71.

Richter, Karin: ‚Vom Sockel geholt'. Wege zu Goethe und Schiller in der Grundschule und in der Sekundarstufe I. Baltmannsweiler: Schneider 2013 (Bilder erzählen Geschichten – Geschichten erzählen zu Bildern; 9/2).

Ross, Werner: Mit jedermann gut Kirschen essen. [Zu: Bertolt Brecht: Der Kirschdieb]. Frankfurt a.M.: Insel 1978 (Frankfurter Anthologie; 3), S. 191–194.

Rückert, Gerhard/Schuler, Reinhard: Konkrete Poesie im 5. bis 10. Schuljahr. Textheft u. Ergänzungsheft. Hannover, Bühl/Baden: Schroedel, Konkordia 1974.

Rüttgers, Severin: Die Dichtung in der Volksschule. Ein Handbuch für Lehrende. Leipzig: Verlag der Dürr'schen Buchhandlung 1914; 2. verbesserte Aufl. 1923.

Sahr, Michael: „Die arme Sprache ist die reichere." Gedichte von Ernst Jandl im Unterricht der Grundschule. In: Franz/Hochholzer, Lyrik im Deutschunterricht. 2006, S. 50–70.

Schilcher, Anita: Der Zauberlehrling – fünfmal gehört (5. – 7. Schuljahr). In: Praxis Deutsch 31 (2004), H. 185, S. 27–34.

Schmieder, Doris/Rückert, Gerhard: Kreativer Umgang mit Konkreter Poesie. Spielen und Lernen mit Konkreten Texten. Ein Erfahrungsbericht mit Unterrichtsbeispielen und zahlreichen Schülerbeiträgen. Freiburg i.Br.: Herder 1977.

Schulz, Gudrun: Kinder im Dialog mit Brechts Kindergedichten. In: Bütow, Wilfried/Jonas, Hartmut/Schulz, Gudrun: Junge Leser und Brecht. Berlin (Ost) 1987 (Brecht-Studien; 18), S. 21–54.

Schulz, Gudrun: Freche Vögel. Kinderlyrik der DDR von Mucke bis Ratenow. In: Franz/Gärtner, Kinderlyrik zwischen Tradition und Moderne. 1996, S. 30–54.

Schulz, Gudrun: Umgang mit Gedichten. Didaktische Überlegungen. Beispiele zu vielen Themen. Methoden im Überblick. Berlin: Cornelsen Verl. Scriptor 1997. Erw. Ausgabe ab 6. Aufl. 2008 mit „Anbindung an die Bildungsstandards".

Schulz, Gudrun: Kinderlyrik. In: Steinlein, Rüdiger/Strobel, Heidi/Kramer, Thomas (Hrsg.): Handbuch zur Kinder- und Jugendliteratur. SBZ/DDR 1945–1990. Stuttgart, Weimar: Metzler 2006, Sp. 759–828.

Schulz, Gudrun: „Tanz, Kindlein, tanz / Deine Schühlein sind noch ganz". Kinderreime fördern die Sprachentwicklung in der frühen Kindheit und schaffen

Grundlagen für „eine spezielle Art Reimlexikon“. In: Franz/Payrhuber, „Und dann und wann ein weißer Elefant …“. 2012, S, 87–106.

Segebrecht, Wulf: Nachwort. In: Segebrecht, Wulf (Hrsg.): Deutsche Balladen. München: Hanser 2012, S. 783–794.

Selnar, Petra: Kinder begegnen Gedichten. Gedichtewerkstatt, Karteikarten für die Freiarbeit, Anregungen für Spiele und Projekte. München: Oldenbourg 1998.

Seng, Joachim/Zöhrer, Marlene: Goethe und Schiller für Kinder – ein Streifzug durch die Kinderbuchlandschaft vom 19. Jahrhundert bis zur Gegenwart. In: Freies Deutsches Hochstift/Frankfurter Goethe-Museum (Hrsg.): Goethe und Schiller für Kinder. Frankfurt a.M. 2004, S. 15–57.

Spinner, Kaspar, H.: Gedichtvergleich im Unterricht. In: Praxis Deutsch 18 (1991), H. 105, S. 11–15.

Spinner, Kaspar H.: Kinder und Lyrik. Ein Plädoyer für ästhetische Bildung. In: Die Grundschulzeitschrift 1999, H. 128, S. 6–11.

Spinner, Kaspar H.: Umgang mit Lyrik in der Sekundarstufe I. Baltmannsweiler: Schneider 4. Aufl. 2000.

Staiger, Emil: Goethe. Band 2, 1786–1814. Zürich: Atlantis 1956.

Stark, Roland: Die Dehmels und das Kinderbuch. Nordhausen: Traugott Bautz 2004.

Stark, Roland: Ernst Kreidolf – der Malerpoet und sein Verleger. Frauenfeld: Huber 2005.

Stark, Roland: Otto Speckter. In: Franz/Lange/Payrhuber, Kinder- und Jugendliteratur. Ein Lexikon. 41. Erg.-Lfg. 2011, S. 1–16.

Stark, Roland: Elisabeth Borchers. In: Franz/Lange/Payrhuber, Kinder- und Jugendliteratur. Ein Lexikon. 53. Erg.-Lfg. 2014, S. 1–21.

Steffens, Wilhelm: Spielen mit Sprache. Aspekte eines kreativen Sprach- und Literaturunterrichts im ersten bis sechsten Schuljahr. Frankfurt a.M.: Hirschgraben 1981. Neufassung unter d. Titel: Spielen mit Sprache im ersten bis sechsten Schuljahr. Baltmannsweiler: Schneider 1998 (Deutschdidaktik aktuell; 4).

Steinlein, Rüdiger: Udakak und Lidokork. Komik in neuerer Kinderlyrik. In: Kinder- und Jugendliteratur u. Medien 61 (2009), H. 2, S. 32–41.

Thalmayr, Andreas [d.i. Enzensberger, Hans Magnus]: Lyrik nervt. Erste Hilfe für gestreßte Leser. München, Wien: Hanser 2004.

Unterwegs 2. Lehrerband. [Gedichte.] Stuttgart: Klett 2004, S. 23–31.

Vogdt, Ines-Bianca: Wunderhorn und Sprachgitter. Geschichte der intentionalen Kinderlyrik seit dem 18. Jahrhundert. München: Fink 1998.

Wagenknecht, Christian: Ballade. In: Weimar, Klaus u.a. (Hrsg.): Reallexikon der deutschen Literaturwissenschaft. Bd. 1: A–G. Berlin, New York 1997, S. 192–196.

Waldmann, Günter: Produktiver Umgang mit Lyrik. Eine systematische Einführung in die Lyrik, ihre produktive Erfahrung und ihr Schreiben. 6. Aufl. Baltmannsweiler: Schneider 1999. 7. Aufl. 2001.

Waldt, Kathrin: Literarisches Lernen in der Grundschule. Baltmannsweiler: Schneider 2003 (Deutschdidaktik aktuell; 16).

Weinrich, Harald: Bertolt Brecht in Buckow oder: Das Kleinere ist das Größere. In: Gedichte und Interpretationen. Bd. 6. Gegenwart. Stuttgart: Reclam 1982, S. 29–39.

Wermke, Jutta: Konkrete Poesie – Spielraum für ästhetische Erziehung in der Grundschule. In: Wermke, Jutta (Hrsg.): Ästhetische Erziehung im Deutschunterricht. Bochum: Kamp 1981 (Kamps pädagogische Taschenbücher; 90), S. 67–107.

Wilkending, Gisela: Kind und Gedicht. Reformpädagogik, Jugendschriftenbewegung und moderne Kunstbewegung der Jahrhundertwende. In: Rank, Bernhard/Rosebrock, Cornelia (Hrsg.): Kinderliteratur, literarische Sozialisation und Schule. Weinheim: Deutscher Studien Verlag 1997, S. 177–199.

Wilpert, Gero von: Sachwörterbuch der Literatur. 6. verb. u. erw. Aufl. Stuttgart: Kröner 1979.

Wittbrodt, Andreas: Haiku. In: Lamping, Dieter (Hrsg.): Handbuch der literarischen Gattungen. Stuttgart: Kröner 2009, S. 355–359.

Woesler, Winfried: Die Ballade. In: Knörrich, Otto (Hrsg.): Formen der Literatur in Einzeldarstellungen. Stuttgart: Kröner 1981, S. 28–37.

Wolfschütz, Stefan/Wittbrodt, Andreas: Nachwort. Die Haiku von Josef Guggenmos. In: Gugggenmos, Rundes Schweigen. [2005], S. 70–94. .

Wruck, Peter: Eine Legende, die sich der Wirklichkeit bemächtigt. Herr von Ribbeck auf Ribbeck im Havelland. In: Interpretationen. Gedichte von Theodor Fontane. Hrsg. v. Helmut Scheuer. Stuttgart: Reclam 2001, S. 195–217.

Ziesmer, Marion: Es bewegt sich nichts – Es ist wie Tanzen. Goethes *Meeres Stille* und *Glückliche Fahrt.* [Unterrichtspraxis 4.–6. Schuljahr.] In: Praxis Deutsch 33 (2006), H. 199, S. 30–32.

Quellennachweis

Anger-Schmidt, Gerda: Es war einmal ein Dachs. Aus: Sei nicht sauer, meine Süße! Wien: Dachs-Verlag 1997.

Arp, Hans: Märchen. Aus: Gesammelte Gedichte, Bd. 1. Zürich: Arche 1963.

Auer, Martin: Über die Erde. Aus: Gelberg, Überall und neben dir, 1986.

Auer, Martin: Ich hatte einen Traum – Zufall. Aus: Was niemand wissen kann. Weinheim: Beltz u. Gelberg 1986.

Auer, Martin: Heut will ich einmal traurig sein. Aus: Lieblich klingt der Gartenschlauch. Stuttgart: Thienemann 1999.

Auer, Martin: Twitter-Haiku (Schnee fällt; Vor meinem Fenster). Aus: Gelberg, Wo kommen die Worte her? 2011.

Ausländer, Rose: Ich wohn auf einer Zauberinsel. Aus: Ich spiele noch. Gedichte. Frankfurt a.M.: Fischer 1987.

Bächler, Wolfgang: Märchen. Aus: Nachtleben. Frankfurt a.M.: S. Fischer 1982.

Ball, Hugo: Karawane. Aus: Gesammelte Gedichte. Zürich: Die Arche 1963.

Bashô, Matsuo: Haiku (Krähe an einem Schneemorgen; Der alte Teich). In: Vollmond und Zikadenklänge. Japanische Verse und Farben. Gütersloh: C. Bertelsmann 1955.

Baumann, Hans: Lesestunde. Aus: Wer Flügel hat, kann fliegen. Reutlingen: Ensslin u. Laiblin 1966.

Berner, Rotraut Susanne: Duftender Frühling. Aus: Gelberg, Wo kommen die Worte her, 2011.

Bodmershof, Imma von: Das alte Mühlrad. Aus: Wittbrodt, Andreas: Haiku. Stuttgart: Kröner 2009.

Bongs, Ralf: Erste Sonne – Hochwasser. Aus: Gelberg, Überall und neben dir, 1986.

Borchers, Elisabeth: Das ist die Erde. Aus: Gelberg, Die Stadt der Kinder, 1969.

Borchers, Elisabeth: Mai. Aus: Und oben schwimmt die Sonne davon. München: Ellermann 1965.

Brandes, Sophie: Wohn fliegst du? München: Ellermann 1992.

Braun, Volker: Der Regen. Aus: Im Querschnitt. Halle-Leipzig: Mitteldeutscher Verlag 1978.

Brecht, Bertolt: Die Dichter und die Denker – Der Kirchdieb – Der Schneider von Ulm – Tierverse (Es war einmal ein Rabe. Es war einmal ein Adler) – Zwei Knaben stiegen auf eine Leiter – Onkel Ede hat einen Schnurrbart. Aus: Gesammelte Werke. Werkausgabe edition suhrkamp Bd. 9. Der Rauch – Die Pappel vom Karlsplatz – Die Vögel warten im Winter vor dem Fenster – Drachenlied. Aus: Gesammelte Werke. Werkausgabe edition suhrkamp. Bd. 10. Frankfurt a.M.: Suhrkamp 1967.

Brentano, Clemens: Lureley/Wiegenlied. Aus: Gedichte und Erzählungen. Darmstadt: Wiss. Buchgesellschaft 1986.

Britting, Georg: Sommersonntag in der Stadt. Aus: Sämtliche Werke. München: List 1996.

Bruchac, Joseph: Dank für das Wasser. Aus: Bydlinski, Georg/Recheis, Käthe (Hrsg.): Die Erde ist eine Trommel. Freiburg i.Br.: Herder 1988.

Busch, Wilhelm: Es sitzt ein Vogel auf dem Leim – Fink und Frosch. Aus: Gedichte. Zürich: Diogenes 1974.

Busta, Christine: Der Sommer. Aus: Die Sternenmühle. Salzburg: Müller 1959.

Bydlinski, Georg: Sommerregen. Aus: Der neue Wünschelbaum. Wien: Dachs 1999.

Chamisso, Adalbert von: Das Riesen-Spielzeug. Aus: Gedichte. Leipzig: Weidmannsche Buchhandlung 1937.

Claudius, Matthias: Abendlied – Ein Lied um Regen. Aus: Ausgewählte Werke. Stuttgart: Reclam 1990.

Dehmel, Richard: Die Schaukel. Aus: Fitzebutze. Berlin, Leipzig: Insel 1900.

Döhl, Reinhard: Apfel. Aus: Segebrecht, Wulf (Hrsg.): Das Deutsche Gedicht. Frankfurt a.M.: Fischer 2005.

Eichendorff, Joseph von: Meeresstille – Mondnacht. Aus: Werke in einem Band. München: Hanser 1955.

Ende, Michael: Ein Schnurps grübelt. Aus: Das Schnurpsenbuch. Stuttgart: Thienemann 1979.

Ferra-Mikura, Vera: Regenschirme. Aus: Gelberg, Die Stadt der Kinder, 1969.

Fontane, Theodor: Herr von Ribbeck auf Ribbeck im Havelland. Aus: Gedichte. Stuttgart: Reclam 1998.

Freudenberg, Alwin: Vom Riesen Timpetu: Aus: Kreuz und quer durchs Kinderland. Dresden: Köhler [1921].

Fühmann, Franz: Lob des Ungehorsams. Aus: Die Richtung der Märchen. Gedichte. Berlin (Ost): Aufbau 1962.

Gernhardt, Robert: Geh' ich in den Garten raus. Aus: Mit dir sind wir vier. Frankfurt a.M.: Insel 1976.

Goethe, Johann Wolfgang von: Heidenröslein – Erlkönig – Der Zauberlehrling – Glückliche Fahrt – Meeresstille – Wanderers Nachtlied [Ein Gleiches] – Gefunden. Aus: Aus: Sämtliche Gedichte. Erster Teil. dtv Gesamtausgabe 1. München: dtv 1961.

Goethe, Johann Wolfgang von: Gedichte sind gemalte Fensterscheiben – Ein großer Teich war zugefroren. [Die Frösche]. Aus: Sämtliche Gedichte. Zweiter Teil. dtv Gesamtausgabe 2. München: dtv 1961.

Goethe, Johann Wolfgang von: Lied des Bettlers – Hexeneinmaleins. Aus: Goethe: Faust I. dtv Gesamtausgabe 9. München: dtv 1962.

Gomringer, Eugen: avenidas – baum kind hund haus – das schwarze geheimnis – schweigen – ping pong – wind – der grüne baum. Aus: Worte sind Schatten. Reinbek: Rowohlt 1969.

Götz, Johann Nikolaus: Frühling. Aus: Braak, Ivo: Poetik in Stichworten. Unterägeri: Hirt 1990.

Guggenmos, Josef: Ich weiß einen Stern – Das Gewitter. Aus: Immerwährender Kinderkalender. Wien: Österreichischer Bundesverlag 1958.

Guggenmos, Josef: Was denkt die Maus am Donnerstag? – Aus Glas – Die Tulpe – Nächtliches Vergnügen – Kater, Maus und Fußballspiel – Regen – Sieben kecke Schnirkelschnecken. Aus: Was denkt die Maus am Donnerstag? Recklinghausen: Bitter 1969.

Guggenmos, Josef: Die Nadel sagt zum Luftballon. Aus: Die Stadt der Kinder. Hrsg. von Hans-Joachim Gelberg. Georg Bitter Verlag, Recklinghausen 1969.

Guggenmos, Josef: Z. Die Ziege hat Zahnweh. Aus: Es las ein Bär ein Buch im Bett. Recklinghausen: Bitter 1978.

Guggenmos, Josef: Annett – Es gingen drei Kinder durch den Wald – Wenn Riesen niesen. Aus: Sonne, Mond und Luftballon. Weinheim: Beltz u. Gelberg 1984.

Guggenmos, Josef: Bruder Ahorn. Aus: Gelberg, Überall und neben dir, 1986.

Guggenmos, Josef: Der Wind – Ich male mir den Winter – Der Wind geht um das Haus. Aus: Ich will dir was verraten. Weinheim: Beltz u. Gelberg 1992.

Guggenmos, Josef: Auf dem Rücken im Gras. Aus: Tiere feiern Karneval. Köln: Benziger 1994.

Guggenmos, Josef: Libelle – Der Märzwind – Ein Dutzend Spatzen – Schau. Aus: Rundes Schweigen. Hamburg: Hamburger Haiku Verlag [2005].

Guggenmos, Josef: Ein Hase, der gern Bücher las – Gegen den Wind – Gelogen – Come sta? Sto bene. Aus: Oh, Verzeihung sagte die Ameise. Weinheim: Beltz u. Gelberg 2002.

Güll, Friedrich: Vom Büblein auf dem Eis. Aus: Kinderheimat in Liedern und Bildern. Stuttgart: Liesching 1846. Neudr. Frankfurt a.M.: Insel Verlag 1975.

Hacks, Peter: Die Blätter an meinem Kalender – Königsrondo – Der Herbst steht auf der Leiter – Ladislaus und Komkarlinchen – Ballade vom schweren Leben des Ritters Kauz vom Rabensee. Aus: Der Flohmarkt. Berlin (Ost): Der Kinderbuchverlag 1965.

Hagedorn, Friedrich von: Der erste Mai. Aus: Remmers, Ursula/Warmbold, Ursula (Hrsg.): Das Kanapee ist unser Kahn. Stuttgart: Reclam 2006.

Hausmann, Manfred: Die Bremer Stadtmusikanten. Aus: Gedichte. Frankfurt: S. Fischer o. J.

Herold, Gottfried: Lesevergnügen. Aus: Komm, wir wolln im Regen gehen. Berlin: Der Kinderbuchverlag 2000.

Hofbauer, Friedl: Bratäpfel – Das Blumenjahr – Mit dir. Aus: Weißt du, dass alles sprechen kann? Wien: Dachs 1999.

Hoffmann, Heinrich: Die Geschichte vom fliegenden Robert. Aus: Der Struwwelpeter. Bindlach: Loewe o.J.

Hohler, Franz: Es war einmal ein Igel – Es war einmal ein Kater – Es war einmal ein Huhn. Aus: Es war einmal ein Igel. München: Hanser 2011.

Holz, Arno: Im Gras – Mondabend. Aus: Phantasus. Stuttgart: Reclam 1968.

Jandl, Ernst: auf dem Land. Aus: Laut und Luise. Stuttgart: Reclam 1976.

Jandl, Ernst: die zeit vergeht. Aus: Sprechblasen. Stuttgart: Reclam 1979.

Jandl, Ernst: ottos mops – fünfter sein. Aus: Ottos Mops hopst. Ravensburg: Otto Maier 1988.

Jatzek, Gerald: Gedichte unterwegs. Aus: Gelberg, Der große Ozean, 2000.

Jatzek, Gerhard: Mundmusik. Aus: Rabauken-Reime. St. Pölten: Nilpferd 2011.

Kaléko, Mascha: Die vier Jahreszeiten – Der Mann im Mond – Der Frühling. Aus: Wie's auf dem Mond zugeht. Sigmaringen 1982. Köln: Boie 2010.

Kästner, Erich: Die Sache mit den Klößen – Fauler Zauber. Aus: Gesammelte Schriften, Bd. 1. Zürich: Atrium 1959.

Kirsch, Sarah: Regenlied. Aus: Gefunden. Gedichte für die Grundschule. Hrsg. von Mascha Kleinschmidt-Bräutigam und Margarete Kolbe. Frankfurt a.M.: Diesterweg 1997.

Koegel, Fritz und Emily: Der Bratapfel. Aus: Sonniges Jugendland. Osterwieck: Zickfeldt 1922.

Kordon, Klaus: Biologie. Aus: Gelberg, Überall und neben dir, 1986.

Kornfeld, Theodor: Ein Sand-Uhr. In: Text als Figur. Weinheim: VCH 1987.

Kreft, Marianne: Petra. Aus:. Gelberg, Überall und neben dir, 1986.

Krolow, Karl: Schlaflied im Sommer. Aus: Gelberg, Die Stadt der Kinder, 1969.

Kruse, Max: Abendlied. Aus: Windkinder. Reutlingen: Ensslin u. Laiblin 1968.

Krüss, James: Das Feuer – Novemberwetter – Das Wasser – Hundertzwei Gespensterchen. Aus: Der wohltemperierte Leierkasten. Bertelsmann Jugendbuchverlag, Gütersloh 1961.

Krüss, James: Der Bär und das Eichhorn. Aus: Mein Urgroßvater und ich. Hamburg: Oetinger 1959.

Krüss, James: Der Fuchs und die Trauben – Der Kater und die Maus – Der Uhu und die Unken – Krieg der Bienen und Hornissen – Eine Frau und 22 Tiere. Aus: James' Tierleben. München: Annette Betz 1965.

Krüss, James: Lied der Krebsesser. Aus: Polulangrische Lieder. Ahrensburg: Damokles 1968.

Krüss, James: Ungebildet. Aus: Ergebener Diener! sprach der Fuchs. München: Deutscher Taschenbuch Verlag 1975.

Kumpe, Michael: Ich bin ich. Aus: Gelberg, Hans-Joachim (Hrsg.): Menschengeschichten. Weinheim: Beltz u. Gelberg 1975.

Kunze, Reiner: Vor einem bösen Gewitter. Aus: Wohin der Schlaf sich schlafen legt. Frankfurt a.M.: Fischer 1991.

Kunze, Reiner: Was macht die Biene auf dem Meer? – Katerspaziergang. Aus: Was macht die Biene auf dem Meer? Frankfurt a.M.: S. Fischer 2011.

Lenzen, Hans Georg: Regen. Aus: Gelberg, Die Stadt der Kinder, 1969.

Lichius, Joseph: Gewitter. In: Blätter für meinen Kalender. Hannover: Schroedel 1979.

Lichtwer, Magnus Gottfried: Die Katzen und der Hausherr. Aus: Heckmann/Krüger, Kommt Kinder, es gibt etwas zu sehen, 1974.

Liliencron, Detlev von: Helene. Aus: Aus: Braak, Ivo: Poetik in Stichworten. Unterägeri: Hirt 1990.

Logau, Friedrich von: Des Krieges Buchstaben. Aus: Sämtliche Sinngedichte. Tübingen 1872.

Lorca, Frederico Garcia: Wasser, wohin gehst du? Aus: Vahle, Frederik: Federico oder Das Leben ist kein Hühnerspiel. Weinheim: Beltz u. Gelberg 1995.

Lunghard, Bernd: Gedichte sind wie Vögel. Aus: Gelberg, Wo kommen die Worte her, 2011.

Maar, Paul: Aus der Wolke. Aus: Onkel Florians fliegender Flohmarkt. Hamburg: Oetinger 1977.

Maar, Paul: Land auf dem Sonntag. In: Kreuz und Rüben, Kraut und quer. Hamburg: Oetinger 2004.

Maar, Paul: Udakak und Lidokork. Aus: JAguar und NEINguar. Hamburg: Oetinger 2007.

Mai, Manfred: Ich. Aus: Gelberg, Überall und neben dir, 1986.

Manz, Hans: Beschwörung – Mag i – Altneues Märchen. Aus: Kopfstehen macht stark. Weinheim: Beltz u. Gelberg 1978.

Manz, Hans: In die Wolken gucken – Wortverästelungen Aus: Die Welt der Wörter. Weinheim: Beltz u. Gelberg 1991.

Manz, Hans: Kleine Wörterkunde. Aus: Lieber heute als morgen. Weinheim: Beltz u. Gelberg 1988

Marti, Kurt: gedicht von gedichten (gekürzt). Aus: Werkauswahl in fünf Bänden, Bd. 5. Zürich: Nagel u. Kimche 1996.

Morgenstern, Christian: Das große Lalula. Aus: Galgenlieder. Frankfurt a.M.: Insel 1947.

Morgenstern, Christian: Der Frühling kommt bald – Wenn es Winter wird. Aus: Rumpeldidaus. München, Zürich: Piper 1981.

Morgenstern, Christian: Die Trichter – Das Grusulett. Aus: Jubiläumsausgabe in vier Bänden. Bd. 1. München: Piper 1967.

Mörike, Eduard: Er ist's – Septembermorgen. Aus: Gedichte. Stuttgart: Reclam 1977.

Moser, Erwin: Gewitter. Aus: Gelberg, Überall und neben dir, 1986.

Moser, Erwin: So im Schatten liegen möchte ich. Aus: Gelberg, Großer Ozean, 2000.

Mucke, Dieter: Die einfältige Glucke. Aus: Freche Vögel. Berlin (Ost): Der Kinderbuchverlag 1977.

Overbeck, Christian A.: Lied an den Mai. In: Fritzchens Lieder. Lübeck 1781.

Petri, Walther: Ich – In jedem Gedicht. – Gedichte sind Briefe. Aus: Tohuwabohu. Berlin (Ost): Der Kinderbuchverlag 1986.

Pfeffel, Gottlieb Konrad: Das Glück des Esels. Aus: Ausgewählte poetische Werke. Leipzig: Reclam [1876].

Recheis, Käthe: Das Zuselwusellied. Aus: Sprachbastelbuch. Wien: Jugend und Volk 1975.

Reding, Josef: Mädchen, Pfeif auf den Prinzen – Meine Stadt. Aus: Gutentagtexte. Balve: Engelbert Verlag 1975.

Reinick, Robert: Der Hahn – Vom schlafenden Apfel. In. Märchen-, Lieder- und Geschichtenbuch. 1873.

Rigg, S. C.: Der Apfel. Aus: Creech, Sharon: Der beste Hund der Welt. Frankfurt a.M.: Fischer Schatzinsel 2003.

Ringelnatz, Joachim: Die Ameisen – Ein Stein – Ein Federchen – Ballahde. Aus: Das Gesamtwerk in 7 Bänden. Bd. 1. Berlin: Henssel 1984.

Schär, Brigitte: Was, wenn? Aus: Gelberg, Großer Ozean, 2000.

Schaukal, Richard von: Vorm Gewitter. Aus: Gedichte. München: Langen-Müller 1967.

Schiller, Friedrich von: Der Handschuh. Aus: Sämtliche Werke. München: Hanser 1958.

Schwarz, Regina: Lückenbüßer. Aus: Grundschulzeitschrift 1991, Nr. 41.

Schwarz, Regina: Über Gedichte. Aus: Gelberg, Wo kommen die Worte her? 2011.

Seidel, Heinrich: April – Das Huhn und der Karpfen – Die Schaukel. Aus: Gedichte. Gesamtausgabe. Stuttgart, Berlin: J.G. Cotta'sche Buchhandlung Nachf. 1913.

Spohn, Jürgen: Ich. Aus: Drunter u. drüber. München: Bertelsmann 1980.

Storm, Theodor: Die Stadt. Aus: Sämtliche Werke. Leipzig: Insel 1923.

Thenior, Ralph: Der Trapper. Aus: Traurige Hurras. München: Autoren Edition 1977.

Trakl, Georg: Rondel. Aus: Das dichterische Werk. München: dtv 1985.

Uhland, Ludwig: Frühlingsglaube. Aus: Ausgewählte Werke. München: Winkler 1987.

Ulrichs, Tim: ordnung. Aus: Gomringer, Konkrete Poesie, 1972/1991.

Wittkamp, Frantz: Gestern. Aus: Gelberg, Überall und neben dir, 1986.

Zacharias, Alfred: Ich träume vor mich hin. Aus: Gelberg, Überall und neben dir, 1986.

Zotter, Gerri/Lobe, Mira/Welsh, Renate: Wort-Bilder – Widerstand – Die Sanduhr – Der Krieg. Aus: Sprachbastelbuch. Wien: Jugend und Volk 1975.

Zurbrügg, Christian: Einmal. Aus: Gelberg, Großer Ozean, 2000.